NIETZSCHE

DER GUTE EUROPÄER

David Farrell Krell
Donald L. Bates

Nietzsche

Der gute Europäer

Die Landschaften seines Lebens

Eine Biographie in Bildern
und Selbstzeugnissen

Aus dem Amerikanischen von
Sieglinde Denzel und Susanne Naumann

Knesebeck

Denn, wenn ich auch ein schlechter
Deutscher sein sollte – jedenfalls bin ich
ein *sehr guter Europäer*.

*Nietzsche an seine Mutter am 17. August 1886
aus Sils-Maria*

FÜR MARTA UND SUSIE

INHALT

DER »GUTE EUROPÄER«

Nietzsche [...] besaß das ausgeprägteste Talent, bevorzugte Stellen der Erde aufzufinden.
Meta von Salis über Nietzsche

Vielleicht war Nietzsche gerade deshalb ein »guter Europäer« – eine Wendung, die in den achtziger Jahren des 19. Jahrhunderts häufig in seinem Werk wiederkehrt –, weil er Europa manchmal am liebsten für immer den Rücken gekehrt hätte: Er träumte vom Hochland Zentral- und Westmexikos – vielleicht Oaxaca –, wo niemand ihn bei seiner Arbeit stören oder ihm das Leben vergällen könnte. Er wäre entzückt gewesen, hätte er gewusst, dass der letzte große Maya-Herrscher der klassischen Periode, Jax Pac, den Namen eines seiner Bücher trug, »Morgenröte«. Wie es sich jedoch ergab, verließ er den europäischen Kontinent nie. Allerdings hat er viele von den Orten, die ein »guter Europäer« als maßgeblich für die europäische Kultur bezeichnen würde, niemals kennen gelernt: Er kam nie nach Paris oder Barcelona, St. Petersburg oder Kopenhagen, London, Brüssel oder Prag. Außerdem war Nietzsche alles andere als ein Meister der modernen europäischen Sprachen: Sein Italienisch war schauderhaft, sein Russisch nicht existent, wenngleich Dostojewski ihn wünschen ließ, diese Sprache zu erlernen; auch sein Englisch war dürftig, und nicht einmal Sterne, Twain oder Emerson konnten ihn dazu bewegen, es zu verbessern. Einzig und allein sein Französisch war passabel; lesen konnte er es ausgezeichnet. Und manche Leute sagen, sein Deutsch sei auch nicht übel gewesen (er hätte seine Freude an Twains Bekenntnis über die »Schrecken der deutschen Sprache« gehabt: »The German language speak I not good, but have numerous connaisseurs me assured that I write her like an angel.«).

Wenn es eines »neuen Ansatzes« bedarf, um heute über Europa nachzudenken, das »neue Europa«, dann mag uns Nietzsche allzu kulturgebunden, allzu europäisch für eine solche Denkweise erscheinen.[1] Immerhin war er Altphilologe, auf griechische Literatur und Philosophie spezialisiert und ein Bewunderer des alten Rom. Er hatte zwar kein Auge für Afrika oder den Orient, er kam China nie näher als bis nach Venedig, und seine unmittelbarste Berührung mit Huckleberry Finn beschränkte sich auf deutsche Übersetzungen. Doch auch wenn die Anforderungen an »gute Europäer« heute sehr viel höher sind, scheint Nietzsche erstaunlich weitsichtig im Hinblick auf das neue Europa und seine alten Probleme gewesen zu sein. Seine vorrangige Sorge war, dass die »Völker und Vaterländer« des alten Europa den historischen Prozess europäischer Einigung nicht für immer blockieren möchten. Während Nietzsche in vieler Hinsicht das Kind eines lutherischen Landpfarrers blieb, der seine Pfründe dem König verdankte, das Kind, das sich nach dem Adel sehnte und den Pöbel verachtete, das Kind, das als Mann wenig Interesse für die großen sozialen Fragen der Moderne an den Tag legte, war er nichtsdestoweniger einer der Hauptkritiker des europäischen (und besonders des deutschen) Nationalismus, Imperialismus und Militarismus.

Nietzsches Hoffnungen für Europa gingen fast immer Hand in Hand mit einer tiefen Verzweiflung über das Deutsche Reich – das wilhelminische und bismarcksche »Wunder« –, das, wie er fürchtete, Europa im 20. Jahrhundert eine Hölle bereiten werde. Seine Bemerkungen über Deutschland und die Deutschen fielen durchweg so vernichtend aus, dass sie bei den deutschen Politikern von heute zweifellos genauso wenig Anklang finden würden wie bei Bismarck. Eine kleine Kostprobe bietet das folgende Zitat aus *Jenseits von Gut und Böse*:

> Dank der krankhaften Entfremdung, welche der Nationalitäts-Wahnsinn zwischen die Völker Europa's gelegt hat und noch legt, Dank ebenfalls den Politikern des kurzen Blicks und der raschen Hand, die heute mit seiner Hülfe obenauf sind und gar nicht ahnen, wie sehr die auseinanderlösende Politik, welche sie treiben, nothwendig nur Zwischenakts-Politik sein kann, – Dank Alledem und manchem heute ganz Unaussprechbaren werden jetzt die unzweideutigsten Anzeichen übersehn oder willkürlich und lügenhaft umgedeutet, in denen sich ausspricht, dass *Europa Eins werden will.* Bei allen tieferen und umfänglicheren Menschen dieses Jahrhunderts war es die eigentliche Gesammt-Richtung in der geheimnissvollen Arbeit ihrer Seele, den Weg zu jener neuen *Synthesis* vorzubereiten und versuchsweise den Europäern der Zukunft vorwegzunehmen. (JGB, 256; 201)

Schon früh in seinem Leben betrachtete sich Nietzsche selbst eher als Europäer denn »nur« als Deutschen. Mit fünfzehn verfasste er eine Kurzgeschichte mit dem Titel »Capri und Helgoland«, in der Protagonisten aus Süditalien, der Schweiz und Norddeutschland auftreten. Am Anfang der Geschichte verkündet der nordische Held von Adelsberg: »Wir sind Pilgrime auf dieser Welt, wir haben überall und nirgends eine Heimath und über uns allen leuchtet dieselbe Sonne nieder. Weltbürger sind wir – die Erde ist unser Königreich!« (F 1, 100) Diese jugendliche Neigung zum Paneuropäismus, wenn man ihn so bezeichnen will, wurde durch die vielen Jahre im schweizerischen Basel noch verstärkt. Die traumatischen Erlebnisse im Deutsch-Französischen Krieg im Verein mit einer ganzen Reihe von Klagen über Deutschlands Gründerjahre, beunruhigten ihn jedoch in wachsendem Maße über die Chancen für ein Europa. Ein sehr persönlicher Grund für dieses Missbehagen war die Heirat seiner Schwester mit Bernhard Förster, einem deutschen Imperialisten und Antisemiten der ersten Garde. Im Frühjahr 1888 tröstete er seine Schwester, die ihrem Mann bei der Gründung einer deutschen Kolonie in Paraguay zur Seite stand, sarkastisch: »Auch dürft Ihr in jedem Sinn damit zufrieden sein, im lieben Europa zu *fehlen*: dieses starrt heute mit dem Heroismus eines Igels in Waffen und hat alle Sorten von Damokles-Schwertern über sich aufgehängt.« (B 8, 281)

Ganz sicherlich rechnete sich Nietzsche Mitte der achtziger Jahre selbst zu jenen Europäern, von denen er in der Fröhlichen Wissenschaft als »heimatlos« spricht (FW, 377; 628ff) Er fühlte deutlich, dass dies eine Zeit des Übergangs für Europa war und damit auch eine Zeit der Hoffnung:

> Wir Kinder der Zukunft, wie *vermöchten* wir in diesem Heute zu Hause zu sein! Wir sind allen Idealen abgünstig, auf welche hin Einer sich sogar in dieser zerbrechlichen zerbrochnen Uebergangszeit noch heimisch fühlen könnte; was aber deren »Realitäten« betrifft, so glauben wir nicht daran, dass die *Dauer* haben. Das Eis, das heute noch trägt, ist schon sehr dünne geworden: der Thauwind weht, wir selbst, wir Heimatlosen, sind Etwas, das Eis und andre allzudünne »Realitäten« aufbricht... (Ebd.)

Doch die Tauwinde waren nicht nur altruistisch, sie bliesen recht rau. Nietzsche war denn auch weit von dem Zutrauen entfernt, dass der europäischen Menschheit eine blühende Zukunft ins Haus stehe oder dass eine solche Zukunft überhaupt wünschenswert wäre. Der Text fährt fort:

> Nein, wir lieben die Menschheit nicht; andererseits sind wir aber auch lange nicht »deutsch« genug, wie heute das Wort »deutsch« gang und gäbe ist, um dem Nationalismus und dem Rassenhass das Wort zu reden, um an der nationalen Herzenskrätze und Blutvergiftung Freude haben zu können, derenthalben sich jetzt in Europa Volk gegen Volk wie mit Quarantänen abgrenzt, absperrt. Dazu sind wir zu unbefangen, zu boshaft, zu verwöhnt, auch zu gut unterrichtet, zu »gereist«: wir ziehen es bei Weitem vor, auf Bergen zu leben, abseits, »unzeitgemäss«, in vergangnen oder kommenden Jahrhunderten, nur damit wir uns die stille Wuth ersparen, zu der wir uns verurtheilt wüssten als Augenzeugen einer Politik, die den deutschen Geist öde macht, indem sie ihn eitel macht, und *kleine* Politik ausserdem ist: – hat sie nicht nöthig, damit ihre eigne Schöpfung nicht sofort wieder auseinanderfällt, sie zwischen zwei Todhasse zu pflanzen? *muss* sie nicht die Verewigung der Kleinstaaterei Europa's wollen? ... Wir Heimatlosen, wir sind der Rasse und Abkunft nach zu vielfach und gemischt, als »moderne Menschen«, und folglich wenig versucht, an jener verlognen Rassen-Selbstbewunderung und Unzucht theilzunehmen, welche sich heute in Deutschland als Zeichen deutscher Gesinnung zur Schau trägt

> und die bei dem Volke des »historischen Sinns« zwiefach falsch und unanständig anmuthet. Wir sind, mit Einem Worte – und es soll unser Ehrenwort sein! – *gute Europäer*, die Erben Europa's, die reichen, überhäuften, aber auch überreich verpflichteten Erben von Jahrtausenden des europäischen Geistes. (Ebd.)

Natürlich ist ein Leben auf dem Berggipfel ein Luxus, den sich am Ende des 20. Jahrhunderts niemand mehr erlauben kann. Nietzsche war kein politischer Beobachter oder Denker ersten Ranges, weder ein Marx noch ein Taine noch ein Burckhardt. Er brauchte Europa, um zu *schreiben*, und zwar das zu schreiben, was nur er schreiben konnte: Eine Genealogie des asketischen Ideals, eines Ideals, das die abendländische Kultur – ihre Religion, ihre Wissenschaft, ihre Gelehrsamkeit, ihre Machtgier – an ihr Ende brachte, und einen Aufriss jenes Gedankens, der, wie er hoffte, dieses Ideal überwinden werde – des Gedankens von der Ewigen Wiederkehr des Gleichen. Das Leben Europas war auf jeden Fall mit der Frage des Schreibens engst verbunden.

> *Gutschreiben lernen*. – Die Zeit des gut-Redens ist vorbei, weil die Zeit der Stadt-Culturen vorbei ist. Die letzte Gränze, welche Aristoteles der grossen Stadt erlaubte – es müsse der Herold noch im Stande sein, sich der ganzen versammelten Gemeinde vernehmbar zu machen –, diese Gränze kümmert uns so wenig, als uns überhaupt noch Stadtgemeinden kümmern, uns, die wir selbst über die Völker hinweg verstanden werden wollen. Desshalb muss jetzt ein Jeder, der gut europäisch gesinnt ist, *gut und immer besser schreiben* lernen: es hilft Nichts, und wenn er selbst in Deutschland geboren ist, wo man das schlecht-Schreiben als nationales Vorrecht behandelt. Besser schreiben aber heisst zugleich auch besser denken; immer Mittheilenswertheres erfinden und es wirklich mittheilen können; übersetzbar werden für die Sprachen der Nachbarn; zugänglich sich dem Verständnisse jener Ausländer machen, welche unsere Sprache lernen; dahin wirken, dass alles Gute Gemeingut werde und den Freien Alles frei stehe; endlich, jenen jetzt noch so fernen Zustand der Dinge *vorbereiten*, wo den guten Europäern ihre grosse Aufgabe in die Hände fällt: die Leitung und Ueberwachung der gesammten Erdcultur.- Wer das Gegentheil predigt, sich *nicht* um das gut-Schreiben und gut-Lesen zu kümmern – beide Tugenden wachsen mit einander und nehmen mit einander ab –, der zeigt in der That den Völkern einen Weg, wie sie immer noch mehr *national* werden können: er vermehrt die Krankheit dieses Jahrhunderts und ist ein Feind der guten Europäer, ein Feind der freien Geister. (WS, 87; 592f)

Heutzutage kann sich niemand mehr dem Glauben hingeben, dass es Europas Aufgabe sei, die Leitung und Überwachung der gesamten Erdkultur zu übernehmen. Nietzsche dachte dabei allerdings nicht an Europas Privilegien, sondern an seine Verantwortung, in erster Linie an die seiner Schriftsteller. Seiner Auffassung nach erforderte die Aufgabe, ein »guter Europäer« zu sein, einen Akt inneren Gehorsams. Man hatte hinzuhören, was zu schreiben nottat, und sich dann schleunigst an einen Ort zu begeben, der der Niederschrift förderlich war. Wenn Nietzsches schlechter Gesundheitszustand das Barometer war, das ihn dazu veranlasste, immer wieder seine Sachen zu packen und von einem Arbeitsschauplatz zum nächsten zu hetzen, so war andererseits der Rausch des Denkens und Schreibens das Ziel seiner letzten Sehnsucht. Dass er sich darüber klar war, zeigt sich in *Ecce homo. Wie man wird, was man ist*. Dort erhob er den Anspruch, von Natur aus ein »guter Europäer« zu sein, und zeigte zugleich die Schwierigkeiten einer solchen Existenz auf. Sein naturgegebenes Europäertum schrieb er einer von Vaterseite – jener Abstammungsseite, der er (vergeblich) gern einige polnische Vorfahren zugerechnet hätte – ererbten paneuropäischen Neigung zu. Vor diesem Hintergrund »kostet« es ihn seiner Ansicht nach »keine Mühe, ein ›guter Europäer‹ zu sein.« (W 14, 472) Schwierig gestaltete sich eine solcherart geprägte Existenz seiner Ansicht nach, weil niemand all die Dinge erben konnte, die »nächsten Dinge«, um die es richtig bestellt sein musste, wenn man klug sein und gute Bücher schreiben sollte, als da sind: Nahrung, Klima, landschaftliche Umgebung, Gefährten, die alle einen gewissen Einfluss auf den Schreibenden ausüben. Im vorliegenden Buch stehen Klima und landschaftliche Umgebung im Mittelpunkt, Faktoren, zu denen Nietzsche sich, wiederum in *Ecce homo*, ausführlich äußerte:

Mit der Frage der Ernährung ist nächstverwandt die Frage nach *Ort* und *Klima*. Es steht Niemandem frei, überall zu leben; und wer grosse Aufgaben zu lösen hat, die seine ganze Kraft herausfordern, hat hier sogar eine sehr enge Wahl. Der klimatische Einfluss auf den *Stoffwechsel*, seine Hemmung, seine Beschleunigung, geht so weit, dass ein Fehlgriff in Ort und Klima Jemanden nicht nur seiner Aufgabe entfremden, sondern ihm dieselbe überhaupt vorenthalten kann: er bekommt sie nie zu Gesicht. Der animalische vigor ist nie gross genug bei ihm geworden, dass jene in's Geistigste überströmende Freiheit erreicht wird, wo Jemand erkennt: *das* kann ich allein ... Eine zur schlechten Gewohnheit gewordne noch so kleine Eingeweide-Trägheit genügt vollständig, um aus einem Genie etwas Mittelmässiges, etwas »Deutsches« zu machen; das deutsche Klima allein ist ausreichend, um starke und selbst heroisch angelegte Eingeweide zu entmuthigen. Das tempo des Stoffwechsels steht in einem genauen Verhältniss zur Beweglichkeit oder Lahmheit der *Füsse* des Geistes; der »Geist« selbst ist ja nur eine Art dieses Stoffwechsels. Man stelle sich die Orte zusammen, wo es geistreiche Menschen giebt und gab, wo Witz, Raffinement, Bosheit zum Glück gehörten, wo das Genie fast nothwendig sich heimisch machte: sie haben alle eine ausgezeichnet trockne Luft. Paris, die Provence, Florenz, Jerusalem, Athen – diese Namen beweisen Etwas: das Genie ist *bedingt* durch trockne Luft, durch reinen Himmel, – das heisst durch rapiden Stoffwechsel, durch die Möglichkeit, grosse, selbst ungeheure Mengen Kraft sich immer wieder zuzuführen. Ich habe einen Fall vor Augen, wo ein bedeutend und frei angelegter Geist bloss durch Mangel an Instinkt-Feinheit im Klimatischen eng, verkrochen, Specialist und Sauertopf wurde. Und ich selber hätte zuletzt dieser Fall werden können, gesetzt, dass mich nicht die Krankheit zur Vernunft, zum Nachdenken über die Vernunft in der Realität gezwungen hätte. Jetzt, wo ich die Wirkungen klimatischen und meteorologischen Ursprungs aus langer Übung an mir als an einem sehr feinen und zuverlässigen Instrumente ablese und bei einer kurzen Reise schon, etwa von Turin nach Mailand, den Wechsel in den Graden der Luftfeuchtigkeit physiologisch bei mir nachrechne, denke ich mit Schrecken an die *unheimliche* Thatsache, dass mein Leben bis auf die letzten 10 Jahre, die lebensgefährlichen Jahre, immer sich nur in falschen und mir geradezu *verbotenen* Orten abgespielt hat. Naumburg, Schulpforta, Thüringen überhaupt, Leipzig, Basel – ebenso viele Unglücksorte für meine Physiologie. Wenn ich überhaupt von meiner ganzen Kindheit und Jugend keine willkommne Erinnerung habe, so wäre es eine Thorheit, hier sogenannte »moralische« Ursachen geltend zu machen, – etwa den unbestreitbaren Mangel an *zureichender* Gesellschaft: denn dieser Mangel besteht heute wie er immer bestand, ohne dass er mich hinderte, heiter und tapfer zu sein. Sondern die Unwissenheit in physiologicis – der verfluchte »Idealismus« – ist das eigentliche Verhängniss in meinem Leben, das Überflüssige und Dumme darin, Etwas, aus dem nichts Gutes gewachsen, für das es keine Ausgleichung, keine Gegenrechnung giebt. Aus den Folgen dieses »Idealismus« erkläre ich mir alle Fehlgriffe, alle grossen Instinkt-Abirrungen und »Bescheidenheiten« abseits der *Aufgabe* meines Lebens, zum Beispiel, dass ich Philologe wurde – warum zum Mindesten nicht Arzt oder sonst irgend etwas Augen-Aufschliessendes? In meiner Basler Zeit war meine ganze geistige Diät, die Tages-Eintheilung eingerechnet, ein vollkommen sinnloser Missbrauch ausserordentlicher Kräfte, ohne eine irgendwie den Verbrauch deckende Zufuhr von Kräften, ohne ein Nachdenken selbst über Verbrauch und Ersatz. Es fehlte jede feinere Selbstigkeit, jede *Obhut* eines gebieterischen Instinkts, es war ein Sich-gleichsetzen mit Irgendwem, eine »Selbstlosigkeit«, ein Vergessen seiner Distanz, – Etwas, das ich mir nie verzeihe. Als ich fast am Ende war, dadurch *dass* ich fast am Ende war, wurde ich nachdenklich über diese Grund-Unvernunft meines Lebens – den »Idealismus«. Die *Krankheit* brachte mich erst zur Vernunft. – (EH 281ff)

Mancher mag versucht sein, Nietzsches Lebensstil in den achtziger Jahren auf den Wunsch zurückzuführen, frei und ungebunden zu sein, sich nicht mit Beruf und Familie zu belasten und den verschiedensten Verpflichtungen und Anforderungen zu entgehen. Dabei sehnte sich Nietzsche im Gegenteil während der meisten Zeit seines Lebens tatsächlich nach einem geregelten Beruf und einer Familie. In einem Brief an seinen Freund Franz Overbeck von 1886 beklagte er sich (B 7, 282f):

Die *Antinomie* meiner jetzigen Lage und Existenzform liegt jetzt darin, daß alles das, was ich als philosophus radicalis *nöthig* habe – Freiheit von Beruf, Weib, Kind, Gesellschaft, Vaterland, Glauben u.s.w. u.s.w. ich als ebensoviele *Entbehrungen* empfinde, insofern ich glücklicher Weise ein lebendiges Wesen und nicht bloß eine Analysirmaschine und ein Objektivations-Apparat bin. Ich muß hinzufügen, daß dieser Gegensatz von Nothwendigem und von Entbehrtem

> durch den abscheulichen Mangel einer auch nur mittelmäßig soliden Gesundheit auf die Spitze getrieben wird, – denn in Momenten der Gesundheit fühle ich jene Entbehrungen *weniger* hart. Auch weiß ich mir absolut nicht jene 5 Bedingungen zusammen zu bringen, auf denen eine erträgliche Mittlere meiner labilen Gesundheit *herzustellen* wäre; das Schlimmste aber wäre jedenfalls, wenn ich, um die 5 Bedingungen der Gesundheit zu schaffen, mich der 8 Freiheiten des philosophus radicalis *beraubte*. – Dies scheint mir der **objektivste** Ausdruck meiner complizirten Lage [...] Verzeihung! Oder vielmehr: Du darfst Dich darüber lustig machen! – Dir und Deiner lieben Frau mich angelegentlich empfehlend
>
> Dein Freund
>
> Nietzsche.

Frei und ungebunden? Nietzsches Freiheit war und blieb eine Gefangene seiner Aufgabe, und seine Ungebundenheit war nie die des wahren Weltreisenden. Im Gegenteil, Reisen war ihm immer eine Qual: Nach einer eintägigen Zugfahrt musste er in der Regel drei Tage das Bett hüten. Nietzsche unternahm seine Reisen gegen alle Widerstände, und die Bewältigung der Anstrengung gestaltet sich für ihn oft als Pyrrhussieg. Er wurde ganz deutlich von dem Bedürfnis getrieben, Orte zu finden, die seinem Werk förderlich waren, selbst wenn die Suche und die Entdeckung dieser neuen Orte sein Leben gefährden sollten.

Wenn wir in diesem Buch ein Bild von Nietzsches (wirklich arbeitsfreien) Ferien oder seinen (überaus seltenen) Romanzen zeichnen wollten, so hätten wir andere – und weniger – Orte besucht. Stattdessen ging es uns darum, ein Gespür für die Beziehung zwischen Werk und Entstehungsort zu wecken, und zwar ebenso sehr durch Bilder wie durch Worte. An jedes der folgenden vier Kapitel, die mit Fotografien aus der Zeit Nietzsches, aber auch mit Aufnahmen aus der Gegenwart illustriert sind, schließt sich ein Portfolio mit Fotos und Textpassagen an. Natürlich mussten wir einige Plätze bevorzugen. Es galt, eine Auswahl zu treffen, die bestimmte Aspekte ein- und andere ausschloss. Die Notwendigkeit, gewisse Aspekte bewusst auszuklammern, bereitete uns schwerstes Kopfzerbrechen, aber auch die Entscheidung über die Aufnahme anderer, und der ganze Aufbau des Buches stellten uns vor so manche Schwierigkeiten. Viele der in den Portfolios zitierten Passagen bieten sich von selbst an, etwa solche, denen schon Nietzsche Titel wie »Genua« oder »Am Wasserfall« oder »Im Hochgebirge« gab. Am berühmtesten ist wahrscheinlich »Der Wanderer und sein Schatten«. Doch was ist davon zu halten, wenn Nietzsche uns mitteilt, dass ihm die Sequenz »Von alten und neuen Tafeln« in *Also sprach Zarathustra* einfiel, während er den Weg bei Èze in der Nähe von Nizza hinaufstieg, oder dass der Gedanke von der Ewigen Wiederkehr des Gleichen ihn bei einem riesigen Felsblock in der Nähe von Surlej überwältigte? »Von alten und neuen Tafeln« ist ein langer, sorgfältig aufgebauter Text. Er wurde wohl kaum auf einer Wanderung geschrieben. Die Ewige Wiederkehr des Gleichen ist ein Gedanke, der ganz allmählich in Nietzsches Geist und unter seiner Feder Gestalt annahm: Erste Anklänge finden wir bereits in seinen frühen Basler Vorlesungen über griechische Philosophie und selbst in einigen seiner Schulaufsätze aus der Gymnasialzeit. Obwohl die Zahl der Notizen zur Ewigen Wiederkehr im Sommer und Herbst 1881 in Sils-Maria und Surlej geradezu explosionsartig zunimmt, fiel Nietzsche sicherlich nicht von dem Felsen wie Paulus von seinem Pferd – ein Motiv, das manieristische Maler in ihren Gemälden gerne aufgriffen.

Der Einfluss des Entstehungsortes auf das Werk lässt sich nicht darauf beschränken, dass der Ort als Reservoir für Metaphern dient – schneebedeckte Gipfel für Reinheit und Strenge des Denkens, das Meer für Rhythmus und Fruchtbarkeit beim Schreiben. Solche Metaphern bilden zweifellos einen Reichtum, ihre Funktion ist jedoch äußerst komplex. Und die Orte selbst – ihre Gerüche, Farben, Klänge, ihre Stille, praktisch alles, was mit dem Spüren des Ortes zu tun hat – sind unerschöpflich. Hoch über dem Mittelmeer oder am Ufer des Silvaplaner Sees ist es schwer, das Vehikel vom Sinn oder Gehalt der Metapher zu unterscheiden. In Nietzsches Texten ist es unmöglich. Denn die Art und Weise, wie Lärche und Tanne, Gras und Wildblume, Seeluft und Stadtbild Nietzsches Denken und Schreiben nähren, widersetzt sich jeder eindimensionalen Darstellung. Die Bilder in diesem Buch sind deshalb da aus Gründen, die sich dem Wort entziehen.

Nietzsches Verhältnis zur Natur war nicht das des Sammlers. Er hätte zweifellos begeistert mit Charles Darwin über die teleologischen Implikationen der Theorie von der natürlichen Auslese diskutiert, hätte jedoch selbst die liebenswürdigste Einladung an Bord der »Beagle« ausgeschlagen. Während Goethes Haus in Weimar voll gestopft war mit allen möglichen Sammlungen, war Nietzsches Vitrine immer leer. Man könnte sagen, dass Nietzsches Verhältnis zur Natur eher das des Kosmologen als das des Naturalisten war, sein Verhältnis zur Stadt das des Kulturkritikers und nicht des Architekten. Und doch sind die Detailfülle und die gedankliche Tiefe seiner Reflexionen im Blick auf Land und Stadt wahrhaft eindrucksvoll und die psychologische Raffinesse seiner Assoziationen zu beiden immer wieder überraschend, manchmal beunruhigend. Breite historische Bildung, hoch entwickeltes literarisches Feingefühl und eine enge Verbindung zur Welt der Mythen und zur Kultur der Antike – sie alle bereicherten Nietzsches Beziehung zur Natur und zur Stadt.

Noch etwas unverblümter gefragt: Kann man den Einfluss der Entstehungsorte von Nietzsches Werken auf seine wichtigsten Ideen – den Willen zur Macht, die Ewige Wiederkehr des Gleichen, den Übermenschen, die Umwertung aller Werte, die Unschuld des Werdens, den Perspektivismus, die genealogische Kritik, das tragische Jasagen und die Liebe zum Schicksal – festlegen, einmal angenommen, dass man die Liste seiner wichtigsten Ideen überhaupt festlegen kann? Ist die Ewige Wiederkunft ein Gedanke der schweizerischen Alpenseen, der Wille zur Macht ein Ausfluss der norditalienischen Stadtstaaten, der Übermensch ein Traum aus den Bergen bei Nizza, die Genealogie eine Strategie zur Abwehr der Touristen in Sils-Maria? Ein derartiger Zuordnungsversuch wäre bestenfalls bizarr: Das vorliegende Buch hat nicht die Absicht, sich mit solchen Gedanken aufzuhalten.

Dagegen scheinen andere Einschätzungen eher angebracht: Etwa dass Nietzsche in den wenigen Tagen, die er unmittelbar vor seinem Abmarsch in den Deutsch-Französischen Krieg tief im Maderanertal verbrachte, dem Parnass, dem heiligen Berg des Dionysos und Apolls, näher kam als je in seinem Leben – selbst wenn er nach Paestum gereist wäre; dass der lange Sommer in Steinabad bei Bonndorf im Schwarzwald ihm genügend Zeit und Abgeschiedenheit gewährte, um über seine Beziehung zu Richard Wagner und Bayreuth nachzudenken – die Chance, eine gewisse Distanz zu dem inneren und äußeren Tumult zu bekommen, der ihn fünf oder sechs Jahre lang in Atem hielt; dass die Alpes Maritimes bei Nizza und die Ausläufer des Corvatsch oberhalb von Silvaplana im Engadin Nietzsches Zarathustra die zerklüftete Kulisse für seine Bergeinsamkeit lieferten; dass die kleine Kirche und Pfarre in Röcken dem Knaben geschützte Winkel für seine Tagträumerei und gähnende Grüfte für seine Alpträume boten; dass die Hafenstädte Nizza, Genua und Venedig ihn mit der großen weiten Welt in unmittelbare Berührung brachten, auch mit der längst versunkenen Welt der Antike; und dass Turin ihn mit den Prinzen und Potentaten der Nachrenaissance zusammenführte – die perfekte städtische Bühne für seine letzte Besessenheit von der »großen Politik«.

Auch wenn es ebenso ein Klischee ist zu behaupten, dass ein Text für sich selbst spricht, wie dass ein Bild tausend Worte aufwiegt, hoffen wir, dass die Verbindung dieser beiden Klischees im vorliegenden Buch unverhoffte Früchte tragen wird – unerwartete Einsichten, unvorhergesehene Zusammenhänge, wachsende Vermutungen, verstohlen erhaschte Eindrücke, geheimes Vergnügen, fröhliche Wissenschaft.

Nietzsches Hoffnungen auf die »guten Europäer«, für die er seine Bücher schrieb, fanden vielleicht ihren vollkommensten Ausdruck in der Vorrede, die er der zweiten Auflage von *Menschliches, Allzumenschliches II* voranstellte. Er dachte darin über seine Reisen, seine Krankheit und die Genesung nach, die ihm sein Werk schenkte. Die Vorrede ist unterzeichnet »*Sils-Maria*, Oberengadin, im September 1886« und schließt, wie auch wir diese Einführung schließen wollen, mit den Worten:

> – Sollte mein Erlebniss – die Geschichte einer Krankheit und Genesung, denn es lief auf eine Genesung hinaus – nur mein persönliches Erlebniss gewesen sein? Und gerade nur *mein* »Menschlich-Allzumenschliches«? Ich möchte heute das Umgekehrte glauben; das Zutrauen kommt mir wieder und wieder dafür, dass meine Wanderbücher doch nicht nur für mich aufgezeichnet waren, wie es bisweilen den Anschein hatte –. Darf ich nunmehr, nach sechs Jahren wachsender Zuversicht, sie von Neuem zu einem Versuche auf die Reise schicken? Darf ich sie Denen sonderlich an's Herz und Ohr legen, welche mit irgend einer »Vergangenheit« behaftet sind und Geist genug übrig haben, um auch noch am *Geiste* ihrer Vergangenheit zu leiden? Vor allem aber Euch, die ihr es am schwersten habt, ihr Seltenen, Gefährdetsten, Geistigsten, Muthigsten, die ihr das *Gewissen* der modernen Seele sein müsst und als solche ihr *Wissen* haben müsst, in denen was es nur heute von Krankheit, Gift und Gefahr geben kann zusammen kommt, – deren Loos es will, dass ihr kränker sein müsst als irgend ein Einzelner, weil ihr nicht »*nur* Einzelne« seid ..., deren Trost es ist, den Weg zu einer *neuen* Gesundheit zu wissen, ach! und zu gehen, einer Gesundheit von Morgen und Uebermorgen, ihr Vorherbestimmten, ihr Siegreichen, ihr Zeit-Ueberwinder, ihr Gesündesten, ihr Stärksten, ihr *guten Europäer*! – – (MAM II 376)

Die Liebe höret nimmer auf. Die Inschrift auf dem Grabstein von Nietzsches Vater, Pfarrer Carl Ludwig Nietzsche, in Röcken. (B 7, 138)

Erstes Kapitel

ANFÄNGE UND ENDE

…ohne Vater, ohne Heimat.
Nietzsche im Alter von vierzehn

Ein schmaler Korridor, der von Leipzig in südwestlicher Richtung nach Weimar und Jena verläuft, enthält Anfänge und Ende in Nietzsches Leben. Abgesehen von seinem ersten Studienjahr, dem »vergeudeten Jahr« in Bonn 1864, verbrachte Nietzsche hier seine Kindheit und Jugend sowie am Ende die Jahre seines fortschreitenden geistigen und körperlichen Verfalls. Hier wurde er geboren, besuchte Grundschule und Gymnasium und schließlich die Universität. Nach zehn Jahren der Forschung und Lehre an der Universität Basel und zehn weiteren Jahren eines unsteten Daseins als Philosoph und Literat, der seine Winter an der Riviera und seine Sommer in der Schweiz verbrachte, versank er hier immer tiefer in Wahnsinn und physische Paralyse. Hier starb er und hier wurde er beerdigt. Hier hinterließ er eine Sammlung von Schriften, die zum Bedeutendsten gehören, was je in einer europäischen Sprache geschrieben wurde, und deren handschriftliche Originale noch immer in diesem schmalen Korridor lagern.

Friedrich Wilhelm Nietzsche wurde am 15. Oktober 1844 in dem kleinen sächsischen Dorf Röcken als erster Sohn des lutherischen Pfarrers Carl Ludwig Nietzsche und dessen junger Frau Franziska Oehler geboren. Röcken liegt in der fruchtbaren, aber wenig abwechslungsreichen, fast baumlosen Ebene, die sehnsüchtig nach Vereinigung mit den Bergen, Wäldern und schmucken Städten Thüringens im Süden zu streben scheint. Nichtsdestoweniger hing Nietzsche sein Leben lang an dem Dorf, in dem sein geliebtes »Vaterhaus« stand: das Pfarrhaus, der Friedhof und die Kirche, in der sein Vater predigte.

Das Wohnhaus war einfach und ländlich, zweigeschossig mit hohem Walmdach, verputzten Mauern und dunklem gemasertem Holz im Innern. Als die Nietzsches es bezogen, war das zwischen 1820 und 1825 erbaute Haus erst zwanzig Jahre alt. Verglichen mit den anderen Gebäuden im Dorf waren sowohl das Pfarrhaus als auch die Kirche durchaus geräumig, und erscheinen uns doch heute klein und beengt. Die schwere Schieferschwelle rechts neben der Eingangstür führte in Pastor Nietzsches Studierzimmer mit der schweren Tür und dem metallenen Türgriff.[1] Eine breite Treppe verband die öffentlichen Räume des Pfarramts im Erdgeschoss mit der Wohnung. Einer der Holzflügel der Eingangstür wies unten eine Beschädigung auf, mit der es eine eigene Bewandtnis hatte. Frisch vermählt wollte der junge Pastor vom Portal des Pfarrhauses aus ein paar herzliche Worte an seine vor dem Haus versammelten Schäflein richten, die angetraute Gefährtin an seiner Seite. Weil aber gewöhnlich nur ein Türflügel gebraucht wurde, klemmte die geschlossene Hälfte. Pastor Nietzsche versuchte, sie mit dem Fuß aufzustoßen und trat sie dabei durch. Danach noch eine feierliche Ansprache zu halten war nicht ganz einfach. Die Reparaturstelle am linken Türflügel ist heute noch zu sehen.

Die Schlafzimmer im hinteren Teil des Hauses grenzen heute an eine Grünfläche, den damaligen Dorffriedhof. Jedes Mal, wenn der kleine Friedrich den wie einen Schmetterlingsflügel geformten Griff des winzigen Fensters senkrecht stellte, das Fenster aufstieß und sich hinauslehnte, hatte er den Gottesacker mit der massiven Kirchenmauer und dem Glockenturm zur Linken vor Augen. In seinen ersten Lebensjahren spielte er im Garten und in den Wirtschaftsgebäuden vor dem Haus. Wenn er gelegentlich auf den Friedhof hinter dem Haus gelangte, blickten drei dunkle Augen vom Dach starr auf ihn herunter:

Carl Ludwig Nietzsche, 1813–1849. »Sein Bild steht noch lebendig vor meiner Seele: eine hohe, schmächtige Gestalt mit feinen Gesichtszügen und wohlwollender Freundlichkeit Überall beliebt und gern gesehn, sowohl wegen seines geistreichen Gesprächs, als seiner theilnehmenden Herzlichkeit, von den Bauern geehrt und geliebt, als Geistlicher durch Wort und That segensreich wirkend, in der Familie der zärtlichste Gatte, der liebevollste Vater, war er das vollendete Musterbild eines Landgeistlichen.«
(»Mein Lebenslauf«, 3. Fassung, vom Mai 1861, geschrieben im Alter von sechzehn Jahren; F 1, 281f)

Franziska Oehler-Nietzsche, 1826–1897. »Meine liebe Mutter. Ich denke recht oft an Dich und möchte immer gern wissen wie Du Dich befindest; komm ja bald wieder zu uns. Ich bin gesund und munter, habe Dich sehr lieb und will seyn … Dein … gehorsamster Fritz.«
(geschrieben im Alter von fünf Jahren; B 1, 1)

Röcken. Rückansicht von Nietzsches »Vaterhaus«, erbaut 1825.

die drei Dachgaupen, die typisch waren für die regionale Architektur Thüringens und Sachsens.

Wann immer er wollte, konnte der Knabe das Kirchenschiff durch den Haupteingang betreten, der direkt unter dem Glockenturm lag, über die Türschwelle hinweg, wo das Wort »Ewig« noch heute in dem abgetretenen Stein zu erkennen ist, und den vertrauten, modrigen Geruch einatmen, der ihm aus dem Innern des Sakralbaus entgegenschlug. Vielleicht warfen ihm die weißen kalten Kirchenwände ein Echo der euphorischen Ansprache seines Vaters anlässlich seiner eigenen Taufe zurück:

> »Du gesegneter Monat Oktober, in welchem mir in den verschiedenen Jahren alle die wichtigsten Ereignisse meines Lebens geschehen sind, das, was ich heute erlebe, ist doch das Größeste, das Herrlichste, mein Kindlein soll ich taufen!! Oh seliger Augenblick, oh köstliche Feier, oh unaussprechlich heiliges Werk, sei mir gesegnet im Namen des Herrn! – Mit dem tiefbewegtesten Herzen spreche

Vordereingang des Röckener Pfarrhauses (die Fotografie wurde vermutlich Anfang des 20. Jahrhunderts angefertigt).

Die Tür zu Pfarrer Carl Ludwig Nietzsches Arbeitszimmer im Erdgeschoss.

Die reparierte Eingangstür.

»Noch muß ich etwas erwähnen, was mich immer mit geheimen Schauer erfüllte. Nämlich in der düstern Sakristei der Kirche stand an der einen Seiten das übermenschliche Bild des heiligen Georg, von geschickter Hand in Stein gegraben. Die hehre Gestalt, die furchtbaren Waffen und das geheimnißvolle Halbdunkel liesen mich ihn immer nur mit Scheu betrachten. Einst, so geht die Sage, sollen seine Augen erschrecklich gefunkelt haben so daß alle, die ihn angesehen hätten, mit Grausen erfüllt worden wären.« (»Aus meinem Leben«, geschrieben im Alter von dreizehn Jahren; F 1, 3)

> ich es aus: So bringt mir denn dies mein liebes Kind, daß ich es dem Herrn weihe. Mein Sohn, Friedrich Wilhelm, so sollst Du genennet werden auf Erden, zur Erinnerung an meinen königlichen Wohlthäter, an dessen Geburtstag du geboren wurdest.«[2]

Vielleicht lief der Knabe auch auf dem roten Läufer zwischen den grauen Bankreihen nach vorn zu den beiden Türen, die in die winzige Sakristei hinter dem Altar führten, von der aus der Vater zur Kanzel hoch über dem steinernen Altar gelangen konnte. Dort in der Sakristei lauerte gleichsam im Hinterhalt die bedrohliche Figur des heiligen Georg. Oder vielleicht kletterte der kleine Fritz auch die alte hölzerne Treppe zur Chorempore mit der kleinen Orgel hinauf, wo er oft mit seinem Vater saß.

Diesem »Vaterhaus« und dem Dorf Röcken gehörte Nietzsches Liebe ganz und gar, nicht der Stadt Naumburg, in die er im April 1850 mit seiner Mutter Franziska, seiner Schwester Elisabeth (die am 10. Juli 1846 geboren worden war), drei unverheirateten Tanten und einer verwitweten Großmutter, der steifen, sturen Erdmuthe, umsiedelte. Der Umzug erfolgte nach dem Tod des Vaters am 30. Juli 1849 und dem des jüngeren Bruders Anfang März 1850. Vater und Bruder wurden an der Südseite der Röckener Kirche bestattet. In Dutzenden von Gedichten und autobiographischen Skizzen aus seiner Jugendzeit gab Nietzsche dem dramatischen Einschnitt, den diese beiden Todesfälle für sein Leben bedeuteten, Ausdruck. Die folgende Passage entstammt einer seiner frühesten Autobiographien, »Aus meinem Leben«, die zwischen dem 18. August und 1. September 1858 entstand, als der Schreiber noch nicht einmal vierzehn Jahre alt war. Sie beginnt mit einer ziemlich altklug anmutenden, dabei von tiefer Frömmigkeit zeugenden Einleitung und erzählt dann vom Geburtsort des Verfassers, der durchgehend als »Vaterhaus« bezeichnet wird, und von dem Schatten, der schon bald über diesem Haus lag:

> I. *Die Jugendjahre.* – 1844–1858. Wenn man erwachsen ist, pflegt man sich gewöhnlich nur noch der hervorragendsten Punkte aus der frühesten Kindheit zu errinern. Zwar bin ich noch nicht erwachsen, habe kaum die Jahre der Kindheit und Knabenzeit hinter mir, und doch ist mir schon so vieles aus meinem Gedächtniß entschwunden und das Wenige, was ich davon weiß, hat sich wahrscheinlich nur durch Tradition erhalten. Die Reihen [der] Jahre fliegen an meinem Blicke gleich einem verworrenen Traume vorüber. Deßhalb ist es mir unmöglich, mich in den ersten zehn Jahren meines Lebens an Daten zu binden. Dennoch steht Einiges hell und lebhaft vor meiner Seele und dieses will ich, vereint mit Dunkel und Düster, zu einem Gemälde verbinden. Ist es doch immer lehrreich, die allmählige Bildung des Verstandes und Herzens und hiebei die allmächtige Leitung Gottes zu betrachten! –
> Ich wurde in Röcken bei Lützen den 15 Okt[ober] 1844 geboren undentpfing in der heiligen Taufe den Namen: *Friedrich Wilhelm.* MeinVater war für diesen Ort und zugleich für die Nachbarsdörfer Michlitz und Bothfeld Prediger. Das vollendete Bild eines Landgeistlichen! Mit Geist und Gemüth begabt, mit allen Tugenden eines Christen geschmückt, lebte er ein stilles, einfaches aber glückliches Leben und wurde von allen, die ihn kannten, geachtet und geliebt. Sein feines Benehmen und heiterer Sinn verschönerte manche Gesellschaften, zu denen er geladen war und machten ihn gleich bei seinem Ersten Erscheinen überall beliebt. Seine Musestunden füllte er mit schönen Wissenschaft und mit Musik aus. Im Klavierspielen hatte er eine bedeutende Fertigkeit, besonders in freien Variiren erlangt. (F 1, 1f)

Nietzsches Vater improvisierte gern am Klavier und an der Kirchenorgel auf der Empore. Der Knabe saß dabei stundenlang auf dem Schoß des Vaters, ganz hingegeben an die Musik. Sein eigenes zukünftiges Talent zur Klavierimprovisation, seine musikalischen Kompositionen, seine Faszination von Richard Wagner und die Freundschaft mit Heinrich Köselitz (alias Peter Gast), seine Gedanken zur Rolle der Musik im Chor der griechischen Tragödie wurden so letztlich *auf*, wenn nicht sogar *aus* dem

Links: Röcken. Apsis der Kirche mit Blick auf das Pfarrhaus.

Rechts: Die Kirchenorgel in Röcken. »Der Weltsymbolik der Musik ist [...] mit der Sprache auf keine Weise erschöpfend beizukommen.« (GT, 6; 51)

väterlichen Schoß geboren. An einen Wagner-Dirigenten schrieb Nietzsche sehr viel später in seinem Leben, genauer gesagt kurz nach seinem 43. Geburtstag: »Vielleicht hat es nie einen Philosophen gegeben, der in dem Grade im Grund so sehr Musiker war, wie ich es bin.« (B 8, 172) Doch zurück zu »Aus meinem Leben«:

»Verderbend fallen die Schläge des Himmels nieder.« (F 1, 4f) Inschrift an der Apsis der Röckener Kirche.

Wäh[rend dieser] verhängnißvollen Zeit bekam ich noch ein Brüderchen, in der heiligen Taufe Karl Ludwig *Joseph* genannt, ein allerliebstes Kind. Bis hieher hatte uns immer Glück und Freude geleuchtet, ungetrübt war unser Leben dahingeflossen, wie ein heller Sommertag; aber da thürmten sich schwarzen Wolken auf, Blitze zuckten und verderbend fallen die Schläge des Himmels nieder. Im September 1848 wurde plötzlich mein geliebter Vate[r gemüths]krank. Jedoch trösteten wir uns und er sich mit baldiger Genesung. Immer wenn wieder ein besserer Tag war, bat er doch ihm wieder predigen und Confirmanden Stunden geben zu lassen. Denn sein thätiger Geist konnte nicht müsig bleiben. Meherre Aerzte bemühten sich das Wesen der Krankheit zu erkennen, aber vergebens. Da holten wir den berühmten Arzt Opolcer, der sich damals in Leipzig befand, nach Röcken. Dieser vortreffliche Mann erkannte sogleich, wo der Sitz der Krankheit zu suchen wäre. Zu unser aller Erschrecken hielt er es für eine Gehirnserweichung, die zwar noch nicht hoffnungslos, aber dennoch sehr gefahrvoll sei. Ungeheure Schmerzen mußte mein geliebter Vater ertragen, aber die Krankheit wollte sich nicht vermindern sondern sie wuchs von Tag zu Tag. Endlich erlosch sogar sein Augenlicht und in ewigen Dunkel mußte er noch den Rest seiner Leiden erdulten. Bis zum Juli 1849 dauerte noch sein Krankenlager; da nahte der Tag der Erlösung. Den 26 Juli versank er in tiefen Schlummer und nur zuweilen erwachte er. Seine letzten Worte waren: Fränzchen, – Fränzchen – komm – Mutter – höre – höre – Ach Gott! – Dann entschlief er sanft und selig. †††† d. 27 Juli. 1849. Als ich den Morgen erwachte, hörte ich rings um mich lautes Weinen und Schluchzen. Meine liebe Mutter kamm mit Thränen herein und rief wehklagend: Ach Gott! Mein guter Ludwig ist todt! Obgleich ich noch sehr jung und unerfahren war so hatte ich doch eine Idee vom Tode; der Gedanke, mich immer von den geliebten Vater getrennt zu sehn, ergriff mich und ich weinte bitterlich. Die Tage darauf vergingen unter Thränen und Vorbereitung zum Begräbniß. Ach Gott! Ich war zum vaterlosen Waisenkind, meine liebe Mutter zur Wittwe geworden! – Den 2 August wurde die irdische Hülle meines theuren Vaters den Schoos der Erde anvertraut. Die Gemeinde hatte das Grab ausmauern lassen. Um 1 Uhr Mittag begann die Feierlichkeit unter vollen Glockengeläute. Oh, nie wird sich der dumpfe Klang derselben aus meinem Ohr verliehren, nie werde ich die düster rauschende Melodie des Liedes »Jesu meine Zuversicht« vergessen! Durch die Hallen der Kirchen braußte Orgelton. (F 1, 4f)

Röcken. Das Grab von Nietzsches Vater.

Der Altar der Kirche in Röcken mit auf die Decke gefallenen Lupinenblättern. »Wir bluten Alle an geheimen Opfertischen, wir brennen und braten Alle zu Ehren alter Götzenbilder.« (ASZ III, 6; 251)

Nietzsches enge Beziehung zu seinem Vater und die frühe Durchtrennung dieser Bindung durch dessen Tod prägten ihn sein Leben lang. Als er in einem Gerichtsprozess gegen einen seiner Verleger, Ernst Schmeitzner, einen Betrag von 7000 Schweizer Franken zugesprochen bekam, kaufte er, nachdem er unter anderem seine Schulden in diversen Buchhandlungen beglichen hatte, als Erstes einen Grabstein für seinen Vater – 36 Jahre nach dessen Tod!

So weit wir wissen, war es auch der Sohn Friedrich, der künftige »Antichrist«, der die Grabsteininschrift auf dem Röckener Friedhof entwarf, einschließlich des Paulusverses am Ende:

> Hier
> ruht in Gott
> Carl Ludwig
> Nietzsche
> Pfarrer zu Röcken
> Michlitz und Bothfeld
> geboren 11. Oktober 1813
> gestorben 30. Juli 1849
> Ihm folgte in die Ewigkeit nach
> sein jüngster Sohn
> Ludwig Joseph
> geboren 27. Februar 1848
> gestorben 4. Januar 1850
> Die Liebe höret nimmer auf
> 1. Korinther 13,8.

»Die Liebe höret nimmer auf« – auch dann nicht, wenn man das »Vaterhaus« längst verloren hat.

Nietzsches Vorfahren mütterlicher- und väterlicherseits waren entweder Pfarrer oder Metzger. Er selbst hätte sich, vor allem gegen Ende seines aktiven Lebens, als er zutiefst enttäuscht von seiner ersten Heimat war, lieber als Nachfahren polnischer Ahnen gesehen. Nachdem das Bemühen, auf mütterlicher, der Oehler-Seite, auf adlige Vorfahren zu stoßen, scheiterte, konzentrierten sich seine Hoffnungen auf die Familie seines Vaters, deren Namen er auf das aristokratische polnische *Nietzky* zurückführte. Doch *Nietzsche* war ein durchaus gebräuchlicher deutscher Name, der vor allem im Norden und Osten des Landes häufig vorkam. Vermutlich ist der Name entweder von *Nikolas* abgeleitet, was an Sankt Nikolaus und Geschenke denken lässt, oder von *Neid*, mittelhochdeutsch *nît*. Nietzsche genoss diese Doppeldeutigkeit zweifellos und scheint besonders entzückt von der »allerschmeichelhaftesten Etymologie« des polnischen *Nietzky* gewesen zu sein, was seinen Worten nach im Polnischen für »Nihilist« verwendet wurde (B 8, 346). Doch trotz seiner Überzeugung, dass frühe Vorfahren den Menschen stärker prägen als das elterliche Erbgut und dass jeder Mensch Eigenschaften besitzt, die er nicht von Mutter und Vater hat, sondern von seinen Urahnen, stellte Nietzsche nie ernsthaft Nachforschungen zu seinem Stammbaum an.

Lediglich sein Großvater väterlicherseits, Friedrich August Ludwig Nietzsche, scheint eine gewisse schriftstellerische Neigung und entsprechende Begabung bewiesen zu haben, wenngleich zu den ganz entfernten Blutsverwandten Nietzsches Geistesgrößen wie Goethe und die Brüder Schlegel gerechnet werden. Nietzsche selbst wurde keineswegs zum Literaten oder Philosophen erzogen. Vielmehr sollte er einmal den Platz seines Vaters einnehmen und die Pflichten eines evangelischen Pfarrers erfüllen. Erst mit Beginn seiner Universitätsjahre gelang es ihm, dem Gefängnis dieser dominanten Vergangenheit zu entrinnen. Doch vielleicht entrann er ihm nur teilweise, spiegelte seine gewissenhafte Auseinandersetzung mit der klassischen Philologie doch typisch protestantischen Eifer und Gründlichkeit, verwurzelt in Schriftverehrung und Hingabe an die Zeugnisse einer vergangenen Zeit.

Der Umzug von Röcken nach Naumburg bedeutete, so geringfügig die räumliche Entfernung war, einen radikalen Wechsel für den Knaben, den Wechsel vom Land in die Stadt, von einer ländlichen zu einer bürgerlichen Existenz. Und in der Tat, wenn man die großartigen Wohnungen seiner Naumburger Gefährten Wilhelm Pinder und Gustav Krug mit dem schlichten Dorfpfarrhaus vergleicht, in dem Nietzsche geboren wurde, oder auch mit den drei bescheidenen Wohnungen, die die Familie nacheinander in Naumburg bezog, wird verständlich, wie hoch der Knabe, der von Vornehmheit und Adel träumte, klettern musste, damit er auch nur annähernd mithalten konnte. Er schilderte den Umzug in »Aus meinem Leben«, nicht ohne zuvor noch einmal auf die unheilvollen Folgen des Todes seines Vaters im Verein mit dem Tod seines kleinen Bruders Joseph eingegangen zu sein:

> Wenn man einen Baum seiner Krone beraubt, so wird er welk und kahl und die Vöglein verlassen die Zweige. Unsere Familie war ihres Oberhauptes beraubt, alle Freude schwand aus unsern Herzen und tiefe Trauer herrschte in uns. Aber kaum waren die Wunden ein wenig geheilt, so wurden sie von Neuen schmerzlich aufgerissen. – In der damaligen Zeit träumte mir einst, ich hörte in der Kirche Orgelton wie beim Begräbniß. Da ich sah, was die Ursache wäre, erhob sich plötzlich ein Grab und mein Vater im Sterbekleid entsteigt denselben. Er eilt in die Kirche und kommt in kurzen mit einem kleinem Kinde im Arm wieder. Der Grabhügel öffnet sich, er steigt hinein und die Decke sinkt wieder auf die Oeffnung. Sogleich schweigt der rauschende Orgelschall und ich erwache. – Denn Tag nach diesen Nacht wird plötzlich Josepfchen unwohl, bekommt die Krämpfe und stirbt in Wenig Stunden. Unser Schmerz war ungeheuer. Mein Traum war vollständig in Erfüllung gegangen. Die kleine Leiche wurde auch noch in die Arme des Vaters gelegt. –
> Bei diesen doppelten Unglück war Gott im Himmel unser einziger Trost und Schutz. Dies geschah Ende Januar 1850. – – –
> Die Zeit, wo wir von unsern geliebten Röcken scheiden sollten, nahte heran. Noch kann ich mich des letzten Tag und der letzten Nacht errinern wo wir dort verweilten. Am Abend spielte ich noch mit mehreren Kindern, gedenkend daß es das letzte Mal sei. Die Abendglocke hallt mit wehmüthigen Ton durch die Fluren, mattes Dunkel verbreitete sich über die Erde, am Himmel strahlten der Mond und die funkelnden Sterne. Ich konnte nicht lange schlafen; schon Nachts halb eins ging ich wieder in den Hof. Hier standen mehrere Wagen, die beladen wurde[n], der matte Schein der Laterne beleuchtete düster die Hofräume. Ich hielt es geradezu für unmöglich, [mich] an einen anderen Orte heimisch zu werden. Von einen Dorfe zu scheiden, wo man Freude und Leid genossen hat, wo die theu[ren] Gräber des Vaters und des kleinen Bruders sind, wo die Bewohner des Ortes immer nur mit Liebe und Freundlichkeit zuvorkamen, wie schmerzlich war es! Kaum erhellte der dämmernde Tag die Fluren da rollte der Wagen hin auf der Landstraße und führte uns Naumburg zu, wo uns eine neue Heimath [er]wartete. – Adde, adde, theures Vaterhaus!![3]
> (F 1, 6f)

Danach folgte die Beschreibung seiner neuen Heimat, der alten Stadt Naumburg mit ihren eindrucks-

Der Blick aus dem zweiten Stock des Pfarrhauses – von dort, wo möglicherweise das Schlafzimmer des Knaben lag – auf die Kirche und den ehemaligen Friedhof.

vollen Stadtmauern. Manchmal ist seine Schilderung von liebevoller Detailtreue, an anderen Stellen spricht er in den verächtlichen Ausdrücken, die er später gebrauchen sollte, wenn er sich auf die Einmischung seiner Mutter und seiner Schwester in seine Angelegenheiten bezog, ihre »Naumburger Tugend«, wie er es nannte, die ihm zutiefst zuwider war.[4]

> Es war für uns schrecklich, nachdem wir so lange auf dem Lande gewohnt hatten, in der Stadt zu leben. Deßhalb vermieden wir die düstern Straßen und suchten das Freie, wie ein Vogel der seinem Käfig entflieht. Denn nicht viel anders erschienen uns damals die Stadtbewohner. Als ich zum erstenmal den Bürgergarten sah, soll ich gesagt haben in kindlicher Freude: O sieh! Lauter Christbäume! Ueberhaupt erschien mir in der ersten Zeit alles neu und unbekannt. Die großen Kirchen und Gebäude der Marktplatz mit Rathhaus und Brunnen, die ungewohnte Menge des Volks eregte meine große Bewunderung. Dann erstaunte [ich,] wie ich bemerkte, das die Leute oft mit einander unbekannt waren; denn auf den stillen Dorfe kannte sich jedermann. Was mir aber mit am unangenehmsten war, das waren die langen gepflasterten Straßen. Der Weg zu den Tanten schien mir mindestens eine Stunde zu sein. (F 1, 7)

Wir wissen sehr wenig von Nietzsches früher Kindheit in Röcken und seiner Schulzeit in Naumburg. Der Familienüberlieferung zufolge verliefen die Schwangerschaft und die Geburt normal, und der Knabe war ein stilles, zufriedenes Kind. Allerdings hatte Fritz offensichtlich schon als Kleinkind heftige Wutanfälle, denen seine Mutter hilflos gegenüberstand, die sein Vater jedoch mit energischen Disziplinarmaßnahmen parierte. Von da an zog sich der Knabe immer, wenn es nicht nach seinem Willen ging, in eine Ecke des Zimmers oder ins Badezimmer zurück, wo er mit seinem Zorn allein war. Das Kind fing erst an zu sprechen, als es schon mehrere

Jahre alt war. Der zu Rate gezogene Dorfarzt riet Franziska, ihren Sohn nicht zu sehr zu bemuttern, sonst würde er es nie nötig haben, zu sprechen und seine Wünsche in Worte zu kleiden! Das Lieblingsspielzeug des Knaben war ein Porzellaneichhörnchen, das eine Tante seinem Vater aus Dresden mitgebracht hatte. Noch als Neunjähriger verfasste Nietzsche Schauspiele für *König Eichhorn* (F 1, 310f). Als er in späteren Jahren einen Brief an seine Schwester mit »Prinz Eichhorn« unterschrieb, verstanden Mutter und Schwester die Anspielung sofort. (B 7, 108)

Franziska Nietzsche heiratete nicht wieder, sondern widmete ihr Leben den beiden verbliebenen Kindern Friedrich Wilhelm und der anderthalb Jahre jüngeren Elisabeth. Die Mutter hatte sich genügend Fertigkeit auf dem Klavier erworben, um ihren Sohn in die Anfangsgründe des Klavierspiels einführen zu können. Als sie schließlich nicht mehr mit ihm Schritt halten konnte, arrangierte sie anspruchsvolleren Unterricht für ihn. Dennoch verband der Knabe die Musik immer mit dem Vater – eine Assoziation, die sich auch auf die Freundschaft mit der Familie Krug und später mit Richard Wagner auswirkte. Mit elf Jahren komponierte Nietzsche bereits seine ersten Oratorien und andere geistliche Musikstücke. Die Mutter trug auch für den Schulunterricht des Sohnes Sorge, zunächst in der Bürgerschule (in der Hoffnung, dass er dort mit breiteren Bevölkerungsschichten in Berührung komme), dann in einem kleinen Privatinstitut und schließlich im örtlichen Domgymnasium. Der junge Nietzsche war ein begeisterter Schüler, so begeistert, dass es die Frauen in seiner Familie leicht beunruhigte. Natürlich wollten sie, dass er Pfarrer werden und den Platz des mit sechsunddreißig Jahren so früh verstorbenen Vaters einnehmen sollte. Doch der Knabe schien seine Jugend völlig überspringen zu wollen.

Nietzsche berichtet wenig von seiner frühen Schulzeit, doch das Wenige gibt tiefen Einblick:

> Aber schon damals fing mein Charackter an sich zu zeigen. Ich hatte in meinem jungen Leben schon sehr viel Trauer und Betrübniß gesehn und war deßhalb nicht ganz so lustig und wild wie Kinder zu seien pflegen. Meine Mitschüler waren gewohnt mich wegen dieses Ernstes zu necken. Aber dieses geschah, nicht allein in der Bürgerschule nein, auch später im Institut und sogar im Gymnasio. Von Kindheit an suchte ich die Einsamkeit und fand mich da am wohlsten, wo ich mich ungestört mir selbst überlassen konnte. Und dies war gewöhnlich im freien Tempel der Natur, und die wahrsten Freuden fand ich hiebei. So hat auf mich stets ein Gewitter den schönsten Eindruck gemacht;

Der Naumburger Marktplatz damals und heute.

der weithin krachende Donner und die hell aufzuckenden Blitze vermehrten nur meine Ehrfurcht gegen Gott. (F 1, 8)

Ein späterer, im Alter von sechzehn Jahren von Friedrich verfasster Text enthält fast die gleiche Aussage: »Verschiedne Eigenschaften entwickelten sich schon sehr frühe, eine gewisse betrachtende Ruhe und Schweigsamkeit, durch die ich mich von andern Kindern leicht fernhielt, dabei eine bisweilen ausbrechende Leidenschaftlichkeit.« (F 1, 279)

Die größte Entspannung und Abwechslung vom Stadtleben in Naumburg fand Friedrich in Pobles – dem Dorf, in dem sein Großvater mütterlicherseits, David Ernst Oehler, Pfarrer war. Die zahlreichen Tanten, Onkel, Vettern und Basen in der Pfarre von Pobles und die Spielgefährten draußen in den Feldern und Gärten machten Pobles zum Sommerferienidyll von Nietzsches Jugend. In der bereits zitierten ersten autobiographischen Skizze berichtet er: »Der liebe, ernste aber auch heitere Grospapa, die so freundliche Grosmama, die Onkel und Tante, überhaupt die aecht deutsche Gemüthlichkeit die in diesen Hause herrschte, zogen uns immer wieder hin und liesen uns diesen Ort sehr liebgewinnen. Am liebsten hielt ich mich in des Grospapa Studirstube auf und in den alten Büchern und Heften herumzustören[sic!], war meine größte Lust.« (F 1, 24)

Zum Geburtstag von Großvater Oehler im Sommer 1859 verfasste der Vierzehnjährige das folgende Gedicht (F 1, 108f):

Im Pfarrhaus zu Pobles
Ist lustiges Leben:
Bald nahen Verwandte
Bald liebe Bekannte
Von nah und von ferne
Und alle umgeben
Mit Freude und Wonne
Wie blitzende Sterne
Des Hauses Sonne.

Doch so sehr der Knabe und später der Mann die bürgerliche Stadt Naumburg verabscheut haben mag, so stolz war er auf die Freistelle in der ehemaligen Zisterzienserabtei Schulpforta, die er 1858 eingeräumt bekam, auch wenn ihm der Aufenthalt dort manche Träne abrang und ihm großen Kummer bereitete. In Schulpforta erhielt Nietzsche die vortreffliche Ausbildung, die ihn nach nur vierjährigem Universitätsstudium zu einem brillanten Philologen machte. Der Schüler zeichnete sich in allen Fächern aus, außer im Fach Mathematik, das er »langweilig« fand und das ihn fast die Versetzung kostete. In Pforta, 1543 auf dem Areal einer großartigen Zisterzienserabtei aus dem 12. Jahrhundert gegründet und noch immer von recht monastischem Aussehen, lernte Nietzsche so gut Hebräisch, Griechisch, Latein, Deutsch und Französisch, dass er im Stande war, eine ganze geistesgeschichtliche Tradition über ihre Originaltexte aufzunehmen.

Die Tränen, die der Zögling hier dennoch vergoss, entsprangen dem unüberwindbaren Heimweh, unter dem er jahrelang litt, obwohl er Mutter, Schwester und andere Verwandte jeden Sonntag sehen konnte – gewöhnlich in dem thüringischen Städtchen Altenburg, bei den Pfortaschülern »Almrich« genannt, das auf halbem Weg zwischen Pforta und Naumburg lag. Mitte November 1858, während seines ersten Jahres in Schulpforta, schrieb Nietzsche an seine Mutter:

> Ich warte jetzt täglich auf einen Brief von euch. Aber es kommt gar keiner. Deßhalb will ich noch einmal schreiben. Sonntag komme ich nicht nach Naumburg; es ist unsre Wohnung für zwei Stunden zu weit; kommt lieber nach Almrich; da werden wir uns sehen. Auch denke ich, da kein Brief von euch kommt, ihr werdet selbst einmal nach Pforta kommen und mich besuchen. Kommt nicht der Onkel Oscar wieder einmal? Ich brauche ja noch mehreres; das kann er mir bringen: Süpfle, Hahn's preusische Geschichte, Chocoladenpulver, Spiegel, Halstücher und vor allen Brillen. Laßt mich ja nicht lange darauf warten; ich brauche alles sehr nothwendig. – - Ich glaube übrigens fast, das Heimweh kommt noch bei mir nach; mitunter zeigen sich Spuren. – Wie geht es Wilhelm; er ist doch ganz wieder gesund? Grüße ihn viele mal wie auch Gustav und [die] Tanten Rosalie, Riekchen und Lina. Lisbeht kommt also sicher mit Dir und den Onkel nach Almrich! (B 1, 29)

Im Sommer 1858 zog Franziska Nietzsche in Naumburg in eine eigene Wohnung, nachdem Großmutter Erdmuthe und Tante Auguste gestorben waren und

Das Pfarrhaus von Franziska Nietzsches Vater, Pastor David Ernst Oehler, in Pobles…

… heute ein verlassener Speicher.

Wiese und Obstgarten zwischen Großvater Oehlers Kirche und Pfarrhaus in Pobles.

Schulpforta, wie es zu Nietzsches Zeit aussah. Die Straße zur Linken führt in Windungen über »Almrich« nach Naumburg.

Der Haupteingang der ehemaligen Zisterzienserabtei von Schulpforta. »Ich will jetzt versuchen ein Bild von dem ganz gewöhnlichen Leben in Pforta zu geben [...] früh um 4 Uhr wird der Schlafsaal aufgeschlossen und von da an steht es einem jeden frei aufzustehen. Aber um 5 Uhr müssen alle andern mit der gewöhnlichen Schulglocke wird geläutet, die Schlafsaalinspektoren rufen dröh[n]end: Steht auf, steht auf macht daß ihr herauskommt! und bestrafen auch wohl die, welche sich nicht so leicht aus den Federn herausfinden können. Dann ziehen sich alle so schnell und so leicht wie möglich an und eilen dann in die Waschstube um noch einen Platz zu bekommen, bevor es zu voll wird. [...] 5 Minuten vor halb wird zum ersten male zum Gebet geläutet und zum zweitenmale muß man in den Betsall. Hier halten bevor der Lehrer kommt die Inspektoren auf Ruhe, verbieten das Sprechen und animiren die Primaner die gewöhnlich viel später kommen, sich zu setzen. [...] Dann ertönt die Orgel und nach kurzen Vorspiel erklingt ein Morgenlied. Dann liest der Lehrer einen Abschnitt aus dem neuen Testament, mitunter auch noch ein geistliches Lied, spricht das Vaterunser und der Schlußvers beschließt die Versammlung.« (Tagebucheintrag, Pforta, 9. August 1859; F 1, 119f)

Tante Rosalies Nerven ihr das Alleinleben auferlegten. Das neue Heim, das Franziska Nietzsche bis zu ihrem Tod 1897 bewohnen sollte, Weingarten 18, lernte ihr Sohn nur aus Ferienaufenthalten von Pforta kennen. Es ist eine grausame Ironie des Schicksals, dass gerade diese Adresse nach seiner Entlassung aus der Klinik in Jena in die Obhut seiner Mutter im Frühjahr 1890 sieben lange Jahre seine Zuflucht sein sollte.

Etwas vom Geiste Schulpfortas und von Friedrichs Empfinden und dem Heimweh nach der Mutter und der gewohnten Umgebung, weitere Verlusterlebnisse, spiegelt sich in folgendem Brief an seinen Naumburger Freund Wilhelm Pinder wider. Im April 1859, nach vergnüglichen Osterferien, schrieb der Vierzehnjährige bekümmert:

Als ich bei Anbruch der Nacht nach Pforta zurückkehrte, wurde mir sehr wehe zu Muthe. Der Himmel war rings mit Wolken bedeckt, nur einzelne helle Fleken traten deutlich hervor und besonders zeigten sich noch helle Spuren der untergegangenen Sonne. Der Wind pfiff schaurig durch die hohen Bäume hin, die ihre Zweige aechzend neigten. Mein Herz war in einer ähnlichen Lage. – Auch es war von den Wolken der Traurigkeit verdunkelt und nur die frohe Errinerung an die Ferien ließ einige Freude aufkommen, aber es war eben jenes freudig schmerzliche Gefühl der Wehmuth. Du glaubst es wohl nicht – es ist aber ein ungeheurer Unterschied wenn man Eltern und Schule an denselben oder an verschiedenen Orten hat.! Du scheidest beim Schluß der Ferien nur von den süßen Erholungen und der angenehmen Muse, ich aber trenne mich auf eine nicht unbedeutende Zeit von Haus und Familie mit ihren Freuden und trete wieder in eine fremde Umgebung ein. (B 1, 59)

Naumburg. Weingarten 18, das Haus, in das Franziska Nietzsche und ihre Kinder im Sommer 1858 einzogen und in dem sie im April 1897 starb. Fotografie aus dem Jahre 1895.

Trotzdem wurde Pforta für den Knaben Nietzsche zu einem zweiten »Vaterhaus«, wenn auch einem sehr viel strengeren und stärker reglementierten, als Röcken es gewesen war. Er entwickelte ein enges Verhältnis zu einigen seiner Lehrer und wenigen Klassenkameraden. Dennoch verstärkten die Jahre auf der weiterführenden Schule in dem sensiblen Jüngling das Gefühl der Fremdheit, das Gefühl, »anders« zu sein und nicht dazuzugehören. Immerhin hegte das Bildungsinstitut besonderen Stolz auf seine strenge Disziplin. Auch wenn der Lehrplan humanistisch geprägt und von den politischen Sympathien her eher liberal-parlamentaristisch als monarchistisch ausgerichtet war, wurde mit den Schülern doch recht militärisch umgesprungen.
Der Rektor definierte in einer Festschrift die Prinzipien des Instituts 1843 folgendermaßen:

> Das Eigentümliche der Pforta ist, daß sie einen in sich geschlossenen Schulstaat bildet, worin das Leben der einzelnen in allen seinen Beziehungen völlig aufgeht. Sie [...] finden hier in der Totalität ihrer Ausbildung gewissermaßen noch mehr als ein zweites Vaterhaus [...] Daß ihre Zöglinge ganze Menschen werden, daß sie an Gehorsam gegen das Gesetz und den Willen der Vorgesetzten, an strenge und pünktliche Pflichterfüllung, an Selbstbeherrschung, an ernstes Arbeiten, an frische Selbsttätigkeit aus eigener Wahl und Liebe zur Sache, an Gründlichkeit und Methode in den Studien, an Regel in der Zeiteinteilung, an sicheren Takt und selbstbewußte Festigkeit im Umgange mit ihresgleichen gewöhnt werden, dies sind Früchte der hiesigen Disziplin und Erziehung.[5]

Einer der anfänglichen Schrecken in Pforta, der bald zu einer der größten Freuden in Nietzsches Leben werden sollte, war das Schwimmen. Jeder Schüler musste sich einer rigorosen Schwimmprüfung in der Saale unterziehen. Friedrich, wenngleich robust und damals noch recht gesund, gehörte sicherlich nicht zu den besonders eifrigen und wagemutigen Athleten und sah der Prüfung mit Bangen entgegen. Bevor die besagte Mutprobe anstand, fiel es ihm noch leicht, sich in geradezu schwelgerischer Sprache über die Freuden des Schwimmens und die große Nützlichkeit dieses Sports auszulassen – solange dies nur mit der Feder und nicht aktiv geschah. In »Aus meinem Leben« schrieb er: »O es ist wonnig sich den lauen Wasser des Sommers hinzugeben. Besonders empfand ich dies, als ich später schwimmen lernte. Sich der Strömung zu überlassen, und ohne Mühe auf den weichen Fluthen hinzugleiten, kann man sich etwas lieblicheres denken? Dazu erachte ich das Schwimmen nicht nur für angenehm sondern auch in Gefahren sehr nützlich und für den Körper sehr stärkend und erfrischend. Es ist Jünglingen nicht genug zu empfehlen.« (F 1, 24) In einem Tagebucheintrag etwa aus der gleichen Zeit, datiert mit »Pforta, 6. August 1859«, bekennt derselbe Jüngling, dem es das Schwimmen so überaus angetan zu haben scheint:

> »Wir haben heute wieder frei gebadet. Das Wasser war ungewöhnlich flach; man konnte weit und breit über die Saale gehen. Es war auch ungemein warm. – Die Schwimmprobe habe ich noch nicht gemacht; ich fürchte mich immer vor Blamage.« (F 1, 116).

Die Saale bei Schulpforta: »Die Schwimmfahrt fand gestern wirklich statt. Es war ganz famos, wie wir in Reihen abgetheilt unter lustiger Musik aus dem Thore marschirten. Wir hatten alle rothe Schimmmützen auf, was einen sehr hübschen Anblick gewährte. Wir kleinen Schwimmer waren aber sehr über[r]ascht, als die Schwimmfahrt eine weite Strecke noch die Saale hinunter ihren Anfang hatte, worüber wir alle etwas kleinmüthig wurden; als wir aber die großen Schwimmer aus der Ferne kommen sahen, und die Musik hörten, vergaßen wir unsre Angst und sprangen in den Fluß; es wurde nun in derselben Ordnung geschwommen, wie wir ausmarschirt [waren]. Ueberhaupt ging alles recht gut; ich half mir so gut ich konnte; obgleich ich nirgends Grund hatte. Auch das auf den Rücken schwimmen benutzte ich öfters. Als wir endlich anlangten, empfingen wir unsre Kleidungsstücke, die in einem Kahne hinterdrein gefahren waren, kleideten uns schnell und marschirten in gleicher Ordnung nach Pforta. Es war wirklich wunderhübsch.« (Tagebucheintrag, Pforta, 18. August 1859; F 1, 130)

Als er die Probe schließlich bestanden hatte, war er überglücklich und maßlos erleichtert. Von diesem Zeitpunkt an wurde er ein begeisterter Schwimmer. Später schwamm er selbst während der Wintermonate im Mittelmeer bei Nizza, Genua und Sorrent und sehnte sich zeit seines Lebens danach, am Meer zu wohnen. In einem Brief an seine Mutter und seine Schwester, 24 Jahre nach jenem Schwimmexamen, findet sich der Aufschrei: »Das *einzig Sichere* ist, daß ich am **Meere** *leben muß*: ich kann nicht beschreiben, wie erlösend es mir für Gehirn und Augen vorkommt.« (B 6, 447) Nie aber war das Meer für Nietzsche nur ein Labsal für die Augen, sondern immer auch ein Element, in das man sich beglückt hineinstürzt.

Auch wenn das Hauptinteresse dieses Buches Nietzsches Werk und seinen Entstehungsorten gilt, sollten wir die Kämpfe seiner Jugendzeit nicht übergehen. Sie hatten ihren Ursprung im Heimweh und mündeten vielleicht in ein Gefühl, das diesem verwandt war. Denn die meisten Situationen, die dem jungen Nietzsche in Pforta Probleme bereiteten, erfuhren eine massive Verschärfung durch das latente Schuldgefühl, das er empfand, solange das gestrenge Auge Naumburgs auf ihm ruhte. Als der achtzehnjährige Primaner ein paar witzelnde Bemerkungen über die Aufseher machte, musste er mehrere Wochen lang Briefe von seiner Mutter erdulden, in denen sie ihn für seine Leichtfertigkeit und seinen mangelnden Respekt tadelte. Nachdem er mit seinen Schulkame-

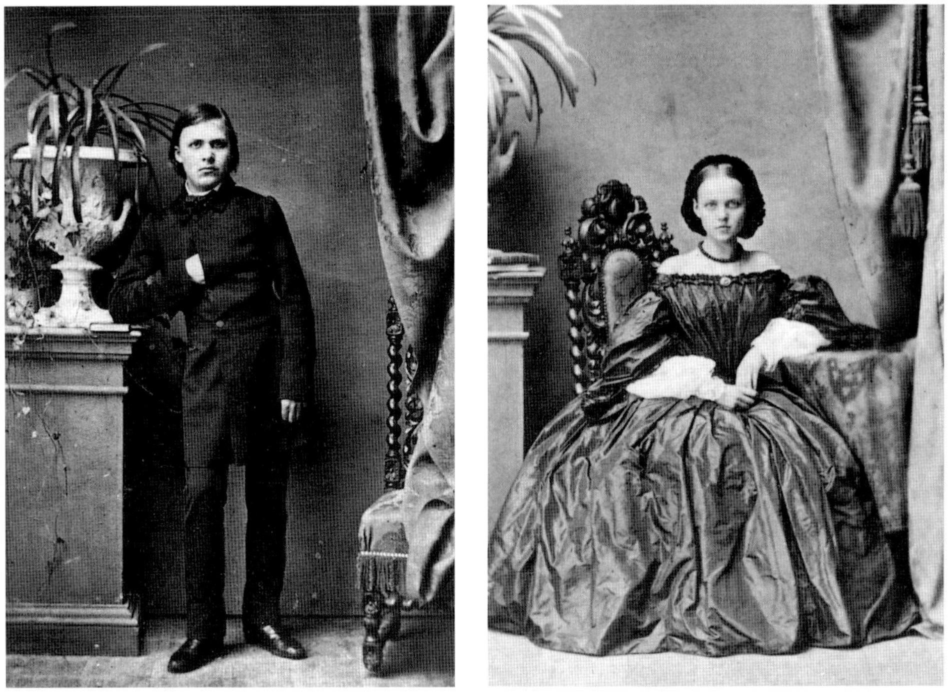

Konfirmationsbilder von Friedrich und Elisabeth Nietzsche, um 1861.

raden zu viel Bier getrunken hatte – vielleicht das einzige Mal in seinem Leben –, und natürlich dabei erwischt wurde, fühlte er sich gedrängt, den folgenden Brief nach Hause zu schreiben (B 1, 236f):

> Liebe Mutter.
>
> Wenn ich dir heute schreibe, so ist es mir eins der unangenehmsten und traurigsten Geschäfte, die ich überhaupt gethan habe. Ich habe mich nämlich sehr vergangen und weiß nicht, ob du mir das verzeihen wirst und kannst. Mit schwerem Herzen und höchst unwillig über mich ergreife ich die Feder, besonders wenn ich unser gemüthliches und durch keine Mißlaute getrübtes Zusammenleben in den Osterferien mir vergegenwärtige. Ich bin also vorigen Sonntag betrunken gewesen und habe auch keine Entschuldigung weiter, als daß ich nicht weiß, was ich vertragen kann und den Nachmittag gerade etwas aufgeregt war. Wie ich zurückkam, bin ich von Ob[er]l[ehrer] Kern dabei gefaßt worden, der mich dann Dienstag in die Synode citieren ließ, wo ich zum Dritten meiner Ordnung herabgesetzt und mir eine Stunde des Sonntagspaziergangs entzogen wurde. Daß ich sehr niedergeschlagen und verstimmt bin, kannst du dir denken und zwar mit am meisten, daß ich dir solchen Kummer bereite durch eine so unwürdige Geschichte, wie sie mir noch nie in meinem Leben vorgekommen ist. [...] Ich bin auch so ärgerlich über mich, so daß es mit meinen Arbeiten gar nicht vorwärtsgehn will und kann mich noch gar nicht beruhigen. Schreib mir doch recht bald und recht streng, denn ich verdiene es, und keiner weiß mehr als ich, wie sehr ich es verdiene. [...] Bitte, erzähle übrigens die Sache nicht weiter, wenn sie sonst nicht schon bekannt sein sollte. [...] Nun lebe wohl und schreib mir ja recht bald und sei mir nicht zu böße, liebe Mutter.
>
> Sehr betrübt
> Fritz.

Der Hinweis auf Ostern und »unser gemüthliches und durch keine Mißlaute getrübtes Zusammenleben« deutet auf einen der ersten Risse in Nietzsches Frömmigkeit und eine der ersten Belastungen seines Verhältnisses zur Familie in Naumburg. Während der Osterferien des Jahres 1861, zwei Jahre vor der Trinkepisode, hatte sich der Knabe beharrlich geweigert, am Gottesdienst teilzunehmen. Stattdessen versuchte er Schwester und Mutter über die Auswirkungen der kritischen Hermeneutik auf das überkommene religiöse Dogma aufzuklären. Der Sechzehnjährige gedachte dieses Zwischenfalls im folgenden schmerzlichen Brief, geschrieben in Schulpforta Ende April 1861 (B 1, 154f):

> Liebe Mamma!
>
> [...] Nun noch, liebe Mamma, ein Wort mit dir allein. Auch mir erscheinen jene sonst so schönen Osterferien durch die häßlichen Vorfälle getrübt und verfinstert, und es berührt mich, so oft ich daran denke, sehr schmerzlich, daß ich Dich so betrübt habe. Ich bitte dich noch recht herzlich um Verzeihung liebe Mamma! Denn es wäre doch traurig, wenn ich durch diesen Mißklang unser schönes, gegenseitiges Verhältniß gestört hätte. Verzeihe mir doch ja liebe Mamma, aber dann bitte ich dich, nie mehr dieser Ereignisse zu gedenken, sondern sie als ungeschehen zu betrachten. Ich will mich fernerhin auch so sehr ich kann, bemühen, durch mein Betragen und Liebe zu dir den verursachten Riß auszufüllen. Schreib mir noch einmal darüber, liebe Mamma! – Grüße Lisbeth vielemal von mir. Ich möchte sie so gern wiedersehn, hoffentlich doch Sonntag 4-6 in Almrich!
>
> Dein dich herzlich liebender Fritz.

Ob Nietzsches Mutter wohl beruhigt gewesen wäre, hätte sie gewusst, dass sich ihr Sohn bereits im Alter von zwölf Jahren mit Gedanken gefasste, die die österlichen Pflichten zu einer weit weniger zwingenden Angelegenheit machten, als sie sie betrachtete? Nietzsche erzählte nämlich mehrfach von seinen ersten theologischen Spekulationen, die möglicherweise von ähnlichen Gedanken Goethes angeregt wurden. 1884 notierte er: »Als ich 12 Jahre alt war, erdachte ich mir eine wunderliche Drei-Einigkeit: nämlich Gott-Vater, Gott-Sohn und Gott-Teufel. Mein Schluß war, daß Gott, sich selber denkend, die zweite Person der Gottheit schuf: daß aber, um sich selber denken zu können, er seinen Gegensatz denken mußte, also schaffen mußte. – Damit fieng ich an, zu philosophiren.« (W 11, 253; vgl. 11, 616; ZGM 249; W 8, 505) Nein, angesichts solcher Überlegungen wäre die Mutter sicherlich nicht beruhigt gewesen. Der Gymnasiast fand sich vielmehr beständig in eine Position gedrängt, in der er sie um Verzeihung zu bitten hatte. Als 1865 dann der Universitätsstudent aus Bonn zu Ostern heimkehrte, kam es erneut zur Verweigerung der Teilnahme an den Gottesdiensten, diesmal jedoch in einem spöttischen, unbußfertigen Ton. Danach gab es auch keinen Entschuldigungsbrief mehr.

Das vielleicht aufschlussreichste Dokument aus Nietzsches Jugendzeit ist das skurrile Novellenfragment, die der Siebzehnjährige unvollendet liegen ließ. Der Text »Euphorion« ist nur deshalb erhalten geblieben, weil Nietzsche eine Abschrift an seinen Kameraden aus Pforta, Raimund Granier, schickte. Entweder er selbst oder seine Mutter und/oder seine Schwester vernichteten alle anderen Abschriften. Am 28. Juli 1862 schrieb Nietzsche aus Gorenzen an Granier: »Der Plan zu meiner widerwärtigen Novelle – ach Gott, Sie haben's auch vergessen! Gleichviel! – habe ich, als ich das erste Kapitel geschrieben hatte, vor Ekel über Bord geworfen. Ich sende Ihnen das Monstrummanuskript zum Gebrauch auf … nun, wie Sie wollen. Als ichs geschrieben, schlug ich eine diabolische Lache auf – Sie werden selbst schwerlich nach der Fortsetzung Appetit haben.« (B 1, 217) Er unterzeichnete den Brief mit »FWvNietzky (alias Muck), homme étudié en lettres (votre ami sans lettres).« »Euphorion« wird hier abgedruckt, weil der Text besser als jede andere frühe Schrift die sardonische Seite des jungen Nietzsche widerspiegelt.

Ein detailliertes Bild der Interessen des Schülers – insbesondere sein Faible für Inventarien und Klassifizierung der eigenen Interessen – entsteht aus dem folgenden ausführlichen Eintrag in das Pforta-Tagebuch vom Spätsommer 1859, als Nietzsche vierzehn Jahre alt war:

> Ich habe von der frühesten Kindheit an Steckenpferde gehabt. Das erste waren die Blumen und Pflanzen, die Hülle der Erde. Das habe ich indeß nur durch Traditionen gehört. – Dann kam die Liebe zur Baukunst (natürlich hauptsächlich auf Baukasten gegründet) die ich in allen Formen ausgebildet habe. Noch sehr klein, errinere ich mich während der Kirchzeit in Röcken eine kleine Kapelle gebaut zu haben. Später wurden die[s] prachtvolle Tempel mit meheren Säulenreihen, hohe Thürme mit gewundenen Treppen, Bergwerke mit unterirdischen Seen und innerer Beleuchtung und endlich Burgen, die zugleich mit meiner dritten Liebe zum Kriegswesen, angeregt vorzüglich durch den

EUPHORION CAP. I.

... Meine Seele durchwogt eine Fluth von weichen, beruhigenden Harmonien – ich weiß nicht was mich so wehmütig stimmt, ich möchte weinen und dann sterben. Es ist nichts mehr! Ich bin sehr matt, meine Hand zittert....

Das Frühroth spielt in bunten Farben am Himmel, ein sehr abgebrauchtes Feuerwerk, das mich langweilt. Meine Augen funkeln ganz anders, ich fürchte daß sie Löcher in den Himmel brennen. Ich fühle es, daß ich mich völlig entpuppt habe ich kenne mich durch und durch und möchte nur den Kopf meines Doppelgängers finden, um sein Gehirn zu secieren oder meinen eignen Kinderkopf mit goldnen Locken ... ach ... vor zwanzig Jahren ... Kind ... Kind ... so fremd klingt mir das Wort. Bin auch ich Kind gewesen, zugedrechselt worden durch den alten abgeleierten Weltmechanismus? Und schleppe jetzt – eine Klapper an der Tretmühle – recht behaglich langsam das Seil, das man Fatum nennt, bis ich verfault bin, der Schinder mich verscharrt, und nur einige Aasfliegen mir noch ein Wenig Unsterblichkeit zusichern ?

Ich fühle beinahe bei diesem Gedanken eine Disposition zum Lachen – indessen geniert mich eine andere Idee – vielleicht entsprießen nämlich meinen Knochen auch Blümlein, vielleicht ein »herzig Veilchen« oder gar – wenn nämlich der Schinder auf meinem Grabe seine Nothdurft verrichtet – ein Vergißmeinnicht. Dann kommen Verliebte ... Widerwärtig! Widerwärtig! Das ist Fäulniß! Indeß ich hier in solchen Zukunftsgedanken schwelge – denn es deucht mir angenehmer in feuchter Erde zu verwesen als unter blauem Himmel zu vegetieren, als fetter Wurm zu krabbeln süßer als Mensch – ein wandelndes Fragezeichen – zu sein – beunruhigt mich immer daß Menschen auf der Straße dahinwandeln, bunte, geputzte, zierliche, lustige Menschen! Was sind sie? Uebertünchte Gräber sind sie, wie weiland irgend ein Mauschel gesagt hat.

In meiner Stube ist es todtenstill – meine Feder kratzt nur auf dem Papier – denn ich liebe es schreibend zu denken, da die Maschine noch nicht erfunden ist unsre Gedanken auf irgend einem Stoffe, unausgesprochen, ungeschrieben, abzuprägen. Vor mir ein Tintenfaß, um mein schwarzes Herz drin zu ersäufen, eine Scheere um mich an das Halsabschneiden zu gewöhnen, Manuscripte, um mich zu wischen und ein Nachttopf.

Mir gegenüber wohnt eine Nonne, die ich mitunter besuche um mich an ihrer Sittsamkeit zu erfreuen. Sie ist mir sehr genau bekannt, von Kopf bis zur Zehe, genauer als ich mir selber. Früher war sie Nonne, dünn und schmächtig – ich war Arzt und machte daß sie bald dick wurde. Mit ihr wohnt ihr Bruder zusammen in zeitlicher Ehe, der war mir zu fett und blühend, den habe ich mager gemacht – wie eine Leiche. Er wird in diesen Tagen sterben – was mir angenehm – denn ich werde ihn secieren. Zuvor aber will ich meine Lebensgeschichte niederschreiben, denn abgesehn davon daß sie interessant ist, ist sie auch lehrreich, junge Menschen bald alt zu machen. . darin bin ich nämlich Meister. Wer sie lesen soll? Meine Doppelgänger, deren noch viel in diesem Jammerthal wandeln.«

Hier lehnte sich Euphorion ein wenig zurück und stöhnte, denn er litt an der Rückenmarksdarre ... (F 2, 70f)

Schulpforta. Schulgebäude.

großen russischen Krieg. Zuerst wurden Belagerungsmaschinen erdacht (ich habe ein Büchlein über Kriegslisten geschrieben) Bücher über Militär- und Seewesen angeschafft, große Pläne zur Ausrüstung eines Schiffes gemacht, zahlreiche Schlachten und Belagerungen vollzogen, bei denen mit brennenden Pechkugeln geschleudert wurde, und dies alles waren eigentlich nur Mittel zu einen großen Zweck, zu einer großen Völkerschlacht, die aber in den Rüstungen dazu endete. Die Liebe zum Soldatenwesen zeigte sich auch schon im Anfertigen eine[s] großen militärischen Generallexicon; aber das Ende war Sepastopols Untergang. Aber ein sogenanntes *Theater des arts* führte mich auf Bühnenwesen; wir versuchten selbst etwas zu dichten und aufzuführen, zuerst die Götter im Olymp. Zugleich begann bei mir die Neigung zur Poesie, schon im 9ten Jahre, kleine Versuche wiederholten sich jährlich. Im 11ten Jahre trat die Neigung zuerst zur Kirchenmusik und endlich zu eigener Komposition; die Ursache habe ich anderswo angegeben; auch die Liebe zur Malerei stammen aus dieser Zeit, hervorgerufen durch die jährlichen Gemäldeausstellungen. –

Diese Neigungen folgen nicht unmittelbar auf einander sondern sind in einander verwoben, daß es unmöglich ist, Anfang und Ende zu bestimmen. Nun kommen noch spätere Neigungen zur Litteratur, zur Geologie, zur Himmelskunde, Mythologie, deutschen Sprache (althochdeutsch) usw. hinzu, so daß folgende Gruppen entstehen:

1.) Naturgenuß
a) Geologie
b) Botanik
c) Himmelskunde

2) Kunstgenuß
a) Musik
b) Poesie
c) Malerei
d) Theater.

3) Nachahmungen des Handeln und Treibens.
a) Kriegswesen
b) Baukunst
c) Seewesen

4) Lieblingsneigung in den Wissenschaften
a) guter lat[einischer] Styl
b) Mythologie

c) Litteratur
d) deutsche Sprache.

5. Innerer Trieb zu universeller Bildung.
umfasst alles andere und fügt vieles neues hinzu.

Sprachen.	*Künste.*
1. Hebraeisch.	1. Mathem[atik].
2. Griech[isch].	2. Musik.
3. Lat[einisch].	3. Poesie.
4. Deutsch.	4. Malerei.
5. Englisch	5. Plastik.
6. Französi[s]ch.	6. Chemie.
etc.	7. Architect[ur].
	etc.

Nachahmungen.	*Wissen.*
1. Militaer.Wiss[enschaft].	1. Geogr[aphie].
2. Seewissensch[aft].	2. Gesch[ichte].
3. Kenntniß der verschiedenen Gewerbe.	3. Litteratur.
	4. Geologie.
4. etc.	5. Naturgesch[ichte].
	6. Alterthum
	etc.

und über alles *Religion*, die Grundveste alles Wissens!
Groß ist das Gebiet des Wissens, *unendlich* das Forschen nach Wahrheit! (F 1, 152ff)

Schulpforta konnte nicht alle Bestrebungen des jungen Nietzsche auf all diesen Gebieten unterstützen. Mitunter hat es auch den Anschein, als habe er weniger für die Schule gearbeitet als für den kleinen künstlerisch-literarischen Verein »Germania«, den er 1860 mit seinen Naumburger Freunden Gustav Krug und Wilhelm Pinder gründete. Jedes der drei Mitglieder verpflichtete sich, monatlich ein musikalisches oder literarisches Werk zu verfassen und den beiden anderen Mitgliedern zur konstruktiven, ehrlichen Ansicht und Kritik zu überlassen.

Es überrascht nicht, dass Nietzsche in seinem schöpferischen Bemühen sehr viel ehrgeiziger und sehr viel schonungsloser in seiner Kritik war als seine beiden sich zunehmend unterlegen fühlenden Freunde. Schon vor der Gründung des Clubs pflegten Nietzsche und Pinder Themen für schriftliche Arbeiten auszutauschen. Im Frühling 1859 schrieb der vierzehnjährige Nietzsche an den Naumburger Freund (B 1, 56):

> Bitte, schicke mir jetzt einmal irgend ein Thema zu einer Deutschen Arbeit, am liebsten eine Rede oder Abhandlung. Ich denke, in den freien Tagen nach den Examen wird schon etwas freie Zeit dazu sein und ich muß in so etwas in der Uebung bleiben. Ich komme sonst zu sehr heraus. – Hier schicke ich dir auch ein Thema:
>
> *Ueber die göttliche und menschliche Freiheit.*
>
> Vielleicht findest Du auch hie und da ein Stündchen, wo Du darüber nachdenken und schreiben kannst. Es ist die Freiheit einer der wichtigsten Punkte. Wirf doch nur die Fragen auf. Was ist Freiheit? Wer ist frei? Was ist Willensfreiheit? usw. Nun lebe wohl, lieber Wilhelm und denke und schreibe recht oft an
> Deinen Fr. W. Nietzsche
>
> Nostra semper manet amicitia! – – –

Die Rezension einer Reihe von Gedichten Pinders (den Nietzsche übrigens niemals mit Pindar in Verbindung brachte!) schloss der junge Kritiker mit den apodiktischen Worten: »Das, was W. Pinder anhaftet und ihm ein rein lyrisches Produkt kaum gelingen läßt, ist eine gewisse Trockenheit des Gefühls, eine gewisse Unflüssigkeit der Phantasie und nicht genügende Durchbildung der Form.« (F 2, 219) Als offizieller Chronist der »Germania« beschwor Nietzsche seine Mitgenossen, »die Heiligkeit der Statuten« nicht zu verletzen, (F 2, 90) aber nach zwei Jahren war er erwartungsgemäß der Einzige, der überhaupt noch Arbeiten lieferte. Im August 1863 wurde die »Germania« offiziell und zweifellos mit gebührender Feierlichkeit aufgelöst.[6] Die vielleicht nachhaltigste Frucht dieser Verbindung für Nietzsche – neben der Möglichkeit, seine Fertigkeit als Schriftsteller und Kritiker zu schleifen – war die Begeisterung für die »neue Musik«, vor allem die Wagners, die Gustav Krug auf ihn übertrug, obwohl Nietzsche diese Neigung des Freundes zunächst heftig missbilligte. Musik konnte entweder im Dienste der Kirche oder der Sünde stehen, und noch zog er es vor, sie im Dienst der Kirche zu sehen. Doch Krug brachte seinen

Die Naumburger Freunde und Mitglieder der »Germania«, Gustav Krug und Wilhelm Pinder.

jungen Freund dazu, Wagners Musik wirklich zuzuhören, und die Bekehrung, die sich schließlich durch *Tristan und Isolde* (1865) vollziehen sollte, wurde unausweichlich.

Aus den zahlreichen literarischen Erzeugnissen Nietzsches aus diesen Jahren für Schulpforta oder die »Germania« seien einige wenige herausgegriffen. Im April 1859, im Alter von vierzehn, verfasste er einen Einakter mit dem Titel *Prometheus*. Hatten ihn schon die Götter des Olymp seit langer Zeit fasziniert, so bewies Nietzsche nun, dass er noch stärker von dem menschenfreundlichen Titan beeindruckt war, der Äschylos (den Nietzsche damals gerade gelesen hatte) zufolge half, Zeus' Herrschaft zu errichten und zugleich ihr drohendes Ende voraussagte. Das Thema des Göttertodes sollte Nietzsche nicht mehr loslassen. Ein später entstandenes Schauspiel, *Die Verschwörung des Philotas*, handelte von Alexander dem Großen, der seinerseits vergöttlicht wurde. Bei künftigen Entwürfen für ein Drama über den vorsokratischen Philosophen, Arzt, Staatsmann und Magus Empedokles von Akragas beschäftigte ihn vor allem Empedokles' Selbstverständnis im Angesicht der Götter: Zwar beklagt Empedokles das Verschwinden »seiner« Götter, der Götter des Himmels, betrachtet sich aber nun als einen loyalen Sohn der Göttin Erde.

Das scharfe, erbarmungslose Auge des Kritikers Nietzsche war immer auch prüfend auf die eigenen Schauspiele und Dramen gerichtet. So ließ er auf seinen *Prometheus* eine hämische Kritik des Schauspiels von eigener Hand folgen, die die Schriftsteller der Romantik, das philiströse Publikum der Gegenwart und den angehenden Tragödiendichter selbst parodierte. Der Text fungierte als eine Art Satyrspiel und Krönung der Tragödie, verriet zugleich aber auch etwas über die Zerrissenheit des Verfassers zwischen schöpferischem Künstlertum und unbestechlichem Kritikerhandwerk. Davon unberührt bleibt die für ein Frühwerk immerhin beachtliche stilistische Qualität der angehängten Kritik, die genau jene Frömmelei und Scheinheiligkeit aufs Korn nimmt, an der so viele Texte des jungen Nietzsche kranken. Was die in Versen geschriebene Tragödie selbst

Pforta. Eine historische Fotografie des Weges vom Haupteingang zur Kirche. Das Bild wurde vom Dach der Kirche aus aufgenommen.

angeht, so enthält der *Prometheus* durchaus Zeilen, die an Hölderlins *Tod des Empedokles* erinnern.[7]

Tatsächlich war Nietzsche ein leidenschaftlicher Bewunderer Hölderlins. Einer der wichtigsten Aufsätze aus seiner Schulzeit trägt den Titel »Brief an meinen Freund, in dem ich ihm meinen Lieblingsdichter zum Lesen empfehle«. (F 2, 1–5) Dieser Essay über Hölderlin, datiert vom 19. Oktober 1861, vier Tage nach Nietzsches siebzehntem Geburtstag, ist vor allem deshalb bemerkenswert, weil Hölderlin, heute unstrittig als einer der größten deutschen Dichter geschätzt, zur damaligen Zeit relativ unbekannt war. Nietzsches fünfseitiger Essay bezieht sich auf einige der berühmtesten Gedichte und Hymnen Hölderlins, den Roman *Hyperion* und das Dramenfragment *Der Tod des Empedokles*. Der Gymnasiast Nietzsche hat offensichtlich alles von Hölderlin gelesen, dessen er habhaft werden konnte, und seine Anmerkungen dazu sind präzise und treffend. Er weist auf die »Gedankenfülle« im Oeuvre des Dichters hin und stellt »die Seelenverwandtschaft Hölderlins mit Schiller und Hegel« fest. Über Hölderlins Tragödie *Der Tod des Empedokles* schreibt er: »In dem nicht vollendeten Trauerspiel ›Empedokles‹ entfaltet uns der Dichter seine eigne Natur. Empedokles' Tod ist ein Tod aus Götterstolz, aus Menschenverachtung, aus Erdensattheit und Pantheismus. Das ganze Werk hat mich immer beim Lesen ganz besonders erschüttert; es lebt eine göttliche Hoheit in diesem Empedokles.« (F 2, 4) Nietzsches Deutschlehrer in Pforta, Professor Karl August Koberstein, für den der Essay angefertigt wurde, bewertete ihn als lediglich befriedigend. Folgende Beurteilung schrieb er darunter: »Ich möchte dem Verfasser doch den freundlichen Rat erteilen, sich an einen gesünderen, klareren, deutscheren Dichter zu halten.«[8]

Noch zwei weitere Aufsätze ragen unter den anderen hervor: »Fatum und Geschichte« und »Willensfreiheit und Fatum«, beide im April 1862 entstanden, als Nietzsche siebzehn war. Sie weisen voraus auf viele Themen, die den Philosophen Nietzsche beschäftigen sollten. Auch wenn ihr Verfasser zum damaligen Zeitpunkt noch den Weg zurück zur Frömmigkeit findet, die seine Kindheit und seine Erziehung geprägt hatte, gären bereits heftige Zweifel in ihm:

> [E]s stehen noch große Umwälzungen bevor, wenn die Menge erst begriffen hat, daß das ganze Christenthum sich auf Annahmen gründet; die Existenz Gottes, Unsterblichkeit Bibelautorität, Inspiration und anderes werden immer Probleme bleiben. Ich habe alles zu leugnen versucht: o, niederreißen ist leicht, aber aufbauen! Und selbst niederreißen scheint leichter, als es

> ist; wir sind durch die Eindrücke unsrer Kindheit, die Einflüsse unsrer Eltern, unsrer Erziehung so in unserm Innersten bestimmt, daß jene tief eingewurzelten Vorurtheile sich nicht so leicht durch Vernunftgründe oder bloßen Willen herausreißen lassen. Die Macht der Gewohnheit, das Bedürfniß nach Höherem, der Bruch mit allem Bestehenden, Auflösung aller Formen der Gesellschaft, der Zweifel, ob nicht zweitausend Jahre schon die Menschheit durch ein Trugbild irre geleitet, das Gefühl der eignen Vermessenheit und Tollkühnheit: das alles kämpft einen unentschiedenen Kampf, bis endlich schmerzliche Erfahrungen, traurige Ereignisse unser Herz wieder zu dem alten Kinderglauben zurückführen. (F 2, 55f)

Derselbe Essay, »Fatum und Geschichte«, lässt auch Nietzsches lebenslange Treue zum Werden im Gegensatz zum Sein, seine Fragen zu Zeit und Ewigkeit und seinen späteren entscheidenden Gedanken von der ewigen Wiederkehr des Gleichen vorausahnen:

> Wissen wir doch kaum, ob die Menschheit selbst nicht nur eine Stufe, eine Periode im Allgemeinen, im Werdenden ist, ob sie nicht eine willkürliche Erscheinung Gottes. Ist nicht vielleicht der Mensch nur die Entwicklung des Steines durch das Medium Pflanze, Thier? Wäre hier schon seine Vollendung erreicht und läge hierin nicht auch Geschichte? Hat dies ewige Werden nie ein Ende? Was sind die Triebfedern dieses großen Uhrwerks? Sie sind verborgen, aber sie sind dieselben in der großen Uhr, die wir Geschichte nennen. Das Zifferblatt sind die Ereignisse. Von Stunde zu Stunde rückt der Zeiger weiter, um nach Zwölfen seinen Gang von Neuem anzufangen; eine neue Weltperiode bricht an. (F 2, 56)

Es sind ganz bestimmte Themenkreise und Interessen, die sich durch fast alle frühen Schriften ziehen: die Faszination vom Problem der Götterfolge, das den Hintergrund alles Tragischen bildet; die Begeisterung für die Helden Byrons und Shakespeares, von Manfred bis zu Macbeth, Prototypen, die er schon jetzt als »übermenschlich« bezeichnete; das Interesse am Gegensatz zwischen Nord- und Südeuropa, an den nordisch-tragischen und den italienisch-satirischen Charakteren, wie es in der Kurzgeschichte »Capri und Helgoland« zum Ausdruck kommt; ein in Aufsätzen wie »Jäger und Fischer« und »Die Kindheit der Völker« sich spiegelndes Interesse an prähistorischen Gesellschaften und an den Uranfängen der Menschheitsgeschichte; das Gepacktsein von einem Konflikt, der ihn selbst allenfalls indirekt oder nur auf metaphysische Weise betreffen konnte, von dem Konflikt zwischen Vater und Sohn nämlich, in vielen Gedichten, Schauspielen, musikalischen Kompositionen und Essays um den ostgotischen König Ermanarich thematisiert. Der umfangreiche Aufsatz »Ermanarich, Ostgothenkönig: Eine historische Skizze«, vollendet am 3. Juni 1861 in Naumburg im Alter von sechzehn Jahren, war in Nietzsches Augen die beste Arbeit, die er in Pforta ablieferte. Er erklärt, warum die Ermanarich-Sage, die ihn zur nordischen *Edda* hinführte, ihn fünf Jahre lang beschäftigte und von Pforta nach Bonn und Leipzig begleitete:

> Es ist eine bekannte Thatsache, daß der Norden alles in das Schreckliche, Wilderhabene, Mysteriöse zieht, was in Deutschland noch im Bereich historischer Helle und der Menschlichkeit liegt. [...] Jene Götterdämmrung, wo die Sonne schwarz wird, die Erde ins Meer versinkt, wo Glutwirbel den allnährenden Weltbaum umwühlen, und die Lohe den Himmel leckt, sie ist die grandioseste Erfindung, die je das Genie eines Menschen ersann, unübertroffen in der Litteratur aller Zeiten, unendlich kühn und furchtbar und doch sich in bezaubernden Wohlklängen auflösend. (F 1, 296f)

Die literarische Produktivität, deren Zeugnisse hier nur zum Teil zitiert werden, war von einer nicht weniger regen Kompositionstätigkeit begleitet, in deren Rahmen Oratorien, Lieder und Stücke für Klavier entstanden. Der dafür sicherlich aufschlussreiche Aufsatz »Ueber das Wesen der Musik« ist leider nur noch in Fragmenten erhalten. Über Nietzsches damalige Einstellung zur Musik lassen sich wohl nur zwei Dinge mit Bestimmtheit sagen: Er begriff die Musik als das eigentliche Herz der griechischen Tragödie, besonders in den Chören (F 2, 374ff); und er definierte die Wirkung der Musik trotz seines musikalischen und religiösen Konservatismus als eine »*dämonische*«, (F 2, 172; B 1, 293) eine spezifische Bezeichnung, die zweifellos verwandt ist mit dem später gefundenen Terminus des *Dionysischen*.

Sowohl das Schreiben als auch das Komponieren schienen perfekte Beschäftigungen für einen Einzelgänger. Bereits mit vierzehn Jahren stellte Nietzsche fest: »Ueberhaupt war es stets mein Vorhaben, ein kleines Buch zu schreiben und es dann selbst zu lesen.« (F 1, 11) Diese Worte hätte er genauso gut mit vierzig schreiben können. In gewisser Weise schrieb er sein Leben lang Bücher für jedermann und niemand. Nachdem er einmal mehr den Tod des Vaters geschildert hatte (jenen traumatischen Tod, den er in zahllosen Gedichten, Tagebucheinträgen, autobiographischen Notizen und Aufsätzen immer wieder beschwor), schloss er seinen »Lebenslauf« mit der lapidaren Bemerkung: »Das war jene erste verhängnißvolle Zeit, von der aus sich mein ganzes Leben anders gestaltete.« (F 1, 279f) Dieses »Anders«-Sein der Kindheit brachte Nietzsche im »Rückblick« mit seinen allerersten biographischen Aufzeichnungen zusammen, die den Schmerz und die tiefe Frömmigkeit, die seine frühe Jugend prägten, deutlich machen: »Ich habe nun schon so manches erfahren, freudiges und trauriges, erheiterndes und betrübendes, aber in allen hat mich Gott sicher geleitet wie ein Vater sein schwaches Kindlein. Viel schmerzliches hat er mir schon auferlegt, aber in allen erkenne ich mit Ehrfurcht seine hehre Macht, die alles herrlich hinausführt. Ich habe es fest in mir beschlossen, mich seinem Dienste auf immer zu widmen.« (F 1, 31) »Auf immer« sollte bis zum Sommersemester 1864 in Bonn währen, wenngleich sich schon viele Jahre früher, wie wir gesehen haben, erste Risse in der Fassade der Frömmigkeit des kleinen Pastors in spe zeigten.

Nietzsches Einschätzung der eigenen Persönlichkeit erfuhr im Laufe der Jahre keine wesentliche Änderung. In einem im Alter von achtzehn Jahren verfassten Text notierte er über sich: »Ernst, leicht Extremen zuneigend, ich möchte sagen, leidenschaftlich ernst, in der Vielseitigkeit der Verhältnisse, in Trauer und Freude, selbst im Spiel.« (F 2, 120) Zwei Jahre später, kurz vor seinem Abschluss in Pforta, schrieb er: »Ich bin überzeugt, daß gerade der Tod eines so ausgezeichneten Vaters, wie er mir einerseits väterliche Hülfe und Leitung für ein späteres Leben entzog, andrerseits die Keime des Ernsten, Betrachtenden in meine Seele legte.« (F 3, 66f) Er fügt hinzu, dass ein »fast doktrinärer Eifer« selbst seine Kindheitsspiele beherrschte und dass er für jedes Spiel, das er mit seinen Gefährten spielte, ein kleines Anleitungsheft verfasst habe. Kurz vor dem Verlassen des Gymnasiums und dem Beginn des Universitätsstudiums sinniert er über

Schulpforta. Chor und Apsis der Kirche.

seine Liebe zur Gelehrsamkeit, die zu seinem Hauptwesenszug geworden war. Der Neunzehnjährige bekennt, dass seine Interessen sich in so viele Richtungen gleichzeitig erstrecken, dass er in Gefahr steht, sich zu verzetteln. Er fürchtet, am Ende zum Autodidakten zu werden, zum Besserwisser, zum Hansdampf in allen wissenschaftlichen Disziplinen, der letztlich keine wirklich beherrscht. Die Rettung erblickt er in einer entgegengesetzten Tendenz, die er ebenfalls an sich wahrnimmt: der Neigung, jede Sache so weit wie möglich zu ihrem Ursprung zurückzuverfolgen. Dieser Drang, den Dingen auf den Grund zu gehen, das Kennzeichen des späteren Genealogen, hofft er, werde die Versuchung, an allem und jedem zu nippen, im Zaum halten. In einem Brief an seine Mutter, Jahre zuvor am 2. Mai 1863 verfasst, äußerte er bereits dieselbe Sorge:

> Was meine Zukunft betrifft, so sind es eben diese ganz praktischen Bedenken, die mich beunruhigen. Von selbst kommt die Entscheidung nicht, was ich studieren soll. Ich muß also selbst darüber nachdenken und wählen; und diese Wahl ist es, die mir Schwierigkeiten macht. Gewiß ist es mein Bestreben, das, was ich studiere ganz zu studieren, aber um so schwieriger wird die Wahl, da man das Fach heraussuchen muß, worin man etwas Ganzes zu leisten hoffen kann. Und wie trügerisch sind oft diese Hoffnungen! Wie leicht läßt man sich von einer momentanen Vorliebe oder einem alten Familienherkommen oder von besonderen Wünschen fortreißen, so daß die Wahl des Berufes ein Lottospiel erscheint, in dem sehr viele Nieten und sehr wenig Treffer sind. Nun bin ich noch in der besonders unangenehmen Lage, wirklich eine ganze Anzahl von auf die verschiedensten Fächer zerstreuten Interessen zu haben, deren allseitige Befriedigung mich zu einem gelehrten Manne, aber schwerlich zu einem Berufsthier machen würde. Daß ich also einige Interessen abstreifen muß, ist mir klar. Daß ich einige neue hinzugewinnen muß, ebenfalls. Aber welche sollen nun so unglücklich sein, daß ich sie über Bord werfe, vielleicht gerade meine Lieblingskinder! (B 1, 239f)

Die Neigung, sich für zu viel zu interessieren, mündete in das Streben nach »Universalwissen« im Stile eines Alexander von Humboldt – ein Streben, das Nietzsche nach seinen eigenen Worten schon als Kind charakterisierte. Sicherlich spiegelte sein Bedürfnis, das schulische Arbeiten und die schöpferischen Leistungen zu inventarisieren, diesen Drang ebenso wider wie die zahllosen Pläne und Entwürfe des angehenden Philologen. Noch während der Student das durchaus anspruchsvolle Pensum abarbeitete, das ihm Professor Ritschl in Leipzig zuteilte, war er bereits von dem ebenso glühenden wie anmaßenden Wunsch erfüllt, eine umfassende Geschichte der griechischen Literatur und Philosophie zu schreiben. Später, als er das Gefühl hatte, dass die Philologie ein zu eingeschränktes Gebiet sei, träumte er davon, an die Universität zurückzukehren, um Chemie, Physik und Medizin zu studieren. Heute wird in der Philosophie gern der Gegensatz zwischen Nietzsche und Hegel herausgestellt – der Letztgenannte ein Liebhaber der Systeme und Enzyklopädien, der Erstgenannte dem Augenschein nach ein vehementer Antisystematiker. Dabei träumte der junge Nietzsche häufig hegelianische Träume und war ebenso fasziniert von dem Begriff wie von dem Projekt der »Encyklopädie« (F 4, 3).

Nietzsches Rückblick auf Schulpforta, verfasst am Ende seines Studiums in Leipzig, kurz vor der Aufnahme seiner Tätigkeit als Professor der Philologie in Basel, enthält ebenso kritische wie anerkennende Untertöne. Er argwöhnt, dass der »uniformirende Zwang in der Zeiteintheilung« des Mauer bewehrten Stadtstaates von Schulpforta ihn dazu gezwungen habe, manche Aspekte seiner künstlerischen Entwicklung zu vernachlässigen. Gleichzeitig merkt er jedoch positiv an, dass die philologische Disziplin ihm einen Mittelpunkt wissenschaftlicher Ernsthaftigkeit gewiesen und eine Hand voll Vorbilder in Gestalt einiger seiner Lehrer und Tutoren geschenkt habe, an denen er sich orientieren konnte. Es ist ein nachdenklicher Blick, den der junge Gelehrte (er war gerade 24 Jahre alt) auf seine Ausbildung wirft:

> Meine Erziehung ist in ihren Haupttheilen mir selbst überlassen worden. Mein Vater, ein protestantischer Landgeistlicher in Thüringen, starb allzu früh: mir fehlte die strenge und überlegne Leitung eines männlichen Intellekts. Als ich im Knabenalter nach Schul-

Nietzsche als Student in Leipzig, 1865/66.

pforta kam, lernte ich nur ein Surrogat der väterlichen Erziehung kennen, die uniformirende Disciplin einer geordneten Schule. Gerade aber dieser fast militärische Zwang, der, weil er auf die Masse wirken soll, das Individuelle kühl und oberflächlich behandelt, führte mich wieder auf mich selbst zurück. Ich rettete vor dem einförmigen Gesetz meine privaten Neigungen und Bestrebungen, ich lebte einen verborgnen Kultus bestimmter Künste, ich bemühte mich in einer überreizten Sucht nach universellem Wissen und Genießen die Starrheit einer gesetzlich bestimmten Zeitordnung und Zeitbenutzung zu brechen. Es fehlte an einigen äußern Zufälligkeiten; sonst hätte ich es damals gewagt, Musiker zu werden. Zur Musik nämlich fühlte ich schon seit meinem neunten Jahre den allerstärksten Zug; in jenem glücklichen Zustande, in dem man noch nicht die Grenzen seiner Begabung kennt und alles, was man liebt, auch für erreichbar hält, hatte ich unzählige Compositionen niedergeschrieben und mir eine mehr als dilettantische Kenntniß der musikalischen Theorie erworben. Erst in der letzten Zeit meines Pförtner Lebens gab ich, in richtiger Selbsterkenntniß, alle künstlerischen Lebenspläne auf; in die so entstandene Lücke trat von jetzt ab die Philologie. (F 5, 252f; vgl. B 2, 75)

Durch die weitgehend negativ ausfallende Leipziger Rückschau zieht sich wie ein roter Faden das Hadern mit sich selbst. Mit zwanzig Jahren, so scheint es, war Nietzsche ein gescheiterter Künstler, der seine Zuflucht im akademischen Leben suchte. Doch wenngleich künstlerisches Bestreben und wissenschaftliche Gelehrsamkeit die beiden unversöhnbaren Pole dieses Rückblicks bilden, so taucht doch auch schon der Hinweis auf einen gewissen »philosophischen Ernst« auf:

Vor ein[i]ger vagen Zerflossenheit in den vielen Richtungen meiner Talente bewahrte mich ein gewisser philosoph. Ernst, der nie zufrieden war, als im Angesichte der nackten Wahrheit und nur Unerschrockenheit, ja Zuneigung zu harten und bösen Consequenzen. Das Gefühl, in der Universalität nicht zum Grunde zu kommen, trieb mich in die Arme der strengen Wissenschaft. Sodann die Sehnsucht, aus den raschen Gefühlswechseln künstlerischer Neigungen sich in den Hafen der Objektivität zu retten. Man ist über sich selbst entweder mit Scham oder mit Eitelkeit ehrlich. (F 5, 250)

Nietzsche hatte sich also selbst an der Schwelle seines Umzugs nach Basel nicht mit seinem Schicksal abgefunden, ein »Resignationsphilologe« zu werden. Noch hatte er nicht endgültig vor der Disziplin kapituliert, die ihn einst vor der Theologie gerettet hatte, wenngleich sein Rückblick im Ton tiefster Resignation gehalten ist. Offenbar war er in dem Glauben, die Philosophie wie auch die Kunst gehörten nun einem früheren, bereits überwundenen Stadium seiner Entwicklung an: »Wenn ich so zurücksehe, wie ich von der Kunst zur Philosophie, von der Philosophie zur Wissenschaft und hier wieder in ein immer engeres Bereich gerathen bin: so sieht dies fast aus, wie eine bewußte Entsagung.« (F 5, 251). Im zarten Alter von 24 erklärte er seine Entwicklung für abgeschlossen: »Ich sollte denken, daß ein Mensch mit vierundzwanzig Jahren das Wichtigste seines Lebens bereits hinter sich hat: mag er auch später erst zu Tage bringen, was sein Leben lebenswerth macht.« (F 5, 252) Er macht sich abgeklärt bewusst, dass er, selbst wenn sein eigentliches Leben bereits vorüber ist, immer noch darauf hoffen kann, ein Spätzünder zu sein. Was er allerdings nicht wissen konnte, war, ob das Ende die Anfänge, von denen Hölderlin sagt, dass sie immer »schwer« sind, rechtfertigen würde.

Zu dem »vergeudeten Jahr« in Bonn ist wenig zu sagen. Nietzsche belegte einige Vorlesungen seines künftigen Mentors Friedrich Ritschl, Professor für Klassische Griechische Philologie, dem er später nach Leipzig folgen sollte. Den Hauptteil seiner Zeit füllte er jedoch mit Konzert- und Theaterbesuchen und verbrauchte dabei in jeder Hinsicht mehr Geld (unter anderem für ein gemietetes Pianoforte), als seine Mutter ihm eigentlich schicken konnte. Mitte November schrieb er an Mutter und Schwester: »Vor einer Stunde war ich in einem höchst noblen Konzert, fabelhafter Luxus, alles Weibsvolk feuerroth, immer englisch gesprochen no speak inglich.« (B 2, 19f)

Es war vor allem ein geselliges Jahr, das er mit Kommilitonen aus der »Franconia« verbrachte, einer Studentenverbindung, die viele Pforta-Alumnen anzog. Viele Briefe aus dieser Zeit verballhornen das elegante Monogramm der Verbindung, das Fritz für sich reklamieren sollte. Bald stand der Student Friedrich Nietzsche in genau dem Ruf, der ihm zukam, ja nach dem er geradezu gierte: Seine

Hauptportal der Kirche in Pforta. »Die Lektionen dauern nun bis zehn Minuten vor Vier. Dann ist gleich Vesper [...] Darauf hält der Obere eine Lesestunde, wo griech[ische,] lat[einische] oder math[ematische] Docimastica geschrieben werden. Um 5 ist eine kleine Pause, worauf dann Repetirstunden bis sieben folgen. [...] Dann können wir wieder in den Schulgarten bis 1/2 9 gehen. Darauf ist Abendgebet und um 9 wird zu Bett gegangen. [...] So ist der gewöhnliche Tageslauf in Pforta.« (Tagebucheintrag, Pforta, 18. und 19. August 1859; F 1, 131)

Mitstudenten fanden ihn »mokant«, bestenfalls reserviert, schlimmstenfalls sarkastisch (B 2, 43).

> Ich gelte hier in studentischen Kreisen etwas als musikalische Autorität und außerdem als sonderbarer Kauz, wie übrigens alle Pförtner, die der Franconia angehören. Ich bin durchaus nicht unbeliebt, ob ich gleich etwas moquant bin und für satyrisch gelte. Diese Selbstcharakteristik aus dem Urtheile andrer Leute wird Euch nicht uninteressant sein. Als eignes Urtheil kann ich hinzufügen, daß ich das erste nicht gelten lasse, daß ich oft nicht glücklich bin, zu viel Launen habe und gern ein wenig Quälgeist bin, nicht nur für mich selbst, sondern auch für andre. [...] [B]ehaltet mich lieb
>
> trotz dieses Briefes.
>
> Friedrich Wilhem Nietzsche

Diese spöttische Attitüde blieb auch vorherrschend, als Nietzsche, der über die Osterfeiertage 1865 nach Naumburg zurückgekehrt war, es ablehnte, am Gottesdienst teilzunehmen: Nicht nur, dass er sich geweigert hatte, das Studium der Theologie zu ergreifen und damit einen lang gehegten Traum seiner Mutter wahr zu machen, obendrein hatte er auch noch dem Glauben abgeschworen, den ein solches Studium nach allgemeiner Auffassung nähren sollte. In einem Brief an die Schwester kommt seine wachsende Unabhängigkeit zum Ausdruck: »Suchen wir denn bei unserem Forschen Ruhe, Friede, Glück? Nein, nur die Wahrheit, und wäre sie höchst abschreckend und häßlich. [...] Hier scheiden sich nun die Wege der Menschen; willst du Seelenruhe und

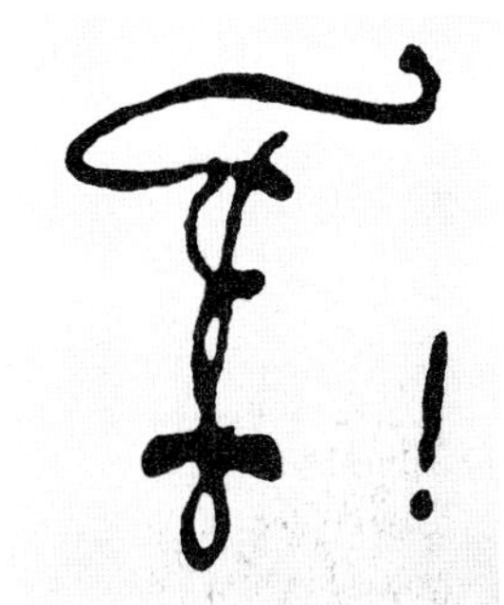

Nietzsches Burschenschaft in Bonn, die »Franconia«. Nietzsche (in theatralischer Pose) befindet sich in der zweiten Reihe von vorne. Man beachte das Monogramm der Burschenschaft auf dem Bierfässchen.

Glück erstreben, nun so glaube, willst du ein Jünger der Wahrheit sein, so forsche.« (B 2, 60f) Wenige Monate später äußerte er sich Mutter und Schwester gegenüber kritisch zur Pflicht im Allgemeinen; ein Skeptizismus, der freilich möglicherweise nur eine fanatische Strenge überdeckte. Er tat dies in Worten, die seine Schwester zweifellos in Verwirrung setzen und seine Mutter empören mussten:

»Thue Deine Pflicht!« Gut, meine Verehrten, ich thue sie oder strebe darnach sie zu thun, aber wo endet sie? Woher weiß ich denn das alles, was mir zu erfüllen Pflicht ist? Und setzen wir den Fall, ich lebte nach der Pflicht zur Genüge, ist denn das Lastthier mehr als der Mensch, wenn es genauer als dieser das erfüllt, was man von ihm fordert? Hat man damit seiner Menschheit genug gethan, wenn man die Forderungen der Verhältnisse, in die hinein wir geboren sind, befriedigt? Wer heißt uns denn uns von den Verhältnissen bestimmen zu lassen?
Aber wenn wir dies nun nicht wollten, wenn wir uns entschlössen, nur auf uns zu achten und die Menschen zu zwingen uns wie wir nun sind anzuerkennen, was dann? Was wollen wir denn dann? Gilt es, ein möglichst erträgliches Dasein sich zu zimmern? Zwei Wege, meine Lieben: man bemüht sich und gewöhnt sich daran so beschränkt wie möglich zu sein und hat man dann seinen Geistesdocht so niedrig wie möglich geschraubt, so sucht man sich Reichthümer und lebt mit den Vergnügungen der Welt. Oder: man weiß daß das Leben elend ist, man weiß, daß wir die Sklaven des Lebens sind, je mehr wir es genießen wollen, also man entäußert sich der Güter des Lebens, man übt sich in der Enthaltsamkeit, man ist karg gegen sich und liebevoll gegen alle Anderen – deshalb weil wir mitleidig gegen die Genossen des Elends sind – kurz, man lebt nach den strengen Forderungen des ursprünglichen Christenthums, nicht des jetzigen, süßlichen, verschwommenen. Das Christenthum läßt sich nicht »mitmachen« so en passant oder weil es Mode ist. Und ist denn nun das Leben erträglich? Ja wohl, weil seine Last immer geringer wird und uns keine Bande an dasselbe mehr fesseln. Es ist erträglich, weil es dann ohne Schmerz abgeworfen werden kann. (B 2, 95f)

Ein Jahr später, in Leipzig, teilte er dem Freund Carl von Gersdorff seine Gedanken über die Pflicht mit, nachdem er »ein stattliches Gewitter« erlebt hatte: »Was war mir der Mensch und sein unruhiges Wollen! Was war mir das ewige ›Du sollst‹ ›Du sollst nicht‹! Wie anders der Blitz, der Sturm, der Hagel, freie Mächte, ohne Ethik! Wie glücklich, wie kräftig sind sie, reiner Wille, ohne Trübungen durch den Intellekt.« (B 2, 121f) Etwa um dieselbe Zeit konnten seine geistreich-unverfrorenen Briefe nach Hause kaum noch verbergen, wie fern ihm Naumburg mittlerweile gerückt war: »Im Grunde kann ich keinen Grund ergründen, weshalb ich noch länger schreiben sollte. Den Neuigkeiten weiß ich nicht, meine philologischen Ergebnisse interessiren Euch nicht, philosophische Erörterungen liebt ihr nicht, Brief, Geld und Wäsche sind schon abgehandelt und es fehlt nur noch ein Gruß und ein Schluß. [...] Damit empfehle ich mich mit Neigung und Krümmung des Rückenwirbels.« (B 2, 132f)

Noch in Bonn gelang es Nietzsche, sich bei einem ansonsten glimpflich ablaufenden Duell mit einem Studenten namens Delius eine Narbe quer über den Nasenrücken zuzuziehen. Außerdem legte er einen Kranz an Robert Schumanns Grab nieder – während der Jahre in Pforta und Bonn sein Lieblingskomponist. Was ernsthaftere akademische Aktivitäten anging, trat bei dem Studenten Nietzsche eine weitere bezeichnende Neigung zu Tage: Wann immer er Vorlesungen und Seminare besuchte, widmete er weniger dem vorgetragenen Material als vielmehr der Art und Weise, wie es vorgetragen wurde, seine Aufmerksamkeit. Dieser Zug war ein weiterer Ausdruck seines ausgeprägten pädagogischen Engagements, das von Kindheit an über die Zeit in Pforta und in der »Germania« bis in die Jahrzehnte seiner Basler Professur und seiner nomadischen Existenz unverändert leidenschaftlich blieb. In seinem Leipziger Rückblick notiert er zu dem Jahr in Bonn und zur »Franconia«:

Als ich nach sechsjährigem Aufenthalte der Schulpforte als einer strengen, aber nützlichen Lehrmeisterin Lebewohl gesagt hatte, gieng ich nach Bonn. Hier wurde ich mit Erstaunen war, wie gut unterrichtet und doch wie schlecht erzogen so ein Fürstenschüler auf die Universität kommt. Er hat eine Menge für sich gedacht, und jetzt fehlt ihm die Geschicklichkeit, diese Gedanken zu äußern. Er hat noch nichts von dem bildenden Einflusse der Frauen erfahren; aus Büchern und Überlieferungen glaubt er das Leben zu

Blick auf Bonn vom Dach des Hotels Royal aus.

kennen, und doch kommt ihm jetzt alles so fremdartig und unangenehm vor. So ergieng es mir in Bonn: nicht alle die Mittel, nach denen ich griff, um jene Übelstände zu beseitigen, mochten gut gewählt sein. (F 5, 254)

Hermann Mushacke in Bonn gegenüber war Nietzsche unverhohlener. Am 30. August 1865 schrieb er aus Naumburg:

> Du kannst es Dir vielleicht erklären, daß ich mit einem etwas unangenehmen Gefühl an Bonn zurückdenke. Den dort verlebten Dingen und Stimmungen stehe ich noch zu nahe, das ist richtig. Die bittre Schale der Gegenwart, der Wirklichkeit läßt mich noch nicht zum Genuß des Kerns kommen. Denn ich hoffe, daß ich auch dieses Jahr einstmals vom Standpunkte der Erinnerung aus freudig als ein nothwendiges Glied meiner Entwicklung einregistrieren kann. Augenblicklich ist es mir nicht möglich. Noch scheint es mir, als ob ich das Jahr in mancher Beziehung fehlerhaft vergeudet hätte. Mein Verweilen in der Burschenschaft erscheint mir – offen gesagt – als ein faux pas, nämlich für das letzte Sommersemester. Damit gieng ich über mein Princip hinaus, mich den Dingen und Menschen nicht länger hinzugeben, als bis ich sie kennen gelernt habe.
>
> So etwas straft sich selbst. Ich ärgere mich über mich. (B 2, 79f)

Und doch hatte Bonn die Nietzsche eigentümlichen Wesenszüge nicht verwischen können – sein Einzelgängertum, seine Neigung zum Grübeln und zur Selbstbeobachtung, seine Ernsthaftigkeit, Schweigsamkeit und Isoliertheit. Im Dezember 1864, vielleicht am Neujahrsabend, schrieb er an Mutter und Schwester:

> Ich liebe die Sylvesternächte und die Geburtstage. Denn sie geben uns Stunden, wie man sie sich freilich oft machen kann, aber nur zu selten sich macht, wo die Seele stille steht und einen Abschnitt der eignen Entwicklung übersehen kann. In solchen Stunden werden entscheidende Vorsätze geboren. Ich pflege dann immer die Manuscripte und Briefe des verflossenen Jahres vorzunehmen und mir einige Notizen zu machen. Man ist für ein paar Stunden erhaben über die Zeit und tritt fast aus der eignen Entwicklung heraus. Man sichert und verbrieft sich die Vergangenheit und bekommt Muth und Entschlossenheit, wieder weiter seine Bahnen zu gehen. (B 2, 34)

1865 wechselte Nietzsche an die Universität Leipzig, weil er seinen Freund Paul Deussen begleiten wollte, aber auch, weil einer der herausragendsten seiner Bonner Professoren, Ritschl, eine Professur in Leipzig angenommen hatte. Nietzsche vermerkte mit Stolz, dass Goethe sich auf den Tag hundert Jahre vor ihm an der Leipziger Universität eingeschrieben hatte und begrüßte den faustischen Vorgänger als günstiges Omen. In der Übergangszeit zwischen Bonn und Leipzig beschäftigte er sich viel mit Hegels Philosophie. An seinen Freund Mushacke schrieb er: »Zum Kaffe esse ich etwas Hegelsche Philosophie, und habe ich schlechten Appetit, so nehme ich [David Friedrich] Straußische Pillen ein«, da Strauss immerhin nur ein halber Hegel sei. (B 2, 85) Lange hatte er dazu Ralph Waldo Emerson, der ihm ein steter Gefährte für viele Jahre werden sollte, in deutscher Übersetzung gelesen. Hegel dagegen wurde bald von Kant und Schopenhauer verdrängt. Nietzsche erzählt, wie er das Opus Magnum Schopenhauers in einem alten Buchladen in Leipzig, über dem er sein Logis hatte, entdeckte.

> Ich hieng damals gerade mit einigen schmerzlichen Erfahrungen und Enttäuschungen ohne Beihülfe einsam in der Luft, ohne Grundsätze, ohne Hoffnungen und ohne eine freundliche Erinnerung. Mir ein eignes anpassendes Leben zu zimmern war mein Bestreben von früh bis Abend; dazu brach ich die letzte der Stützen ab, die mich an meine Bonner Vergangenheit fesselte; ich zerriß das Band zwischen mir und jener Verbindung. In der glücklichen Abgeschiedenheit meiner Wohnung gelang es mir mich selbst zu sammeln und wenn ich mit Freunden zusammen traf, so war es eben mit Mushacke und v. Gersdorff, die für ihren Theil mit gleichen Absichten umgiengen. – Nun vergegenwärtige man sich, wie in solchem Zustande die Lektüre von Schopenhauers Hauptwerk wirken mußte. Eines Tages fand ich nämlich im Antiquariat des alten Rohn dies Buch, nahm es als mir völlig fremd in die Hand und blätterte. Ich weiß nicht welcher Dämon mir zuflüsterte: »Nimm Dir dies Buch mit nach Hause« Es geschah jedenfalls wider meine sonstige Gewohnheit, Büchereinkäufe nicht zu überschleunigen. Zu Hause warf ich mich mit dem erworbenen Schatze in die Sophaecke und begann jenen energischen düsteren Genius auf mich wirken zu lassen. Hier war jede Zeile, die Entsagung, Verneinung, Resignation schrie, hier sah ich einen Spiegel, in dem ich Welt Leben und eigen Gemüth in entsetzlicher Großartigkeit erblickte. Hier sah mich das volle interesselose Sonnenauge der Kunst an, hier sah ich Krankheit und Heilung, Verbannung und Zufluchtsort, Hölle und Himmel. Das Bedürfniß nach Selbsterkenntniß, ja Selbstzernagung packte mich gewaltsam; Zeugen jenes Umschwunges sind mir noch jetzt die unruhigen, schwermüthigen Tagebuchblätter jener Zeit mit ihren nutzlosen Selbstanklagen und ihrem verzweifelten Aufschauen zur Heiligung und Umgestaltung des ganzen Menschenkerns. Indem ich alle meine Eigenschaften und Bestrebungen vor das Forum einer düsteren Selbstverachtung zog, war ich bitter, ungerecht und zügellos in dem gegen mich selbst gerichteten Haß. Auch leibliche Peinigungen fehlten nicht. So zwang ich mich 14 Tage hintereinander immer erst um 2 Uhr Nachts zu Bett zu gehen und es genau um 6 Uhr wieder zu verlassen. Eine nervöse Aufgeregtheit bemächtigte sich meiner und wer weiß bis zu welchem Grade von Thorheit ich vorgeschritten wäre wenn nicht die Lockungen des Lebens, der

Das »Augusteum« (um die Jahrhundertwende aufgenommen?), Universität Leipzig.

> Eitelkeit und der Zwang zu regelmäßigen Studien dagegen gewirkt hätten. (F 3, 297f)

Nietzsche verehrte Schopenhauer als Menschen, »Schopenhauer als Erzieher«, wie er später schreiben sollte. In einem Brief an seine Mutter aus Leipzig vom 31. Januar 1866 heißt es:

> Mit Gersdorff habe ich jetzt allwöchentlich einen Abend verabredet, wo wir zusammen griechisch lesen; mit ihm und Mushacke alle vierzehn Tage einmal, wo geschopenhauert wird. Dieser Philosoph nimmt eine sehr bedeutende Stellung in meinen Gedanken und meinen Studien ein, und mein Respekt vor ihm nimmt unvergleichlich zu. Ich mache auch Propaganda für ihn und weise einzelne Menschen, wie z. B. den Vetter geradezu mit der Nase auf ihn hin. Was aber noch wenig genutzt hat. Denn bei dem echten Sachsen heißt es immer »primum vivere, deinde philosophari« »zuerst leben, dann philosophiren«. (B 2, 109)

Von Gersdorff gegenüber bekannte er am 7. April 1866, seine drei Quellen der Erholung seien Schopenhauer, Schumannsche Musik und einsame Spaziergänge. (B 2, 121) Zu alldem, was er an seinem mürrischen Mentor bewunderte, gehörte auch die Tatsache, dass Schopenhauer eindeutig ein »guter Europäer« war. So sollte Nietzsche in der dritten seiner *Unzeitgemäßen Betrachtungen* über Schopenhauer schreiben:

> »Bei Zeiten wurde er gegen die nationalen Beschränktheiten abgestumpft oder allzu geschärft; er lebte in England, Frankreich und Italien nicht anders als in seiner Heimath und fühlte mit dem spanischen Geiste keine geringe Sympathie. Im Ganzen schätzte er es nicht als eine Ehre, gerade unter Deutschen geboren zu sein; und ich weiss nicht einmal, ob er sich, bei den neuen politischen Verhältnissen anders besonnen haben würde.« (UB III, 7; 408f)

Doch ungeachtet aller aufrichtigen Bewunderung widerstand Nietzsche zahlreichen Grundsätzen der Lehre Schopenhauers, besonders dessen Tendenz zur Weltverneinung angesichts der Sinnlosigkeit des Lebens. Für Nietzsche ging es im Gegenteil immer um einen »Pessimismus der Stärke«, einen Pessimismus, der den tragischen Charakter des Daseins akzeptieren und »Ja« zu seiner ewigen Wiederkehr sagen konnte.

Solcher Art waren die Gedanken, die den jungen Philologen beschäftigten, während er seinen historischen, linguistischen und philologischen Studien nachging. Neben ausführlichen Notizen zu Hesiod und Homer, Äschylos und Sophokles, Pythagoras und Demokrit wie auch ganz allgemein zu den Quellen der griechischen Literatur und Philosophie finden wir Aussagen, die ausschließlich als »philosophisch« bezeichnet werden können. Darüber hinaus wird aus den Briefen der letzten Leipziger Jahre deutlich, dass Nietzsche immer mehr darum rang, seinen eigenen, ganz und gar persönlichen Schreib- und Denkstil zu entwickeln. Er machte sich die Mahnung Pindars als Motto zu Eigen, »werde, der du bist«! Für Nietzsche mündete ein solches Werden weniger in einer Identität als in einem Stil, wo nicht mehreren Stilen. Am 4. April 1867 schrieb er an Paul Deussen:

> Du wirst meinen Eifer lächerlich finden, mit dem ich Farben reibe, überhaupt mich anstrenge, einen leidlichen Stil zu schreiben. Aber es ist nöthig, nach dem ich mich so lange vernachlässigt habe. Sodann vermeide ich möglichst streng die Gelehrsamkeit, die nicht nöthig ist. Das kostet auch manche Selbstüberwindung. [...]
> Mein Gehirnsmagen ist ärgerlich über jede Überfüllung. Vieles Lesen stumpft den Kopf entsetzlich ab. Die meisten unsrer Gelehrten würden auch als Gelehrte mehr werth sein, wenn sie nicht zu gelehrt wären. Speise nicht zu starke Mahlzeiten. (B 2, 205f)

Und am 6. April an von Gersdorff:

> Ich will zu Deiner Belustigung gestehen, was mir die meiste Mühe und Sorge macht: mein deutscher Stil (vom lateinischen nicht zu reden: habe ich mich mit der Muttersprache auseinandergesetzt, so sollen auch fremde Sprache[n] daran kommen) Mir fallen die Schuppen von den Augen: ich lebte allzulange in einer stilistischen Unschuld. Der kategorische Imperativ »Du sollst und mußt schreiben« hat mich aufgeweckt. Ich suchte nämlich, was ich nie gesucht hatte außer auf dem Gymnasium: gut zu schreiben, und plötzlich erlahmte die Feder in der Hand. [...]

Der philologische Verein der Universität Leipzig 1867; Nietzsche, stehend, ist der Dritte von links; Erwin Rohde, sitzend, der Zweite von rechts.

> Vor allem müssen wieder einige munteren Geister in meinem Stile entfesselt werden, ich muß darauf wie auf einer Klaviatur spielen lernen, aber nicht nur eingelernte Stücke, sondern freie Phantasieen, so frei wie möglich, aber doch immer logisch und schön. (B 2, 208f)

Im August 1866 las Nietzsche Friedrich Albert Langes *Geschichte des Materialismus*. Ein Brief an Mushacke vom November 1866 enthält die emphatische Aussage: »Kant, Schopenhauer und dies Buch von Lange – mehr brauche ich nicht.« (B 2, 184) Das Kant-Studium wurde in den Jahren 1867 und 1868 immer intensiver. Nietzsche beschäftigte sich mit der dritten *Kritik* von Kant, der *Kritik der Urteilskraft*, und entwickelte dabei seine eigene Kritik hinsichtlich ihrer Darstellung der Natur und des Organismus. Neben Notizen über die dunklen und fragmentarischen Quellen zu Pseudo-Suidas und Diogenes Laërtius und versprengt unter Aufsätzen in Griechisch und Latein finden sich unter den Textzeugnissen zahlreiche kritische Anmerkungen zum traurigen Zustand der Philologie (die schließlich in seiner Antrittsvorlesung in Basel mit dem Titel »Homer und die klassische Philologie« gipfelten) und aufrührerische Gedanken zum Problem des teleologischen Urteils und des organischen Lebens in Kants Philosophie. Vorübergehend dachte Nietzsche sogar daran, eine Dissertation über die Auswirkung der Physiologie auf die Metaphysik seit Kant zu verfassen. (B 2, 269; F 3, 371–394)

Der große Freund in den Leipziger Jahren war der hoch begabte Gräzist Erwin Rohde. Wie Nietzsche war Rohde Wagner-Verehrer, wie Nietzsche war er Einzelgänger. Die Briefe, die die beiden im Laufe des folgenden Jahrzehnts austauschten, sind vielleicht die bemerkenswertesten in Nietzsches umfangreicher Korrespondenz. Erst in den letzten Jahren, nach Nietzsches Bruch mit Richard Wagner, als die Radikalität seiner Philosophie Rohde zunehmend erschreckte, überwarfen sie sich. Doch selbst in diesem relativ intimen Briefwechsel spürt man bei Friedrich Nietzsche die Reserviertheit – Ausdruck des Gefühls tiefster Isolation, das ihn von Anfang an kennzeichnete.

Im Herbst 1867 wurde Nietzsche für ein Jahr zum Militär eingezogen. Sein Bemühen, in Berlin stationiert zu werden, scheiterte, und so exerzierte er bei der Kavallerie in Naumburg. Sicherlich war er nicht immun gegen den zackigen preußischen Geist der damaligen Zeit, gehörte aber nie zu denen, die dem Schlagwort von »Blut und Eisen« etwas abgewinnen konnten; jedenfalls nicht, wenn das Blut fließen und das Eisen töten sollte. Als Jahre später dem habsburgischen Österreich der Krieg erklärt wurde, notierte er: »Man kann sehr viel in solchen Zeiten lernen. Der Boden, der fest und unerschütterlich schien, wankt; die Masken fallen von den Gesichtern ab. Die selbstsüchtigen Neigungen zeigen unverhüllt ihr häßliches Antlitz. Vor allem aber bemerkt man, wie gering die Macht des Gedankens ist.« (B 2, 138) Die körperlichen Anstrengungen des Militärlebens sagten ihm allerdings zu, teilweise weil sie ihm das Gefühl gaben, etwas geleistet zu haben, und teilweise weil sie ihm daneben genügend Zeit ließen, seinen Studien nachzugehen und »literarische Pläne« zu wälzen.

In einem Brief an Rohde vom 3. November 1867, unterzeichnet mit »Friedrich Nietzsche, Kanonier der 21. Batt. der reit. Abtheil. des Feldartilleriereg. Nr. 4«, schrieb er:

> Ja, mein lieber Freund, wenn Dich ein Dämon einmal in einer frühen Morgenstunde, sagen wir, zwischen fünf und sechs, nach Naumburg geleiten und gefälliger Weise die Absicht haben sollte, Deine Schritte in meine Nähe zu lenken: so erstarre nicht über das Schauspiel, das sich Deinen Sinnen darbietet. Plötzlich athmest Du die Athmosphaere eines Stalles. Im halben Laternenlichte erscheinen Gestalte[n]. Es scharrt, wiehert, bürstet, klopft um Dich herum. Und mitten drin, im Gewande eines Pferdeknechtes, heftig bemüht, mit den Händen Unaussprechliches, Unansehnliches weg zu tragen oder den Gaul mit der Striegel zu bearbeiten – mir graut es, wenn ich sein Antlitz sehe – es ist beim Hund meine eigne Gestalt.
> Ein paar Stunden später siehst Du zwei Rosse auf der Reitbahnherumstürmen, nicht ohne Reiter, von denen der eine Deinem Freunde sehr ähnlich ist. Er reitet seinen feurigen schwungvollen Balduin und hofft einmal gut reiten zu lernen, obschon oder vielmehr weil er jetzt immer noch auf der Decke reitet, mit Sporen und Schenkeln, aber ohne Reitgerte. Auch mußte er sich beeilen, alles zu verlernen, was er in der Leipziger Reitbahn gehört hatte und vor allem sich mit großer Anstrengung einen sicheren und reglementmäßigen Sitz aneignen.
> Ich versichere Dich bei dem schon erwähnten Hund, meine Philosophie hat jetzt Gelegenheit, mir praktisch zu nützen. Ich habe in keinem Augenblicke bis jetzt eine Erniedrigung verspürt, aber sehr oft wie über etwas Mährchenhaftes gelächelt. Mitunter auch raune ich unter dem Bauch des Pferdes versteckt »Schopenhauer hilf«; und wenn ich erschöpft und mit Schweiß bedeckt nach Hause komme, so beruhigt mich ein Blick auf das Bild an meinem Schreibtisch: oder ich schlage die Parerga auf, die mir jetzt, sammt Byron, sympathischer als je sind. (B 2, 232f)

Er war stolz darauf, der beste Reiter unter den dreißig Rekruten in Ausbildung zu sein, zumindest bis er sich bei einem übereifrigen Sprung in den Sattel das Brustbein am Sattelknauf brach. Der Arzt diagnostizierte lediglich eine Brustmuskelzerrung und behandelte sie, erkannte aber nicht den Bruch. Die Folge war eine schwere Infektion, von der Nietzsche sich fünf Monate lang nicht erholte. Eine Kur in Bad Wittekind im Sommer 1868 und die anschließende Erholungszeit zu Hause gewährten ihm immerhin noch mehr Zeit zum Studium.

Im selben Maße, in dem seine Sachkundigkeit in der Philologie zunahm, wuchsen seine Zweifel an dieser Disziplin. Bei Rohde beklagte er sich über das »wimmelnde Philologengezücht« in Leipzig, das wie die Maulwürfe nach den Würmern und Larven der Antike grabe, ohne je gewahr zu werden, was diese Funde mit den »aufdringlichen Problemen des Lebens« zu tun hatten. (B 2, 344) Doch auch wenn Nietzsche dem Zustand und dem Status der Philologie und der Rolle, die er in ihr spielen sollte, mit Vorbehalt gegenüberstand, gab er ihr doch den Vorzug vor allen anderen Studienfächern. Als er erfuhr, dass sein Freund Paul Deussen begonnen hatte, in Tübingen Theologie zu studieren, brachte er sein Entsetzen angesichts dieser seiner alten Nemesis zum Ausdruck und später seine nicht weniger große Erleichterung, als Deussen zur Vernunft und damit zur Philologie zurückkehrte.

(B 2, 145.152.161ff.202f) Andererseits schrieb er im Oktober 1868 an ebendenselben Deussen: »Soll ich mythologisch reden, so betrachte ich Philologie als Mißgeburt der Göttin Philosophie, erzeugt mit einem Idioten oder Cretin.« (B 2, 329) Es geschah ebenso um dieser Göttin wie um der Muse der Musik willen, dass Nietzsche die Wissenschaft, in der er eine so umfassende und gründliche Ausbildung erfahren hatte, schließlich aufgab.

Nietzsches erste Begegnung mit Richard Wagner fiel in den Herbst 1868, als er zum Studium nach Leipzig zurückkehrte. Wagner war zu Besuch bei seiner Schwester und deren Mann und hörte von einem Studenten, der seine Musik gespielt hatte. Er bestand darauf, den jungen Mann kennen zu lernen. Nietzsche stand der »Zukunftsmusik« noch immer ambivalent gegenüber, nur *Tristan* und *Die Meistersinger* fanden seinen uneingeschränkten Beifall. Diese Ambivalenz jedoch war immerhin hochherziger als sein früherer Standpunkt: Im Oktober 1866 hatte er von Gersdorff noch mitgeteilt, die Qualität der Klavierauszüge aus der *Walküre* sei »sehr gemischt«. Die Musik enthalte »große Schönheiten« wie auch »große Häßlichkeiten«, so dass die Endnote für Wagner (+a + (–a) = 0) nicht besonders eindrucksvoll ausfiel. (B 2, 174) Als er aber Wagner, der im selben Jahr geboren war wie Nietzsches Vater, persönlich begegnete, war er von dessen Persönlichkeit gefesselt: Seine Vitalität, sein Humor und seine Energie überwältigten ihn. »Es ist nämlich ein fabelhaft lebhafter und feuriger Mann, der sehr schnell spricht, sehr witzig ist und eine Gesellschaft dieser privatesten Art ganz heiter macht.« (B 2, 340) »Wagner, wie ich ihn jetzt kenne, aus seiner Musik, seinen Dichtungen seiner Aesthetik, zum nicht geringsten Theile aus jenem glücklichen Zusammensein mit ihm, ist die leibhaftigste Illustration dessen, was Schopenhauer ein Genie nennt.« (B 2, 352) Hoch beglückt war Nietzsche, als Wagner ihn am Ende des gemeinsamen Abends in Leipzig nach Tribschen einlud, in die Luzerner Villa, die er mit Cosima von Bülow teilte. Bald sollte er Gelegenheit zu solchen Besuchen haben, da Luzern nicht weit von Basel war. In der Zwischenzeit tat Wagners Musik ihre Wirkung. In einem Brief an Rohde heißt es: »Ich bringe es nicht übers Herz, mich

Nietzsche mit Erwin Rohde und Carl von Gersdorff an der Universität Leipzig, um 1867.

dieser Musik gegenüber kritisch kühl zu verhalten; jede Faser, jeder Nerv zuckt an mir, und ich habe lange nicht ein solches andauerndes Gefühl der Entrückheit gehabt als bei letztgenannter [*Meistersinger-*]Ouvertüre.« (B 2, 332) Ausgerechnet Nietzsche, der sich zum Eremiten berufen fühlte, träumte nun von der Bildung eines kleinen, auserwählten Kreises intimer Freunde, zu dem Wagner, Rohde und er selbst gehören sollten. (B 2, 356f)

Wagners Schriften entpuppten sich als Zeugnisse eines Gleichgesinnten, eines überzeugten Schopenhauerianers. Wagners Pläne, die deutsche Kultur als Ganze zu verjüngen, berührten eine Saite von Nietzsches eigenem, stark entwickelten pädagogischen Ehrgeiz. Dieses Bestreben entlud sich schließlich in jener Form von Kulturkritik, wie wir sie in den *Unzeitgemäßen Betrachtungen* vom Anfang der siebziger Jahre finden. Doch der Kulturkritiker lag im Wettstreit mit dem Philologen und dem Philosophen, ja selbst mit dem begeisterten Liebhaber der Naturwissenschaften.

1869 hatte Nietzsche mehrere Artikel in bekannten Zeitschriften für Klassische Philologie veröffentlicht. Diese Artikel zogen die Aufmerksamkeit von Ritschls Kollegen in Basel auf sich. Genau zu jener Zeit, in der Nietzsche den Plan fasste (gemeinsam mit Rohde, den er zuvor zu einer philologischen Laufbahn gedrängt hatte; B 2, 275), seine philologischen Studien gänzlich fallen zu lassen und ein Chemiestudium aufzunehmen, erreichte ihn der Ruf an die Universität Basel. Die Berufung auf eine Professur war außergewöhnlich, da Nietzsche noch nicht einmal seine Doktorarbeit abgeschlossen hatte, geschweige denn eine Habilitationsschrift. Er war 24 Jahre alt, einer der jüngsten Gelehrten in der akademischen Geschichte Deutschlands, der je auf eine Professorenstelle berufen wurde. Der so Geehrte selbst wusste nicht so recht, ob er lachen oder weinen sollte. Am Ende tat er keines von beiden, sondern machte sich nach Basel auf; fest entschlossen, seine Disziplin zu modernisieren und die Bildungseinrichtungen in Deutschland und der Schweiz zu reformieren. Am 16. Januar 1869 schrieb Nietzsche an Erwin Rohde:

> Lieber Freund, ich habe die wahrscheinliche, ja sichere Aussicht, allernächster Zeit an die Universität Basel berufen zu werden: ich habe mich darauf einzurichten, von Ostern an akademischer Lehrer zu sein. [...]
> Nun kann ja noch ein kleiner Dämon alles wieder über den Haufen werfen; und geschieht dies, so bin ich der Letzte, der den Kopf hängen läßt. [...]
> Wir sind doch recht die Narren des Schicksals: noch vorige Woche wollte ich Dir einmal schreiben und vorschlagen, gemeinsam Chemie zu studieren und die Philologie dorthin zu werfen, wohin sie gehört, zum Urväter-hausrath. Jetzt lockt der Teufel »Schicksal« mit einer philologischen Professur. [...]
> Noch eine Notiz. Kürzlich hat mich Richard Wagner, zu meiner größten Freude, brieflich grüßen lassen. Luzern ist mir nun nicht mehr unerreichbar. [...]
> Es lebe die Kunst und die Freundschaft!
> (B 2, 358ff)

Es trifft den Sachverhalt wahrscheinlich am besten, wenn man die bevorstehende Professur in Basel weder als völligen Neuanfang noch als echtes Ende betrachtet. Sie war ein Umweg, eine Ablenkung, allerdings eine, für die Nietzsche dankbar sein musste. Er war denn auch ganz offensichtlich hoch gestimmt, als er am 17. Januar 1869 an seine Mutter und seine Schwester schrieb, dass sie ihm nun zu seiner Berufung gratulieren dürften, und den Brief wie folgt unterzeichnete: »Ha ha ha! (Lacht.) Ha ha ha! (Lacht noch einmal.) Schrumm! (Geht ab.) F N.« (B 2, 362) Einen Monat später schickte er ihnen seine Visitenkarte mit folgendem Text (B 2, 370):

> Zur Verbreitung!
> FRIEDRICH NIETZSCHE.
> Professor extraord. der klassischen
> Philologie (mit 800 Thl. Gehalt) an
> der Universität Basel.

Während Paul Deussen, sein alter Freund aus den Tagen von Schulpforta, seinen Neid nicht ganz verbergen konnte und von Nietzsche unerbittlich auf die Lächerlichkeit solchen Neides hingewiesen wurde, (B 2, 374f) erhielt Carl von Gersdorff das folgende nachdenklichere Sendschreiben des frisch gebackenen Professors für Altgriechisch:

> [D]er letzte Termin ist herangekommen, der letzte Abend, den ich noch in der Heimat verlebe: morgen früh geht's hinaus in die weite weite Welt, in einen neuen ungewohnten Beruf, in eine schwere und drückende Athmosphaere von Pflicht und Arbeit. Wieder einmal gilt es Abschied nehmen: die goldne Zeit der freien unumschränkten Thätigkeit, der souveränen Gegenwart, des Kunst- und Weltgenusses als unbetheiligter oder wenigstens schwach betheiligter Zuschauer – diese Zeit ist unwiederbringlich hinüber: jetzt regiert die strenge Göttin, die Tagespflicht. [...] Von dem obligaten Buckel der Professoren spüre ich noch nichts. Philister zu sein, ἄνθρωπος ἄμουσος [ein unkultivierter Mensch], Heerdenmensch – davor behüte mich Zeus und alle Musen! (B 2, 385)

»Der letzte Termin ist herangekommen.« Dieser Satz läßt eher an ein Ende denken, als an einen Beginn. Beim Durchblättern der ärztlichen Aufzeichnungen der Krankenstation in Pforta fällt im Grunde nichts Besorgniserregendes an Nietzsches Gesundheit in der Zeit von 1859 bis 1864 auf. Die üblichen Erkältungskrankheiten waren dem Gymnasiasten offensichtlich nicht erspart, doch alles andere in den Aufzeichnungen wirkt normal. Außergewöhnlich ist allenfalls der Hinweis auf Migräneattacken, verursacht durch Überanstrengung der Augen und eine vom Vater geerbte nervöse Veranlagung – ironischerweise schien sich die Nervosität durch Musik zu steigern, besonders durch die »neue Musik«. Einzig lange Spaziergänge in frischer Luft konnten die wiederkehrenden Migräneanfälle lindern. Nachdem er Nietzsche bei einem schweren Kopfschmerzanfall behandelt hatte, notierte der Arzt 1862 im Krankenbuch von Pforta:

> Nietzsche wurde zur weiteren Kur nach Hause entlassen. Er ist ein vollsaftiger, gedrungener Mensch mit einem auffallend stieren Blick, kurzsichtig und oft von wanderndem Kopfweh geplagt. Sein Vater starb jung an Gehirnerweichung und war im hohen Alter gezeugt; der Sohn in der Zeit wo der Vater schon krank war. Noch sind keine schweren Zeichen sichtbar, wohl aber Rücksicht auf die Antecedentien nötig.[9]

Auch wenn es nicht stimmt, dass Nietzsche während der Krankheit seines Vaters gezeugt wurde – bei seinem kleinen Bruder Joseph könnte das der Fall gewesen sein, nicht aber bei Friedrich Wilhelm und Elisabeth –, bleibt die Bemerkung des Arztes beunruhigend. Sie fügt der komplexen Formel, die den Schlüssel zu Nietzsches Ende bildet, einen weiteren Faktor hinzu.

Nietzsches Briefe nach Hause sind möglicherweise erhellender als die Krankenblätter von Pforta. Eine knappe Auswahl: Am 30. Januar 1861 klagt der Zögling, dass er sehr krank sei, die Kopfschmerzen »wieder so heftig« seien, dass er nicht arbeiten könne, und fügt hinzu, dass er zudem von Hals- und Kehlkopfschmerzen geplagt werde; am 16. Februar heißt es, dass er »diese Kopfschmerzen«, die immer wiederkehren, »satt« habe und nur lange Spaziergänge dagegen helfen; am 28. Oktober schreibt er: »Ich muß euch leider die unangenehme Mittheilung machen, daß ich heute wieder veranlaßt worden bin, auf die Krankenstube zu gehn. Ich habe einen auffallend schnellen Pulslauf und dicken Hals und Schmerzen im Hinterkopf. Dabei greulicher Frost. Alles so dumpf«; Mitte Februar 1862 berichtet er: »Ich kann dir aber nicht mehr schreiben, ich bin doch noch recht matt und es ist meinem Kopf angreifend«; am 25. August klagt er erneut über seine »fatalen Kopfschmerzen«, die ihn eine Woche lang in die Krankenstube verbannten; er hofft: »wenn ich alles vermeide, was mich aufregen kann«, werden die Kopfschmerzen verschwinden. (B 1, 143.147. 184.196.222) Klagen über die Augen sind seltener, allerdings verlangt der Gymnasiast immer neue und stärkere Brillen, um besser lesen zu können. In seinem letzten Jahr in Pforta schreibt er: »Meine Augen werden offenbar schlechter, das Lampenlichtarbeiten stört und belästigt mich sehr.« (B 1, 275) Er hat vor, besser auf seine Augen zu achten, wenn er auf die Universität geht. Dort aber harren seiner noch weit tödlichere Übel.

Einem zeitgenössischen Bericht zufolge war es in Bonn oder genauer in Köln, wo Nietzsche sich die Syphilisinfektion zuzog, die ihn am Ende umbringen sollte. Wir wissen wenig über Nietzsches erotisches Leben – über die »Mittel«, derer er sich vielleicht unvorsichtigerweise bediente, um sich

»Friedmatt«, die psychiatrische Universitätsklinik Basel.

dem »bildenden Einflusse der Frauen« zu überlassen. (F 5, 254) Es bedarf großer Vorstellungskraft, sich Nietzsche in einer Situation zu denken, in der eine solche Infektion auch nur im Entferntesten möglich wäre. Es stellt sich die Frage, ob er sich die Infektion bei der Pflege verwundeter Soldaten im Deutsch-Französischen Krieg holte. Seine Kommilitonen in der »Franconia« jedenfalls stichelten ihn mit seiner »Unberührtheit«, was dem sonst üblichen Übertragungsweg der Krankheit nicht entspricht. Laut einer wenig gesicherten Überlieferung wurde Nietzsche während seines ersten Leipziger Jahres 1865/66 zweimal wegen Syphilis behandelt – und zwar wegen einer »frühluetischen Meningitis«. Hinweise auf eine derartige Infektion fehlen in Nietzsches Briefen, Tagebüchern oder Werken völlig, und auch aus anderen Bemerkungen, die er später über seine Erkrankung machte, ist zu schließen, dass er, wenn er tatsächlich Syphilis hatte, nichts davon wusste. Die Krankenunterlagen über seine Untersuchungen in Basel und Jena zwanzig Jahre später, aus dem Jahr 1889, lassen andererseits wenig Zweifel daran, dass seine Progressive Paralyse von Syphilis verursacht wurde.[10] Und dennoch, wenn jemals ein Krankheitsfall ›überdeterminiert‹ war, dann der Nietzsches. Der Druck, unter dem er arbeitete, war immer immens: Allein im Jahr 1888, dem letzten Jahr seines aktiven Lebens, brachte er sechs Werke zum Abschluss und füllte viele hundert Seiten mit Notizen und Aufzeichnungen. Seine Stimmung während der letzten Monate in Turin war »herbstlich«, dabei aber auch in wachsendem Maße euphorisch im Blick auf die Vollendung der Bücher, die, wie er spürte, seine letzten sein würden. Es bleiben nagende Zweifel – bei Nietzsche selbst, aber auch für seine Deuter –, wieweit väterlicherseits eine

Disposition zur Geisteskrankheit oder eine zerebrale Schädigung beziehungsweise Schwäche bei ihm vorlag. Das Krankheitsbild der luetischen (syphilitischen) Infektion jedoch widerlegt alle anderen Interpretationsversuche: Zu viele Symptome stützen die Diagnose, ganz gleich, wie skeptisch man im Hinblick auf den Zeitpunkt oder den Infektionsweg auch sein mag.

Vielleicht sollte man nicht allzu lange bei den letzten zehn Jahren des Wahnsinns und der wachsenden Paralyse verweilen, die nichts anderes waren als eine traurige Abfolge schmerzlicher Abschiede und Verluste. Sie sind geprägt von Nietzsches zusehends nachlassender Fähigkeit, sein eigenes Verhalten einzuschätzen und zu kontrollieren, von seinem zunehmenden Torpor und Rückzug und den gelegentlich auftretenden Ausbrüchen von Aggressivität. Während all dieser Jahre blieb Nietzsche jedoch bei Bewusstsein und nahm (wenn auch manchmal nur verschwommen und immer etwas verwirrt) wahr, was um ihn herum vorging; erst in den allerletzten Monaten der Paralyse verlor er vollständig den Kontakt zu seiner Außenwelt. Sein parasympathisches Nervensystem blieb intakt, wenngleich die Ärzte, die ihn 1889 untersuchten, gewisse motorische Störungen bei ihm feststellten; von 1893 an saß er im Rollstuhl, auf dem Sofa oder einer Bank auf der Veranda des Hauses am Weingarten 18, oder er lag im Bett. Am verheerendsten wirkte sich der Krankheitserreger, die Spirochäten, zunächst auf seine Fähigkeit aus, seine emotionalen Reaktionen zu beherrschen – zum Beispiel, wenn er Musik hörte oder auf dem Klavier improvisierte –, gleichzeitig brachten sie seine Arbeit völlig zum Erliegen. Gegen Ende des Jahres 1888 hatte Nietzsche die Beziehung zu mehreren alten Freunden aufgekündigt, hatte die Geduld seines Verlegers mit zahllosen Forderungen und Gegenforderungen auf eine harte Probe gestellt und seine philosophischen Pläne fallen lassen, um stattdessen grandiose politische Projekte zu verfolgen. Ende 1889 gab es keine Pläne und keine Projekte mehr für ihn außer den Wahnbildern, die ihn in seinem Delirium schreckten. In den Phasen scheinbarer Erholung in den Jahren 1889 und 1890 träumte Friedrich Nietzsche von nichts Abenteuerlicherem als von einer Rückkehr auf einen Lehrstuhl an der Universität Basel.

In der ersten Januarwoche 1889 erhielten Franz Overbeck und Jacob Burckhardt beunruhigende Botschaften Nietzsches. Auf Drängen von Burckhardt und Professor Ludwig Wille, Direktor der psychiatrischen Klinik in Basel, reiste Overbeck am 7. Januar nach Turin. Er fand den Freund in einem Zimmer verkrochen . Nietzsche hatte es von Davide Fino gemietet; es lag im gleichen Gebäude, in dem sich die Galleria Subalpina an der Piazza Carlo Alberto befand, gegenüber dem Palazzo Carignano. Nietzsche war »entsetzlich verfallen«, ein Opfer der »heiligen Raserei« seines orgiastischen Gottes.[11] Overbeck beschloss, ihn so schnell wie möglich nach Basel zurückzubringen. Mit Hilfe eines deutschjüdischen Zahnarztes, der in Turin praktizierte, langten sie am Nachmittag des 9. Januar in Basel an. Am Morgen des 10. Januar wurde Nietzsche in Professor Willes Klinik »Friedmatt« im Nordwesten der Stadt eingeliefert. Die Diagnose lautete: *Paralysis Progressiva*, verursacht durch eine Syphilisinfektion. Die Aufzeichnungen des Basler Krankenjournals, die während Nietzsches achttägigen Aufenthalts gemacht wurden, berichten von Schlaflosigkeit, nervöser Erregung, Singen und Jodeln, gepaart mit »fortwährender motorischer Erregung«.[12]

Am 14. Januar besuchte ihn seine Mutter in Basel. Sie bestand darauf, dass der Patient in die Jenaer Klinik von Professor Otto Binswanger verlegt werde, damit sie näher bei ihrem Sohn sein konnte. (Elisabeth befand sich zu dieser Zeit in Paraguay, wo sie gemeinsam mit ihrem Mann Bernhard Förster die Kolonie »Nueva Germania« gründete; erst als sie mit dem Projekt Schiffbruch erlitten und nachdem ihr Mann am 3. Juni 1889 Selbstmord begangen hatte, kehrte sie nach Deutschland zurück und bemächtigte sich dort sofort der Angelegenheiten ihres Bruders.) Die Überführung nach Jena fand in der Nacht vom 17. auf den 18. Januar statt. Nach einer schwierigen Bahnreise, bei der Nietzsche mehrfach wütend auf seine Mutter losging und von Overbeck und zwei Assistenten zurückge-

Die Jenaer Nervenklinik. »Der Himmel hatte sich aufgeheitert. Lange glänzende Strahlen lagen auf den weite[r]n Feldern, dazwischen schwebten die flüchtigen Schatten eilender Wolken. Lange Zeit verweilte unser Auge auf der Irrenanstalt, an die sich so leicht eine traurige Gedankenkette knüpft.« (»Meine Ferienreise, geschrieben 1860 im Alter von fünfzehn Jahren; F 1; 195)

halten werden musste, traf der Patient dort ein, wo sein neues »Heim« für die nächsten vierzehn Monate sein sollte: in dem roten Klinkerbau der Klinik mit seinen Türmchen und vergitterten Fenstern, schmalen weißen Korridoren, Linoleum belegten Treppenstufen und verriegelten Türen. Hinter dem Haus lag ein englischer Garten, davor ein Rosengarten.

Zu Nietzsches Unterbringung in der Jenaer Klinik seien zwei Zeugen zitiert. Ein Mitpatient erinnert sich:

Es war im Jahre 1888/89, als ich in der Nervenklinik zu Jena in Behandlung war. Am meisten interessierte mich ein Patient, der immer ruhig und für sich war und gedruckte Zettel in der Hand hielt, worauf stand: Professor Friedrich Nietzsche, diesen Namen nannte er täglich öfter [...] Am meisten interessierte ihn eine Anstaltsmütze, sogenannte Fortschrittsmütze, die er von früh bis abends auf hatte, die durfte ihm niemand nehmen [...] Am meisten ärgerte er sich, wenn er nach einem Spaziergang visitiert wurde, da fand man Steine und alles mögliche in seinen Rocktaschen. Baden tat er sehr gern (...) Ich hatte ihn einmal, als er ruhig dasaß, abgezeichnet [...] Als ich fertig war, gab ich

ihm das Bild. Er stand auf, drückte mir die Hand und sagte für sich: Professor Nietzsche […].[13]

Der Medizinstudent Sascha Simchowitz berichtet von einer Begegnung mit Nietzsche im Hörsaal:

Im Wintersemester 1888/89 hielt ich mich als Mediziner studienhalber in Jena auf und besuchte Vorlesungen und Klinik des bekannten Psychiaters Professor Otto Binswanger. Eines Tages – es dürfte im Januar 1889 gewesen sein – wurde ein Patient in den Hörsaal geführt, der vor kurzem in die Anstalt gebracht worden war. Binswanger stellte ihn uns als – Herrn Professor Nietzsche vor! […] Die mittelgroße Gestalt hielt sich straff, das Gesicht war hager […] Professor Binswanger ließ sich mit ihm in eine Unterhaltung über sein Vorleben ein. Wir erfuhren zu unserm Erstaunen, daß er schon mit 24 Jahren […] Professor in Basel war, und daß später anhaltende Kopfschmerzen ihn gezwungen hätten, sein Amt niederzulegen. Von seiner schriftstellerischen Tätigkeit erwähnte er kein Wort. Zuletzt, so berichtete er, hätte er in Turin gelebt, und er begann diesen Ort zu rühmen, der ihm besonders behagt hätte, da er die Vorzüge der Großstadt und der Kleinstadt vereinige, und nun schloß er ganz spontan daran eine allgemeine Auseinandersetzung über die Eigentümlichkeiten der Großstadt und der Kleinstadt […] Leider führte er seine Auseinandersetzung nicht zu Ende. Mitten in einem Satz riß

ihm der Gedankenfaden, und er versank in Schweigen. Professor Binswanger wollte nun seinen Hörern einige Störungen im Gange des Kranken demonstrieren. Er bat Nietzsche, im Zimmer auf und ab zu gehen. Aber der Patient tat das so langsam und lässig, daß man die fraglichen Symptome nicht wahrnehmen konnte. »Nun, Herr Professor«, wandte sich Binswanger an ihn, »ein alter Soldat wie Sie wird doch noch ordentlich marschieren können!« [...] und er begann festen Schrittes den Hörsaal zu durchmessen.
Ich habe dann Nietzsche noch öfter gesehen, gelegentlich der Visiten [...] Sein Befinden war wechselnd: bald sah man ihn ruhig und freundlich, bald hatte er seine bösen Tage. Als ich ihn das letzte mal sah, bot er ein anderes Bild als das erstemal: er befand sich in einem Zustand hochgradiger Aufregung, und sein Bewußtsein war offenbar getrübt. Mit stark gerötetem Antlitz und wildschmerzlich flackerndem Auge saß er da, von einem Wärter bewacht.[14]

Am 24. März 1890 wurde Friedrich Nietzsche, der inzwischen ruhiger geworden war, der Obhut seiner Mutter unterstellt. Mutter und Sohn blieben noch sechs Wochen in Jena, bis Nietzsche im Mai eines Tages entwischte und versuchte, in einem Teich zu baden. Ein Polizist griff ihn auf, kleidete ihn wieder an und brachte ihn nach Hause. Aus Angst, dass die Polizei sie dazu zwingen würde, ihren Sohn in der Klinik zu lassen, verließ Franziska Jena überstürzt am 13. Mai 1890 und fuhr mit ihrem Fritz nach Naumburg.

Am 16. Dezember desselben Jahres kehrte die inzwischen verwitwete Elisabeth nach Naumburg zurück und stürzte sich sofort auf die literarische Hinterlassenschaft ihres Bruders. Am 2. Juni 1892 reiste sie noch einmal nach Paraguay, um so viel wie möglich von ihrem Besitz in »Nueva Germania« zu retten. Im Herbst 1893 war sie zurück, ohne einen Pfennig, aber mit großen Plänen für die Gründung eines »Nietzsche-Archivs«, das sie selbst leiten wollte. Bis 1897 lebte die ganze Familie lediglich von Nietzsches magerer Pension aus Basel, die von Overbeck verwaltet wurde und aus der ebenfalls sämtliche Arztkosten für den Patienten bestritten werden mussten.

In den Anfangsjahren von Nietzsches Krankheit glaubten sowohl seine Mutter als auch seine Schwester fest daran, dass der Sohn und Bruder wieder gesund werden würde. Im Frühjahr 1889 hoffte Professor Binswanger noch auf eine Art »Besserung«, doch im Laufe der nächsten Monate erklärte er Nietzsche für »unheilbar«. Die Jenaer Krankenakten berichten von plötzlichen lauten Ausbrüchen, wiederholten Klagen über Kopfschmerzen, visuellen und auditiven Halluzinationen, Anfällen von alptraumartigem Delir und voll ausgebildeter Paranoia. Wie Zarathustra in »Der Genesende« schlief der Patient neben seinem Bett, als ob jemand anderes darin liege.

Seinen bizarren Höhepunkt erreichte Nietzsches Aufenthalt in der Jenaer Klinik im Oktober und November 1890, als Julius Langbehn, der Verfasser von *Rembrandt als Erzieher*, in der Klinik aufkreuzte, um eine »Heilung« des Patienten zu bewirken, die eher einer Bekehrung glich. Nachdem er sich das Vertrauen von Nietzsches Mutter und Otto Binswanger erschlichen hatte, kam Langbehn während zweier Wochen mehrfach in die Klinik und versuchte – ähnlich wie Professor Lindner in Musils *Mann ohne Eigenschaften* –, das verlorene Schaf zu beschwatzen, wieder in die Herde zurückzukehren. Diese zweifelhafte Kur fand ein jähes Ende, als Nietzsche – aufgebracht über Langbehn, der ihm noch in seinem Wahnsinn wie ein weiteres Exemplar des rechtschaffenen christlichen Antisemiten erscheinen musste, der ihm schon seit Jahrzehnten eine Plage war – einen Tisch umstieß und mit den Fäusten auf seinen Quälgeist losging. Als Heinrich Köselitz Nietzsche im Januar und Februar 1890 besuchte, nachdem das Langbehn-Fiasko seinen Lauf genommen hatte, traf er einen Patienten an, der hoch erfreut war, ihn zu sehen, dabei aber auch merkwürdig erregbar und befremdlich verändert in seinen Reaktionen und Fähigkeiten. »Sein Lachen ist gewöhnlich heiter, kann aber auch unheimlich werden.«[15] Overbeck stellte bei einem Besuch Ende Februar fest, dass seine Freundschaft mit Nietzsche sich von nun an von einer Vergangenheit würde nähren müssen, die unwiderruflich Erinnerung war. Die Tatsache, dass der Freund gar von einer Rückkehr zur Lehrtätigkeit an der Universität sprach,

Weingarten 18, Ansicht von der Naumburger Stadtmauer her.

bestätigte ihm nur, wie fern ihm die Welt in Wirklichkeit bereits gerückt war.[16] Von Gersdorff und Köselitz beobachteten bei einem Besuch ein Jahr später, dass Nietzsche vom Wahnsinn in eine totale Apathie geglitten war. Er hatte jedes Gefühl für Rhythmus auf dem Klavier verloren. Oft starrte er auf seine Hände, als ob sie etwas Fremdes wären. Auch Köselitz befürchtete nun, dass der Patient versuchen könnte, seine Mutter zu erwürgen.

Franziska versorgte mit Unterstützung ihres Hausmädchens Alwine aufopfernd ihren Sohn, der wieder ihr kleiner Junge geworden war. Von dem Augenblick, in dem sie die Vormundschaft über ihn erhielt, bis zu ihrem Tod am 20. April 1897, während sieben anstrengender und entmutigender Jahre, fütterte und badete sie ihn mit Alwines Hilfe. Sie las ihm in einem einschläfernden, monotonen Tonfall vor – zuweilen *Tom Sawyer* in deutscher Übersetzung, manchmal sein eigenes Gedicht »Oh Mensch! Gieb Acht!«, wobei der Text jedoch keine Rolle spielte. Es ging vielmehr einfach darum, den Patienten ruhig zu halten. »Niemand kann je ein Kind besser verstehen als seine Mutter«, beharrte sie.[17] Sie machte mit ihm lange Spaziergänge im nahe gelegenen Stadtpark, solange er die Entfernung von drei Häuserblocks noch zurücklegen konnte, dann kürzere Gänge in der sonnigen, parkähnlichen Umgebung der alten Stadtmauer vor dem Haus. 1894 waren Ausflüge zur örtlichen Badeanstalt wegen seiner Wutanfälle und der fortschreitenden Paralyse unmöglich geworden. Die tägliche Routine wurde immer monotoner. Als Paul Deussen den Patienten an dessen 50. Geburtstag besuchte, schrieb er: »Er saß dort still und teilnahmslos ohne jemanden zu beachten, nur die mitgebrachten Blumen erregten für kurze Zeit sein Interesse, und der ihm

Weimar. Die Villa Silberblick heute.

vorgelegte Kuchen wurde gierig verzehrt.«[18] Erwin Rohde berichtete Franz Overbeck über seinen Besuch am 27. Dezember 1894:

> »Ich sah den Unglücklichen selbst: er ist völlig stumpf, erkennt – außer Mutter und Schwester – niemanden mehr, *spricht* sogar kaum alle Monat einmal einen Satz, war auch körperlich ganz zusammengehutzelt, schwach und klein geworden, übrigens von gesunder Gesichtsfarbe, kurz, ein tränenerweckender Anblick!«[19]

1895 hatte sich die Paralyse bis zum Kinn ausgebreitet, und die Nahrungsaufnahme wurde schwierig. Nietzsche verbrachte, wenn das Wetter es erlaubte, den größten Teil des Tages draußen auf der Wein umrankten Veranda sitzend. Die Weinblätter dämpften den Schall der gelegentlichen, unvermittelten Schreie des Patienten – wenigstens versuchte Franziska sich das einzureden. Als Overbeck Nietzsche am 24. Dezember 1895 zum letzten Mal besuchte, machte er ihm »den Eindruck eines todeswunden, edlen Tieres, das sich in den Winkel zurückgezogen hat, in dem es nur noch zu verenden denkt«.[20] Nachdem Franziska Nietzsche 1897 mit 71 Jahren an Influenza und Erschöpfung gestorben war, übernahmen Alwine und Elisabeth die Pflege ihres Sohnes.[21] Die Basler Pension versiegte nun, und damit endete auch Nietzsches Naumburger Zeit. Kurz nach dem Tod der Mutter brachte Elisabeth den Bruder in das »Nietzsche-Archiv«, das sie im August 1896 nach Weimar verlegt hatte. Im Juli 1897 siedelten Nietzsche und das »Nietzsche-Archiv« in die Villa Silberblick am Stadtrand von Weimar über. Silberblick – ein Besitz, der Elisabeth von Meta von Salis zur Verfügung gestellt worden war – stand auf einer Anhöhe, von der aus man über die berühmte Stadt Goethes und Schillers blicken konnte. Die nächsten drei Jahre brachte Elisabeth ihren Bruder so behaglich wie möglich in einem Zimmer im zweiten Stock der Villa unter. Besondere Besucher, die ins Archiv nach Weimar kamen, vor allem solche, auf deren finanzielle Unterstützung sie rechnete, wurden mit hinauf genommen, um einen Blick auf den leidenden Philosophen zu werfen. Harry Graf Kessler war einer von ihnen. Am 8. August 1897 notierte er in sein Tagebuch:

> Er lag schlafend auf einem Sofa; [...] Die Stirn ist ganz kolossal; das mähnenartige Haar noch dunkelbraun; und ebenso der struppige, wulstige Schnurrbart; unter den Augen sind breite, schwarzbraune Ränder tief in die Wangen eingesunken; man erkennt noch im matten, schlaffen Gesicht einige tiefe, vom Denken und Wollen eingegrabene Falten [...] Im Ausdruck liegt eine unendliche Müdigkeit. Die Hände sind wie Wachs grünlich violett geädert, und etwas geschwollen, wie bei einer Leiche [...] So glich er nicht einem Kranken oder einem Wahnsinnigen, sondern eher einem Toten.[22]

Nach einem weiteren Besuch weniger als ein Jahr später, am 17. April 1898, notierte Kessler: »Als wir hereinkamen, streckte er zuerst etwas zitternd, aber ruhig und wie fragend aufblickend seine Hand seiner Schwester entgegen, dann mir, und sah auch mich [...] ernst und ruhig wie ein schönes, treues Tier an [...] Die Höflichkeits- und Umgangsformen gehören zu den letzten menschlichen Dingen, die sein Geist behalten hat.«[23]

Nietzsche sprach in diesen letzten Jahren nur sehr selten. Karl Böttcher notierte einige Sätze:

> Er [...] sitzt nun auf einem Stuhl am Fenster. Die breiten Schultern sind niedergebeugt auf ein dickes Buch, in dem er scheinbar liest, obgleich er es verkehrt in den Händen hält. Große, lebhafte Augen funkeln mir entgegen [...] Manchmal stößt er wie im Selbstgespräch einige Worte hervor: »In diesem Haus wohnen lauter gute Menschen« [...] »Ich habe viele schöne Sachen geschrieben«. Es wird ihm ein Stückchen Torte gereicht; anscheinend schmeckt es ihm. »Das ist ein schönes Buch«, meint er ernst.[24]

Während der letzten Lebensmonate Nietzsches machte der Künstler Hans Olde eine Reihe von Fotos von ihm auf der Veranda im zweiten Stock der Villa Silberblick. Der Patient blickte nicht einmal mehr kurzsichtig, sondern leer in den Abendhimmel.

Im Sommer 1898 scheint ihn so etwas wie ein leichter Schlaganfall ereilt zu haben. Im Mai 1899 erlitt Nietzsche einen schweren Schlag: Seine rechte Seite war völlig gelähmt, er wurde bettlägerig. Nach einer Lungenentzündung und einem weiteren Schlaganfall starb er am Nachmittag des 25. August 1900. Elisabeth arrangierte am 27. August eine Gedenkfeier im Archiv. Sie wollte den Bruder auf dem Grundstück ihres Weimarer Archivs beerdigen lassen, doch die städtische Gesundheitsbehörde legte ihr Veto ein. Nietzsches sterbliche Überreste wurden deshalb zum »Vaterhaus« überführt, das ihn so oft in seinen Träumen heimgesucht hatte. Freunde und Nachbarn versammelten sich am 28. August 1900, um ihn in Röcken neben Vater, Mutter und Bruder zu bestatten.

Natürlich gab es Reden und Ansprachen bei der Beerdigung. Ein Cousin Nietzsches von der oehlerschen Seite verkündete der Trauergemeinde, das letzte Wort, das Nietzsches »müde Lippen ausgehaucht« hätten, sei der Name »Elisabeth« gewesen; ein Detail, das er zweifellos von Elisabeth selbst hatte. Peter Gast (Heinrich Köselitz) schloss seine eindringliche Trauerrede auf den Mann, der gesagt hatte, er wäre lieber ein Satyr oder ein Clown als ein Heiliger, mit dem pathetischen Ausruf: »*Heilig* sei dein Name allen kommenden Geschlechtern!«[25]

Einmal, während jenes »vergeudeten Jahres« in Bonn, konnte ein zum Spott aufgelegter Nietzsche sich nicht enthalten, seine Mutter mit einem Juvenal-Zitat zu ärgern: »Es ist mitunter schwer, [...] keine Satyre zu schreiben.« (B 2, 67)

Zwei Ansichten der Gräber Nietzsches, seines Vaters, seines Bruders und seiner Mutter. Die Fotografien müssen zwischen 1897 und 1935 aufgenommen worden sein.

Portfolio I

ANFÄNGE UND ENDE

Röcken

Naumburg

Pobles

Schulpforta

Jena

Weimar

Oben: Röcken. Kirche und Pfarrhaus, in dem Nietzsche geboren wurde. Die Wirtschaftsgebäude der Pfarre.

Rechts oben: Hauptportal der Kirche.

Das Dorf Röcken liegt eine halbe Stunde von Lützen dicht an der Landstraße. Wohl jeder Wanderer, der an ihm vorbei seine Straße zieht, wirft ihm einen freundlichen Blick zu. Denn es liegt gar lieblich da mit seinen umgebenden Gebüsch und Teichen. Vor allen fällt der bemooßte Kirchthurm in die Augen. Wohl kann ich mich noch errinern, wie ich einstmals mit den lieben Vater von Lützen nach Röcken ging und wie in der Mitte des Weges die Glocken mit erhebenden Tönen das Osterfest einläuteten. Dieser Klang tönt so oft in mir wieder und Wehmuht trägt mich sodann nach den fernen, theuren Vaterhause hin. Wie lebendig steht noch der Gottesacker vor mir! Wie oft fragte ich wenn [ich] das alte, alte Leichenhaus sah, nach den Bahren und schwarzen Flören, nach alten Grabschriften und Denkmälern! Aber wenn keiner Bild meiner Seele entweicht, am wenigst[en] werde ich wohl das traute Pfarrgebäude vergessen. Denn mit mächtigen Griffel ist es in meine Seele eingegraben. Das Wohnhaus war erst 1820 [1825] gebaut und deßhalb in sehr netten Zustande. Mehere Stufen führten hinauf zum Parterre. Noch kann ich mich des Studierzimmers in der obersten Etage errinern. Die Reihen Bücher, darunter manche Bilderwerke, diese Schriftrollen machten diesen Ort zu einen meiner Lieblingsplätze. Hinter den Haus breitete sich der Obst- und Grasgarten aus. Ein Theil desselben pf[l]egte im Frühjahr unter Wasser zu stehen und gewöhnlich war dann auch der Keller angefüllt. Vor der Wohnung erstreckte sich der Hof mit Scheune und Stallgebäude und geleitete zu den Blumengarten. In den Lauben und Sitzen verweilte ich fast immer. Hinter den grünen Zaun lagen die vier Teiche, mit Weidengebüsch umgeben. Zwischen diesen Gewässern zu gehen, die Sonnenstrahlen auf der Spiegelfläche und die munteren Fischlein spielen zu sehen, das war meine größte Lust. [...] Rings um den Gottesacker herum liegen die Bauern-höfe und -gärten in trauter Stille. Eintracht und Friede waltete über jeder Hütte und wilde Eregungen blieben von ihnen fern.

»Aus meinem Leben«, geschrieben vom 18. August bis 1. September 1858, im Alter von dreizehn Jahren; F 1, 2f

Die zunehmenden Leiden meines Vaters, sein Erblinden, seine abgezehrte Gestalt, die Thränen meiner Mutter, die sorgenvollen Mienen des Arztes [...] mußten mich ein drohendes Unglück ahnen lassen. Und dieses Unglück brach auch ein – mein Vater starb. – Ich übergehe meinen Schmerz, meine Thränen, die Leiden meiner Mutter, die tiefe Betrübniß des Dorfes. Wie hat mich das Begräbniß ergriffen! [...] Einige Monate darauf betraf mich ein zweites Unglück, das ich durch einen sonderbaren Traum voraus ahnte. Mir war es, als hörte ich aus der nahen Kirche dumpfen Orgelton. Ueberrascht öffne ich das Fenster, das der Kirche und dem Friedhof zugewandt war. Das Grab meines Vaters thut sich auf, eine weiße Gestalt steigt herauf und verschwindet in der Kirche. Die düsteren, unheimlichen Klänge rauschen fort; die weiße Gestalt erscheint wieder, etwas unter dem Arm tragend, das ich nicht deutlich erkannte. Der Hügel hebt sich, die Gestalt versinkt, die Orgel verstummt – ich erwache. Am folgenden Morgen wird mein jüngerer Bruder, ein lebhaftes und begabtes Kind, von Krämpfen überfallen und ist in einer halben Stunde todt. Er wurde ganz unmittelbar an dem Grabe meines Vaters beerdigt. –

»Mein Lebenslauf«, Version C, im Alter von sechzehn Jahren niedergeschrieben; F 1, 281f

Röcken. Blick von der Chorempore zum Altar.

Die Kirche von Nietzsches Großvater mütterlicherseits, Pastor David Ernst Oehler in Pobles. *Unten:* Das Haus Weingarten 18, hinter der Naumburger Stadtmauer (auf der Veranda an der Seite des Hauses verbrachte Nietzsche in den Jahren seiner Krankheit einen Großteil des Tages).

Wir feierten am 2. August 1859 Großpapa Oehlers zweiundsiebzigsten Geburtstag. [...] Als ich früh hinunterging, kam Fritz mir schon aus dem Garten entgegen und vertraute mir an, er sei schon sehr früh aufgewacht, da er einen so seltsamen Traum gehabt habe: das ganze Pfarrhaus von Pobles habe in Trümmern gelegen, und die arme Großmama hätte allein unter dem zerbrochenen Gerüst und Balkenwerk gesessen. Darüber habe er so weinen müssen, daß er aufgewacht sei und nicht wieder hätte einschlafen können. Mamachen verbot uns, diesen Traum weiter zu erzählen. Übrigens war der liebe Großpapa so frisch und rüstig, daß ihm jeder noch zwanzig Lebensjahre gegeben hätte. Im Spätsommer aber erkältete er sich so heftig, daß ihn eine schwere Krankheit befiel; Großpapa, der nie den Arzt als Arzt, sondern nur als Freund im Hause gehabt hatte, mußte nun seine Hilfe in Anspruch nehmen. [...] Mitte des Winters [17. Dezember 1859] starb der von uns so Inniggeliebte.

Elisabeth Förster-Nietzsche, Der junge Nietzsche, *Leipzig 1912, S. 97*

Schulpforta. Die Kirche, das Haupttor und ein Schulgebäude.

Es war an einem Dienstag Morgen, als ich aus den Thoren der Stadt Naumburg herausfuhr. Die Morgendä[m]merung lag noch rings auf den Fluren und am Horizont zeigten nur einige mattbeleuchtete Wolken das Herannahen des Tages. Auch in mir herrschte noch eine solche Dämmerung: noch nicht war in meinem Herzen eine rechte Sonnenfreudigkeit aufgefangen. Die Schrecken der bangen Nacht umlagerten mich und ahnungsvoll lag vor mir die Zukunft in grauen Schleier gehüllt. Zum ersten Male sollte ich mich von dem elterlichen Hauße auf eine lange, lange Dauer entfernen. Unbekannten Gefahren ging ich entgegen; der Abschied hatte mich bang gemacht und ich zitterte im Gedanken an meine Zukunft. Dazu bedrängte mich das bevorstehende Examen, das ich mir mit schrecklichen Bildern ausgemalt hatte, der Gedanke, von nun an niemals mich meinen eigenen Gedanken übergeben zu können, sondern immer von Schulgenossen fortgezogen zu werden von meinen Lieblingsbeschäftigungen, ungemein. Auch vorzüglich, daß ich meine lieben Freunden lassen sollte, daß ich aus den gemüthlichen Verhältnissen in eine neue, unbekannte, starre Welt treten sollte, beengte meine Brust und jede Minute wurde mir schrecklicher, ja als ich Pforta hervorschimmern sah, glaubte ich in ihr mehr ein Gefängniß, als eine alma mater zu erkennen. Ich fuhr durch das Thor. Mein Herz wallte über von heiligen Empfindungen; ich wurde empor gehoben zu Gott in stillem Gebet und tiefe Ruhe kam über mein Gemüth. Ja Herr, segne meinen Eingang und behüte mich auch in dieser Pflanzstätte des heiligen Geistes leiblich und geistig. Sende deinen Engel daß er mich siegreich durch die Anfechtungen, denen ich entgegengehe, führe und laß mir diesen Ort zu wahren Segen für ewige Zeiten gereichen. Das hilf, Herr! Amen. –

Text für Wilhelm Pinder, im Alter von vierzehn Jahren geschrieben; B 1, 50

Die Jenaer Nervenklinik, Innenansichten. Der Fuchs mit dem langen Hals, der drohend einen Zauberstab schwingt, ist eine reparierte Stelle auf einer der Linoleum belegten Treppenstufen.

Da drang ein greller Schrei uns zu Ohren; es kam aus den nahen Irrenhause. Inniger schlossen sich unsre Hände zusammen; uns war als berühre uns ein böser Geist mit beängstigenden Fittigen.

»Aus den Hundstagsferien«, 1859, geschrieben im Alter von viehrzehn Jahren über einen Ausflug nach Jena; F 1, 143.

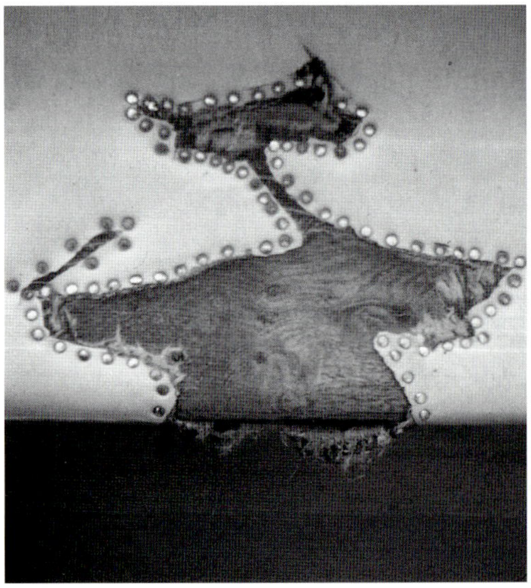

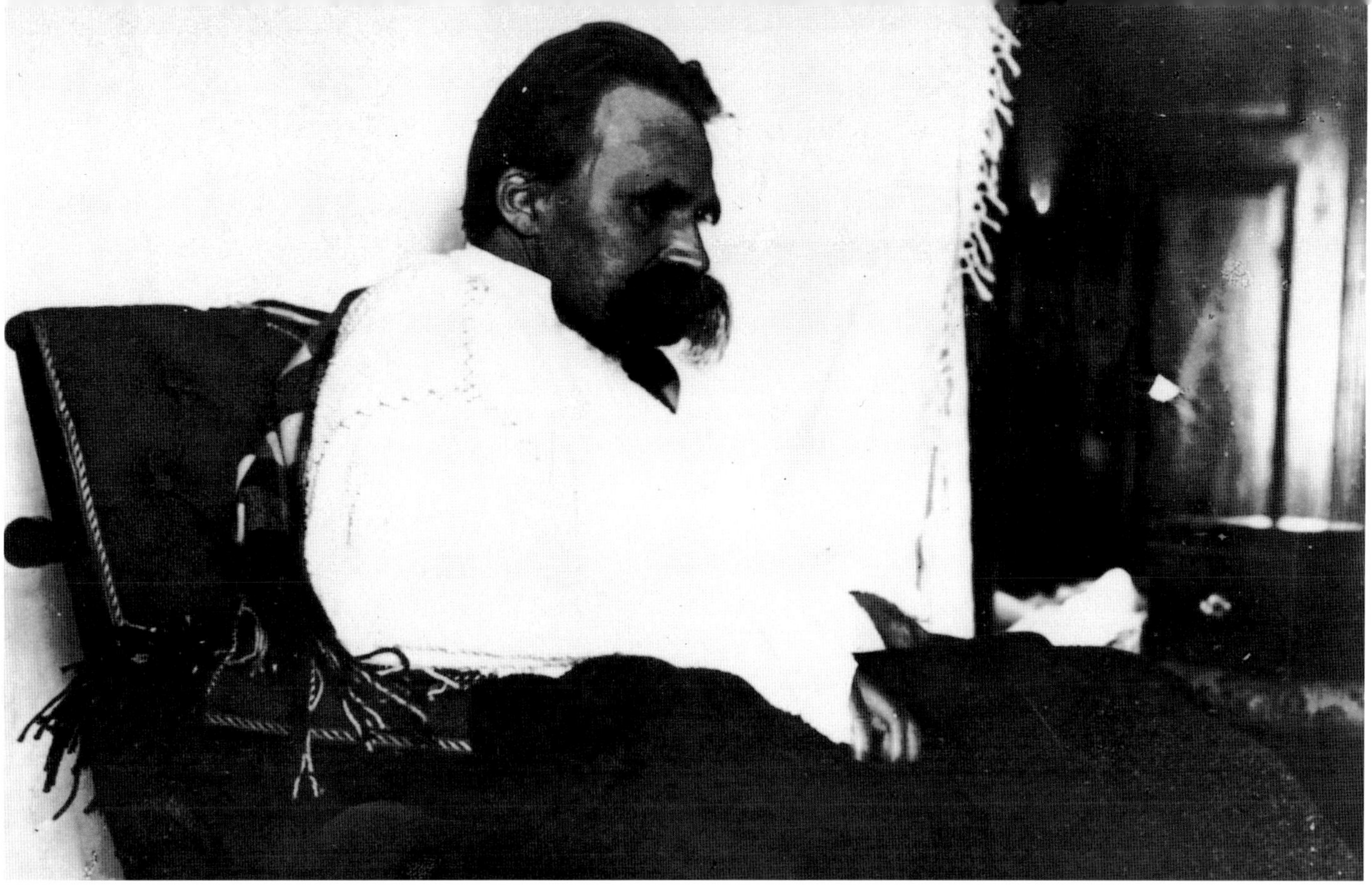

In mein Zimmer? Doch was seh ich auf meinem Bett? Dort liegt jemand – er stöhnt leise, röchelt – ein Sterbender!

»Ein Sylvestertraum,« geschrieben im Alter von zwanzig Jahren; F 3, 79

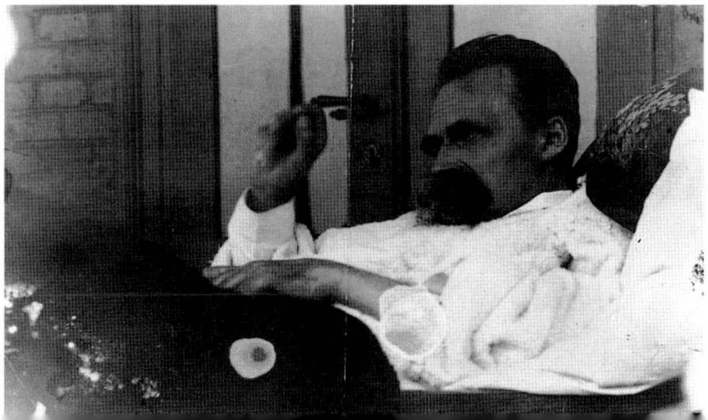

Weimar. Nietzsche im »Nietzsche-Archiv« in der Villa Silberblick. Die Portraits wurden 1899 von Hans Olde auf der Veranda im zweiten Stock aufgenommen.

Basel Badischer Bahnhof,
der Ausgangspunkt für Nietzsches Reisen
während der Basler Jahre.

Zweites Kapitel

»ICH WÄRE SEHR VIEL LIEBER BASLER PROFESSOR ALS GOTT...«

Dies war zumindest im Rückblick, zu Beginn seiner Geisteskrankheit im Januar 1889, Nietzsches unverhohlen ausgesprochene Überzeugung – eine Philologieprofessur sei der Göttlichkeit bei weitem vorzuziehen. Während der mehr als zehn Jahre, die seiner Emeritierung an der Basler Universität im Jahr 1879 folgten, verzichtete er nie darauf, sich als »Professor für Klassische Philologie« zu bezeichnen. Diesen Titel gab er nie auf. Die Tatsache, dass er den Ruf nach Basel im Jahr 1869 annahm, kam jedoch keineswegs einer vollständigen Bekehrung zur mit Skepsis beäugten Philologie gleich und erfolgte nicht aus vollem Herzen. Das bedeutete nun allerdings nicht, dass Nietzsche sich den Aufgaben des Lehramtes und seinen übrigen akademischen Pflichten verweigert hätte, im Gegenteil, er warf sich mit Begeisterung darauf. Seine Lehrtätigkeit an der Universität wie auch sein Gymnasialunterricht (die Universitätsdozenten hatten höhere Klassen an den örtlichen Gymnasien zu unterrichten) gewann ihm die Zuneigung und Bewunderung seiner Studenten und Schüler. Trotz schwerer Krankheit widmete er sich während der kommenden zehn Jahre mit Leib und Seele seinem Beruf, weit über die an ihn gerichteten Erwartungen hinaus.

Die 1460 gegründete Universität Basel befand sich wie die Stadt, in deren Dienst sie stand, in einer schwierigen Phase. Die meisten neuen Fakultätsmitglieder waren junge Gelehrte (wenn auch keiner so jung wie Nietzsche), die einige Jahre blieben, um dann an prestigeträchtigere Institutionen zu wechseln. Nietzsche kam am 19. April 1869 in Basel an. Er nahm seine Lehrtätigkeit im ersten Sommersemester Anfang Mai auf, mit einem Pensum von acht Wochenstunden an der Universität und sechs am örtlichen humanistischen Gymnasium – dem »Pädagogium«, wie die Basler es nannten, das im Mentelinhof am Münsterplatz untergebracht war.

Obwohl Naumburg ebenfalls eine Stadt der Bourgoisie und Bürokratie gewesen war, begegnete Nietzsche hier etwas Neuem. Basel war im wahrsten Sinne des Wortes eine Stadt der Bürger – 30 000 an der Zahl – mit einem Stadtbild, das nicht von einer Burg, einem Herrensitz oder sonstigem aristokratischen Beiwerk beherrscht wurde. Als Nietzsche seine preußische Staatsbürgerschaft aufgab und ein staatenloser Einwohner des Kantons Basel wurde, tat er einen großen Schritt auf dem Weg zum »guten Europäer«. Die Stadt selbst befand sich mitten in einem Prozess tief greifender Umwälzungen: Die alten Stadtmauern wurden an vielen Stellen niedergerissen, unter anderem, um Platz für Bahnlinien zu schaffen, die zum Stadtzentrum führen sollten. Nietzsche mietete sich in der Nähe des Spalentors ein, des schönsten Basler Stadttores, zunächst am Spalentorweg 2, dann im nahe gelegenen Schützengraben 45 (heute Nr. 47). Das Gebäude, in dem diese zweite Wohnung lag, befand sich im Besitz einer Schneiderswitwe. Zu damaliger Zeit war es ein bescheidenes Reihenhaus in einer Gegend, in der sich kurz zuvor die Fakultäten der Mathematik und der Naturwissenschaften eingerichtet hatten.

Nietzsches Kollegs fanden jedoch nicht in diesem neuen Universitätsviertel statt, sondern im ältesten Teil der Universität, am »Rheinsprung«, mit Blick auf den mächtigen Strom und den Schwarzwald in der Ferne. Den Gymnasialunterricht hatte er im Mentelinhof zu erteilen, einem stattlichen Bau mit gepflastertem Hof, direkt gegenüber dem Basler Münster. Sehr früh am Morgen (seine Vorlesungen begannen bereits um sieben Uhr!) wanderte Nietzsche über den Petersplatz und den geschäftigen

Schützengraben 45 (heute Nr. 47), wo Nietzsche die längste Zeit während seiner Basler Jahre wohnte; das Haus erhielt schon bald den Spitznamen »Das Gifthüttli«, nach einer bekannten Basler Weinstube.

Markt, durch die belebten Einkaufsstraßen, bis er in die engen, gewundenen Gassen gelangte, die zum Burghügel abzweigten. Ganz oben lagen das Münster, die Universitätsbauten und der Mentelinhof. Jedes Mal, wenn Nietzsche aus dem Tor des Mentelinhofes trat, um nach links zu den Universitätsgebäuden abzubiegen, sah er die Skulpturen an der Fassade des Münsters drohend über sich aufragen – auch hier gab es wieder einen Furcht einflößenden St. Georg, den Schrecken seiner Kindheit, diesmal gerade dabei, den Drachen zu durchbohren.

Während seiner ersten Semester an der Universität bot Nietzsche Veranstaltungen zur Geschichte der griechischen Literatur und zur vorplatonischen Philosophie an, dazu griechische und römische Rhetorik, die Religion der griechischen Antike, Platos Leben und Lehre, Äschylos' *Choephoren*, Sophokles' *König Ödipus* und Hesiods *Werke und Tage*. Am Gymnasium behandelte er Platos *Apologie des Sokrates*, *Phaidon*, *Phaidros* und *Symposion*, den *Staat* und *Protagoras*, ausgewählte Texte aus Homers *Ilias*, *Der gefesselte Prometheus* von Äschylos und *Elektra* von Sophokles. Seine Schüler mussten *Die Bakchen* von Euripides zu Hause lesen und in einem kurzen Aufsatz die Eindrücke, die sie vom dionysischen Kult gewonnen hatten, niederschreiben. Studenten wie Schüler waren einhellig beeindruckt vom Wissen und vom Engagement ihres jungen Dozenten. Nietzsche war ein Lehrer, dessen Erwartungen man nicht enttäuschen wollte und für den man deshalb mehr arbeitete als für andere. Zudem setzte er seinen Ehrgeiz darein, auch noch die Unbegabtesten und Unmotiviertesten seiner Schützlinge anzusprechen. In einer Anmerkung zu seiner »Autobiographie« *Ecce homo* bekannte er:

Im Grunde gehöre ich zu jenen unfreiwilligen Erziehern, welche keine Principien zur Erziehung brauchen, noch haben. Die Eine Thatsache, daß ich in 7 Jahren Unterricht an der obersten Klasse des Basler Pädagogiums keinen Anlaß hatte, eine Strafe zu verhängen, und daß, wie mir später bezeugt worden ist, die Faulsten bei mir noch fleißig waren, zeugt einigermaßen dafür. Eine kleine Klugheit aus jener Praxis ist mir im Gedächtniß geblieben: im Fall, wo ein Schüler im Wiederholen dessen, was ich die Stunde vorher auseinandergesetzt hatte, durchaus unzureichend blieb, nahm ich die Schuld davon stets auf mich, – sagte zum Beispiel, es sei Jedermann's Recht, wenn ich mich zu kurz, zu unfaßlich ausdrücke, von mir eine Erläuterung, eine Wiederholung zu verlangen. Ein Lehrer habe die Aufgabe, sich *jeder* Intelligenz zugänglich zu machen ... Man hat mir gesagt, daß dieser Kunstgriff stärker wirkte, als irgend ein Tadel. – Ich habe weder im Verkehr mit Schülern, noch mit Studenten, je eine Schwierigkeit empfunden. [...] Insgleichen gab mir das Prüfen bei Doktor-Promotionen keinen Anlaß, irgend welche Künste oder Methoden noch zuzulernen: was ich instinktiv handhabte, war nicht nur das Humanste in solchen Fällen, – ich befand mich dabei selber erst vollkommen wohl, sobald ich den Promovenden in gutes Fahrwasser gebracht hatte. Jedermann hat in solchen Fällen so viel Geist – *oder* so wenig – als der verehrliche Examinator hat... Hörte ich zu, so schien es mir immer, daß im Grunde die Herren Examinatoren *geprüft* würden. – (W 13, 619f)

Nietzsches Eloquenz und Brillanz sind vielfach durch Aussagen von Gymnasiasten und Studenten belegt, Beschreibungen seiner Person dagegen gibt es kaum. Die Schilderung eines ehemaligen Schülers am Pädagogium, der sich 1941 an seinen einstigen Lehrer erinnerte, ist daher von besonderem Interesse: »Körperlich fein und zart gebaut,von eher weiblichem Habitus, stand sein martialischer Schnurrbart gleichsam überkompensiert im grellen Gegensatz zu seinem übrigen Wesen.«[1] Da aus anderen Zeitzeugnissen hervorgeht, dass Nietzsche in Wirklichkeit eher untersetzt und wohl kaum feingliedrig war, liegt die Vermutung nahe, der Schüler

Eines der ältesten Universitätsgebäude am Rheinsprung in Basel.

St. Georg und der Drache am Basler Münster, direkt gegenüber dem Mentelinhof.

Nietzsche in Basel, aufgenommen im Spätherbst 1873.

habe einfach seinen Eindruck von Nietzsches Verhaltensweisen wiedergegeben. In jedem Fall haftete dem jungen Akademiker sicherlich nichts Rohes oder dominierend Männliches an.

Seine Kollegen in Basel verhielten sich ihm gegenüber zum größten Teil wohlwollend und wählten ihn 1874 sogar zum Dekan seiner Fakultät, ein Zeichen großen Vertrauens, wenn nicht gar aufrichtiger Freundschaft. Nietzsches einziger Grund zur Klage war, dass er ständig Entschuldigungen erfinden müsse, um der endlosen Reihe von Abendeinladungen zu entrinnen (B 3, 16). Diesen Einladungen zog er einsame Spaziergänge vor – sein ausgeprägtes Bedürfnis nach Alleinsein und seine Selbstdisziplin waren vielleicht die Früchte dessen, was er später als das »asketische Ideal« definieren sollte. Zu den prominentesten Kollegen an der Universität Basel, die zugleich am wichtigsten für Nietzsche selbst wurden, gehörten Wilhelm Vischer-Bilfinger, Ludwig Rütimeyer, Johann Jakob Bachofen und, allen voran, Jacob Burckhardt.

Vischer-Bilfinger war eine Koryphäe der Gräzistik und spielte zugleich eine wichtige Rolle in der Verwaltung der Universität. Er war derjenige gewesen, der Ritschl in Leipzig kontaktiert und die Berufung Nietzsches in die Wege geleitet hatte. Bachofen, heute in erster Linie bekannt durch sein Werk *Das Mutterrecht*, die klassische Studie des Matriarchats, war ein Außenseiter der Völkerkunde und ein Historiker der romantischen Schule, dessen Forschungsschwerpunkt auf den gemeinsamen Ursprüngen der frühen Menschheit lag. In seinem Buch über das antike Griechenland bezog sich Bachofen auf das Gegensatzpaar des »Apollinischen« und des »Dionysischen« (allerdings war Jules Michelet in dieser Hinsicht für Nietzsche wahrscheinlich die wichtigere Quelle). Bachofen betonte die Distanz der Moderne zu den größten Errungenschaften der griechischen Antike. Er widersprach in allen Punkten den rationalistischen Historikern, die darauf bauten, dass eine nüchterne und vorbehaltlose Methodologie sie in die Lage versetzen würde, das antike Griechenland adäquat zu verstehen. Als Nietzsche seine beiden öffentlichen Vorträge »Das griechische Musikdrama« und »Socrates und die Tragoedie« hielt, die die meisten seiner Kollegen als einen Ausfall gegen Plato und Sokrates werteten, hatte er immerhin den Trost, dass Bachofens Ansichten ebenso radikal gewesen waren wie seine eigenen.

Ludwig Rütimeyer, Geologe und Paläontologe, erhob seine Stimme im Streit um Darwins Theorien. Rütimeyer sprach sich gegen Darwins Prinzip der natürlichen Auslese durch Zufallsmutation aus und ergriff Partei für die einflussreiche antidarwinistische Position von Karl Ernst von Baer. Obwohl Nietzsche Rütimeyer nie persönlich kennen lernte, trug dieser nicht unwesentlich dazu bei, den naturwissenschaftlichen Aspekt in seinem Denken zu fördern – jenen Aspekt, dem sich Nietzsche und Rohde hatten widmen wollen, als Nietzsche seinen Ruf nach Basel erhielt. Außerdem profitierte Nietzsche viel von Rütimeyers Schriften über die Alpen – der Titel eines seiner Bücher, *Vom Meer bis nach den Alpen* (1854), klingt wie das Leitmotiv zu Nietzsches Nomadenleben in den achtziger Jahren.

Jacob Burckhardt, der berühmteste der drei Kollegen, in Basel wie in der gesamten akademischen Welt, entwickelte das engste Verhältnis zu Nietzsche. 26 Jahre älter als dieser, fühlte sich Burckhardt dennoch zu dem brillanten jungen Gelehrten hingezogen. Beide teilten die Leidenschaft für Musik, Kunst und kulturelle Fragen im weitesten Sinne. Dabei blieb Burckhardt ein Verfechter der Weimarer Klassik: Wo der junge Nietzsche die Musik des *pathos* über die des *ethos* stellte, das Gefühl über die Gesinnung, und damit Wagner und Beethoven über Haydn und Mozart, trat Burckhardt instinktiv auf die Seite des Klassischen.[2] In späteren Jahren sandte Nietzsche Burckhardt jedes Buch zu, das er veröffentlichte, und Burckhardt las und bewunderte die Werke ausnahmslos, ohne den Anspruch zu erheben, sie zu verstehen. Beide wussten während der gemeinsamen Jahre in Basel ihre Verbindung zu schätzen, ohne sie jedoch mit der aristotelischen »Freundschaft unter Gleichen« zu verwechseln.

Wo Beethoven Burckhardt überwältigte, stieß Wagner ihn ab. Die ersten fünf Jahre von Nietzsches Basler Zeit dagegen könnte man als dessen »wagnerianische Periode« bezeichnen. Wagner lebte mit der Baroness Cosima von Bülow in Tribschen, einer Villa am Stadtrand von Luzern, eine Bahnfahrt und einen langen Spaziergang von Basel entfernt. Der Komponist war damals 56 Jahre alt und stand auf dem Höhepunkt seiner schöpferischen Kraft. Eine bewegte Laufbahn lag hinter ihm, Bayreuth war noch fern. Die Unterstützung König Ludwigs II. von Bayern und anderer Förderer der »Zukunftsmusik« ermöglichten schließlich den Bau eines eigens für die Aufführung von Wagners »Gesamtkunstwerken« erbauten Theaters, des berühmten Bayreuther Festspielhauses. Tribschen, Nietzsches »Insel der Seligen«, war Wagners Idyll, ein Ort der Zuflucht aus seinem turbulenten Münchner Leben. Zugleich war es der Ort, an dem er – unter anderem mit dem jungen Akademiker und Musikenthusiasten aus Basel, den er in Leipzig kennen gelernt hatte – über Bayreuth diskutierte und Pläne schmiedete.

Nietzsche besuchte Tribschen, das mit Blick auf den Pilatusberg auf einem bewaldeten Hügel am Vierwaldstätter See lag, zum ersten Mal am 15. Mai 1869, kaum einen Monat nach seiner Ankunft in Basel. »Am Sonnabend vor Pfingsten fuhr ich früh nach Luzern und ging, da ich Zeit zum Dampfschiff hatte, halb unschlüssig nach Tribschen. Vor dem Hause stand ich lange still und hörte einen immer wiederholten schmerzlichen Accord. Einladung zu Tisch, meiner beabsichtigten Reise nach der Tellsplatte wegen auf Montag angenommen.«[3]

Im Laufe der folgenden drei Jahre kam Nietzsche viele Male nach Tribschen, verbrachte mehrere Ferienaufenthalte mit der Familie, fand sich mit den zahlreichen Haustieren ab, übernahm Haushaltspflichten für Cosima, beugte sich den Launen des Meisters und nahm an Cosimas Tableaus, Miniaturopern und kitschigen Geburtstagsfeiern teil mit einer Beflissenheit, die im Rückblick nur schwer zu verstehen ist – es sei denn, man geht davon aus, dass Nietzsche selbst in Cosima verliebt war. Cosima war neun Jahre älter als er, schlug ihn aber ebenso sehr in ihren Bann wie den Meister.

Zehn Jahre später, nachdem Nietzsche Sarah Bernhardt auf der Bühne gesehen hatte, schrieb er seiner Mutter und Schwester, dass Bernhardts Manier und ihre Schönheit ihn an Cosima Wagner erinnerten. (B 6, 169) Und im letzten autobiographischen Text von Nietzsches Hand, den wir besitzen, niedergeschrieben im Dezember 1888, in dem er dem Hass auf seine Mutter und seine Schwester Ausdruck gab, bekannte er zugleich:

Cosima und Richard Wagner, aufgenommen in Wien im Mai 1872.

Die Ruinen der »Cassiopeia-Thermen« in Badenweiler im Schwarzwald.

Landungssteg und Bootsschuppen in Tribschen, der idyllischen Residenz der Wagners am Ufer des Vierwaldstätter Sees.

»Es giebt einen einzigen Fall, wo ich meines Gleichen anerkenne – ich bekenne es mit tiefer Dankbarkeit. Frau Cosima Wagner ist bei Weitem die vornehmste Natur; und, damit ich kein Wort zu wenig sage, sage ich, dass Richard Wagner der mir bei Weitem verwandteste Mann war … Der Rest ist Schweigen …«[4]

Unabhängig davon, wie sehr er Cosima ergeben war, und ungeachtet der Tatsache, dass ihn Wagners dramatische Musik, in der ihm immer wieder das Akustische mit dem Visuellen verwechselt zu werden schien, stark beunruhigte, besteht kein Zweifel, dass Nietzsche dem Zauber des genialen Musikers, Librettisten, Inspizienten und Werbemoguls, der immer auch etwas von einem Scharlatan an sich hatte, restlos verfiel. »Keine Wolke verdunkelte je unseren Himmel«, sollte Nietzsche später in *Ecce homo* über Wagner schreiben, nachdem alle Stürme vorüber waren. Sehr viel früher, am 16. Juni 1869, hieß es an Erwin Rohde: »Die Welt kennt gar nicht die menschliche Größe und Singularität seiner Natur. Ich lerne sehr viel in seiner Nähe: es ist dies mein praktischer Kursus der Schopenhauerschen Philosophie.« (B 3, 17) Und an Carl von Gersdorff schrieb er am 4. August: »*Niemand* kennt ihn und kann ihn beurtheilen, weil alle Welt auf einem andern Fundamente steht und in seiner Athmosphäre nicht heimisch ist. In ihm herrscht eine so unbedingte Idealität, eine solche tiefe und rührende Menschlichkeit, ein solcher erhabner Lebensernst, daß ich mich in seiner Nähe wie in der Nähe des Göttlichen fühle.« (B 3, 36)

Zu Beginn war Nietzsches Abwesenheit von Basel fast immer mit einer Ferienreise verbunden: Im Juni und August 1869 Interlaken und der Pilatusberg, dazu ein kurzer Aufenthalt im Hotel Römerbad in Badenweiler im Schwarzwald am 14. und 15. August. Hier besuchte Nietzsche zweifellos die

Überreste des Cassiopeia gewidmeten römischen Bades aus dem Jahr 75 n. Chr. und Schloss Baden, erbaut im 12. Jahrhundert und zerstört im Dreißigjährigen Krieg. Im nächsten Sommer reiste er Anfang Juni mit Rohde, Mutter und Schwester ins Berner Oberland, wobei er noch einmal Interlaken besuchte. Er musste allerdings rasch feststellen, dass sein Professorengehalt für die Finanzierung solcher Reisen nicht ausreichte, und wieder einmal fühlte sich seine Mutter veranlasst, ihn brieflich zur Sparsamkeit anzuhalten. Doch auch auf anderen Gebieten wuchs die Unzufriedenheit in ihm. Er fühlte sich zerrissen zwischen Anforderungen von mindestens drei Seiten. Zunächst war da seine Lehrtätigkeit, die all seine Energien aufzuzehren drohte: »Der edle Beruf ist übrigens doch etwas angreifend; Abends und speziell Sonnabends bin ich immer recht erschöpft.« (B 3, 20) Zweitens zog es ihn nach Tribschen, wo Cosima und Richard den jungen Wagnerianer gern gänzlich in Beschlag genommen hätten. Und drittens spürte er den Drang zu etwas Umfassenderem als der Philologie oder der Kulturkritik, etwas Größerem selbst als der akademischen Philosophie – der Drang zu einer Art des *Denkens*, die zugleich *Kunst*werk war.

Im April 1870 stieß, wiederum auf Betreiben von Wilhelm Vischer-Bilfinger, ein junger Theologe zur Fakultät. Vielleicht war es ebenfalls Vischer, der veranlasste, dass der neue Professor, Franz Overbeck, Räume im selben Haus am Schützengraben 45 bezog, in dem auch Nietzsche logierte. Heinrich Romundt saß hier an seiner Doktorarbeit über Kants *Kritik der reinen Vernunft*. Die drei nannten das Haus »Gifthüttli«, nach einer berühmten Basler Weinstube gleichen gefährlich klingenden Namens. 1873, im gleichen Jahr, in dem Nietzsches erste

Franz Overbeck, Nietzsches treuester Freund, aufgenommen in späteren Jahren.

Basel. »Zum Gifthüttli«, an Nietzsches Weg vom Schützengraben 45 zur Universität und dem Mentelinhof gelegen. Hier müssen sich vor etlichen Jahrhunderten Arsenminen befunden haben; zu Nietzsches Zeit konnte man in der Gaststube ein Mittagessen und abends ein Glas Wein zu sich nehmen.

Basel. Hintereingang des »Gifthüttli« (Nietzsches Wohnhaus).

Unzeitgemäße Betrachtung erschien, veröffentlichte Overbeck seinen kritischen Traktat »Über die Christlichkeit unserer heutigen Theologie« – eine Provokation, die den Verfasser und seine Frau schließlich aus der Kirche trieb. »Unser Haus wird einmal berüchtigt werden«, prahlte Nietzsche. (B 4, 140) Overbeck wurde ein wahrer Freund, der ihm und seiner Mutter, nicht allerdings seiner Schwester, bis zum Tod treu und verlässlich zur Seite stehen sollte. Nietzsche schrieb über ihn: »Overbeck ist der ernsteste freimüthigste und persönlich liebenswürdig-einfachste Mensch und Forscher, den man sich zum Freunde wünschen kann. Dabei von jenem Radikalismus, ohne den ich nun schon gar nicht mehr mit Jemandem umgehen kann.« (B 4, 135) Viele Jahre später bekannte er Overbeck, dass seine Loyalität und Freundschaft ihm letztlich das Leben gerettet hatten: »Mitten im Leben war ich vom *guten* ›Overbeck umgeben‹ – vielleicht hätte sich sonst der andre Gefährte eingestellt – Mors.« (B 5, 456)

Im Juli 1870 erfuhr Nietzsche von der bevorstehenden Kriegserklärung Frankreichs an Preußen. Am 16. Juli schrieb er an Erwin Rohde, den vielleicht begabtesten seiner Philologen-Freunde aus Leipzig, mit dem er am engsten befreundet war:

> Hier ein furchtbarer Donnerschlag: der *französisch-deutsche Krieg* ist erklärt, und unsre ganze fadenscheinige Kultur stürzt dem entsetzlichsten Dämon an die Brust. Was werden wir erleben! Freund, liebster Freund, wir sahen uns noch einmal in der Abendröthe des Friedens. Wie danke ich Dir! Wird Dir das Dasein jetzt unerträglich, so komme wieder zu mir zurück. Was sind alle unsre Ziele!
> Wir können bereits am Anfang vom Ende sein! Welche Wüstenei! Wir werden wieder Klöster brauchen. Und wir werden die ersten fratres sein. (B 3, 130f)

Er unterschrieb den Brief als »Der treue Schweizer«, obwohl er weder Preuße noch Schweizer war. Frankreich und Deutschland brauchten mehrere Wochen, um sich für den Kampf zu rüsten. Eine merkwürdige Betäubung legte sich über Europa, während die beiden Nationen mobil machten. Zweifellos führte Nietzsche während dieser Wochen intensive Gespräche mit Jacob Burckhardt, der in politischen Dingen weitsichtig war, während die Entwicklung für Nietzsche selber völlig überraschend kam. Burckhardt war sich deutlich bewusst, dass der bevorstehende Deutsch-Französische Krieg kein Geplänkel zwischen zwei Monarchien im traditionellen Sinne sein würde, sondern ein Krieg zwischen zwei industrialisierten Nationalstaaten – eine Generalprobe für den totalen Krieg. Einem Freund in Bruchsal gegenüber äußerte er sich brieflich über das »neue Element« in der Politik, die »Vertiefung« des Krieges: »Man sucht den Besiegten möglichst tief *vor sich selbst* zu erniedrigen, damit er sich künftig nicht einmal mehr etwas Rechtes zutraue.« Selbst wenn der Friede wiederhergestellt würde, so warnte Burckhardt, würde das Ganze auf ein ewiges Kriegsrüsten hinauslaufen, »und nach einiger Zeit wird Niemand mehr sagen können, wozu eigentlich das Leben noch vorhanden ist.«[5]

Auch Nietzsche war erfüllt von düsteren Ahnungen. Seine eigenen Freunde, Wagner und Cosima von Bülow, standen Paris näher als Berlin: Zum Zeitpunkt der Kriegserklärung beherbergten sie Catulle Mendès und Camille Saint-Saëns in Tribschen. Napoleon III. mochte ein Emporkömmling, das Relikt einer abgelebten, schon dreimal abgeschafften Vergangenheit sein, doch Bismarcks Realpolitik erschien kaum als akzeptable Alternative. Inmitten dieser unheilvollen Atmosphäre verkündete der Papst in Rom formell das Dogma von der päpstlichen Unfehlbarkeit. Für Nietzsche und seine Tribschener Freunde war die Tiara damit endgültig zur Narrenkappe geworden, deren Schellen der Schrecken erregenden Musik, die im übrigen Europa anhob, einen blechernen Akkord befreiender Komik hinzufügten. Nietzsche hatte sich bereits gegen Cosimas Bitten entschlossen, auf preußischer Seite am Krieg teilzunehmen, wahrscheinlich als Sanitäter. Er brauchte dringend Abstand und zog sich deshalb für die Zeit, die ihm bis zur Einberufung noch blieb, in die Abgeschiedenheit der Berge zurück. Mit seiner Schwester reiste er nach Brunnen am Vierwaldstätter See und stieß Ende Juli bei Amsteg, nördlich von Andermatt, auf ein einsames Tal von einzigartiger Schönheit: das Maderanertal.

Das Tal verläuft nordöstlich von Amsteg im Reusstal zum Hüfigletscher. Dieser speist den reißenden Chärstelenbach, der sich durch das steile Tal hinunter zur Reuss frisst. Nietzsche und Elisabeth brachen in Amsteg auf, gelangten mit der Postkutsche nach Bristen und fuhren weiter nach Balmenegg und ins Hotel Alpenclub. Heute ist das Hotel Maderanertal, etwa 1350 Meter über dem Meeresspiegel gelegen, zwei bis drei Wegstunden von Bristen entfernt. Linker Hand beherrschen die grauen Schroffen des Windgällen das Tal. Zur Rechten ragen etwas weiter entfernt die Gipfel des Bris-

Blick vom Maderanertal nach Westen in Richtung Bristen und Amsteg.

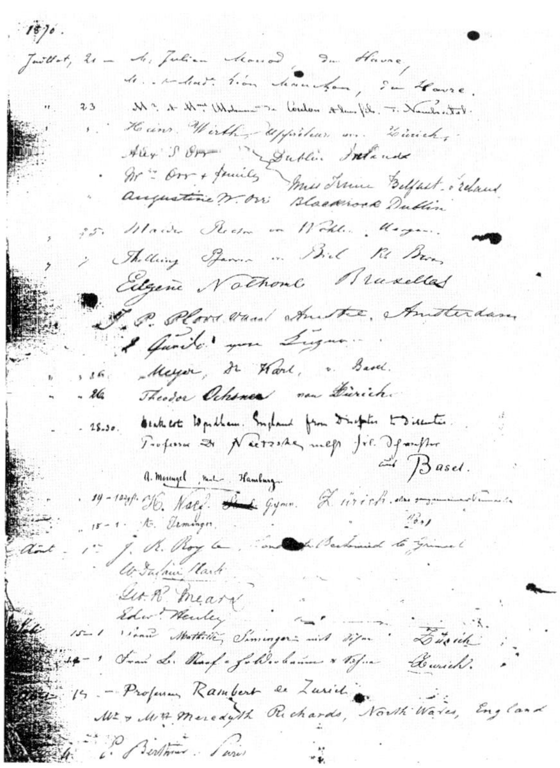

1870.
Eugène Nothomb Bruxelles
Meyer, Dr. Karl, v. Basel.
Theodor Ochsner von Zürich.
Professor Dr. Nietzsche nebst Frl. Schwester aus Basel.
Professor Rambert de Zurich
Mr & Mrs Meredyth Richards, North Wales, England

Oben: Das Hotel Alpenclub, heute das Hotel Maderanertal. Nietzsche wohnte in dem Gebäude auf der linken Bildseite, dem damals gerade fertig gestellten »Engländerhaus«.

Unten links: Das Hotelregister; etwa auf der Mitte der Seite befindet sich Nietzsches Unterschrift, allerdings ohne Ankunfts- oder Abreisedatum. Unter dem vor ihm eingetroffenen Gast, Herbert Wyndham aus England, und dem Datum 28. bis 30. Juli 1870, hat er sich als »Professor Dr. Nietzsche nebst Frl. Schwester aus Basel« eingetragen.

Unten rechts: Der »Stäuber«, gesehen von der Anhöhe hinter dem Hotel Alpenclub, um 1400 Meter über dem Meeresspiegel.

tenstock, des Oberalpstock und des Düssi empor. Das Antlitz des Windgällen ist gefleckt von stämmigen Tannen und Krüppelkiefern, und wenngleich es eher dunkelgrau als silbern erscheint, erinnert es doch in vielem an den delphischen Parnass, den Nietzsche niemals mit eigenen Augen sehen sollte.

Unmittelbar hinter seinem Hotel konnte Nietzsche von einem Vorsprung aus das ganze Tal bis zum Gletscher überblicken. Er schaute damit zugleich auf nicht weniger als acht Wasserfälle, darunter der »Milchbach«, der »Schleierbach« und besonders eindrucksvoll der »Stäuber«. Elisabeth und Nietzsche logierten im neuen luxuriöseren Teil des Hotels Alpenclub, dem so genannten »Engländerhaus«. Dort machten sie, noch bevor sie sich im Gästebuch des Hotels eingetragen hatten, die Bekanntschaft von Adolf Mosengel, einem Landschaftsmaler und »Strahlner« (Bergkristallexperte) aus Hamburg. Mosengel bestärkte Nietzsche in seinem Entschluss, sich der Felddiakonie, einem Vorläufer des Roten Kreuzes, anzuschließen, und nach ungefähr einer Woche verließen die beiden Männer das Maderanertal, um sich auf die Schlachtfelder Lothringens zu begeben. Auf seinen Wanderungen durch das einsame Gebirgstal hatte Nietzsche an seinem Text »Die dionysische Weltanschauung« gearbeitet, den er im Dezember unter dem Titel »Die Geburt des tragischen Gedankens« Cosima Wagner widmen sollte (Cosima und Richard Wagner hatten am 25. August geheiratet). Wie ihr Gegenstand, der Gott Dionysos, barg die Schrift selbst in sich zwei radikal entgegengesetzte Pole: den erhabener Schönheit und Harmonie der Natur und den schrecklicher Zerstörung. Als Nietzsche aus dem Maderanertal nach Erlangen reiste, um eine Grundausbildung zum Sanitäter zu absolvieren, empfand er zweifellos genau diese Spannung zwischen den beiden Gesichtern des Gottes. Er tauschte Ausblicke von wunderbarer Naturschönheit gegen Bilder des Schreckens.

Zehn Tage lang, vom 13. bis zum 22. August 1870, wurde Nietzsche in Erlangen in Erster Hilfe ausgebildet und dann an die Front geschickt. Ein paar verstreute Notizen aus diesen Tagen sind erhalten geblieben (W 7, 87–91), darunter die folgenden Anmerkungen vom 20. August: »Wir chloroformirten gerade einen Franzosen zu einem Gypsverband (die Hand ist zerschossen: er rief in der Narkose ›mon dieu mon dieu je viens‹), vorher ein Mädchen von elf Jahren, Sequester im Bein zu entfernen. Ein paar Tage vorher in einem Hause einen Jungen mit grosser Kopfwunde chloroformirt; viel Mühe. Gestern starb ein Preusse im Hospital, Schuss in die Lunge, heute ein zweiter. [...] Ausbruch der *Diptheritis* im Spital.« Bei Karlsruhe überquerten Nietzsche und Mosengel den Rhein und befanden sich auf dem elsässischen Schlachtfeld. Vom 24. August an reiste ihre Felddiakonie-Kompanie per Bahn und zu Fuß durch die Kampfgebiete bei Weißenburg, Sulz, Gersdorf und Wörth. Am 29. August hatten sie Hagenau und Bischweiler bei Strassburg erreicht, das von den Preußen belagert wurde. Bis zum 2. Dezember waren sie über Nancy nach Ars-sur-Moselle bei Metz vorgestoßen, wo sich die Hauptfront inzwischen befand. General von Moltke hatte einen Keil zwischen die beiden französischen Armeen getrieben, und eine Reihe wichtiger und blutiger Schlachten folgten: Mars-la-Tour, Tionville, Gravelotte. In Ars bekamen Nietzsche und Mosengel zwei Viehwaggons, beide mit sechs schwer verwundeten Soldaten belegt, in einem Zug zugeteilt, der sie zurück nach Karlsruhe in ein Lazarett bringen sollte. Während der zwei Tage und zwei Nächte dauernden Fahrt durch Regen und Kälte verband und fütterte Nietzsche die Verwundeten. An Richard Wagner schrieb er: »Alle mit zerschossenen Knochen, meh[r]ere mit 4 Wunden; dazu constatierte ich bei Zweien noch Wunddiphteritis.« (B 3, 143) Er selbst infizierte sich mit Dysenterie und Diphterie und brach zusammen, als er sich in Erlangen zurückmeldete. Nach einer Woche Lazarettaufenthalt wurde Nietzsche zur Genesung zu seiner Mutter nach Naumburg geschickt. Dort erreichte ihn ein langer Brief von Carl von Gersdorff aus dem Feld. Nach einer ironischen Schilderung der Messe am Vorabend der Schlacht von Mars-la-Tour berichtete von Gersdorff, wie er auf das Grab eines gemeinsamen Freundes aus Schulpforta-Zeiten, Curt Flemming, stieß:

Lothringen bei Mars-la-Tour.
Mahnmal des Deutsch-Französischen
Krieges von 1870/71.

> In Mars la Tour betrat ich den kleinen Kirchhof; in einer Ecke desselben waren 9 frische Gräber das eine derselben enthielt meinen lieben Curt Flemming, er war am 16ten [August] in der Schlacht, bei einer aufopfernden Attacke des 2ten Garde Dragoner Regiments tödlich getroffen worden. Ich hatte keine Zeit zu Thränen; aber heute werden meine Augen trübe, wenn ich dieses liebenswürdigen, anmuthigen, treuen Freundes gedenke, – es tauchen Erinnerungen an manche glückliche Stunde in den grauen Mauern der alten Pforte auf. [...]
> Ich kann mich nicht, wie andere, rühmen, meine Hand mit Blut besudelt zu haben; wohl aber glaube ich, im Sinne Schopen.'scher Ethik gehandelt zu haben, indem ich die von Hunderten verwundeter Franzosen angefüllte Dorfkirche nebst anstoßenden Häusern gegen die Wut unserer höchst erbitterten Soldaten schützte, die alles niederstoßen wollten. [...] Es war keine Freude über den Sieg möglich, weil uns dessen Tragweite noch unbekannt und seine Opfer viel zu groß schienen. Das Gardekorps büßte 10 000 Mann ein, meine Division 5500. Darunter unglaublich viele Offiziere; meine Bekannten unter diesen fast alle todt oder verwundet. [...] Die Lebhaftigkeit, mit der die Schreckensbilder vor meinen Augen stehen, spottet jeder Schilderung; [...] Was Verluste betrifft, so hat Pforta deren viele zu beklagen.[6]

Auf einen in seiner Grundstimmung ähnlichen Brief Nietzsches – den sie, wie zahlreiche weitere, vernichtete, als Nietzsche 1878 mit dem Meister brach – antwortete Cosima Wagner: »Ich weiss, dass es Erfahrungen giebt, die unser Inneres auf ewig stempeln, gleich dem Zeichen das dem armen Züchtling mit glühendem Eisen aufgedrückt wurde!«[7] Wieder war es allein Schopenhauer, der Nietzsche Augenblicke der Gefasstheit im Angesicht des Entsetzens schenkte.

Nietzsche war physisch und psychisch zu sehr geschwächt, um an die Front zurückzukehren. Der Sinn menschlichen Lebens – oder vielmehr das Fehlen dieses Sinns – war ihm zu einer brennenden Frage geworden. Hatte sich die Weisheit des Silen, die Erkenntnis der Verletzlichkeit und Absurdität menschlichen Lebens, zunächst noch auf zwei knappe Zeilen in der »Dionysischen Weltanschauung« beschränkt, vor dem Krieg im schönen Maderanertal niedergeschrieben, so griff Silens grimmiges Wissen in dem im Dezember revidierten Text auf einen ganzen Paragraphen aus:

> Elende Eintagsbrut der Mühsal und der Noth, was thut ihr mir Gewalt an, dass ich sage, was nicht zu erfahren, euch dienlicher ist. Denn in Unkenntniss des eignen Elends verstreicht euer Leben am leidlosesten. Wer einmal ein Mensch ist, der kann überhaupt nicht das Allervortrefflichste werden, und er kann gar keinen Antheil haben am Wesen des Besten. Das Allervorzüglichste wäre also für euch sammt und sonders, Männer wie Weiber, gar nicht geboren zu werden. Das Nächstbeste jedoch – nachdem ihr geboren worden, möglichst bald zu sterben.
> (W 1, 588; vgl. 560 und 35)

Nietzsche fürchtete, dass die Kriege der Zukunft Exerzitien silenischer Weisheit sein würden. Seine Stimmung in diesen Wochen schien gefasst. In Wirklichkeit war er bis ins Tiefste erschüttert. Einzig seine Mutter war glücklich; sie war froh, ihren Jungen wieder bei sich daheim zu haben und fand sogar, der Krieg habe ihm gut getan und ihn auf den Boden der Realität geholt, er sei weniger Bücherwurm und seiner Familie stärker zugetan. Derweil versuchte ihr Sohn, sich in neue Ansätze zum Metrum und zur Prosodie antiker griechischer Dichtung zu vertiefen und auf diese Weise abzulenken, doch der Keim zu einem sich immer mehr verstärkenden Skeptizismus im Blick auf Preußen, ja auf Deutschland als Ganzes, war gelegt. In der ersten *Unzeitgemäßen Betrachtung* sollte Nietzsche öffentlich machen, was in seinen Briefen aus dieser Zeit zum Ausdruck kam: die Überzeugung, dass militärische Macht, Imperialismus, Nationalismus und Chauvinismus sämtlichen Errungenschaften der Zivilisation und Kultur diametral entgegengesetzt sind.

In dieser Zeit innerer Krise – er war zwar zu seiner Lehrtätigkeit in Basel zurückgekehrt, hatte sich jedoch noch nicht von den Strapazen des Krieges erholt – suchte Nietzsche Trost in Burckhardts Vorlesungen über »Weltgeschichtliche Betrachtungen«, die er jede Woche hörte. Zugleich wandte er sich – wie schon Hölderlin vor ihm – der antiken Gestalt des Empedokles von Akragas zu, in der er den Inbegriff des tragischen Denkers erblickte. Viele Züge, die er an Empedokles entdeckte, sollten Jahre später in der *Zarathustra*-Figur wiederkehren.[8]

Gegen Ende des Jahres 1870 wurde in Basel einer der Lehrstühle für Philosophie vakant. Nietzsche fasste den Plan, diesen Lehrstuhl selbst zu besetzen und auf seinen eigenen Lehrstuhl für Philologie seinen Freund Erwin Rohde berufen zu lassen. Bereits die Idee verriet Nietzsches Naivität im Hinblick auf den akademischen Betrieb. Ohne einen Gedanken an die übrigen Philosophiedozenten in Basel zu verschwenden, die lieber mehrere Tode gestorben wären, als Nietzsche als Fakultätsmitglied zu akzeptieren (einer von ihnen war der konservative christliche Philosoph Karl Steffensen, der Nietzsche über Sokrates gehört hatte und danach fest entschlossen war, nie wieder einen Vortrag von ihm zu besuchen), trat dieser im Januar 1871 mit der entsprechenden Bitte an seinen Förderer und Freund Professor Vischer-Bilfinger heran:

> Verehrtester Herr Rathsherr,
>
> [...] Es wird Ihnen von meinen Ärzten mitgetheilt worden sein, in welchem Grade ich wieder leidend bin und daß an diesen unerträglichen Zuständen Überanstrengung Schuld sei. Nun habe ich mich wiederholt gefragt, woraus dieser sich in der Mitte fast jeden Semesters einstellende Zustand der Überanstrengung zu erklären sei; und ich mußte mir sogar überlegen, ob ich nicht meine Universitätsthätigkeit überhaupt abzubrechen habe, als eine für meine Natur ungeeignete Lebensweise. Schließlich bin ich aber in dieser Beziehung zu einer anderen Auffassung gelangt, die ich Ihnen jetzt vortragen möchte.
> Ich lebe hier in einem eigenthümlichen Konflikt, und der ist es, der mich so erschöpft und selbst körperlich aufreibt. Von Natur auf das Stärkste dazu gedrängt, etwas Einheitliches philosophisch durchzudenken und in langen Gedankenzügen andauernd und ungestört bei einem Problem zu verharren, fühle ich mich immer durch den täglichen mehrfachen Beruf und dessen Art hin und her geworfen und aus der Bahn abgelenkt. Dieses Nebeneinander von Pädagogium und Universität halte ich kaum auf die Länge aus, weil ich fühle, daß meine eigentliche Aufgabe, der ich im Nothfalle *jeden Beruf opfern müßte*, meine *philosophische*, dadurch leidet, ja zu einer Nebenthätigkeit erniedrigt wird. [...]
> In diesem Sinne erlaube ich mir, mich bei Ihnen um die durch Teichmüllers Weggang erledigte *philosophische Professur* zu bewerben.
> Was meine persönliche Berechtigung, den philosophischen Lehrstuhl zu ambitionieren, betrifft: so muß ich allerdings mein eignes Zeugniß voranstellen, daß ich dazu Potenz und Kenntnisse zu besitzen glaube und mich sogar, Alles in Allem, für jenes Amt befähigter fühle als für ein rein philologisches. [...] So lange ich Philologie studiere, bin ich nie müde geworden, mich mit der Philosophie in enger Berührung zu erhalten; ja meine Haupttheilnahme war immer auf Seiten der philosophischen Fragen [...] Es ist eigentlich nur dem Zufall zuzuschreiben, daß ich nicht von vornherein für Philosophie meine Universitätspläne gemacht habe: dem Zufall, der mir einen bedeutenden und wahrhaft anregenden philosophischen Lehrer versagte: worüber man bei der jetzigen Constellation der philo-

> sophischen Zustände an Universitäten sich gewiß nicht wundern darf. […]
> Wenn ich Ihnen nun meine Kombination völlig darstellen darf, so hatte ich geglaubt, daß Sie in *Rohde* einen überaus geeigneten Nachfolger für meine philologische Professur und Stelle am Pädagogium finden würden. […] Ich kann nicht genug aussprechen, wie sehr mir das Dasein hier in Basel durch die Nähe meines besten Freundes erleichtert würde.
> (B 3, 174ff)

Nietzsche unterzeichnete sein Schreiben als Professor für Klassische Philologie, und genau das sollte er – dank Steffensens Opposition – auch bis zu seiner vorzeitigen Pensionierung 1879 bleiben. Der Plan, Erwin Rohde an seine Seite zu holen und selbst auf ein Gebiet vorzustoßen, das seiner Berufung mehr entsprach, schlug fehl. Seine Enttäuschung lässt sich an dem Enthusiasmus ermessen, mit dem er die Idee entwickelt hatte. Noch Anfang Februar hatte er an Rohde geschrieben (B 3, 183f):

> Mein lieber Freund,
>
> Große, noch nie dagewesene Transaktion, Transfiguration, Transsubstantiation!!
> Wir haben *vielleicht* Aussicht, nächstes Semester zusammen zu verleben. Du *als mein Nachfolger* und ich – *als Universitätsphilosoph*!! […]
> Mehr schreibe ich nicht. Hoffen wir das Beste, aber *schweigen wir*! […]
> Dieser Brief ist gegen jedermann zu cachieren, auch gegen Vischer.
>
> Freude, schöner Götterfunken!
> Amicus.

Nun, zwei Monate später, war er beschämt und aus dem Gleichgewicht geworfen. Sein Brief an Rohde Anfang April offenbarte seine Verfassung (B 3, 192f):

> Mein lieber Freund
>
> […] ich leide an dem bittern Gefühl, Dir Hoffnungen erregt zu haben, um sie jetzt vernichten zu müssen. Nun hast Du einmal einen Grund, mir ernstlich böse zu sein. Was für Dummheiten habe ich gemacht! Und wie sicher war ich in meinen Combinationen! Kaum darf ich mich hinter den Bettschirm meiner krankhaften Zustände verstecken; freilich war es ein in schlafloser Fiebernacht erzeugter Gedanke, und ich dachte da ein Heilmittel gegen Krankheit und Nerven gefunden zu haben – das Zusammensein mit Dir, mein lieber Freund!, das nun jetzt wieder in die graueste Ferne gerückt wird. […]
> Verzeih mir, lieber getreuer Freund, es war alles gut gemeint, aber was können wir gegen die Dämonen?
>
> FN.

Schon seit seiner Schulzeit hatte Nietzsche die Gespaltenheit seiner Existenz empfunden, ganz besonders in Schulpforta, wo der Ruf der Kunst und der Musik von der harten Stimme des Kritizismus übertönt worden war. Doch auch in Bonn und Leipzig, wo die Philologie ihn zwar vor der Theologie gerettet, zugleich aber zu einem Leben der »Entsagung« und »Resignation« verdammt hatte, war diese Gespaltenheit spürbar. Und schließlich noch in Basel, wo die tägliche Mühsal des Lehramtes seine Kräfte aufbrauchte und wo selbst die Besuche in Tribschen ihm ständig Kompromisse des Intellekts und des Geschmacks abverlangten. Nun, da der Weg immer schmaler wurde, zeigte Nietzsches Gesundheit erste Anzeichen einer ernstlichen Verschlechterung. Er hatte dies ganz richtig gespürt: »Ich lebe hier in einem eigenthümlichen Konflikt, und der ist es, der mich so erschöpft und selbst körperlich aufreibt.« (B 3, 174–177) Eine Krise bahnte sich an, nicht die erste und auch nicht die letzte in Nietzsches labilem Gleichgewicht von Gesundheit und Krankheit. Manchmal beschrieb er seinen Zustand mit dem Bild einer monströsen Schwangerschaft: »Wissenschaft Kunst und Philosophie wachsen jetzt so sehr in mir zusammen, dass ich jedenfalls einmal Centauren gebären werde.« (B 3, 95) Seine erste Reaktion auf eine solche Krise war grundsätzlich, aus der Schusslinie zu gehen, und das hieß zu verreisen.

Nachdem er im Februar 1871 um Genesungsurlaub nachgesucht hatte, brach Nietzsche Richtung Süden, nach Lugano, auf. Seine Krankheit zwang ihn zu Einsamkeit und Isolation. Nach einer abenteuerlichen Überquerung des Gotthardpasses im Pferdeschlitten mieteten sich Nietzsche und Elisabeth für sechs Wochen im Hôtel du Parc in Lugano, am Ufer des gleichnamigen Sees, ein.[9] Hier nor-

Oben links: Lugano. Das Hôtel du Parc (später umbenannt in Grand Palace), heute verfallen, ist an die Kirche Santa Maria degli Angioli angebaut.

Unten: Ein Foto des Hotels Schilthorn (aus Nietzsches eigener Sammlung), Gimmelwald, im Berner Oberland.

malisierte sich Nietzsches gesundheitliches Befinden langsam. Er arbeitete am ersten Entwurf der *Geburt der Tragödie aus dem Geiste der Musik.* Der Arbeitstitel dieses Buches allerdings klang weit weniger eindrucksvoll: Nietzsche überschrieb den Text mit »Ursprung und Ziel der Tragoedie« (W 7, 167; vgl. 93; B 3, 189).
Der anschließende Sommerurlaub mit Elisabeth im Hotel Schilthorn bei Gimmelwald im Lauterbrunner Tal des Berner Oberlands gestaltete sich relativ sorgenfrei und angenehm trotz des stürmischen Wetters. Der Herbst in Naumburg und die »Dämonenweihe«, die er im November in Basel mit Jacob Burckhardt feierte – ein großes Glas Rhônewein, halb auf die Straße gegossen, halb ausgetrunken mit dem Ruf, »Heil den Dämonen!« –, waren Marksteine einer glücklichen Zeit, vielleicht der ihm gemäßesten Zeit seiner Basler Jahre. (B 3, 244.246. 248) Optimistisch und neu gestärkt kehrte er zu seiner Lehrtätigkeit zurück. Gegen Jahresende, am 17. Dezember 1871, begleitete er Cosima zu einem Konzert, das Richard Wagner in Mannheim dirigierte. Er überreichte ihr als Weihnachtsgeschenk ein Klavierstück für vier Hände, »Nachklang einer Sylvesternacht«. Zu Weihnachten nach Tribschen zu fahren wagte er nicht, weil er das Urteil des Meisters über seine Musik fürchtete – und vielleicht auch, weil er schmerzlich vermutete, welche vier Hände sich bei seinem Stück vereinigen würden. Cosimas und Richards Urteil über das Werkchen lag denn auch irgendwo zwischen Verachtung und herablassender Sympathie. Das Ehepaar blieb jedoch diskret, und Nietzsche erfuhr nie, wie seine Gabe letztlich aufgenommen worden war.

Die Geburt der Tragödie, Nietzsches erstes Hauptwerk, das in der ersten Woche des Jahres 1872 erschien, war das Ergebnis mehrjähriger Arbeit. Fünf wichtige Etappen lassen sich auf dem Weg zur ersten Hälfte des Buches (das heißt die Abschnitte 1 bis 15) ausmachen: Zunächst zwei Vorträge in Basel, »Das griechische Musikdrama«, gehalten am 18. Januar 1870, und »Socrates und die Tragoedie« am 1. Februar. Dann das Manuskript »Die dionysische Weltanschauung« (W 1, 551–577), das Cosima Wagner unter dem Titel »Die Geburt des tragischen Gedankens« (W 1, 579–599) 1870 als Weihnachtsgeschenk überreicht wurde. Drittens ein Entwurf mit dem Titel »Die Tragödie und die Freigeister«, am 22. Dezember 1870 in Naumburg skizziert (W 7, 103f), der das Spektrum der Untersuchung beträchtlich erweiterte. Viertens die Neufassung der einleitenden Abschnitte der *Geburt der Tragödie* im Januar/Februar 1871 in Lugano, und schließlich »Sokrates und die griechische Tragoedie« aus dem Frühjahr 1871, ein Entwurf der Abschnitte 11 bis 15 (W 1, 601–640).

In einem anderen Sinne verkörperte *Die Geburt der Tragödie* freilich sehr viel mehr als die Frucht mehrjähriger philologischer Arbeit. Das Werk wies zurück auf Nietzsches früheste, dunkelste Erfahrungen. Hinter dem schimmernden Schleier der olympischen Erscheinungen erblickte er ein klaffendes Grab auf dem Friedhof seiner Kindheit. So christlich der grüne Gottesacker auch scheinen mochte, Dionysos Zagreus, der von den Titanen zerstückelte Gott, spukte dort, so wie der Geist des doppelzüngigen Sokrates, der als Logiker und Dialektiker die Tragödie zu Tode hetzte, der aber als musizierender und sterbender Mensch, wie er in Platos meisterhaften Dialogen dargestellt ist, weiterhin die Jugend aller Athens der abendländischen Geschichte verführte. Zugleich wies *Die Geburt der Tragödie* jedoch auch weit voraus auf Nietzsches künftiges Gesamtwerk: Auch in Zukunft sollte er sich intensiv mit dem Begriff des Tragischen auseinander setzen – inbesondere mit der Tragik des begrifflichen Denkens.

Die Resonanz auf das Buch ließ auf sich warten, und Nietzsche harrte ihrer mit Zittern und Zagen. Als das Warten gar zu lange dauerte und sich schließlich die aufgebrachten Stimmen mehrten, stieg in ihm die Ahnung auf, dass einer der Gegner Recht haben könnte, wenn er behauptete, der Philologe Nietzsche sei »wissenschaftlich todt«. Im Gedanken an die Reaktion auf das geliebte Neugeborene seines Geistes stellt er fest: »Es ist als ob ich ein Verbrechen begangen hätte.« (B 4, 71) Er wurde in einen polemischen Disput mit Ulrich von Wilamowitz-Moellendorf verwickelt, der seine *Geburt der Tragödie* als schlechte Philologie und geschmacklose wagnerianische Schaumschlägerei denunzierte. Wilamowitz' Pamphlet *Zukunftsphilologie* endete: »eins aber fordere ich: halt hr. N[ietzsche] wort, ergreife er den thyrsos, ziehe er von Indien nach Griechenland, aber steige er herab vom katheder, auf welchem er wissenschaft lehren soll; sammle er tiger und panther zu seinen knieen, aber nicht Deutschlands philologische jugend, die in der askese selbstverläugnender arbeit lernen soll...«[10] Fast gleichzeitig mit Wilamowitz' Verdikt erschien eine positive Rezension von Erwin Rohde. Doch erst nach dessen Replik unter dem Titel *Afterphilologie* entbrannte die Polemik mit aller Heftigkeit. Selbst Ritschl distanzierte sich nun von seinem begabtesten Schüler, und Nietzsches eigene Studenten in Basel blieben in Scharen fern. Nietzsche revanchierte sich, indem er Wilamowitz' Namen in Briefen an seine Freunde verballhornte. Da finden sich Anspielungen über den »›Wilamowitzschen Wisch‹ gegen ›Fritz Nietzschens Fritzsch-Witz‹« (Fritzsch war Nietzsches Verleger), »Wilam Ohne witz« und »Wilamo-Wisch«. (B 4, 14.30) Doch Nietzsche war sich bewusst, dass solche fruchtlosen Streitereien ihn nur von seiner eigentlichen Aufgabe ablenkten. In später entstandenen Briefen zwang er sich zu Zurückhaltung und Distanz: »Inzwischen muß ich erst alles Polemische Verneinende Hassende Quälende aus mir herausziehn«. Er stellte die rhetorische Frage: »Wie wird mir zu Muthe sein, wenn ich erst alles Negative und Empörte, was in mir steckt, aus mir heraus gestellt habe [...]« (B 4, 224.268)

Jahre später bekannte er Hans von Bülow, dass diese innere Reinigung das wichtigste Anliegen all seiner geplanten *Unzeitgemäßen Betrachtungen* gewesen sei: »Die nächsten 5 Jahre habe ich festgesetzt, um in ihnen die übrigen 10 Unzeitgemäßen auszuarbeiten und um damit die Seele von all dem polemisch-leidenschaftlichen Wuste möglichst zu säubern.« (B 5, 3) Seine Verfassung in dieser Zeit des Gebärens (der Geburt des tragischen Denkens) und Sterbens (des langsamen und oft schmerzlich empfundenen Dahinscheidens des Philologen in ihm) fand ihren Ausdruck in einem Beileidsschreiben an Carl von Gersdorff, dessen Bruder gestorben war, nachdem er mehrere Jahre in einer Irrenanstalt verbracht hatte: »Er hat es überstanden, dieses Dasein – wir müssen's eben noch überstehen und zu dem Schwersten, was wir zu überstehen haben, gehört gewiß die sicher eintretende immer größere Vereinsamung – Geschwister Eltern Freunde – alle gehen davon, allmählich wird alles Vergangenheit, und wir uns selbst.« (B 4, 100)

Die nächsten fünf Jahre nutzte der abtrünnige Philologe, um seinen Weg von der Philologie zur Philosophie zu gehen – zu den frühgriechischen Philosophen, über die er noch Vorlesungen hielt, zu Schopenhauer, für ihn ein »Arzt der Kultur«, und zu Wagner, der Inkarnation des schopenhauerschen Genies. Schon in Lugano, bei der Arbeit an der letzten Fassung der *Geburt der Tragödie*, empfand Nietzsche die Last der Gespaltenheit, der Schizophrenie seines professionellen, professoralen Selbst: »Von der Philologie lebe ich in einer übermüthigen Entfremdung, die sich schlimmer gar nicht denken läßt. Lob und Tadel, ja alle höchsten Glorien auf dieser Seite machen mich schaudern. So lebe ich mich allmählich in mein Philosophenthum hinein und glaube bereits an mich; ja wenn ich noch zum Dichter werden sollte, so bin ich selbst hierauf gefaßt.« (B 3, 190)

Die erste Phase dieser Wandlung schlug sich in der Vortragsreihe »Ueber die Zukunft unserer Bildungsanstalten« nieder. Das »unserer« allerdings ist missverständlich, da Nietzsche vor allem das deutsche Gymnasium vor Augen hatte und nicht die Bildungsinstitute der Schweizer Kantone. Der Stil der fünf zwischen Januar und März 1872 gehaltenen Vorträge, zu denen ihn die »academische Gesellschaft« in Basel aufgefordert hatte, war ein äußerst lebendiger und anschaulicher. Der junge Gelehrte machte freimütig Anleihen bei seinen eigenen Erfahrungen in Pforta und Bonn, um seine Kritik an all jenen Ausbildungspraktiken, die den Genius beschneiden und lähmen, zu untermauern. Eine gewisse Enttäuschung aber machte sich unter seinen etwa dreihundert Hörern breit, als Nietzsche sich außer

Stande zeigte, einen sechsten und letzten Vortrag mit konkreten Vorschlägen für eine Reformierung des Bildungswesens zu halten. Jacob Burckhardt äußerte sich begeistert, konnte aber nicht umhin, die »tiefe Trauer«, die die Aussagen des Vortragenden durchzog, das Fehlen effektiver Empfehlungen und die eher kümmerlichen Aussichten für eine Verbesserung des angeprangerten Zustands zu konstatieren.[11] Nietzsche war letztlich unfähig, den sozioökonomischen Veränderungen, die die Gesellschaftsordnung seiner Zeit umwälzten, ins Auge zu blicken, daher hatte er auch kaum etwas zur Rolle der Schulen und Universitäten in einer solchen veränderten Welt zu sagen. Seine pädagogische Leidenschaft, sein Bedürfnis, den Lehrenden ein Lehrer zu sein, sollte zwar nie erlöschen, im Laufe seiner wachsenden Isolation jedoch bizarre Formen annehmen. Nachdem er zunächst vorgehabt hatte, die Vortragsreihe als zweites Hauptwerk zu veröffentlichen (B 3, 296), ließ er das Projekt schließlich fallen (B 4, 127).

Die vier *Unzeitgemäßen Betrachtungen*, weitere Schritte auf dem Weg des werdenden Philosophen, wurden in den Jahren 1873 bis 1875 geschrieben. Vielmehr wurden sie diktiert, da Nietzsches Augen seit dem Beginn einer Atropin-Behandlung im Frühjahr 1873 gewöhnlich zu schwach zum Lesen und Schreiben waren. In der ersten *Betrachtung*, einer auf Wagners Veranlassung im Frühjahr 1873 entstandenen Polemik gegen David Friedrich Strauss, stellt Nietzsche die These auf, dass der preußische Sieg über Frankreich 1870 keineswegs zu einer kulturellen Weiterentwicklung Deutschlands geführt habe. Die zweite, ursprünglich als Essay mit dem Titel »Die Philosophie in Bedrängnis« geplant, geriet zu Nietzsches wichtigstem Beitrag zur Geschichtswissenschaft: »Vom Nutzen und Nachtheil der Historie für das Leben.« Es ist bemerkenswert, dass selbst Jacob Burckhardt sich im Blick auf seine Forschungspraxis in die Defensive gedrängt fühlte, nachdem er die Attacke seines jungen Kollegen auf »antiquarische« und »monumentalische« Geschichtsmodelle gelesen hatte. Die dritte *Betrachtung*, »Schopenhauer als Erzieher«, geht weitgehend über Schopenhauers Lehre hinweg und konzentriert sich dagegen auf dessen heroischen Kampf gegen die akademische Philosophie.[12] »Richard Wagner in Bayreuth« schließlich würdigt das Projekt Wagners, ist dabei jedoch bereits von Zweifeln an den Wagnerianern und am Meister selbst durchsetzt, der zuweilen mehr Inszenator als Künstler zu sein schien. Eine weitere geplante *Unzeitgemäße Betrachtung*, die jedoch nie realisiert wurde, sollte den Titel »Die Pflugschaar« tragen. Nach Bemerkungen Nietzsches zu schließen, blieben mehr als ein Dutzend *Unzeitgemäße Betrachtungen* unausgeführt: »Fruchtbarkeit verpflichtet, sagte die Katze als sie 13 Junge warf.« (B 4, 230)

Ein dritter wichtiger Schritt war die Schrift *Die Philosophie im tragischen Zeitalter der Griechen*, die Nietzsche eine Zeit lang ebenfalls als sein zweites Hauptwerk veröffentlicht sehen wollte. »Der Weg von Thales bis Sokrates«, äußerte er von Gersdorff gegenüber, »ist etwas Ungeheures.« (B 4, 139) Die kleinen Aufgaben, die Wagner ihm erteilte, lenkten ihn jedoch immer wieder von der Arbeit an diesem umfassenden und überaus gewichtigten Text ab, der schließlich als ein geschliffenes Stück Prosa in sein literarisches Vermächtnis einging. Dasselbe gilt für den Aufsatz »Ueber Wahrheit und Lüge im aussermoralischen Sinne«, vom philosophischen Standpunkt aus betrachtet eine der bedeutendsten frühen Arbeiten Nietzsches. Er steht in Beziehung zu dem zuvor entstandenen Text »Ueber das Pathos der Wahrheit«, einem der *Fünf Vorworte zu fünf ungeschriebenen Büchern*, wiederum eine Weihnachtsgabe an Cosima Wagner, diesmal aus dem Jahr 1872. »Ueber das Pathos der Wahrheit« und »Wahrheit und Lüge« beginnen mit beinahe identischen Wörtern, die zu den bedenkenswertesten in Friedrich Nietzsches Œuvre gehörten: »In irgendeinem Winkel des in zahllosen Sonnensystemen flimmernd ausgegossenen Weltalls gab es einmal ein Gestirn, auf dem kluge Thiere das *Erkennen* erfanden. Es war die hochmüthigste und verlogenste Minute der Weltgeschichte, aber doch nur eine Minute. Nach wenigen Athemzügen der Natur erstarrte das Gestirn, und die klugen Thiere mußten sterben.« (W 1, 759.875)

OEDIPUS.

Reden des letzten Philosophen mit sich selbst.
Ein Fragment aus der Geschichte der Nachwelt.

Den letzten Philosophen nenne ich mich, denn ich bin der letzte Mensch. Niemand redet mit mir als ich selbst, und meine Stimme kommt wie die eines Sterbenden zu mir. Mit dir, geliebte Stimme, mit dir, dem letzten Erinnerungshauch alles Menschenglücks, laß mich nur eine Stunde noch verkehren, durch dich täusche ich mir die Einsamkeit hinweg und lüge mich in die Vielheit und die Liebe hinein, denn mein Herz sträubt sich zu glauben, daß die Liebe todt sei, es erträgt den Schauder der einsamsten Einsamkeit nicht und zwingt mich zu reden, als ob ich Zwei wäre.
Höre ich dich noch, meine Stimme? Du flüsterst, indem du fluchst? Und doch sollte dein Fluch die Eingeweide dieser Welt zerbersten machen! Aber sie lebt noch und schaut mich nur noch glänzender und kälter mit ihren mitleidslosen Sternen an, sie lebt, so dumm und blind wie je vorher, und nur Eines stirbt – der Mensch. – Und doch! Ich höre dich noch, geliebte Stimme! Es stirbt noch Einer außer mir, dem letzten Menschen, in diesem Weltall: der letzte Seufzer, *dein* Seufzer, stirbt mit mir, das hingezogene Wehe! Wehe! geseufzt um mich, der Wehemenschen letzten, Oedipus. (W 7, 460f)

Nietzsches Notizbücher aus den frühen siebziger Jahren geben Aufschluss darüber, dass nicht nur die griechische Philosophie ihn in ihren Bann geschlagen hatte, sondern darüber hinaus auch Kants Metaphysik und Ästhetik sowie Themen der zeitgenössischen Chemie, Physik, Kosmologie und Biologie. Daneben finden sich Eintragungen, die sich jeder Einordnung entziehen, in denen gleichsam Nietzsches eigene Stimme zu Wort kommt, die wir zwischen den Stimmen von Prometheus, Ermanarich und Empedokles vernehmen. Für einen Augenblick ist Nietzsches Stimme in diesen Notizbüchern die des Ödipus.
Im Frühjahr 1872 forderte Karl Mendelssohn Bartholdy, junger Kollege von der Universität Freiburg im Breisgau und Sohn des Komponisten, Nietzsche auf, mit ihm nach Athen, Kreta und Naxos zu reisen. Aus Angst, die Wagners zu kränken, lehnte Nietzsche die Einladung ab. Wagner hatte einen Traktat mit dem Titel »Das Judentum in der Musik« gegen Mendelssohn und Meyerbeer verfasst, und sein junger Epigone wollte um keinen Preis mit den Feinden des Meisters in Verbindung gebracht werden. In den Briefen aus dieser Zeit, vor allem denen an seine Mutter und an das Ehepaar Wagner, scheute Nietzsche nicht vor verunglimpfenden Bemerkungen über die Juden und das Judentum zurück. Erst nach 1876, als er Abstand zu Bayreuth und den Wagners gewonnen hatte, und besonders nachdem während des Winters 1876/77 die Freundschaft mit Paul Rée gewachsen war, gewannen die Hochschätzung der jüdischen Kultur und der Hass auf den in deutschen Landen sich ausbreitenden Antisemitismus bei ihm die Oberhand. Elisabeths Heirat mit einem der lautesten antisemitischen Agitatoren, Bernhard Förster, bestärkte Nietzsche nur in seiner Entwicklung zum Philosemitismus. Während sein Verhältnis zu Religion und Moralkodex des Judentums ambivalent blieb, definierte er schließlich die europäische Hochkultur als eine weitgehend den Juden zu verdankende Schöpfung. Im Jahre 1872 allerdings stand er noch ganz im Banne Bayreuths. Seine damalige

Eingang des Hotels Fantaisie bei Bayreuth, wo die Wagners von April bis August 1872 logierten.

Ablehnung gegenüber allem, was »jüdisch« war, brachte ihn um die einzige Chance, die Schneefelder des kretischen Ida-Gebirges oder die Gestade von Ariadnes Naxos zu sehen. Er sollte dem Parnass nicht näher kommen als bis zum Maderanertal – einen Besuch Paestums, vermutlich im Jahr 1876/77, ausgenommen, der ihm einen Eindruck aller übrigen geschichtsträchtigen Stätten des antiken Griechenland würde ersetzen müssen.

Im April 1872 zogen die Wagners von Tribschen nach Bayreuth. Nietzsche war untröstlich, dass seine »Insel der Seligen« ihm damit verschlossen war. Wieder einmal war er heimatlos. Er und Rohde besuchten die Wagners in ihrem schönen Sommerdomizil außerhalb von Bayreuth, dem Hôtel Fantaisie, in dem der Meister und sein Gefolge von April bis August residierten. Am 22. Mai, seinem 59. Geburtstag, legte Wagner den Grundstein für das Festspielhaus in Bayreuth. Nietzsche war zwar überzeugt von der historischen Bedeutung dieses Ereignisses, hatte jedoch Zweifel, dass die Kulturwelt schon bereit war für die wagnersche Herausforderung. Im Grunde war er nicht sicher, ob Wagner der Versuchung widerstehen würde, das Ganze in ein großes Spektakel zu verwandeln, die Musik mit dem Schauspiel zu betrügen und aus diesem Verrat dann auch noch Kapital zu schlagen.

Zur gleichen Zeit distanzierte Nietzsche sich mehr und mehr von seinen eigenen musikalischen Kompositionen. Wagner hatte ihn mit seinen leidenschaftlichen Klavierimprovisationen aufgezogen, obwohl dies ein Bereich war, in dem Nietzsche keine Sticheleien vertrug. Eine seiner letzten Kompositionen, die »Manfred-Meditation«, die auf seine frühe Bewunderung für Byron zurückging, schickte Nietzsche an Hans von Bülow, der drastisch reagierte: »Ihre Manfred-Meditation ist das Extremste von phantastischer Extravaganz, das Unerquicklichste und Antimuskalischste, was mir seit langem von Aufzeichnungen auf Notenpapier zu Gesicht gekommen ist.«[13] Nietzsches Entgegnung fiel überraschend zahm und nachdenklich aus: »Denken Sie, daß ich bis jetzt, seit meiner *frühsten* Jugend, somit in der tollsten Illusion gelebt und *sehr viel* Freude an meiner Musik gehabt habe! [...] Ein Problem blieb es mir immer, woher diese Freude stamme? Sie hatte so etwas Irrationelles an sich, ich konnte in dieser

Beziehung weder rechts noch links sehen, die Freude blieb.« (B 4, 79) Nach Ansicht von Curt Paul Janz kommt Nietzsches Musik in seinen letzten Kompositionen schwerfälliger daher, weniger formal ausgefeilt und weniger lyrisch, trotz seiner Neigung zum »Impressionismus«[14]. Abgesehen davon, dass bei Nietzsche ohne weiteres auch von »Expressionismus« gesprochen werden könnte, ist der Gedanke nicht von der Hand zu weisen, dass seine Musik gleichsam den Weg von Schumann zu Satie durchläuft – einem Satie allerdings, der seine Caprice verloren hat.

In den letzten Septembertagen des Jahres 1872 genoss Nietzsche einen kurzen Urlaub in Splügen und Chiavenna, wohin er über Chur und das nahe gelegene Bad Passugg gereist war. Zum ersten Mal fuhr er die spektakuläre Via Mala entlang, von Bad Passugg über Thusis nach Splügen, und näherte sich damit jenem Teil der Schweizer Alpen im Kanton Graubünden, der eine solche Bedeutung für ihn bekommen sollte. Seine ersten Eindrücke schilderte er in einem Brief an seine Mutter:

> In Stadt Chur ist Sonntagsruhe und Nachmittagsstimmung. Ich steige ganz bequem die Landstraße empor: alles liegt, wie am Tag vorher in goldiger Herbstverklärung vor mir. Herrliche Rückblicke, fortwährend wechselnde und sich erweiternde Umblicke. Nach einer halben Stunde ein kleiner Seitenpfad, der mich in schönen Schatten bringt – denn es war bis dahin ziemlich warm. Hier kam ich nun in die Schlucht durch die die *Rabiusa* braust: ich kann sie nicht genug preisen. Auf Brücken und schmalen am Felsgehäng sich hinziehenden Wegen dringe ich, eine halbe Stunde etwa, vor und finde nun, durch eine Flagge angezeigt, das Bad Pasugg. […] Das Thal ist äußerst reizvoll, für einen Geologen von unergründlicher Manigfaltigkeit ja Launenhaftigkeit. Es zeigten sich Graffitadern, aber auch Quarz mit Ocker und der Besitzer phantasirte gar von Goldlagern. Man sieht die verschiedensten Steingänge und Steinarten gebogen, abgelenkt, zerknickt. (B 4, 53f)

Am nächsten Tag nahm Nietzsche die Postkutsche nach Splügen tief in Graubünden, fast so weit südlich gelegen wie Sankt Moritz im Engadin, jenem etwas weiter östlich verlaufenden Tal, das ihm in den achtziger Jahren zur Heimat werden sollte. Der Brief berichtet von seiner Entdeckung der Schönheit und Einsamkeit der Alpen:

> Es wurde die schönste Postfahrt, die ich je erlebt habe. Ich schreibe nichts von den ungeheuren Großartigkeiten der *Via mala*: mir ist es als ob ich die Schweiz noch gar nicht gekannt habe. Das ist *meine* Natur, und als wir in die Nähe des Splügen kamen, überkam mich der Wunsch, hier zu bleiben. […] Diese[s] hochalpine Thal (c. 5000 F.) ist ganz meine Lust: da sind reine starke Lüfte, Hügel und Felsblöcke von allen Formen, rings herum gestellt mächtige Schneeberge: aber am meisten gefallen mir die herrlichen Chausseen, in denen ich stundenweit gehe, theils nach dem Bernhardino zu, theils auf die Paßhöhe des Splügen, ohne daß ich auf den Weg Acht zu geben habe: so oft ich aber mich umsehe, ist gewiß etwas Großartiges und Ungeahntes zu sehen.
> Morgen wird es wohl schneien: worauf ich mich von Herzen freue. […]
> Du glaubst gar nicht, wie sehr es mir gefällt. Die Schweiz hat, seit dem ich diesen Ort kenne einen ganz neuen Reiz für mich; jetzt weiß ich doch einen Winkel, wo ich, mich kräftigend und in frischer Thätigkeit, aber ohne jede Gesellschaft leben kann. Die Menschen sind Einem hier wie Schattenbilder. (B 4, 55f)

Zwei Wochen später fasste er, wiederum an seine Mutter, sein Alpenidyll in die enthusiastischen Worte: »Zu erzählen ist nichts – Höhenluft! Hochalpenluft! Centralhochalpenluft!« (B 4, 67) Natürlich empfing Nietzsche intensive *visuelle* Eindrücke von der Landschaft, in der er sich befand. Und doch reiste er hauptsächlich, um zu *atmen*. Er hatte nun einen der zwei Orte gefunden, an die er sich regelmäßig begeben sollte, nachdem er seine Professur in Basel aufgegeben hatte. Noch war er nicht im Meer geschwommen, aber er hatte die Luft seiner Berge geatmet.

Im nächsten Sommer, im Juli und August 1873, machte er mit seinen Freunden Romundt und von Gersdorff Urlaub in Flims-Waldhaus im Hotel Segnes-Post. Von Gersdorff zufolge genossen die drei vor allem die langen Wanderungen durch die schattigen Tannen- und Lärchenwälder und das Schwimmen im milchig grünen Cauma-See. Der See lag nur ein paar hundert Meter vom Hotel entfernt und war über einen steilen, gewundenen Pfad zu erreichen.

»Zum An- und Auskleiden quakt regelmäßig ein großer Frosch«, teilte von Gersdorff mit und setzte hinzu, dass der See angeblich »heilkräftiges Wasser« haben solle.[15] Nach dem Bad streckten sich die Freunde auf einem weichen Bett aus Moos und Lärchennadeln aus, lasen Plutarch, Goethe und Wagner und vertieften sich in lange Gespräche. In Flims war es auch, wo Nietzsche von Gersdorff seinen Aufsatz »Ueber Wahrheit und Lüge im aussermoralischen Sinne« diktierte, der auf Notizen aus dem vergangenen Sommer beruhte. In seinem Zimmer im Segnes ließ er grüne Vorhänge aufstecken. Dieselbe Farbe sollte er später auch für die Tapeten und das Tischtuch in seinem Zimmer in Sils wählen – grün, immer wieder grün wegen seiner lichtempfindlichen Augen. Die meiste Zeit verbrachten die Freunde jedoch ohnehin draußen im Grünen, wo Nietzsche zweifellos seinen grünen Augenschirm zur Schau trug. Von Gersdorff notierte: »Die Gegend herrlich; ein ansteigendes Bergtal von breiten Dimensionen, reichlich mit Wald bedeckt und von schönen und großartigen Vor- und Hochbergen begrenzt. Unserem Haus schräg gegenüber steht der kolossale Flimser Stein, eine malerische Felswand uns zukehrend, die nichts von der erdrückenden Breite des grauen Mönchs hat. [...] Der schöne Lärchenwald, der an das Haus reicht, gibt Schatten gegen die Sonne den ganzen Tag; ... An Bächen, rauschenden und lustig murmelnden, ist Überfluß ... Eine unendliche Mannigfaltigkeit der Farben und Formen in der Natur ist der Zauber unseres Ortes.«[16] Am 9. August 1873 hielt Nietzsche das erste Exemplar seiner soeben veröffentlichten Ausgabe der ersten *Unzeitgemäßen Betrachtung* in Händen. Die Freunde schwammen hinaus zu einem großen Felsen im Cauma-See und ritzten die folgenden Initialen ein: »U.B.I.F.N. 8.8.1873« – *Unzeitgemäße Betrachtungen I*, von F. N., mit dem Datum der Veröffentlichung.

Zurück in Basel, schonte Nietzsche seine Augen weiterhin – oder besser: Er versuchte es. Er arbeitete an einer zweiten *Unzeitgemäßen Betrachtung*, »Die Philosophie in Bedrängnis«, doch der Essay wollte nicht so recht Gestalt annehmen. Später im Herbst, nachdem ein Traktat für Wagners Bayreuther Fest-

Wappen am Hotel Piz Aela in Bergün im Albulatal. Es erinnert an die in dieser Region bedeutende Familie Salis, deren Name auch Nietzsches spätere Vertraute Meta von Salis-Marschlins trug. Über seinen ersten Ausflug ins Albulatal schrieb Nietzsche am 30. Juli 1874 an Franz Overbeck in Basel: »Hier leben wir nun, in einem trefflichen Hôtel, aufmerksam behandelt und nicht übertheuert. [...] Wir haben bisher gesehen: einen Fels bei der Albulabrücke, zwei einsame Hochthäler trennend und überblickend, wohin ich mir einen Thurm zu bauen gedenke: eine Schwefelquelle in seinem Seitenthal, von uns in Flaschen mit nach Hause gebracht, um Obstruction (durch Veltliner Weine verursacht) zu heben.« (B 4, 252)

spielhauskomittee fertig gestellt war (das Komitee lehnte den Text jedoch ab, so dass Nietzsche seine Zeit umsonst vergeudet hatte), begann er mit der Niederschrift der berühmtesten der vier *Unzeitgemäßen Betrachtungen*: »Vom Nutzen und Nachtheil der Historie für das Leben.« Von Gersdorff half ihm im Dezember 1873, das Manuskript druckfertig zu machen. Im Januar 1874 wurde Nietzsche für das laufende Jahr zum Dekan seiner Fakultät gewählt. Wie er die Muße fand, neben dieser zusätzlichen Verpflichtung noch eine ganze Reihe von Werken zur theoretischen Physik und Kosmologie durchzuarbeiten – ihn beschäftigte dabei besonders das Problem der Zeit –, ist schwer vorstellbar.

Im Sommer 1874 reiste er mit seinem Freund Romundt nach Bergün, das sich in 1400 Meter Höhe in ein weiteres atemberaubendes und atemspendendes Schweizer Tal schmiegt – das Albulatal – genau an der Stelle, an der der lange Aufstieg zum Pass beginnt, der ins Oberengadin führt. Im Hotel Piz Aela arbeitete Nietzsche an der dritten seiner *Unzeitgemäßen Betrachtungen*, »Schopenhauer als Erzieher«. An seine Mutter schrieb er:

> Meine liebe gute Mutter, ich sitze hier auf den Bergen und will einmal an Dich wieder ein Briefchen schreiben […] Grimmiges Regenwetter seit ein paar Tagen, und alle Menschen sehr ungeduldig – das ist der Zustand in dieser Einsamkeit, an dem nur ich nicht Theil habe, weil ich mit Nachdenken und Fertigmachen einer neuen Schrift beschäftigt bin. Da lebt man anderswo, wo einem der Regen nichts anhat. Übrigens geniesst man ohne dran zu denken die stärkende Luft der Alpen und ist aus dem Stadt- und Alltagsleben heraus, da fällt einem manches ein, was man in der Tiefe und in der Sommerschwüle der Städte nicht findet. (B 4, 248)

In einem Brief an Carl von Gersdorff vom 26. Juli 1874 ging Friedrich Nietzsche etwas detaillierter auf das Leben ein, das er und Heinrich Romundt im Albulatal führten:

> Hier (in Bergün: vide Bädecker) bin ich mit Romundt in einer göttlichen Gegend. Wir sind die einzigen Pensionäre eines Hôtels, an dem täglich hundert Reisende vorbei passiren, auf dem Wege nach St. Moritz oder zurück. Einen See wie den Flimser haben wir freilich nicht: neulich suchten wir einen drei Stunden, auf der Höhe von 6000 Fuss, badeten und schwammen darin, aber erstarrten fast zu Eis und kamen feuerroth wieder heraus. Heute suchten wir eine Schwefelquelle auf, die noch nicht benutzt ist; auf dem Rückwege warf eine Ziege vor meinen Augen ein Zicklein, das erste lebendige Wesen, welches ich gebären sah. Das Junge war viel behender als ein kleines Kind und sah auch besser aus, die Mutter leckte es und benahm sich wie mir schien sehr vernünftig, während Romundt und ich furchtbar dumm dabei standen. (B 4, 247)

Seiner Schwester gegenüber äußerte er sich weniger überschwänglich und bukolisch gestimmt und gestand ihr seine Erschöpfung: »Doch es ist etwas Schreckliches, so immer gegen den Strom zu schwimmen und mitunter habe ich das Leben recht satt.« (B 4, 250) Nach der Rückkehr nach Basel schilderte er Erwin Rohde am 7. Oktober 1874 die Geistes- und Gemütsverfassung, in der er sich gerade befand:

> Es fehlt mir nicht an Muth und gutem Vertrauen: das habe ich aus der Stille der Berge und Seen mitgebracht, wo ich recht bald bemerkte, woran es einem fehlte oder vielmehr woran man ein Übermass hatte. Nämlich an Egoismus; und das kommt von dem ewigen Für sich-Fortbrüten und Fortleiden. Zuletzt *fühlt* man sich *fortwährend*, als ob man hundert Narben hätte und als ob jede Bewegung wehe thäte. Aber wahrhaftig, nun werde ich nächstens 30 Jahre, da muss es ein wenig anders werden, nämlich männlicher und gleichmässiger und nicht mehr so verdammt auf und nieder. (B 4, 261f)

Am 4. August reiste er nach Bayreuth. Die großartige neue Residenz der Wagners, die Villa Wahnfried, war mittlerweile weitgehend fertig gestellt. Nietzsche machte den Fehler, einen Klavierauszug des *Triumphliedes* von Johannes Brahms mitzunehmen, das er bei einem Konzert im Basler Münster und dann noch einmal in Zürich gehört hatte. Brahms' Musik hatte ihn sofort bezaubert, und er konnte sich nicht vorstellen, dass Wagner seine Bewunderung nicht teilen sollte. Cosimas Einschreiten verhinderte zwar, dass es durch Wagners zornige Reaktion zu einem offenen Bruch zwischen den beiden kam.

Das Haus, in dem Nietzsche während seiner Kur in Steinabad bei Bonndorf im Schwarzwald wohnte.

Und doch hatte Nietzsche, vielleicht zum ersten Mal, den Meister, das schopenhauersche Genie, als eifersüchtigen, engstirnigen Tyrannen erlebt.

Bevor er seine Lehrverpflichtungen in Basel für das akademische Jahr 1874/75 aufnahm, versuchte Nietzsche es mit mehreren Kuren in Badeorten. Um seine Gesundheit war es schlecht bestellt: Zu den Migräneanfällen, der starken Kurzsichtigkeit und der Überanstrengung der Augen, die sein Leben verdüsterten, gesellten sich zunehmende Magenbeschwerden. Von diesem Jahr an fühlte sich Nietzsche gesundheitlich nie mehr wirklich wohl. Er versuchte, an einer vierten *Unzeitgemäßen Betrachtung* mit dem Titel »Wir Philologen« zu arbeiten, merkte aber, dass er mittlerweile so wenig mehr Teil jenes »wir« war, dass der Text unvollendet blieb. Andere Ereignisse verstärkten seine schwermütige Stimmung noch. So starb Gustav Krugs Vater am Abend der Hochzeit seines eigenen Sohnes. In seinem Beileidsbrief berührte Nietzsche seine eigene alte, nie verheilte Wunde:

> Höre heute auch von mir, mein geliebter Freund, ein paar Worte herzlicher Betrübniss. Ich weiss freilich aus Erfahrung fast eben so wenig davon, was es heisst einen Vater zu verlieren als einen Vater zu besitzen. Dafür ist mir mein Jugendleben innerlich schwerer und bedrückender geworden als billig ist; und gerade aus meinem oft empfundenen Bedürfniss nach einem wahrhaft vertrauten und liebenden Berather wage ich es, auch heute den Grad und Umfang Deines Verlustes zu verstehen. Sehe ich nun auf Dich, so treten wieder die räthselhaft verbundenen Worte: Tod und Hochzeit, so schnell hintereinander vor meine Augen, dass des Lebens und Blühens gar kein Ende abzusehen ist. In Dir selber lebt Dein Vater fort, und sein Bestes und Edelstes soll in Dir unverloren sein.

Die Roggenbacher-Ruine; eine Raubritterburg, die das Tal bei Steinabad beherrscht.

> Und so soll auf jene wunderlich ungeheure Frage, die das Wort »Tod« aufwirft, jenes Andere Wort eine Antwort geben. *Eine* Antwort: denn vielleicht giebt es mehrere. – (B 4, 240)

Ende Juni 1875 schrieb Nietzsche an Carl Fuchs über die »verruchte Krisis« seiner Gesundheit, die vermutlich vor allem von einer Magenerkrankung herrührte und anfing, »an den Grundfesten« seines »Daseins zu rütteln«. (B 5, 66) Er konsultierte seine Ärzte und wählte für seinen Kuraufenthalt schließlich einen Badeort im Schwarzwald, nicht weit von Basel. Am 16. Juli 1875 reiste er nach Steinabad bei Bonndorf. Steinabad und der Schwarzwald ließen sich nun freilich kaum mit Bergün und dem Albulatal vergleichen. Von der Erhabenheit der Graubündener Hochalpen war in der samtigen Landschaft des Schwarzwaldes nichts zu spüren. Und doch fühlte Nietzsche sich in Steinabad zu Reminiszenzen an Flims-Waldhaus und die Ferien zwei Jahre zuvor mit von Gersdorff und Romundt veranlasst: Die vielen Spazierwege in Steinabad waren breiter und ebener, während der Abstieg von Flims-Waldhaus zum Cauma-See hinunter ziemlich schmal und steil gewesen war. Nietzsche räumte ein, dass die Schönheit von Flims eindrucksvoller war, pries aber sogleich die wohl tuende Art und Weise, in der der Schwarzwald ihn mit seiner Dichte und Geborgenheit umgab und auffing. Man konnte sich und all seine Sorgen darin verlieren. Besonders wohltuend war der Wald seinen Augen: Viele Stunden verbrachte er dahinwandernd im Schatten riesiger Weiß- und Rottannen, Eichen, Birken, Buchen und Eschen. Manchmal ging es an einem Forellenteich auf einer Lichtung vorbei, dann trat man wieder in das Waldesdunkel. Nietzsche unternahm längere Wanderungen zu den Überresten einer mittelalterlichen Burg, der Roggenbacher Ruine, deren wuchtige Mauern und Türme im Bauernkrieg 1524/25 zerstört worden waren. An seine Mutter und Schwester schrieb er am 25. Juli 1875: »Ich bin viel unterwegs, in den Wäldern und unterhalte mich dabei ausgezeichnet, so daß ich noch keine langweilige Stunde hatte; ausdenkend, überdenkend, hoffend, vertrauend, bald in der Vergangenheit und noch viel mehr in der Zukunft, so lebe ich und erhole mich recht dabei.« (B 5, 89) Einer der Schüler Nietzsches, Louis Kelterborn, besuchte seinen hoch geschätzten Lehrer in Steinabad und berichtete:

> Wohl sah man seinen Gesichtszügen und seiner Hautfarbe seinen leidenden Zustand an, auch schilderte er eingehend […] alle Einzelheiten seiner Cur … Auch führte er mich überall in dem Bad-Etablissement und in den Parkanlagen herum, wollte mich veranlassen, ein Schwimmbad zu nehmen, worauf ich indessen verzichtete, und nach der Ma[h]lzeit machten wir einen mehrstündigen Marsch durch die herrlichen Wälder der Umgebung. Nietzsche war stets ein rüstiger Fußgänger gewesen und die kräftig ausschreitende, im gleichmäßigen Rhythmus fortgesetzte leibliche Bewegung schien ihm stets gut zu bekommen. […] Nur sehr wenige Wandrer begegneten uns und unser Weg führte uns durch keine Dörfer […] So fühlten wir uns fern von allem Getriebe […] und in dieser Stimmung tiefster Zufriedenheit und Gemüthsruhe genoß ich doppelt die wie immer so ungemein anregende und bedeutende Gesprächsunterhaltung. Die letztere drehte sich zunächst um Persönliches […] bald genug indessen wieder um musikalische Fragen im allgemeinen und die Wagnersache im Besondern. Man gedachte der eben damals in Bayreuth abgehaltenen Vorproben […][17]

Nietzsche hoffte, dass diese Sommerkur in Steinabad ihn »bayreuthfähig« machen würde, ihn folglich so weit herstellen würde, dass er gegen Ende des Sommers zu den Festspielen nach Bayreuth fahren konnte. (B 5, 75) In dieser Hinsicht schlug die Kur fehl. In anderer dagegen wirkte sie sich äußerst positiv aus. Er hatte viel Zeit und genügend Sehkraft zum Lesen. Viel Zeit wegen des Regens: Am 19. Juli schilderte er einem Freund den strömenden Regen, der den Schwarzwald durchtränkte. Wie ein »ungarischer Kornspeculant« veranschlagte Nietzsche, dass es ein »schöner zwölfstündiger Regen« werden würde – sicherlich eine Minimalschätzung. Seine Lektüre beschäftigte sich mit einem Gebiet, dem er in der Vergangenheit kaum Beachtung geschenkt hatte: der Entwicklung des Welthandels und der National- und Sozialökonomie.[18]

Gerade, weil er selbst nicht dort sein konnte, begann er schließlich mit der Niederschrift von »Richard Wagner in Bayreuth«, der vierten und letzten seiner *Unzeitgemäßen Betrachtungen*: Der Text erwies sich als eine Übung in erzwungener Distanz zu Wagner. Der Sommer 1875 zeitigte jedoch auch neue Vorhaben für künftige Studien – Nietzsche erwähnt an einer Stelle den »schönen Korb voll Arbeit für die nächsten 7 Jahre«, der unter anderem auch die Auseinandersetzung mit den Geschichts- und Naturwissenschaften enthielt. An Carl von Gersdorff schrieb er: »Wir müssen noch eine gute Strecke Wegs immer steigen, langsam, aber immer weiter, um einen recht freien Ausblick über *unsre alte Cultur* zu haben; und durch mehrere mühsame Wissenschaften muss man noch hindurch, vor allem durch die eigentlich *strengen*. Aber dieses ruhige Vorrücken ist unsre Art von Glück, und viel mehr will ich nicht.« (B 5, 87) In anderen Briefen ist die Rede von »großen Plänen« im Hinblick auf das *Schreiben*, das seinem Leben den Halt geben sollte, dessen es so dringend bedurfte. Zugleich fiel sein Urteil zum Stil seiner früheren Schriften, der *Unzeitgemäßen Betrachtungen* und der *Geburt der Tragödie*, zunehmend kritischer aus. In einem Brief an einen französischen Kollegen, der ihm Komplimente zur *Geburt der Tragödie* gemacht hatte, gab Nietzsche gar dem Zweifel Ausdruck, »ob ich nicht mit der monologisirenden Art meiner Schriften mir das Beste entzogen habe, was ein Autor sich wünschen kann«. (B 5, 107) Die vierte *Unzeitgemäße Betrachtung*, über der er in Steinabad zu grübeln begann, nahm am Ende mehr Zeit in Anspruch als alle anderen zusammen, war aber ebenfalls in monologischer Form gehalten. Eine ganz andere stilistische Form, in der zahlreiche Stimmen und Gedankenfäden miteinander verwoben waren, bereitete sich jedoch in ihm vor. Indessen fasste er den Entschluss, wenn er auch für andere leben sollte, doch wenigstens für sich selbst zu schreiben – *Mihi scribo. Aliis vivo* hieß es in einem Brief an Romundt (B 5, 116) – und die Schrift »Richard Wagner in Bayreuth« nicht zu veröffentlichen, selbst wenn es ihm gelingen sollte, sie fertig zu stellen. Es war eine Zeit persönlicher Rechenschaft, nicht zuletzt auch über die Bedeutung der Freundschaft. Sein mit dem 1. August datierter Brief an Rohde schließt mit Gedanken über Bayreuth, wo sich der Freund bereits in Erwartung der Sommerfestspiele aufhielt:

> Überall Desperation! Und ich habe sie *nicht*!
> Und bin doch nicht in Bayreuth! Wie sich das reimt, begreifst Du's? Ich begreife es fast nicht. Und doch bin ich mehr als drei Viertel des Tages im Geiste dort und schwärme wie ein Gespenst immer um Bayreuth herum. Du darfst nicht fürchten, mir die Seele zu lüstern zu machen, erzähle nur ein Bischen Viel, liebster Freund, ich dirigire mir auf meinen Spaziergängen oft genug ganze Theile der Musik, die ich auswendig weiß und brummle dazu. Grüße Wagner's auf das Innigste! (B 5, 94)

Vor allem aber spiegeln die Briefe aus Steinabad Nietzsches Auseinandersetzung mit dem Verhältnis von Krankheit und Lebenswerk wider: Einerseits zwingen Phasen der Krankheit dazu, das Leben und die eigenen Grenzen ernster zu nehmen, und ermöglichen so Konzentration und achtsames Planen. Andererseits kann das Leiden aber auch derart schwächen und deprimieren, dass der Kranke den Mut verliert, überhaupt irgendetwas ernsthaft anzugehen, so dass er haltlos hin- und herschwankt und seine Kräfte stetig schwinden. »Nicht einmal der Tod ist es, was mich am meisten schrecken könnte«, schrieb er an einen befreundeten Musiker, »sondern nur das kranke Leben, wo man die causa vitae verliert.« (B 5, 100)

In einem Brief vom 11. August 1875 an Malwida von Meysenbug in Paris ist zu lesen:

> Ich [mache] wieder Entwürfe über Entwürfe und suche mein Leben in einen Zusammenhang zu bringen – ich thue nichts lieber, nichts angelegentlicher, sobald ich nur einmal wieder allein bin. Daran habe ich einen förmlichen Barometer für meine Gesundheit. Unsereins, ich meine Sie und mich, leidet *nie rein körperlich*, sondern alles ist mit geistigen Krisen tief durchwachsen, so dass ich gar keinen Begriff habe, wie ich je aus Apotheken und Küchen allein wieder gesund werden könnte. [...]
> Das Geheimnis aller Genesung für uns ist, eine gewisse Härte der Haut wegen der grossen innerlichen Verwundbarkeit und Leidensfähigkeit zu bekommen. *Von aussen her* darf uns wenigstens so leicht nichts mehr anwehen und zustossen; wenigstens quält mich nichts mehr als wenn man so auf *beiden* Seiten ins Feuer kommt von innen her und von aussen. (B 5, 104)

Der vielleicht bemerkenswerteste Brief dieses Steinabader Sommers, eines Sommers, reich an Briefen, ist ein Schreiben vom 2. August 1875 an Marie Baumgartner. Die Mutter eines seiner Studenten, die im nahegelegenen Lörrach wohnte, erwies sich als eine der großzügigsten und tatkräftigsten Freunde Nietzsches während seiner Basler Jahre: Sie half ihm bei der Bearbeitung von Manuskripten, Korrekturfahnen und bei Übersetzungen. In einem Brief an Erwin Rohde bezeichnete Nietzsche sie als »die beste Mutter, die ich kenne«. (B 5, 93) An Marie selbst schrieb er:

> Sie müssen nicht glauben, dass ich je in meinem Leben durch Liebe verwöhnt worden sei, ich glaube, Sie haben mir's auch angemerkt. Etwas Resignirtes trage ich von der frühesten Kindheit in dieser Beziehung mit mir herum. Aber es mag sein, dass ich es nie besser verdient habe. Jetzt nun *habe* ich es besser, das ist kein Zweifel! Ich erstaune mitunter mehr darüber als dass ich mich freue, es ist mir so neu. Nun wächst jetzt in mir mancherlei auf und von Monat zu Monat sehe ich einiges über meine Lebensaufgabe bestimmter, ohne noch den Muth gehabt zu haben, es irgend Jemandem zu sagen. Ein ruhiger, aber ganz entschiedener Gang von Stufe zu Stufe – das ist es, was mir verbürgt noch ziemlich weit zu kommen. Es kommt mir so vor als ob ich ein geborner *Berg*steiger sei. – Sehen Sie, wie *stolz* ich reden kann. (B 5, 95)

Wieder zurück in Basel, zog Nietzsche in eine geräumigere Wohnung am Spalentorweg. Seine Schwester war noch immer bei ihm; die Schwester, die ihm nun schon viele Jahre den Haushalt geführt hatte und deren Temperament er pries, das mit dem seinen so gut zusammenstimme. (B 5, 112) Er verkroch sich in sein »Schneckenhaus« und schrieb. Sein Gesundheitszustand verschlechterte sich während des Herbstes und Winters weiter und erreichte in den Weihnachtsfeiertagen – immer eine kritische Zeit für Nietzsche – einen Tiefpunkt. Im Januar 1876 schrieb er von Naumburg aus an von Gersdorff:

> Es macht mir Mühe zu schreiben, ich will drum kurz sein. Liebster Freund, ich habe das schlimmste schmerzhafteste und unheimlichste Weihnachten hinter mir, das ich erlebt habe! Am ersten Weihnachtstage gab es, nach manchen immer häufiger kommenden Ankündigungen, einen förmlichen Zusammenbruch, ich durfte nicht mehr zweifeln, dass ich an einem ernsthaften Gehirnleiden mich zu quälen habe, und dass Magen und Augen nur durch diese Centralwirkung so zu leiden hatten. Mein Vater starb 36 Jahr an Gehirnentzündung, es ist möglich, dass es bei mir noch schneller geht. [...] Doch ist es nicht einmal Reconvaleszenz, der unheimliche Zustand ist *nicht* gehoben, alle Augenblicke werde ich an ihn erinnert. (B 5, 132)

Er erhielt die Erlaubnis, vorübergehend eine Vertretung für seine Unterrichtstätigkeit am Gymnasium zu stellen, so dass er nur noch seine Vorlesungen und Seminare an der Universität zu halten hatte. Zum Frühlingsanfang reisten er und von Gersdorff an den Genfer See, mieteten sich in der Pension Printannière ein und besuchten Veytaux und die Burg Chillon bei Montreux. Ungeachtet des kalten, regnerischen Wetters unternahmen die Freunde täglich fünf- bis sechsstündige Wanderungen. Sie besuchten Bex im Rhônetal südöstlich des Sees und machten auch dort trotz Nietzsches schlechter gesundheitlicher Verfassung wahre Gewaltmärsche. Nietzsche scheint immer sehr viel Energie besessen zu haben, ganz gleich, wie unwohl er sich fühlte – die Krankheit sollte seine an sich robuste Konstitution freilich über Jahre hin schleichend untergraben, bis sie ihn schließlich niederstreckte.[19] Im April war er zu Besuch bei Freunden in Genf und trug dort nach relativ kurzer Bekanntschaft Mathilde Trampedach die Ehe an, einer jungen Musikerin aus dem Baltikum, deren Erscheinung ein Zeitgenosse mit einer Schöpfung von Fra Filippo Lippi verglich. Die Werbung kam so unvermittelt, dass man sich des Verdachts kaum erwehren kann, Nietzsche habe den Korb geradezu provozieren wollen, der ihm denn auch prompt zuteil wurde.

In diesen Jahren schloss Nietzsche aber auch Bekanntschaften und Freundschaften, die für den Rest seines Lebens und seines Werkes bedeutsam blieben. So zum Beispiel mit Heinrich Köselitz, einem Musiker und Komponisten, der das Pseudonym Peter Gast annahm. Gast sollte als einer der Herausgeber Nietzsches – einer aus der Gruppe derer, die von Nietzsches Schwester herangezogen und missbraucht wurden – im Gedächtnis bleiben. Die Freundschaft mit Köselitz war wieder eine Freundschaft zwischen zwei ungleichen Naturen. Der Philosoph versuchte, Peter Gasts musikalische Erzeugnisse ins Gespräch zu bringen – Werke, die heute in Vergessenheit geraten sind –, während Köselitz Nietzsches umfangreiche Manuskripte abschrieb und ungezählte Korrekturfahnen las. Im Gegensatz dazu wurde Paul Rée ein wirklich intimer Freund – und Rivale. Er war im Frühjahr 1873 als Vertrauter Romundts zum ersten Mal nach Basel gekommen; Freunde wurden beide jedoch erst während Nietzsches Beurlaubungsjahr, das er in Sorrent verleben sollte.

Es war Köselitz, der Musiker und Wagner-Enthusiast, der Nietzsche dazu ermutigte, die vierte *Unzeitgemäße Betrachtung* doch zu veröffentlichen. Sie erschien im Juli 1876. Nietzsche vollendete das Manuskript am Wochenende des 17./18. Juni, wieder im vornehmen Römerbad-Hotel im Schwarzwaldstädtchen Badenweiler. In Wagners Dank an den jungen Gefährten aus Basel für das Buch schwang wohl auch eine gewisse Beklommenheit mit: »Freund! Ihr Buch ist ungeheuer! – Wo haben Sie nur die Erfahrung von mir her?«[20] Zweifellos wäre er über viele Notizen, die Nietzsche seit dem Frühjahr 1874 gemacht hatte (W 7, 754ff), schockiert gewesen, fielen sie doch weit kritischer aus als alles, was dieser sich in »Richard Wagner in Bayreuth« zu veröffent-

Malwida von Meysenbug (1816-1903), seit 1872 mit Nietzsche befreundet; Wagner-Enthusiastin, Idealistin, Erzieherin und Frauenrechtlerin.

Paul Rée (1849–1901), Verfasser des Werkes *Der Ursprung der moralischen Empfindungen* (1877), seit 1873 Nietzsches Freund und dessen künftiger Rivale um die Gunst der Lou von Salomé.

lichen gestattete. Im August fuhr Nietzsche zu den Festspielen nach Bayreuth, war jedoch sofort verstimmt über den gesellschaftlichen Dünkel, der in Haus Wahnfried herrschte, den Pomp und das Zeremoniell der Festspiele. Er wurde ernsthaft krank, verließ Bayreuth noch vor der Aufführung des zweiten Zyklus des *Ringes*, kehrte noch einmal zurück und verließ den Ort erneut, diesmal endgültig. Später behauptete er, die ersten Entwürfe von *Menschliches, Allzumenschliches* seien, damals noch unter dem Titel »Die Pflugschaar«, in Klingenbrunn entstanden, »einem kleinen Walddorfe« (B 5, 338), in das er sich von Bayreuth aus geflüchtet hatte. Wagner selbst gegenüber äußerte er, dass ein »Streifen schwärzester Melancholie« ihm die Ereignisse des Sommers 1876 verdunkle und dass er seine Krankheit bis auf den Grund »satt« habe – »ich will gesund leben oder nicht mehr leben«. (B 5, 190f) Einige Monate später schrieb er aus Sorrent an Cosima: »Von Jahr zu Jahr wird man stiller und zuletzt sagt man über Persönliches kein ernstes Wort mehr. [...] Fast alle Nächte verkehre ich im Traume mit längstvergessenen Menschen, ja vornehmlich mit Todten. Kindheit Knaben- und Schulzeit sind mir ganz gegenwärtig.« (B 5, 209) Der einzige Lichtstrahl bei seinem letzten Besuch in Bayreuth war die Begegnung mit Louise Ott, einer Baltin, die jedoch mit Mann und Kind in Paris lebte. Sie war vielleicht die schönste und kongenialste unter den Frauen, die Nietzsche in seinem Leben wirklich tief berührten. Die kurze Korrespondenz der beiden gehört zum Zartesten in Nietzsches gesammelten Briefen.

Wieder zurück in Basel, nahm er – zum letzten Mal – den Unterricht am Gymnasium wieder auf.

Hotel Römerbad, Badenweiler. Der historische Druck zeigt die Konzerthalle und den Speisesaal um 1870.

Aus der großen Wohnung am Spalentorweg zog er zurück ins »Gifthüttli« am Schützengraben 45 und ließ sich schließlich wegen Krankheit für ein Jahr beurlauben. (B 5, 158f)

Im Herbst 1876 folgten Nietzsche und Paul Rée einer Einladung Malwida von Meysenbugs – einer Wagner-Verehrerin und Intellektuellen, die eine der loyalsten Freunde Nietzsches wurde-, gemeinsam mit ihr nach Sorrent bei Neapel zu reisen. Von Meysenbug war neben Marie Baumgartner eine weitere »Ersatzmutter« für Nietzsche, eine mütterliche Freundin, die seinem Werk mit Bewunderung und Sympathie gegenüberstand und ihn auch persönlich unterstützte. Den besten Einblick in Nietzsches Freundschaft mit Malwida von Meysenbug gibt vielleicht ein Brief Nietzsches, den er ihr am Karfreitag, dem 14. April 1876 aus Basel schrieb, nachdem er ihre *Memoiren einer Idealistin* gelesen hatte:

> Es gab vor 14 Tagen ungefähr einen Sonntag den ich allein am Genfersee und ganz und gar in Ihrer Nähe verbrachte, von früh bis zu dem mondglänzenden Abend: ich las mit wiederhergestellten Sinnen Ihr Buch zu Ende und sagte mir immer wieder, dass ich nie einen weihevolleren Sonntag erlebt habe; die Stimmung der Reinheit und Liebe verliess mich nicht und die Natur war an diesem Tage nichts als das Spie-

gelbild dieser Stimmung. Sie gingen vor mir her als ein höheres Selbst, als ein *viel* höheres –, aber doch noch mehr ermuthigend als beschämend: so schwebten Sie in meiner Vorstellung und ich maass mein Leben an Ihrem Vorbilde und fragte mich nach dem Vielen, was mir fehlt. [...] Ihr Buch ist für mich aber ein strengerer Richter als Sie es vielleicht persönlich sein würden. Was muss ein Mann thun, um bei dem Bilde Ihres Lebens sich nicht der Unmännlichkeit zeihen zu müssen? – das frage ich mich oft. Er muss das alles thun, was Sie thaten und durchaus nichts mehr! Aber er wird es höchst wahrscheinlich nicht vermögen, es fehlt ihm der sicher leitende Instinkt der allzeit hülfbereiten Liebe. Eins der höchsten Motive, welches ich durch Sie erst geahnt habe, ist das der Mutterliebe ohne das physische Band von Mutter und Kind, es ist eine der herrlichsten Offenbarungen der caritas. Schenken Sie mir etwas von dieser Liebe, meine hochverehrte Freundin und sehen Sie in mir einen, der als Sohn einer solchen Mutter bedarf, ach so sehr bedarf! (B 5, 148f)

Die Briefe an Marie Baumgartner und Malwida von Meysenbug regen zu Mutmaßungen an, ob das »Vaterhaus«, das Nietzsche in seiner frühen Kindheit plötzlich verlor, in Wirklichkeit auch der Mutter entbehrte. Oder, wenn das zu hart urteilen hieße: ob die Mutter, die Nietzsche sein Leben lang suchte, erst wirklich für ihn da war, als er im März 1890 auf Probe aus der Jenaer Klinik entlassen wurde.

Nachdem Malwida von Meysenbug ihre Einladung nach Sorrent ausgesprochen hatte, planten Nietzsche und Rée die Reise. Die drei wollten zusammen mit einem an Schwindsucht erkrankten Studenten Nietzsches, Albert Brenner, in »einer Art Kloster für freiere Geister« (B 5, 188), einer »Schule der Erzieher«, »Idealkolonie« oder «université libre« (B 5, 216) leben. Nietzsche erhielt einen Schutzbrief vom Kanton Basel, obwohl er staatenlos oder, wie die offizielle Bezeichnung lautete, »heimatlos« war.

Am 1. Oktober reiste Nietzsche mit Paul Rée nach Bex, in jenes Städtchen im Schweizer Kanton Wallis, das er im Frühjahr mit von Gersdorff besucht hatte. Sie blieben zwei Wochen, und Nietzsche arbeitete an einer geplanten fünften *Unzeitgemäßen Betrachtung* unter dem Titel »Der Freigeist«. Auch diese Schrift wurde nie abgeschlossen, doch Teile davon tauchen in *Menschliches, Allzumenschliches* auf – jenem Werk, das für Nietzsche einen entscheidenden Wendepunkt darstellte. Am 19. und 20. Oktober fuhren die beiden Freunde nach Genf, wo der junge Brenner zu ihnen stieß, und dann weiter über den Mont Cenis und an Turin vorbei nach Genua. Zum ersten Mal in seinem Leben sah Nietzsche das Mittelmeer. Von Genua reiste man per Schiff nach Neapel, wobei in Livorno ein Zwischenstopp eingelegt wurde, um einen Abstecher nach Pisa zu machen. In der Nacht vom 25. auf den 26. Oktober kamen die drei in Neapel an. Brenner berichtete, dass die Seereise, abgesehen von den letzten 24 Stunden, ruhig verlief und Nietzsche »lange (aus)hielt«, bevor auch ihn die Seekrankheit überwältigte. (Die Rückfahrt im nächsten Mai sollte sich in dieser Hinsicht ereignisreicher gestalten.) In Neapel trafen die drei Freunde mit Malwida von Meysenbug zusammen, die sie umgehend auf den südlich von Neapel gelegenen Posilipo mitnahm, um ihnen den Blick über die Bucht auf den Vesuv, Sorrent und Capri zu zeigen. Zwei Tage später reiste die Gesellschaft weiter nach Sorrent und nahm dort Quartier für den Winter. Am 28. Oktober 1876 schrieb Malwida von Meysenbug an ihre Pflegetocher Olga Herzen:

Vorgestern abend fuhr ich mit meinen drei Herren am Posilipo hin; es war eine göttliche Beleuchtung, wirklich feenhaft, über dem Vesuv standen majestätische Gewitterwolken, aus deren Flammen und düsterem Schwarzrot ein Regenbogen aufstieg, die Stadt glänzte, als wäre sie aus purem Gold gebaut und auf der anderen Seite lag das Meer tiefblau [...] Es war so wunderbar, daß die Herren wie trunken vor Entzücken waren. Nietzsche habe ich niemals so lebhaft gesehen. Er lachte vor lauter Freude. Es wurde nach reiflichem Rat beschlossen, nach Sorrent zu gehen und so zogen wir gestern morgen ab, bei herrlichem Wetter hier ein und gingen gleich in die am Wege liegende Pension allemande, *Villa Rubinacci* [...] wo es den Herren so gut gefiel, daß sie gleich zu bleiben beschlossen. Es ist auch sehr schön und insofern bequem, als die Herren ganz ihr besonderes Revier haben, so daß ich ganz ungeniert bin. Bei Wagners [die sich für einen Monat in der Nähe von Sorrent aufhalten], wo wir abends waren, waren sie böse, daß wir nicht ein Nebenhaus ihres Hotels, das volle Sonne hat, genommen haben, aber es ist teurer dort und weniger unabhängig. Hier

Oben: Sorrent. Ein Abend im Vorfrühling.

Links: Sorrent. Tor und Treppe der Villa Rubinacci.

sind wir unsere eigenen Herren, und die deutsche Wirtin ist ein gutmütiges Geschöpf. Trina [Malwidas Hausmädchen] ist voller Aktivität [...] Auf allen Seiten sind Terrassen. Die Fenster des Salons haben gerade gegenüber Neapel im Sonnenglanz, mein geliebtes Ischia und den Vesuv. Vor dem Haus ist ein wahrer Wald von Oliven und Orangenbäumen, der einen grünen Vorgrund vor dem Gemälde bildet.[21]

Im Laufe der folgenden Wochen besuchten Malwida von Meysenbug und ihre drei Herren die Wagners viele Male, um gemeinsam Ausflüge zu unternehmen. Ihre abenteuerlichste Unternehmung war ein Eselritt anlässlich Malwida von Meysenbugs Geburtstag nach Il Deserto an der Spitze der Halbinsel von Sorrent. Dennoch zeigen Cosimas lakonische Tagebucheinträge und das beinahe völlige Schweigen Nietzsches, wie weit er und die Wagners sich bereits voneinander entfernt hatten. Zweifellos empfand Cosima Nietzsches Freundschaft mit Rée, der sich, wie sie feststellen musste, »bei näherer Betrachtung« als »Israelit« entpuppte, als Affront. So war es für die Reisegesellschaft wohl eher eine Erleichterung, als die Wagners am 7. November nach Rom abreisten. Wagner fuhr, um den *Parsifal* zu vollenden, Nietzsche blieb, um *Menschliches, Allzumenschliches* zu schreiben.

Albert Brenner lieferte seiner daheim gebliebenen Familie eine Beschreibung des Alltagslebens in der Villa Rubinacci – als die vier Freigeist-Ambitionierten endlich in der Lage waren, ihren Lebensstil ganz nach eigenem Geschmack zu gestalten:

Wir wohnen etwas abseits von Sorrent, in dem Teile, in welchem nur Gärten und Villen und Gärtnerhäuser liegen. Dieser ganze Teil ist wie ein Kloster. Die Gassen sind eng und werden durch zu beiden Seiten fortlaufende doppelt mannshohe Mauern gebildet, über welche sich Orangenbäume, Zypressen, Feigenbäume und Traubengirlanden erheben und den blauen Streif Himmel recht schön einfassen. Da die wenigen Häuser meistens innerhalb der Mauern liegen, so kommt man sich wie in einem Labyrinthe vor [...] Wir selbst wohnen in einer »Villa Rubinacci« [...] Ein kleiner Orangenhain trennt uns vom Meere: vom Haine aus muß man noch beinahe senkrecht hinunterstei-gen, da Sorrent auf einem Felsen liegt. [...] Wir haben zwei große Terrassen, die auf das Meer und die Berge gehen. Das Haus ist jedoch nicht nur verhältnismäßig, sondern überhaupt billig; nicht elegant.[22]

Die Freunde schwammen, gingen spazieren oder arbeiteten, je nach Wetter. Manchmal wanderten sie über die Berge südlich von Sorrent zum Golf von Salerno. Abends las Paul Rée den anderen vor. Vom Herbst bis zum Frühjahr bewältigten die vier ein äußerst anspruchsvolles Lese- und Diskussionspensum. Sie begannen mit Gedanken aus Jacob Burckhardts Vorlesungen über die griechische Kultur, die

Blick von der Villa Rubinacci. Im Hintergrund, über dem Dach einer Sorrenter Kirche, dräut der Vesuv.

Nietzsche, der diese ausführlich mit Burckhardt erörtert hatte, kommentierte. Danach gingen sie über zu den beiden großen griechischen Geschichtsschreibern, Herodot und Thukydides, und lasen außerdem Platos umfangreiches Spätwerk über die *Gesetze*. »Wie milde, wie versöhnlich war Nietzsche damals noch«, notierte Malwida von Meysenbug in einem Zusatz zu ihrer Autobiographie, »wie sehr hielt seine gütige, liebenswürdige Natur noch dem zersetzenden Intellekt das Gleichgewicht.«[23]

Zu Weihnachten schenkte Malwida von Meysenbug Nietzsche einen großen Fächer, um die Augen zu schützen, und eine Schlafmütze aus rotem Satin mit einer langen roten Quaste, die seinen Kopf Nacht und Tag warm und ihm damit Kopfschmerzen fern halten sollte. (B 5, 212) Rée, der behauptete, dass Eitelkeit die Wurzel aller moralischen Systeme sei, bekam von ihr einen vergoldeten Spiegel. Während Nietzsche, die Augen hinter dem Schirm geschützt, in seinem Sessel lehnte und Malwida von Meysenbug und Brenner nahe beim Ofen saßen und Orangen schälten, las Rée, am Tisch bei der Lampe sitzend, vor. In Malwida von Meysenbugs Augen verkörperte die kleine Gemeinschaft »eine ideale Familie«, die in einer Art »Missionshaus« wohnte und sich rüstete, »den Samen einer neuen vergeistigten Kultur auszustreuen«. Im Laufe des Tages suchten Rée und Nietzsche entlang der felsigen Küste Grotten, in denen die selbst ernannten Missionare ihre noch zu werbenden Jüngerinnen und Jünger in Aufklärung und Emanzipation zu unterweisen gedachten. Zur Weihnachtszeit hatte sich das Vorleseprogramm, vielleicht auf Betreiben Rées, zweifellos aber ganz im Sinne Nietzsches, zu Gunsten der französischen Moralis-

Golf von Salerno. Die Felsküste südlich von Sorrent.

»Der Tag ist blau und warm, und Nachmittags wollen wir mit dem Kahne an allen möglichen schönen Grotten der Küste vorbeifahren.« (B 5, 200)

Lavaformation nicht weit unterhalb des Vesuvgipfels.

»Unmathematische Schwingung« beim Haupttempel in Paestum.

ten und Skeptiker verschoben: Montaigne, La Rochefoucauld, Vauvenargues, La Bruyère und Stendhal – wobei der große Voltaire, dem *Menschliches, Allzumenschliches* schließlich gewidmet werden sollte, sicherlich nicht übergangen wurde. Im Frühling lasen und diskutierten die vier Afrikan Spirs *Denken und Wirklichkeit*, Leopold von Rankes *Die römischen Päpste* und das Neue Testament. Zu diesem Text lieferte wieder Nietzsche den Hauptkommentar, da sein Philologiestudium ihn zwangsläufig auch mit diesem schicksalhaften Buch in Berührung gebracht hatte. Relativ spät in seinem aktiven Leben, bei der Arbeit an *Der Antichrist*, hatte er Gelegenheit, sich jener Gespräche in Sorrent zu erinnern.

Paul Rée arbeitete in dieser Zeit an seinem Buch *Der Ursprung der moralischen Empfindungen*. Das Werk beeinflusste Nietzsche mehr auf Grund seiner Themenstellung denn des Inhalts. Gerade während des Herbstes, Winters und Frühlings 1876/77 im südlichen Sorrent wandte sich Friedrich Nietzsches Interesse endgültig Wert- und Moralfragen zu. Seine Aufzeichnungen aus dieser Zeit, die schließlich in *Menschliches, Allzumenschliches* ihren Platz finden sollten, enthüllen die entscheidende Wende in seiner Laufbahn: Aus »Wir Philologen« waren Genealogen der Moral geworden.[24]

Nietzsches Gesundheit schien sich während des Sorrentaufenthaltes allmählich zu stabilisieren; doch erlitt er einige schwere Rückfälle und war immer wieder tagelang krank. An seinen guten Tagen reiste er: nach Neapel, um sich einer ärztlichen Untersuchung zu unterziehen, Anfang März für zehn Tage nach Pompeji, und am 23. März auf die Insel Capri. Es ist fast sicher, dass er auch das nur fünfzig Kilometer südlich von Salerno gelegene Paestum besuchte, wo sich einige der besterhaltenen antiken griechischen Tempel befinden. In seinen Aufzeichnungen vom Frühjahr und Sommer 1875 erwähnt er die »unmathematische Schwingung« der Tempelsäulen, die in gleichem Abstand voneinander zu stehen scheinen, obwohl dies in Wirklichkeit gar nicht der Fall ist. Er bezeichnete dieses architektonische Phänomen als »ein Analogon zur Modifikation des Tempos: Belebtheit an Stelle eines maschinenhaften Bewegtseins«.[25]

Brenner und Rée verließen die Gruppe im April; bald darauf löste sich das Sorrenter Idyll auf. Nietzsche selbst reiste am 8. Mai 1877 ab. Er kehrte in die Schweiz zurück, mit dem Schiff von Neapel nach Livorno und Genua reisend und von dort aus per Zug über Mailand und Chiasso nach Lugano, wo er wieder im Hôtel du Parc übernachtete. Die Seereise nach Norden gestaltete sich dabei wesentlich dramatischer als die Hinfahrt. Am 13. Mai 1877 schrieb Nietzsche aus Lugano an Malwida von Meysenbug, die sich noch in Sorrent aufhielt:

> Das menschliche Elend bei einer Meerfahrt ist schrecklich und doch eigentlich lächerlich, ungefähr so wie mir mitunter mein Kopfschmerz vorkommt, bei dem man sich in ganz blühenden Leibesumständen befinden kann – kurz, ich bin heute wieder in der Stimmung des »heitern Krüppelthums«, während ich auf dem Schiffe [von Sorrent nach Livorno] nur die schwärzesten Gedanken hatte und in Bezug auf Selbstmord allein darüber im Zweifel blieb, wo das Meer am tiefsten sei, damit man nicht gleich wieder herausgefischt werde und seinen Erettern noch dazu eine schreckliche Masse Gold als Sold der Dankbarkeit zu zahlen habe. [...] In Livorno's Hafen war es Nacht, es regnete, trotzdem wollte ich hinaus, aber kaltblütige Verheissungen des Capitäns hielten mich zurück. Alles im Schiffe rollte mit grossem Lärme hin und her, die Töpfe sprangen und bekamen Leben, die Kinder schrieen, der Sturm heulte; ewige Schlaflosigkeit war mein Loos, würde der Dichter sagen. [...] Nun näherte ich mich der Schweiz und fuhr die erste Strecke auf der Gotthardbahn, welche fertig geworden ist, von Como nach Lugano. Wie bin ich doch nach Lugano gekommen? Ich wollte eigentlich nicht recht, aber ich bin da. Als ich die Schweizer Grenze passirte, unter heftigem Regen, gab es einen einmaligen starken Blitz und Donnerschlag. Ich nahm es als gutes Omen hin, auch will ich nicht verschweigen, dass je mehr ich mich den Bergen näherte, mein Befinden immer besser wurde. [...] Da half ein guter Packträger, er sprach das erste Schweizerdeutsch; denken Sie dass ich es mit einer gewissen Rührung hörte, ich merkte auf einmal, dass ich viel lieber unter Deutschschweizern lebe als unter Deutschen. Der Mann sorgte so gut für mich, so väterlich lief er hin und her – alle Väter sind etwas Ungeschicktes – endlich war alles wieder bei einander und ich fuhr nach Lugano weiter. [...] heute morgen sehe ich alle meine geliebten Berge vor mir, lauter Berge der Erinnerung. (B 5, 235ff)

Nietzsche fuhr über Thun, Interlaken, Brienz und Meiringen weiter nach Bad Ragaz, wo er drei Wochen als Kurgast im Hotel Tamina weilte. Am 10. Juni verließ er den Ort, ohne durch die Kur Linderung gefunden zu haben, und fuhr nach Rosenlaui. Hier, in einem mit Tannen bestandenen Tal der Berner Alpen, umgeben von schneebedeckten Berggipfeln, verbrachte er den Rest des Sommers, vielleicht in dem Bestreben, die Erlebnisse von 1870 im Maderanertal oder von 1873 in Flims-Waldhaus wiederaufleben zu lassen. Seine »Kur« in Rosenlauibad bestand hauptsächlich im Atmen der Bergluft, im Genuss von Molkereiprodukten und in fieberhafter Arbeit an dem in Sorrent begonnenen Text *Menschliches, Allzumenschliches*. Erneut bekräftigte Nietzsche seine Vorliebe für die Alpen: »Es ist *meine* Art Natur.« (B 5, 247) Der bevorstehenden Rückkehr nach Basel und der Wiederaufnahme seiner Vorlesungstätigkeit an der Universität sah er mit zwiespältigen Gefühlen entgegen. Auf der einen Seite war ihm schon der bloße Gedanke an die Rückkehr nach Basel verhasst. Er sehnte sich

Hotel Rosenlaui im Berner Oberland, wo Nietzsche den Sommer 1877 verbrachte.

mehr denn je danach, sich endlich ganz seiner Philosophie und seiner schriftstellerischen Tätigkeit widmen zu können. (B 5, 248) Andererseits war er sich deutlich bewusst, dass es letztlich seine Philosophie war, die ihn an den Rand des Todes brachte, so dass seine Lehrverpflichtungen dagegen wie eine Rettung erschienen:

> Im October bin ich entschlossen wieder nach Basel zu gehn und meine alte Thätigkeit aufzunehmen. Ich halte es nicht aus ohne das Gefühl *nützlich* zu sein; und die Baseler sind die einzigen Menschen, welche es mich merken lassen, dass ich es bin. Meine sehr problematische Nachdenkerei und Schriftstellerei hat mich bis jetzt immer krank gemacht; so lange ich wirklich *Gelehrter* war, war ich auch gesund; aber da kam die nervenzerrüttende Musik und die metaphysische Philosophie und die Sorge um tausend Dinge, die mich nichts angehen. Also ich will wieder Lehrer sein: halte ich's nicht aus, so will ich *im* Handwerk zu Grunde gehn. (B 5, 250)

Und doch hatte sich etwas ein für alle Mal geändert. Die Philologie hatte sich gleichsam in eine dicke Moosschicht verwandelt, die die Pflanzen, die er eigentlich zur Blüte bringen wollte, erstickte – seine knospenden Gedanken, die blühen sollten, selbst wenn der Preis für die Entfernung des Mooses und das Kultivieren dieser Gedanken, wie seine Ärzte ihm warnend vorhielten, chronische Migräne und schließliche Blindheit wäre. (B 5, 276.288) Bis zum 3. Dezember 1877 war *Menschliches, Allzumenschliches* fertig für den Druck. Es war ein Werk, in dem die metaphysische Fragestellung der psychologischen untergeordnet wurde oder besser, das Buch, in dem Nietzsches Neigung, dem Stammbaum der Metaphysik und der Moral nachzuspüren, schließlich zum Durchbruch kam: »Die Menschheit liebt es, die Fragen über Herkunft und Anfänge sich aus dem Sinn zu schlagen: muss man nicht fast entmenscht sein, um den entgegengesetzten Hang in

An der Straße von Meiringen nach Rosenlaui.

sich zu spüren?« (MAM I, 1; 24) Mehrere Wochen später schickte ihm Wagner das Libretto seines – wie sich herausstellen sollte – letzten großen Musikdramas, *Parsifal*. Nietzsche, der den Entstehungsprozess des Werkes seit Jahren mitverfolgt hatte, fühlte sich von dessen schwüler Frömmigkeit abgestoßen. Ihm erschien es eher als ein Stück gegenreformatorischer Propaganda denn als Kunstwerk. In einem späteren Brief verspottete er *Parsifal* als »Hegelei in Musik«. (B 6, 224) Noch später meinte

Nietzsche in Basel, um 1876.

er, *Parsifal* und Bismarck betrieben die gleiche Art Diplomatie: Beide paktierten heimlich mit Rom. Umgekehrt empfanden Cosima und Richard *Menschliches, Allzumenschliches* als gottlos und grausam. Der Bruch, der seit langem drohte, erfolgte nun. Er war irreparabel. Etwa um dieselbe Zeit heirateten Nietzsches alte Freunde von Gersdorff, Rohde und Overbeck und entfernten sich damit weiter von ihm. Nietzsche richtete seinen Haushalt, der wieder von Elisabeth geführt wurde, in einer Wohnung in der Gellertstraße 22 ein, in der Nähe des Sankt-Albans-Tors am Stadtrand von Basel. Es war eine Zeit der Krise im ursprünglichen griechischen Wortsinn von »Trennung«. »Die *Krisis* des Lebens ist da: hätte ich nicht das Gefühl der übergroßen Fruchtbarkeit meiner neuen Philosophie, so könnte mir wohl schauerlich einsam zu Muthe werden. Aber ich bin *mit mir einig*.« (B 5, 331)

Auf der Durchreise hatte Nietzsche in Meiringen Otto Eiser getroffen, einen Frankfurter Arzt und Wagner-Verehrer. Nach einer kurzen Visite forderte Dr. Eiser Nietzsche auf, sich von ihm einmal gründlich untersuchen zu lassen. Diesem Rat folgend, hielt sich Nietzsche vom 3. Bis 7. Oktober 1877 in Frankfurt auf. Dr. Eiser und seine Kollegen stellten eine massive Verschlechterung des Zustands der Netzhäute fest; es konnte nur vermutet werden, dass die »exzessive geistige Tätigkeit« der Grund für seine Migräneanfälle und Magenprobleme war. Die Ärzte warnten ihn vor »allen Heileingriffen irgend heroischer Art« und drängten vor allem auf eine radikale Reduzierung der Arbeitslast.[26]

Nietzsche ersuchte nun um eine ständige Befreiung von seinen Lehrverpflichtungen am Pädagogium im Mentelinhof. Ende März 1878 wurde er offiziell von seinen Lehrverpflichtungen an der

Oberschule entbunden, denen er de facto seit Oktober 1876 nicht mehr nachgekommen war. Seine Lehrtätigkeit an der Universität hielt er bis zum Beginn des Sommersemesters 1879 aufrecht. In dieser Zeit begann sein Leben in Basel sich immer mehr aufzulösen. Im April 1878 reiste sein Freund Köselitz, der das Manuskript von *Menschliches, Allzumenschliches* kopiert und die Druckfahnen korrigiert hatte, nach Venedig. Im Folgemonat starb Nietzsches junger Schüler und Freund Albert Brenner, der den größten Teil des Jahres mit ihm in Sorrent verbracht hatte, unter schrecklichen Qualen an Tuberkulose. Bald darauf wurde seine Schwester nach Naumburg zurückgerufen. Die Mutter war der Überzeugung, dass es die Heiratsaussichten ihres Sohnes verbessern werde, wenn Elisabeth wieder in Naumburg wäre, um den Pflichten einer gehorsamen Tochter nachzukommen und ihre Mutter zu versorgen. Elisabeth verließ Basel am 8. Juli, und Nietzsche zog in ein spartanisches Domizil auf der anderen Seite der Stadt in der Bachlettenstraße 11, nicht weit vom Zoologischen Garten. Er versuchte, seinen Arbeitstag sehr genau einzuteilen, um mit seinen rapide abnehmenden Kräften hauszuhalten.

Ende April erschien sein neues Buch *Menschliches, Allzumenschliches: Ein Buch für freie Geister, gewidmet dem Gedächtnis Voltaires an der 100. Wiederkehr seines Todes am 30. Mai 1778*. Viele Freunde Nietzsches, darunter auch die Wagners, reagierten mit offener Ablehnung auf das Werk. Andere, wie der scharfzüngige Rohde und der sanfte Overbeck, fühlten sich vom schneidenden Ton des Werkes abgestoßen. Wieder andere lobten den neuen Stil Nietzsches. Unter ihnen waren Jacob Burckhardt, der Sorrent nur dafür segnete, dass der dortige Aufenthalt Nietzsche endlich von der nordischen Krankheit Wagner geheilt hatte, wie er meinte, und Paul Rée, der die Entstehung des Buches in wesentlichen Teilen miterlebt hatte. Cosima konstatierte verärgert, dass Judäa in diesem Buch Germania einmal mehr listig getäuscht habe, und verbrannte sämtliche Briefe Nietzsches auf der Stelle. Rohde beschwerte sich, dass die Leser des Buches »direkt aus dem caldarium in ein eiskaltes frigidarium gejagt« würden. Richard Wagner und sogar Malwida von Meysenbug beklagten, dass ihr Freund ein »Réealist« geworden sei. Am Ende griff Wagner zur Feder, um den Abtrünnigen in der August/September-Ausgabe der *Bayreuther Blätter* mit dem Bannspruch zu belegen.[27] Einige gemeinhin wohlwollende Leser waren zweifellos durch den »aphoristischen« Stil des Buches irritiert und waren der Ansicht, es handle sich lediglich um eine zusammengewürfelte Sammlung von Aperçus. Dabei bildeten die neun Kapitel Aphorismen in Wirklichkeit ein höchst durchdachtes, sorgsam aufeinander abgestimmtes Ganzes: Nietzsche hatte sich vor der Drucklegung das Manuskript noch einmal mit Bleistift und Schere vorgenommen, hatte umgestellt, neu nummeriert und jeden Aphorismus mit einer Überschrift versehen. Das Ergebnis war ein komplexes Gewebe, sehr viel sorgfältiger komponiert als seine früheren »monologischen« Texte. Mit diesem Buch hatte Nietzsche den wagnerschen Bannkreis verlassen, sich jedoch noch keinen neuen Leserstamm geschaffen. Für seinen Verleger Ernst Schmeitzner wurde es zu einem Fehlschlag.

Den Sommer 1878 verbrachte Nietzsche im Berner Oberland. Er wohnte in der Berghütte auf dem Männlichen bei Grindelwald und genoss den Blick auf die Jungfrau. Seiner Gesundheit war diese Ortswahl freilich nicht zuträglich: Das Wetter wechselte rasch und radikal, und Nietzsche litt unter wiederholten Anfällen heftiger Kopfschmerzen, die mit Erbrechen einhergingen. Im Spätsommer logierte er in Interlaken im Hotel von Unterseen. Seine Gesundheit befand sich nach wie vor in einem bedenklichen Zustand. Nach einem Monat, den er in Naumburg verbrachte, kehrte er nach Basel zurück. Das kommende Semester sollte sein letztes an der Universität werden. Marie Baumgartner half ihm, die Druckvorlage für einen Anhang zu *Menschliches, Allzumenschliches* mit dem Titel »Vermischte Meinungen und Sprüche« vorzubereiten, der am 12. März 1879 veröffentlicht wurde. Burckhardt las auch diesen Anhang mit Vergnügen und gratulierte seinem jungen Kollegen mit einer Wendung, die diesem unvergesslich wurde: Burckhardt bezeichnete ihn als einen Wanderer über Schwindel erregende Berggipfel.

Wegen seines Augenleidens war Nietzsche nie in der Lage, tatsächlich Gipfel zu ersteigen, doch Burckhardts Formulierung griff er als Ausdruck einer inneren Wahrheit begeistert auf. Sein Lesestoff während dieser furchtbaren Monate stimmte aber gut mit seiner körperlichen Verfassung überein: Fontenelles *Dialogues des morts* erschienen ihm geradezu als »blutsverwandt«. (B 5, 402)

Im Mai reiste er nach Genf und weiter nach Wiesen bei Davos in der Hoffnung, dort eine Linderung für seine Leiden zu finden. Sein Gesuch um Entbindung von allen universitären Lehrverpflichtungen hatte er bereits eingereicht. Am 6. Mai 1879 schrieb er an Paul Widemann: »Ich habe meine Professur niedergelegt und gehe in die Höhen – fast zur Verzweiflung gebracht und kaum noch hoffend. Die Leiden waren zu schwer, zu anhaltend.« (B 5, 412) Am nächsten Tag heißt es an Marie Baumgartner: »Ich habe **schwer** gelitten, alles ist zum Äußersten gekommen, die Professur ist niedergelegt. Ich verlasse in wenigen Tagen Basel für immer. Mein Mobiliar ist zu verkaufen. Samstag kommt meine Schwester .« (B 5, 413)

Tiefe Rastlosigkeit überkam ihn. Wieder einmal war er heimatlos, nachdem er seinen Anspruch auf die Schweizer Staatsbürgerschaft aufgegeben hatte. Er floh immer weiter in die Berge auf der Suche nach einem neuen Morgen. So wurde er selbst zum Wanderer, den er in *Menschliches, Allzumenschliches* gezeichnet hatte:

> *Der Wanderer*. – Wer nur einigermaassen zur Freiheit der Vernunft gekommen ist, kann sich auf Erden nicht anders fühlen, denn als Wanderer, – wenn auch nicht als Reisender *nach* einem letzten Ziele: denn dieses giebt es nicht. Wohl aber will er zusehen und die Augen dafür offen haben, was Alles in der Welt eigentlich vorgeht; desshalb darf er sein Herz nicht allzufest an alles Einzelne anhängen; es muss in ihm selber etwas Wanderndes sein, das seine Freude an dem Wechsel und der Vergänglichkeit habe. Freilich werden einem solchen Menschen böse Nächte kommen, wo er müde ist und das Thor der Stadt, welche ihm Rast bieten sollte, verschlossen findet; vielleicht, dass noch dazu, wie im Orient, die Wüste bis an das Thor reicht, dass die Raubthiere bald ferner bald näher her heulen, dass ein starker Wind sich erhebt, dass Räuber ihm seine Zugthiere wegführen. Dann sinkt für ihn wohl die schreckliche Nacht wie eine zweite Wüste auf die Wüste, und sein Herz wird des Wanderns müde. Geht ihm dann die Morgensonne auf, glühend wie eine Gottheit des Zornes, öffnet sich die Stadt, so sieht er in den Gesichtern der hier Hausenden vielleicht noch mehr Wüste, Schmutz, Trug, Unsicherheit, als vor den Thoren – und der Tag ist fast schlimmer, als die Nacht. So mag es wohl einmal dem Wanderer ergehen; aber dann kommen, als Entgelt, die wonnevollen Morgen anderer Gegenden und Tage, wo er schon im Grauen des Lichtes die Musenschwärme im Nebel des Gebirges nahe an sich vorübertanzen sieht, wo ihm nachher, wenn er still, in dem Gleichmaass der Vormittagsseele, unter Bäumen sich ergeht, aus deren Wipfeln und Laubverstecken heraus lauter gute und helle Dinge zugeworfen werden, die Geschenke aller jener freien Geister, die in Berg, Wald und Einsamkeit zu Hause sind und welche, gleich ihm, in ihrer bald fröhlichen bald nachdenklichen Weise, Wanderer und Philosophen sind. Geboren aus den Geheimnissen der Frühe, sinnen sie darüber nach, wie der Tag zwischen dem zehnten und zwölften Glockenschlage ein so reines, durchleuchtetes, verklärt-heiteres Gesicht haben könne: – sie suchen die *Philosophie des Vormittages*. (MAM I, 638; 362f)

»ICH WÄRE SEHR VIEL LIEBER BASLER PROFESSOR ALS GOTT …«

Basel

Maderanertal

Lothringen

Tribschen

Bayreuth

Flims-Waldhaus

Steinabad

Badenweiler

Sorrent

Paestum

Pompeji

Rosenlaui, Berner Alpen

Ansichten von Basel. Der Haupteingang des Mentelinhofes, wo Nietzsche unterrichtete; das Spalentor, in dessen Nähe sich sein erster Wohnsitz in Basel befand; der Rhein, unweit der Universität.

An Friedrich Ritschl in Leipzig, Basel, 10. Mai 1869; B 3, 7

Dienstag und Freitag habe ich am Paedagogium zweimal zu unterrichten, Mittwoch und Donnerstag einmal: dies thue ich bis jetzt mit Vergnügen. Bei der Lektüre des Phaedo [von Plato] habe ich Gelegenheit meine Schüler mit Philosophie zu inficieren [...] In meinen Vorlesungen habe ich sieben Mann, womit man mich hier zufrieden zu sein heißt. Die Studenten sind durchweg fleißig, schlingen unsinnig viel Vorlesungen in sich hinein und kennen den Begriff des Schwänzens kaum vom Hörensagen.

Ein Bote [in Euripides' *Bakchen*, Verse 690–714] erzählt, daß er in der Mittagshitze mit den Herden auf die Bergesspitzen hinaufgezogen sei: es ist der rechte Moment und der rechte Ort, um Ungesehenes zu sehen; jetzt schläft Pan, jetzt ist der Himmel der unbewegte Hintergrund einer Glorie, jetzt *blüht* der Tag. Auf einer Alpentrift bemerkt der Bote drei Frauenchöre, über den Boden hin zerstreut liegend und in sittsamer Haltung: viele Frauen haben sich an Tannenstämme gelehnt: alles schlummert. Plötzlich beginnt die Mutter des Pentheus zu jubeln, der Schlaf ist verscheucht, alle springen auf, ein Muster edler Sitten; die jungen Mädchen und die Frauen lassen die Locken herab auf die Schultern fallen, das Rehfell wird in Ordnung gebracht, wenn im Schlafe die Bänder und Schleifen sich gelöst haben. Man umgürtet sich mit Schlangen, die vertraut die Wangen lecken, einige Frauen nehmen junge Wölfe und Rehe auf den Arm und säugen sie. Alles schmückt sich mit Epheukränzen und Winden, ein Schlag mit dem Thyrsos an den Felsen und Wasser sprudelt hervor: ein Stoß mit dem Stab auf den Grund, und ein Weinquell steigt empor. Süßer Honig träufelt von den Zweigen, wenn jemand den Boden nur mit den Fingerspitzen rührt, so springt schneeweiße Milch heraus. – Dies ist eine ganz verzauberte Welt, die Natur feiert ihr Versöhnungsfest mit dem Menschen.

»Die dionysische Weltanschauung«, geschrieben im Sommer 1870; W 1, 558f

Oben: Das Tal direkt unterhalb des Felsenhangs, auf dem das Hotel steht.

Links: Blick ins Maderanertal, wo Nietzsche an der »Dionysischen Weltanschauung« arbeitete. Der Chärstelenbach. In der Ferne ist das Hotel Alpenclub zu erkennen.

Kurt Flemming, ein Mitschüler aus Pforta, gehörte zu den Tausenden, die im August und September 1870 auf den Schlachtfeldern Lothringens fielen. Dieses Foto stammt aus der persönlichen Sammlung Nietzsches, die sich heute im »Nietzsche-Archiv« in Weimar befindet.

Dazu hatte sich die Atmosphäre der Erlebnisse wie ein düsterer Nebel um mich gebreitet: eine Zeitlang hörte ich einen nie endenwollenden Klagelaut.

An Carl von Gersdorff in Frankreich, Feldpostbrief, Naumburg, 20. Oktober 1870; B 3, 149

Tribschen hat nun aufgehört: wie unter lauter Trümmern gingen wir herum, die Rührung lag überall, in der Luft, in den Wolken, der Hund fraß nicht, die Dienerfamilie war, wenn man mit ihr redete, in beständigem Schluchzen. Wir packten die Manuscripte, Briefe und Bücher zusammen – ach es war so trostlos!
Diese drei Jahre, die ich in der Nähe von Tribschen verbrachte, in denen ich 23 Besuche dort gemacht habe – was bedeuten sie für mich! Fehlten sie mir, was wäre ich! Ich bin glücklich, in meinem Buche *[Die Geburt der Tragödie]* mir selbst jene Tribschener Welt petrificirt zu haben.

An Carl von Gersdorff in Berlin, Basel, 1. Mai 1872; B 3, 317

Gestern habe ich die Walküre nur in einem dunkeln Raume mit anhören können; alles Sehen unmöglich! Ich sehne mich weg, es ist zu unsinnig wenn ich bleibe. Mir graut vor jedem dieser langen Kunst-Abende; und doch bleibe ich nicht weg. [...]
Ich habe es ganz satt.
Auch zur ersten Vorstellung will ich nicht da sein. Sondern irgendwo, nur nicht hier, wo es mir nichts als Qual ist.

An seine Schwester in Basel, Bayreuth, 1. August 1876; B 5, 181

Tribschen am Vierwaldstätter See, damals und heute.

Unten: Detailansichten des Bayreuther Festspielhauses.

Am Mittag. – Wem ein thätiger und stürmereicher Morgen des Lebens beschieden war, dessen Seele überfällt um den Mittag des Lebens eine seltsame Ruhesucht, die Monden und Jahre lang dauern kann. Es wird still um ihn, die Stimmen klingen fern und ferner; die Sonne scheint steil auf ihn herab. Auf einer verborgenen Waldwiese sieht er den grossen Pan schlafend; alle Dinge der Natur sind mit ihm eingeschlafen, einen Ausdruck von Ewigkeit im Gesichte – so dünkt es ihm. Er will Nichts, er sorgt sich um Nichts, sein Herz steht still, nur sein Auge lebt, – es ist ein Tod mit wachen Augen.

WS, 308; 690

Der Cauma-See bei Flims-Waldhaus, wo Nietzsche einen Teil des Sommers 1873 verbrachte und an der Schrift »Ueber Wahrheit und Lüge im aussermoralischen Sinne« arbeitete.

Der Wald um Steinabad bei Bonndorf. Nietzsche machte hier im Sommer 1875 eine Kur gegen sein Magenleiden und arbeitete an »Richard Wagner in Bayreuth«.

Ich hatte einige recht gute Tage, frisches kühles Wetter und zog in den Bergen und Wäldern umher, immer allein, aber ich kann gar nicht sagen, wie angenehm und freudig beseelt! Ich würde es gar nicht auszusprechen wagen, was für Hoffnungen und Wahrscheinlichkeiten und Pläne es sind, an deren genauester Vergegenwärtigung ich mich dabei letze! Dann war fast jeder Tag durch einen guten liebevollen Brief bezeichnet; immer denke ich mit Stolz und Rührung daran, daß Ihr mir angehört, meine geliebten Freunde! Wenn man nur etwas Glück zu verschenken hätte! Sorge und Mißmuth quält mich am meisten da, wo ich sehe, daß man zu nichts nütze ist und die Dinge laufen lassen muß, so unbarmherzig sie auch sind. Und dann erscheint es mir bisweilen, als ob ich selbst etwas von einem Glückspilz wäre und den härtesten Angriffen der Leiden immer noch entgangen sei. Besonders an den Dummheiten und Bosheiten des Schicksals habe ich noch gar nicht recht laborirt und bin gar nicht würdig, mich unter der Schaar der wirklich Unglücklichen sehen zu lassen. Also: ich wollte sagen, daß ich eigentlich etwas Glück zu verschenken hätte. Wüßte ich nur wie!

An Erwin Rohde, Steinabad, 1. August 1875; B 5, 91f

Hotel Römerbad, Badenweiler; Blick in die Kuppel des Konzertsaals. Nietzsche hielt sich erstmals im August 1869 hier auf; im Juni 1876 vollendete er in Badenweiler die Schrift »Richard Wagner in Bayreuth«.

Denn freilich ist es ein Leben voll mannichfacher Qual und Scham, in einer Welt unstät und unheimisch zu sein und doch zu ihr reden, von ihr fordern zu müssen, sie verachten und doch die Verachtete nicht entbehren zu können, – es ist die eigentliche Noth des Künstlers der Zukunft; als welcher nicht, gleich dem Philosophen, in einem dunklen Winkel für sich der Erkenntniss nachjagen kann: denn er braucht menschliche Seelen als Vermittler an die Zukunft, öffentliche Einrichtungen als Gewährleistung dieser Zukunft, als Brücken zwischen jetzt und einstmals.

UB IV, 10; 500

Da sind wir, in Sorrent! Die ganze Reise von Bex bis hierher nahm 8 Tage in Anspruch; in Genua lag ich krank, von dort brauchten wir 3 Tage Meerfahrt ungefähr und siehe, wir entgiengen der Seekrankheit, ich ziehe diese Art zu reisen der mir ganz schrecklichen Eisenbahnfahrerei auch vor. Wir fanden Frl von M[eysenbug] in einem Hotel in Neapel und reisten gestern zusammen in die neue Heimat Villa Rubinacci, Sorrent près de Nâples. Ich habe ein ganz großes hohes Zimmer, vor ihm eine Terrasse. Ich komme vom ersten Meerbad zurück, das Wasser war wärmer, nach Rée, als die Nordsee im Juli. Gestern Abend waren wir bei Wagner's, welche 5 Minuten von uns, im Hôtel Victoria wohnen und noch den Monat November bleiben. Sorrent und Neapel sind schön, man übertreibt nicht. Die Luft ist hier eine Mischung von Berg- und Seeluft. Für die Augen ist es sehr wohlthätig; vor meiner Terrasse habe ich unter mir zunächst einen großen grünen Baumgarten (der auch im Winter grün bleibt), dahinter das sehr dunkle Meer, dahinter den Vesuv.

An seine Schwester in Naumburg, Sorrent, 28. Oktober 1876; B 5, 197

Panorama des Golfs von Salerno an der amalfitanischen Küste; Sorrent, Villa Rubinacci; Zitronenbaum im Garten der Villa.

Paestum, südöstlich von Sorrent. Höchstwahrscheinlich war Nietzsche im Frühjahr 1877 an dieser antiken Stätte.

Das Vollkommene soll nicht geworden sein. – Wir sind gewöhnt, bei allem Vollkommenen die Frage nach dem Werden zu unterlassen: sondern uns des Gegenwärtigen zu freuen, wie als ob es auf einen Zauberschlag aus dem Boden aufgestiegen sei. Wahrscheinlich stehen wir hier noch unter der Nachwirkung einer uralten mythologischen Empfindung. Es ist uns *beinahe* noch so zu Muthe (zum Beispiel in einem griechischen Tempel wie der von Pästum), als ob eines Morgens ein Gott spielend aus solchen ungeheuren Lasten sein Wohnhaus gebaut habe: andere-male als ob eine Seele urplötzlich in einen Stein hineingezaubert sei und nun durch ihn reden wolle. Der Künstler weiss, dass sein Werk nur voll wirkt, wenn es den Glauben an eine Improvisation, an eine wundergleiche Plötzlichkeit der Entstehung erregt.

MAM I, 145; 141

Das Thier mit gutem Gewissen. – Das Gemeine in Alledem, was im Süden Europa's gefällt – sei diess nun die italiänische Oper (zum Beispiel Rossini's und Bellini's) oder der spanische Abenteuer-Roman (uns in der französischen Verkleidung des Gil Blas am besten zugänglich) – bleibt mir nicht verborgen, aber es beleidigt mich nicht, ebensowenig als die Gemeinheit, der man bei einer Wanderung durch Pompeji und im Grunde selbst beim Lesen jedes antiken Buches begegnet: woher kommt diess? Ist es, dass hier die Scham fehlt und dass alles Gemeine so sicher und seiner gewiss auftritt, wie irgend etwas Edles, Liebliches und Leidenschaftliches in der selben Art Musik oder Roman? »Das Thier hat sein Recht wie der Mensch: so mag es frei herumlaufen, und du, mein lieber Mitmensch, bist auch diess Thier noch, trotz Alledem!« – das scheint mir die Moral der Sache und die Eigenheit der südländischen Humanität zu sein.

FW, 77; 432f

Wandmalereien in Pompeji, das Nietzsche Anfang März 1877 besuchte.

Rosenlaui, wo Nietzsche den Sommer 1877 verbrachte und am ersten Teil von *Menschliches, Allzumenschliches. Ein Buch für freie Geister* arbeitete.

Ort, Umgebung, Verpflegung ist sehr gut. Luft mild und angenehm von früh bis in die Nacht. Ich muss mich aber vor *grösseren* Spaziergängen in Acht nehmen, ich hatte schon zweimal zu büssen (es dauerte 2 Tage, ehe ich leidlich wieder zurecht kam: Schlaflosigkeit und grösste Erschöpfung der Nerven) Jedesmal wenn ein Gewitter in der Luft liegt, habe ich Kopfschmerzen. Vielleicht ist es noch nicht hoch genug? (etwas über 4000 Fuss) *Sehr* allein bin [ich], obschon genug Engländer durch passiren: Auf die Dauer muss der Aufenthalt gut sein. Es ist *meine* Art Natur.

An seine Mutter und Schwester in Naumburg, Rosenlauibad, 25. Juni 1877; B 5, 247

Das Oberengadin. Der Weg von Sils-Maria
zur Chastè-Halbinsel.

Drittes Kapitel

DIE EINSAMKEIT DES HOCHGEBIRGES

Es ist etwas, der unabhängigste Geist
Europas zu sein.
Nietzsche an Carl Spitteler

Es war, als käme er aus einem Land,
wo sonst niemand wohnt.
Erwin Rohde an Franz Overbeck

Betrachtet man die letzten zehn Jahre von Nietzsches aktivem Leben, nachdem er seine Professur aufgegeben hatte und zum Wanderphilosophen wurde, so wird von einem bestimmten Zeitpunkt an das chronologische Raster obsolet: Nietzsches Nomadenleben hatte zyklische Struktur. Seine Winter verbrachte er am Mittelmeer, zuerst in Genua, dann in Nizza, und seine Sommer in den Bergen des Oberengadin, fast immer in Sils-Maria. Erst im letzten Winter seines Arbeitslebens siedelte er ins Landesinnere Italiens, nach Turin, über. Doch bevor wir die Chronologie ganz aufgeben, wenden wir uns Nietzsches Arbeitsstätten von 1879 an zu, festgemacht an der Abfolge seiner Veröffentlichungen. Die erste Station stellt »Der Wanderer und sein Schatten« dar, den Schlusspunkt bilden die sechs Bücher, die Friedrich Nietzsche in einem einzigen Jahr, 1888, zur Veröffentlichung vorbereitete.

»Der Wanderer und sein Schatten« erschien im Dezember 1879. In einem Brief an Georg Brandes vom 19. Februar 1888 erinnerte sich Nietzsche an die Zeit zwischen den *Unzeitgemäßen Betrachtungen* und *Menschliches, Allzumenschliches* als eine Zeit der »Krisis und Häutung«. (B 8, 260) Er eröffnete und beschloss den »Wanderer«, der neben »Vermischte Meinungen und Sprüche« den zweiten Teil von *Menschliches, Allzumenschliches* in der zweiten Auflage (1886) bildete, mit einer Art platonischem Dialog. Nur war Sokrates hier Nietzsches eigener Schatten. Tatsächlich waren alle Bücher und Schriften, die folgten, letztlich Dialoge, Früchte der Einsamkeit des Hochgebirges oder der Zwiesprache mit dem Meer. »Der Wanderer« war der erste Text, der im Oberengadin entstand. Nietzsche war von Wiesen bei Davos über Tiefencastel und den Albulapass weiter nach Süden und in größere Höhen bis ins 1800 Meter über dem Meeresspiegel gelegene Oberengadin vorgedrungen. Er mietete ein Zimmer in einem Privathaus in der Nähe des Dorfes Champfèr, etwa eine halbe Stunde Fußmarsch von Sankt Moritz entfernt, das ihm zu teuer und zu überlaufen war. (Die Verwaltung der Universität Basel hatte ihm eine Pension von 3000 Schweizer Franken ausgesetzt, die kaum für seine bescheidenen Bedürfnisse ausreichte. Die Reisekosten stellten den größten Posten unter seinen Ausgaben dar.) Nietzsches Diät war einfach: so gut wie kein Fleisch, dafür viel Milch und Käse. Wenn es die Witterung erlaubte, unternahm er ausgedehnte Wanderungen in die Berge und Spaziergänge um die Seen von Sankt Moritz, Silvaplana und Sils herum. Seine Briefe an Freunde und die Familie bestätigen, dass das Engadin für ihn eine wichtige Entdeckung war und Erholung bot, nicht zuletzt wegen der günstigen Wirkung, die das dortige Klima auf seine Gesundheit zu versprechen schien. Ende 1879 hatte er 118 Tage schwersten Unwohlseins hinter sich – eine »schöne Statistik«, wie er Elisabeth gegenüber am 29. Dezember trocken bemerkte. (B 5, 475)

Zerklüftete Felsspalte mit Resten von Sommerschnee auf dem Piz Corvatsch südlich des Silvaplaner Sees im Oberengadin.

An Franz Overbeck schrieb Nietzsche am 23. Juni 1879: »Aber nun habe ich vom Engadin Besitz ergriffen und bin wie in **meinem** Element, ganz wundersam! Ich bin mit *dieser* Natur *verwandt*. Jetzt spüre ich die Erleichterung. Ach, wie ersehnt kommt sie!« (B 5, 420) Seiner Mutter gegenüber äußerte er Anfang Juli: »Wälder, Seen, die besten Spazierwege, wie sie für mich Fast-Blinden hergerichtet sein müssen und die erquicklichste Luft – die beste in Europa – das macht mir den Ort lieb.« (B 5, 424) Und am 12. und 21. Juli schrieb er begeistert an seine Schwester: »Diese herrlichen Wälder! Ich bin 7–8 Stunden täglich im Freien.« »St. Moritz ist der *einzige* Ort, der mir entschieden *wohlthut* – täglich, bei gutem und schlechtem Wetter, bin ich dieser **Luft** dankbar. Da wird nun noch manchmal die Reise hierher gemacht werden, das sehe ich voraus.« (B 5, 427f) Die folgenden beiden Briefe, der erste vom 11. Juli an Franz Overbeck, der zweite vom Ende des Monats an Paul Rée, belegen dagegen erneut den traurigen Zustand von Nietzsches Gesundheit und seine Verzweiflung darüber, die zu ertragen, wenn nicht gar zu überwinden, ihm das Engadin helfen sollte:

> [I]ch bin hier soviel krank wie überall und habe schon 8 Tage zusammen zu Bett gelegen. Dies ist die Litanei, mir zum Ekel und Euch auch! Trotzdem – St. M[oritz] ist das Rechte, es ist meinen Empfindungen und Sinnesorganen (Augen!) sehr angepaßt und für Patienten zugerichtet. Die Luft fast noch besser als die von Sorrent, auch voller Gerüche, wie ich's gern habe. Meiner

Tageseintheilung, Lebens- und Nahrungsweise brauchte sich kein Weiser des Alterthums zu schämen: alles *sehr einfach* und doch ein System von 50 oft sehr delikaten Rücksichten. (B 5, 425)

An Rée heißt es Ende Juli 1879:

> Mein geliebter Freund, Sie wissen wohl im Ganzen, wie es mit mir gestanden hat? Ein paar Mal den Pforten des Todes entwischt, aber fürchterlich gequält – so lebe ich von Tag zu Tage, jeder Tag hat seine Krankheits-Geschichte. Ich habe jetzt die beste und mächtigste Luft Europa's zu athmen und liebe den Ort, an dem ich weile: St. Moritz in Graubünden. Seine Natur ist der meinigen verwandt, wir wundern uns nicht über einander, sondern sind vertraulich zusammen. Vielleicht thut's gut so – immerhin, ich halte es ein wenig besser *hier* als anderswo aus. (B 5, 430)

Zwischen Hoffen und Zagen entstand »Der Wanderer und sein Schatten«. Nahezu der ganze Text entwickelte sich unterwegs; das Manuskript besteht aus sechs mit Bleistift voll geschriebenen Notizbüchern, die Nietzsche auf seinen Wanderungen bei sich trug. Ein vorübergehend geplanter Titel für die Schrift lautete denn auch durchaus treffend »St. Moritzer Gedanken-Gänge«. (W 8, 610) Nietzsche erklärte, seine schlechte Gesundheit zwinge ihn zu einem »verwünschten Telegrammstil«. (B 5, 461) Auch wenn diese Behauptung nicht ganz aufrichtig gewesen sein dürfte, so war Nietzsches körperliche Verfassung sicherlich nicht zu einer breit angelegten, weit ausholenden Behandlung eines Themas angetan. Ökonomie der Mittel, scharfer Witz, ein klares Ziel und ein präziser, zupackender Stil kennzeichnen die Prosa des »Wanderers«. Als Köselitz später das druckfertige Manuskript zu einer letzten Überprüfung an den Autor schickte, zerschnitt Nietzsche es, änderte die Reihenfolge der Aphorismen und versah jeden mit einer Überschrift – wie er auch mit dem ersten Teil von *Menschliches, Allzumenschliches* verfahren war. Schmeitzner war bereit, das neue Buch zu verlegen, obwohl das letzte ein kommerzieller Fehlschlag gewesen war.

Inzwischen war Nietzsche der Einsamkeit des Engadin bereits überdrüssig. In demselben Brief an seine Mutter, in dem er Sankt Moritz als den einzigen Ort pries, der ihm wahrhaft gut tue, machte er ihr den Vorschlag, nach Naumburg zurückzukehren und sich von ihr als Gärtner anstellen zu lassen; eine Karriere, die ihm schon sein Vater – zweifellos im Scherz – prophezeit hatte. »Eine wirkliche *Arbeit*, welche Zeit kostet und *Mühe* macht, ohne den Kopf anzustrengen, thut mir noth.« (B 5, 427f) Am 11. September 1879 unterbreitete er Heinrich Köselitz seinen Plan in Formulierungen, die Gedanken an eine Midlife-Crisis nahe legen:

> Ich bin am Ende des 35sten Lebensjahres; die »Mitte des Lebens«, sagte man anderthalb Jahrtausende lang von dieser Zeit; Dante hatte da seine Vision und spricht in den ersten Worten seines Gedichts davon. Nun bin ich in der Mitte des Lebens so »vom Tod umgeben«, daß er mich stündlich fassen kann; bei der Art meines Leidens muß ich an einen *plötzlichen* Tod, durch Krämpfe, denken (obwohl ich einen langsamen klarsinnigen, bei dem man noch mit seinen Freunden reden kann, hundertmal vorziehen würde, selbst wenn er schmerzhafter wäre) Insofern fühle ich mich jetzt dem ältesten Manne gleich; aber auch darin, daß ich mein Lebenswerk *gethan habe*. Ein guter Tropfen *Oeles* ist durch mich ausgegossen worden, das weiß ich, und man wird es mir nicht vergessen. [...] Ich selber werde nicht zu Ihnen kommen – [...] es giebt einen Zustand, wo es mir schicklicher zu sein scheint, in die Nähe der Mutter, der Heimat und der Kindes-Erinnerungen sich zu begeben. (B 5, 441f)

Nietzsche bat seine Mutter, Vorkehrungen zu treffen, damit er in einen Turm der alten Stadtmauer ganz in der Nähe des Hauses Weingarten 18 ziehen könne. Im September 1879 kehrte er tatsächlich nach Naumburg zurück, wenn auch nicht, um an der Stadtmauer zu wohnen. In Naumburg stand er den schlimmsten Herbst und die schlimmste Weihnachtszeit seines Lebens durch. Bei einem besonders schweren Migräneanfall verlor er sogar das Bewusstsein. Seine Gedanken kreisten um den Tod. Im Januar 1880 schrieb er an Otto Eiser, der ihn drei Jahre zuvor untersucht hatte:

> Meine Existenz ist eine *fürchterliche Last*: ich hätte sie längst von mir abgeworfen, wenn ich nicht die lehrreichsten Proben und Experimente auf geistig-sitt-

Oberengadin. Der Gipfel des Corvatsch. »So hoch zu steigen, wie je ein Denker stieg, in die reine Alpen- und Eisluft hinein, dorthin wo es kein Vernebeln und Verschleiern mehr giebt und wo die Grundbeschaffenheit der Dinge sich rauh und starr, aber mit unvermeidlicher Verständlichkeit ausdrückt!« (UB III, 5; 381)

lichem Gebiete gerade in diesem Zustande des Leidens und der fast absoluten Entsagung machte – diese erkenntnißdurstige Freudigkeit bringt mich auf Höhen, wo ich über alle Marter und alle Hoffnungslosigkeit siege. Im Ganzen bin ich glücklicher als je in meinem Leben: und doch! Beständiger Schmerz, mehrere Stunden des Tages ein der Seekrankheit eng verwandtes Gefühl einer Halb-Lähmung, wo mir das Reden schwer wird, zur Abwechslung wüthende Anfälle (der letzte nöthigte mich 3 Tage und Nächte lang zu erbrechen, ich dürstete nach dem Tode). Nicht lesen können! Sehr selten schreiben! Nicht verkehren mit Menschen! Keine Musik hören können! [...] Mein *Trost* sind meine Gedanken und Perspektiven. Ich kritzele auf meinen Wegen hier und da etwas auf ein Blatt, ich schreibe nichts am Schreibtisch, Freunde entziffern meine Kritzeleien. (B 6, 3f)

Um dieselbe Zeit und aus derselben Stimmung heraus schrieb er an Malwida von Meysenbug in Rom:

Obwohl Schreiben für mich zu den verbotensten Früchten gehört, so müssen Sie, die ich wie eine ältere Schwester liebe und verehre, doch noch einen Brief von mir haben – es wird doch wohl der letzte sein! Denn die furchtbare und fast unablässige Marter meines Lebens läßt mich nach dem Ende dürsten, und nach einigen Anzeichen ist mir der erlösende Hirnschlag nahe genug, um hoffen zu dürfen. Was Qual und Entsagung betrifft, so darf sich das Leben meiner letzten Jahre mit dem jedes Asketen irgend einer Zeit messen; trotzdem habe ich diesen Jahren viel zur Läuterung und Glättung der Seele abgewonnen – und brauche weder Religion noch Kunst mehr dazu. (Sie merken, daß ich darauf stolz bin; in der That, die völlige Verlassenheit hat mich erst meine eignen Hülfsquellen entdecken lassen) Ich glaube mein Lebenswerk gethan zu haben, freilich wie einer, dem keine Zeit gelassen war. [...] Kein Schmerz hat vermocht und soll vermögen, mich zu einem falschen Zeugniß über das Leben, *wie ich es erkenne*, zu verführen. (B 6, 4f)

Wie vor dem Tod auf der Flucht, verließ Nietzsche Naumburg am 13. Februar 1880 mit dem Reiseziel Riva, am Nordufer des Gardasees in der Region Trentino-Alto Adige. Riva, eingebettet in schneebedeckte Berge, war eine Oase blühender Bäume und Blumen. Der weitläufige Park des Hotels Seevilla (heute das Hôtel du Lac et du Parc) erstreckte sich bis zum Lido des Gardasees. Doch das Wetter war unfreundlich. Riva war, besonders im Februar, noch nicht südlich genug.

Im Juni 1881 wurde *Morgenröthe* veröffentlicht. Von nun an sollten entweder das Meer oder Berge und Seen Nietzsches Landschaftserleben grundsätz-

Ein historischer Druck des Hotels Seevilla, heute Hôtel du Lac et du Parc, in Riva del Garda.

lich bestimmen. »Ich will keine Erkenntnis mehr ohne Gefahr: immer sei das tückische Meer oder das erbarmungslose Hochgebirge um den Forschenden«, notierte er emphatisch.[1] Herbst und Winter in Naumburg hatten ihm klargemacht, dass der Traum vom Heim, vom Geborgenheit spendenden Nest in einem Turm der Stadtmauer, ein Wunschtraum bleiben würde und dass ihm ein Leben in nomadischer Einsamkeit beschieden war. Vier Monate lang genoss er Köselitz' Begleitung, den ersten Monat in Riva und die übrigen drei in Venedig. Köselitz' Wohnung am Campo San Canciano befand sich im Arbeiterviertel Cannaregio, Nummer 5256 in der engen Calle Nuova. Nachdem er mehrere Wochen bei seinem einstigen Schüler gewohnt hatte, fand Nietzsche nur wenige Straßenzüge entfernt eine eigene kleine Wohnung mit Blick auf San Michele, die Friedhofsinsel von Venedig. Das Verhältnis der Freunde war nicht ganz ohne Reibungen. Viele von Köselitz' Eigenheiten ertrug Nietzsche nur schwer, Köselitz wiederum beklagte sich, dass Nietzsches Anwesenheit überaus anstrengend sei – nicht einmal der Arbeit wegen, die Nietzsche ihm abverlangte, sondern allein auf Grund der bloßen Intensität seiner Persönlichkeit. Was die beiden trotz allem verband, war ihre Musikbegeisterung und ihre beiderseitige Fähigkeit zu einem gänzlich asketischen Lebensstil, der fast mönchisch wirkte. War jedoch das Wetter in Riva zu regnerisch und stürmisch gewesen, so war das Klima von Venedig zu unberechenbar: Es brachte viele Tage Schirokko, den heißen Südwind aus der Sahara. Dessen ungeachtet entstanden unter dem Titel »L'Ombra di Venezia« eine Reihe von Aphorismen, die in *Morgenröthe* eingehen sollten. (W 9, 47–102) Sie schlossen an die Aussagen des »Wanderers« an und hatten religions- und moralgeschichtliche Themen zum Inhalt.

Als es wärmer wurde, machte sich Nietzsche auf die Suche nach einer Bleibe für den Sommer. Gern wäre er wieder nach Champfèr bei Sankt Moritz gereist, doch er fürchtete die Kosten. Schließlich entschied er sich für das Hotel Eremitage in Marienbad im Böhmerwald. Der Sommer war jedoch völlig verregnet, und das einzige denkwürdige Ereignis der Saison war die Inhaftierung des Hotelbesitzers, der beschuldigt wurde, in seinem Keller Falschgeld herzustellen. Nietzsche befand sich in jämmerlicher Stimmung. Wieder einmal erschien ihm seine Einsamkeit unerträglich. Besonders schwer trug er an der Entfremdung von Wagner.

Nach den deprimierenden Wochen in Marienbad suchte Nietzsche fünf Wochen lang Erholung in Naumburg, als ob er den schrecklichen Winter im Jahr zuvor vergessen hätte. Am 8. Oktober 1880 fuhr er von Naumburg nach Stresa am Südwestufer des Lago Maggiore. Er fand die Seeregion zu kalt, »nicht südlich genug«, und fröstelte bereits im »Anhauch des Winters«. (B 6, 40) Dennoch nahm er hier mit Blick auf die romantischen Borromeischen Inseln die Arbeit an *Morgenröthe* wieder auf. Die Schrift stand immer noch unter der Überschrift »Die Pflugschaar«, ein Titel, den er schon während der Arbeit an den *Unzeitgemäßen Betrachtungen* gewählt hatte.

Recht unvermittelt, ohne entsprechende Vorbereitungen, siedelte er schließlich für den Winter nach Genua über, wo er am 8. November eintraf. In der ersten Woche seines Aufenthalts wechselte er viermal das Quartier. Die Arbeit an *Morgenröthe* schritt fort, und trotz Nietzsches schlechter Gesundheit und Rastlosigkeit nahm das Manuskript allmählich den für ihn charakteristischen Stil an. Es enthielt eingestreute impressionistische Landschaftsschilderungen (besonders vom Hochgebirge) und Städtebilder (besonders von Städten am Meer), expressionistische Sequenzen und in nachtwandlerischer Sicherheit aneinander gereihte, starke Bilder neben tiefgründigen Reflexionen über den Ursprung und die Wirkung moralischer und religiöser Systeme – und das alles gewürzt mit einer Ironie, die manchmal heiter, gelegentlich übermütig, und zuweilen bissig war. Das möglicherweise eindrucksvollste Bild in *Morgenröthe* fügte Nietzsche 1886 in der Vorrede für die zweite Auflage des Buches hinzu, ein Bild seines eigenen Daseins zwischen Hochgebirge und Meeresgrund:

> In diesem Buche findet man einen »Unterirdischen« an der Arbeit, einen Bohrenden, Grabenden, Untergrabenden. Man sieht ihn, vorausgesetzt, dass man Augen für solche Arbeit der Tiefe hat –, wie er langsam, besonnen, mit sanfter Unerbittlichkeit vorwärts kommt, ohne dass die Noth sich allzusehr verriethe, welche jede lange Entbehrung von Licht und Luft mit sich bringt; man könnte ihn selbst bei seiner dunklen Arbeit zufrieden nennen. Scheint es nicht, dass irgend ein Glaube ihn führt, ein Trost entschädigt? Dass er vielleicht seine eigne lange Finsterniss haben will, sein Unverständliches, Verborgenes, Räthselhaftes, weil er weiss, was er auch haben wird: seinen eignen Morgen, seine eigne Erlösung, seine eigne *Morgenröthe*? … Gewiss, er wird zurückkehren: fragt ihn nicht, was er da unten will, er wird es euch selbst schon sagen, dieser scheinbare Trophonios und Unterirdische, wenn er erst wieder »Mensch geworden« ist. Man verlernt gründlich das Schweigen, wenn man so lange, wie er, Maulwurf war, allein war – – (M, 1; 11)

Nietzsche und Köselitz korrigierten die Fahnen von *Morgenröthe* im Mai und Juni 1881 im Thermalort Recoaro östlich vom Gardasee, wo Nietzsche sich Linderung durch die berühmten Recoaro-Quellen versprach. Die beiden Freunde wohnten im Albergo

Recoaro Terme. Detail des Hauptgebäudes der Fonti Centrali.

Tre Garofani (»Die Drei Nelken«), einem eleganten, doch unprätentiösen Hotel nicht weit von den Fonti Centrali. Die Schönheit der zerklüfteten Berge berührte Nietzsche auch diesmal tief, doch wie schon einmal schienen sich seine Gesundheit und das Wetter verschworen zu haben, die eigentliche Absicht seines Aufenthalts zunichte zu machen. Trotz Köselitz' Gesellschaft und tatkräftiger Hilfe bedrückte Nietzsche seine Einsamkeit, die gleichermaßen gewollt wie unvermeidlich war. Er schrieb an seine Mutter und seine Schwester und bat sie, sein neues, unterirdisches Buch *nicht* zu lesen. (B 6, 91) Der Maulwurf, das beinahe blinde Nagetier, das die Erde unermüdlich durchwühlt, und das alte Orakel von Trophonios, das den Menschen einen Blick auf ihren bevorstehenden Tod gewährt, beide träumten von einer neuen Morgenröte. Solcherart waren die Träume und Visionen, die Nietzsche zu Beginn des Jahrzehnts nach 1880 bewegten.[2]

Die fröhliche Wissenschaft erschien im August 1882. Obwohl die Schrift ursprünglich als Fortsetzung von *Morgenröthe* gedacht war (Nietzsche sprach von Buch 6 bis 10 dieses Werkes), hob sich ihr Inhalt doch deutlich davon ab. *Die fröhliche Wissenschaft* spiegelte Nietzsches Beschäftigung mit den Naturwissenschaften in den vergangenen Jahren wider, besonders mit der Mechanik, der Thermodynamik und der theoretischen Biologie. Außerdem enthielt das Werk eine ganze Reihe brillanter literarischer und philosophischer Passagen, darunter auch eines seiner ahnungsvollsten Gedichte (FW, 62; 367):

> *Ecce homo.*
> Ja! Ich weiss, woher ich stamme!
> Ungesättigt gleich der Flamme
> Glühe und verzehr' ich mich.
> Licht wird Alles, was ich fasse,
> Kohle Alles, was ich lasse:
> Flamme bin ich sicherlich.

Vor allem aber finden sich in *Die fröhliche Wissenschaft* einige der radikalsten Gedanken Nietzsches über die menschliche (Un)fähigkeit, die Welt zu erkennen (*»Hüten wir uns«*, FW, 109), über das ebenso komplexe wie viel diskutierte Thema des Todes Gottes (*»Der tolle Mensch«*, FW, 125), über das Bedürfnis nach tragischer Bestätigung und Liebe zum eigenen Schicksal (*»Zum neuen Jahre«*, FW, 276) und schließlich Nietzsches »Gedanke aller Gedanken«, die Ewige Wiederkehr des Gleichen (*»Das grösste Schwergewicht«*, FW, 341). Nietzsches Hauptgedanke erschien damit erstmalig in seinem dogmatischsten antidogmatischen Buch – ein Zusammentreffen, das deutlich macht, dass die Ewige Wiederkunft keineswegs eine Lehre oder Theorie ist, sondern eben nicht mehr und nicht weniger als ein *Gedanke*, das heißt eine jener Kreaturen, die auf Taubenfüßen kommen und doch die Welt verändern. Gleichzeitig ist der Gedanke eine Möglichkeit, die uns bis in die Schatten unserer einsamsten Einsamkeit folgt. Im Juli 1881 schrieb Friedrich Nietzsche: »Mir ist mitunter als ob ich als Längst-Gestorbener mir die Dinge und Menschen anschaute – sie bewegen, erschrecken und entzücken mich, ich bin ihnen aber ganz ferne.« (B 6, 101f) Besonders eindringlich ist der letzte Aphorismus der ersten Ausgabe von *Die fröhliche Wissenschaft*, der die Gestalt des Zarathustra einführt und ankündigt: »Incipit tragoedia« – die Tragödie beginnt. (FW, 342; 571; siehe auch Seite 180 im Portfolio III)

Im Rückblick, aus der Perspektive der 1886 entstandenen Vorrede zur zweiten Auflage, bezeichnete Nietzsche sein Buch als ein Werk der *Genesung* und brachte diese Genesung mit seinem Leben in Genua, der Geburtsstadt des Kolumbus, in Verbindung. Die Tragik und das tragische Jasagen, die in solcher Genesung beschlossen waren, gehörten jedoch mindestens genauso sehr den Bergen und Seen von Sils-Maria an, denn nach seinem gescheiterten Versuch vom Mai und Juni 1881, sich in Recoaro niederzulassen, kehrte Nietzsche ins Oberengadin zurück. Er reiste Richtung Westen, zunächst nach Mailand und Como, dann durch die hübschen Orte am Westufer des Comer Sees bis nach Chiavenna und schließlich den steilen Malojapass hinauf in die Hochebene des Oberengadin. Auf einer Postkarte an Heinrich Köselitz, die bis zum Rand mit winzigen Schriftzügen gefüllt ist wie alle Postkarten Nietzsches, berichtete er, wie er durch einen glücklichen Zufall in das Dörfchen Sils-Maria gekommen sei. Champfèr und Sankt Moritz erinnerten ihn allzu deutlich an sein schreckliches Kranksein zwei Jahre zuvor. Sein Widerwille gegen diese Orte war so groß, dass er kurz davor war, dem Engadin den Rücken zu kehren. »Zuletzt bin ich, dank einem ernsten und liebenswürdigen Schweizer, mit dem ich die Nacht durch reiste und der aus Neapel in seine Heimat zurückkehrte, in dem lieblichsten Winkel der Erde untergebracht worden: so still habe ich's nie gehabt, und alle 50 Bedingungen meines armen Lebens scheinen hier erfüllt zu sein.« (B 6, 100) Jenem namenlosen Schweizer Reisenden verdankte Nietzsche also das Geschenk von Sils-Maria. Vielleicht hatte der Fremde ihm sogar geraten, im Haus von Gian Durisch Unterkunft zu nehmen, das von nun an für viele Jahre seine Sommerresidenz werden sollte. Am 7. Juli 1881 schrieb Nietzsche in einem Brief an seine Schwester Elisabeth in Naumburg:

> Hier im Engadin ist mir bei weitem am wohlsten auf Erden: zwar die Anfälle kommen hierher wie überall hin, aber viel milder und menschlicher. Ich habe eine fortwährende Beruhigung und keinen Druck, wie sonst überall; die Aufregung hört hier für mich auf. Ich möchte alle Menschen bitten »erhaltet mir nur die 3, 4 Monate Engadiner Sommer, sonst kann ich wirklich das Leben nicht länger ertragen«. [...] [A]ber der Engadiner Sommer ist so kurz, und Ende September will ich wieder nach Genua zurück. Ich habe es noch nie so ruhig gehabt, und die Wege, Wälder, Seen, Wiesen sind wie für mich gemacht; und die Preise sind nicht außer allem Verhältniß zu meinen Mitteln. [...] Der Ort heißt Sils-Maria; bitte, haltet den Namen vor meinen Freunden und Bekannten geheim, ich wünsche keine Besuche. (B 6, 98f)

Nach einem bewegten Sommer, der ihm die berühmte »Vision« von der Ewigen Wiederkunft des Gleichen in Surlej am Silvaplaner See schenkte (W 9, 494) und ausgefüllt war mit Arbeit an der *Fröhlichen Wis-*

Sils-Maria, Oberengadin. Das Haus und der Tee- und Gewürzladen von Gian Durisch, heute das »Nietzsche-Haus«.

Ein historischer Stich von Sils-Maria im Oberengadin; Blick nach Südosten in die Richtung des Piz Corvatsch.

Genua. Salita delle Battistine, links begrenzt vom Park der Villetta di Negro. Am 27. November 1881 schrieb Nietzsche eine Postkarte an Heinrich Köselitz: »Ich war in meinem Garten, d. h. dem der Villetta Negro, neben der ich wohne (Stendhal nennt sie einmal ›eine der malerischsten Stellen Italiens‹) und dachte Ihrer in vieler Liebe.–« (B 6, 143)

senschaft, verließ Nietzsche Sils-Maria relativ spät, am 1. Oktober 1881, und reiste nach Genua. Dort hörte er Ende November zum ersten Mal Bizets *Carmen*, deren Libretto auf einer Novelle von Prosper Mérimée basierte. Das »südliche« Flair des Werks entzückte ihn. Er spürte, wie sehr er solche leichte, helle Musik brauchte, um sie der schwülen, umwölkten wagnerschen Musik entgegenzusetzen, die seine Nerven wund rieb. Zugleich aber erscheint Mérimées Erzählung wie ein Vorspiel zu seiner eigenen unglücklichen Liebe im folgenden Sommer, seiner Liebe zu Lou von Salomé.

Die größte Freude im Genueser Winter 1881/82 war für Nietzsche der Besuch Paul Rées, seines treuen Kameraden aus Sorrenter Tagen, der jedoch bald ebenfalls in das Fiasko um Lou hineingezogen werden sollte. Trotz des vorausgegangenen kalten Herbstes war der Februar in Genua so warm, dass die beiden Freunde wieder im Meer schwammen. Wie spartanisch Nietzsches Leben sonst aussah, ganz gleich, ob er sich nun in Genua oder im Engadin aufhielt, zeigt die folgende Notiz aus dieser Zeit: »Das Bedürfnis nach Luxus scheint mir immer auf eine tiefe innerliche Geistlosigkeit hinzudeuten; wie als ob jemand sich selber mit Kulissen umstellt, weil er nichts Volles, Wirkliches ist … Wer geistig reich und unabhängig ist, ist so wie so auch der mächtigste Mensch, es ist, wenigstens für so humane Zeiten, schimpflich, wenn er noch mehr haben will: es sind die Unersättlichen. Einfachheit in Speise und Trank, Haß gegen geistige Getränke – es gehört zu ihm.«[3]

Noch immer wechselte er ständig seine trübseligen, ungeheizten Zimmer, schrieb oft in Cafés, wenn die Beleuchtung in seinem Logis zu schwach war oder das Wetter zu rau. Schließlich stieß er auf das Haus, das zu ihm passte: Salita delle Battistine 8 (Interno 6). Rée beschrieb das Zimmer, das Nietzsche gemietet hatte, als »freundlich«, »mitten in der Stadt, aber völlig ruhig, weil ein Kloster daneben liegt, vor dem kein Wagen passieren darf«.[4] Trotzdem träumte Nietzsche von Tunesien und vom Hochland von Zentralmexiko, wo er sich die Einsamkeit noch vollkommener und die Stille noch tiefer dachte. Im März war es bereits so warm, dass er sich erneut entschloss, in die Berge zu fahren, seine *Fröhliche Wissenschaft* im Reisegepäck.

Merkwürdiger- und unerklärlicherweise entfloh Nietzsche dem glühenden Backofen Genua, um aus-

Nietzsches Quartier in Tautenburg in Thüringen, während des Sommers 1882. Das Gebäude war bereits um die Jahrhundertwende ein Wahrzeichen der Region. Das Bild rechts zeigt seinen heutigen Zustand.

gerechnet einen Frachter nach Messina auf Sizilien zu besteigen. Ende April fuhr er nach Rom, um Malwida von Meysenbug und Paul Rée zu besuchen. Hier kam es zur schicksalhaften Begegnung mit Lou von Salomé vor der denkbar ungeeignetsten Kulisse des Petersdoms. Den Sommer verbrachte Nietzsche nicht in Sils, sondern in Tautenburg, in der Nähe seines Geburtsortes. In den Wäldern um Tautenburg wurden die Druckfahnen der *Fröhlichen Wissenschaft* korrigiert, und hier trafen am 25. August die ersten Exemplare des gerade veröffentlichen Werks ein. In dieses abgeschiedene Dorf im Thüringer Wald lud er Lou von Salomé ein. Nietzsche war begeistert, in ihr eine »Schülerin« von so brillanten Geist gefunden zu haben, selbst wenn sie erst im zarten Alter von 21 Jahren stand. Die drei Freunde Nietzsche, Rée und von Salomé schmiedeten Pläne für ein Zusammenleben (als freie Geister, nicht als freie Liebende) in Paris oder Wien, München oder Leipzig. Nietzsche verliebte sich Hals über Kopf, und seine Briefe von April bis Dezember 1882 zeigen, zu welch verzweifelter Sehnsucht er fähig war und wie restlos ihn die Eifersucht verzehren konnte. Sie machen aber auch deutlich, mit welch rücksichtsloser Entschlossenheit Mutter und Schwester gesonnen waren, die Keuschheit des Sohnes und Bruders zu verteidigen – die freilich niemals ernstlich in Gefahr war. Franziska und Elisabeth trieben einen schmerzhaften Keil zwischen die Freunde, der nie mehr entfernt werden konnte. Die beiden Frauen waren auf dem Wege, das zu werden, was Nietzsche später seine »Höllenmaschine« nennen sollte; eine Instanz, die ganz genau wusste, wann und wie sie ihn am schlimmsten treffen konnte. Im Herbst 1882 entwarf er zahllose hässliche Briefe an Franziska und Elisabeth, die er jedoch nie abschickte. Auf einem Papierfetzen notierte er, dass gemahlener Ingwer gut für die Seele sei; er wolle seiner Mutter und seiner Schwester ein Pfund davon schicken. (B 6, 267) Sils-Maria diente nun als Zuflucht vor Naumburg. Anfang Juli 1883 schrieb er von Sils aus an Elisabeth in Naumburg: »Aber Sils-Maria ist eine Art Ende der Welt; in Naumburg ist man ›der Welt‹ viel näher; leider, wie ich aus Deinem Briefe mit Betrübniß entnehme, auch ›der *bösen* Welt‹.« (B 6, 389)[5]

Davon war jedoch im Sommer 1882 noch nichts zu spüren. Am 25. Juni traf Nietzsche in Tautenburg ein und blieb (abgesehen von kurzen Zwischenspielen) bis zum 27. August. Er war sich bewusst, dass sich so etwas wie eine »Crisis« in ihm aufstaute oder, wie er es in einem Brief an Malwida von Meysenbug nannte, eine Epoche, »ein Mittelzustand zwischen 2 Crisen« (B 6, 223); gemeint ist vermutlich die zurückliegende Krise seiner Krankheit und die bevorstehende seiner unerwiderten Liebe. Nietzsche wohnte in einem bescheidenen Bauernhaus, das der Familie Hahnemann gehörte. Lou von Salomé besuchte ihn im August für drei Wochen. Elisabeth,

An Lou von Salomé in Stibbe (B 6, 210f)

Montag [Tautenburg, 26. Juni 1882]

Meine liebe Freundin,

eine halbe Stunde abseits von der Dornburg, auf der der alte Goethe seine Einsamkeit genoß, liegt inmitten schöner Wälder Tautenburg. Da hat mir meine gute Schwester ein idyllisches Nestchen eingerichtet, das mich nun diesen Sommer bergen soll. Gestern habe ich es in Besitz genommen; morgen reist meine Schwester ab, und ich werde allein sein. Doch haben wir etwas verabredet, was sie vielleicht wieder hierher bringt. Gesetzt nämlich, *Sie* hätten keine bessere Verwendung des Monat August's und fänden es schicklich und thunlich, hier mit mir im Walde zu leben, so würde meine Schwester Sie von Bayreuth hierher geleiten und mit Ihnen hier in Einem Hause wohnen (zb. bei dem Pfarrer, wo sie augenblicklich wohnt: der Ort hat Auswahl an hübschen bescheidenen Zimmern) Meine Schwester, über die Sie Rée befragen mögen, würde gerade für diese Zeit nach Abgeschiedenheit verlangen, um auf ihren kleinen Novellen-Eierchen zu brüten. Es ist ihr ein äußerst angenehmer Gedanke, in Ihrer und meiner Nähe zu sein. – So! Und nun Aufrichtigkeit »bis zum Tod«! Meine liebe Freundin! Ich bin durch nichts gebunden und wechsele meine Pläne, wenn *Sie* Pläne haben, auf das Leichteste. Und soll ich *nicht* mit Ihnen zusammen sein, so sagen Sie auch dies mir einfach – und nicht einmal Gründe brauchen Sie anzugeben! Ich vertraue Ihnen *ganz*: aber das wissen Sie. –
Wenn wir zu einander passen, so werden auch unsre Gesundheiten zu einander passen, und irgendworin wird ein geheimer Nutzen sein. Ich habe bisher *nie* daran gedacht, daß Sie mir »vorlesen und schreiben« sollen; aber ich wünschte sehr, Ihr *Lehrer* sein zu dürfen. Zuletzt, um die ganze Wahrheit zu sagen: ich suche jetzt nach Menschen, welche meine Erben sein könnten; ich trage Einiges mit mir herum, was durchaus nicht in meinen Büchern zu lesen ist – und suche mir dafür das schönste und fruchtbarste Ackerland. Sehen Sie meine *Selbstsucht*!-
Wenn ich hier und da an die Gefahren Ihres Lebens, Ihrer Gesundheit denke: da füllt sich meine Seele jedesmal ganz von Zärtlichkeit; ich wüßte nichts, was mich so schnell Ihnen nahe brächte. – Und dann bin ich immer glücklich, zu wissen, daß Sie Rée und nicht nur mich zum Freunde haben. Sie Beide mir zusammen spazierengehend und redend zu denken ist mir ein wahrer Genuß. –
Der Grunewald war viel zu sonnig für meine Augen.
Meine Adresse ist: Tautenburg bei Dornburg, Thüringen.

Treulich Ihr
Freund Nietzsche.

Gestern war Liszt hier.

Der Tautenburger Wald oberhalb des Dorfes, in dem Nietzsche und Lou von Salomé im August 1882 viel spazieren gingen.

mittlerweile 36 Jahre alt, fungierte als Anstandsdame, obwohl sie und von Salomé sich in Bayreuth bei der Premiere von *Parsifal* und später in Jena heftig gestritten hatten. Die Auseinandersetzung hatte also *vor* dem gemeinsamen Aufenthalt in Tautenburg mit Nietzsche stattgefunden, der zweifellos Gegenstand des Streits war. Nietzsche und Lou von Salomé versuchten, ihre unerwünschte Chaperonne abzuschütteln. Sie spazierten durch die Wälder, wo Nietzsche Lou in seine Philosophie einführte. Die solcherart vernachlässigte Elisabeth nährte ihren Groll. Die Tautenburger wiederum waren überaus angetan, einen berühmten Professor in ihrer Mitte zu haben. Sie errichteten ihm zu Ehren eigens fünf neue Bänke an den schattigen Waldwegen, die die beiden Spaziergänger frequentierten, und erboten sich, bronzene Gedenktäfelchen nach Nietzsches Entwurf dafür anfertigen zu lassen – eine Aufgabe, die er prompt an seine Mutter in Naumburg weiterleitete. Gegen Ende des Sommers hatte Elisabeth ihrer Mutter alles brühwarm hinterbracht, was deren schlimmste Befürchtungen über Lou und ihren Fritz bestätigte. Franziska machte den Fehler, Nietzsche zu sagen, der Vater würde sich angesichts des Betragens seines Sohnes im Grabe umdrehen. Daraufhin floh Nietzsche nach Leipzig, wo Lou und Paul für den Oktober zu ihm stießen. Mit der Abreise der beiden am 5. November nach Paris, ohne Fritz, endete die Farce, abgesehen von den verzweifelten Briefen, die noch einige Monate lang hin- und herflogen. Ob Franziska die Gedenktäfelchen jemals anfertigen ließ, wissen wir nicht. In jedem Fall nehmen die »Tautenburger Aufzeichnungen für Lou von Salomé« einen besonderen Platz unter Nietzsches Notizen ein, schon allein, weil seine Skizzen und Eintragungen sonst nur für ihn selbst bestimmt waren.[6]

Alle vier Teile von *Also sprach Zarathustra* wurden in den Jahren 1883 bis 1885 verfasst und auch veröffentlicht (beziehungsweise im Fall des vierten Teils privat gedruckt). Entsprechende Äußerungen in Nietzsches Briefen und in seiner philosophischen Autobiographie *Ecce homo* deuten darauf hin, dass er selbst *Also sprach Zarathustra* als seine größte Leistung, sein Hauptwerk, betrachtete. Auch wenn er in den folgenden Jahren auf ein philosophisches Hauptwerk mit Titeln wie *Mittag und Ewigkeit*, *Der Wille zur Macht* und *Umwertung aller Werte* hinarbeitete, so blieb doch *Also sprach Zarathustra* ohne Zweifel der Gipfel seines schöpferischen Lebens. Der zentrale Gedanke des Werkes, die Ewige Wiederkunft des Gleichen, war für ihn untrennbar mit Sils-Maria, ganz besonders mit einem riesigen Felsblock am Südufer des Silvaplaner Sees, verbunden. Obwohl ihn der Gedanke der Ewigen Wiederkehr bereits beim Studium der Fragmente der antiken griechischen Denker gestreift hatte, möglicherweise sogar schon während der Entstehung von »Fatum und Geschich-

Der »Zarathustra-Stein« am Ufer des Silvaplaner Sees bei Surlej, wie er Anfang des 20. Jahrhunderts aussah.

te«, machte Nietzsche selbst das erste Aufleuchten dieser Erkenntnis an einem konkreten Datum (August 1881) und einem konkreten Ort (jenem gigantischen Felsblock nicht weit vom Dorf Surlej) fest. In *Ecce homo* heißt es unter der Überschrift »Also sprach Zarathustra. Ein Buch für Alle und Keinen«:

> Ich erzähle nunmehr die Geschichte des Zarathustra. Die Grundconception des Werks, der *Ewige-Wiederkunfts-Gedanke*, diese höchste Formel der Bejahung, die überhaupt erreicht werden kann –, gehört in den August des Jahres 1881: er ist auf ein Blatt hingeworfen, mit der Unterschrift: »6000 Fuss jenseits von Mensch und Zeit«. Ich gieng an jenem Tage am See von Silvaplana durch die Wälder; bei einem mächtigen pyramidal aufgethürmten Block unweit Surlei machte ich Halt. Da kam mir dieser Gedanke. – (EH 335)

War der Gedanke von der Ewigen Wiederkunft in den Bergen von Sils empfangen, so wurde der erste Teil von *Also sprach Zarathustra* an der italienischen Riviera geboren. Nachdem Rée und von Salomé nach Paris abgereist waren, brach Nietzsche gen Süden auf. Zunächst suchte er bei den Overbecks in Basel Trost und reiste dann weiter nach Genua. Dort angekommen, musste er feststellen, dass sein einstiges Logis an der Salita delle Battistine belegt war und fuhr daher weiter an der Küste entlang bis nach Rapallo. Von Dezember 1882 bis Februar 1883 arbeitete er unermüdlich am ersten Teil von *Also sprach Zarathustra*. Der größte Teil des ersten Entwurfs entstand Ende Januar in nur zehn Tagen. Gerade als Nietzsche das Manuskript seinem Verleger Ernst Schmeitzner in Chemnitz zusenden wollte, erfuhr er vom Tod Richard Wagners in Venedig am 13. Februar 1883. Die Nachricht riss alte Wunden wieder auf. Die tiefste, eiternde Wunde war Nietzsches (ungerechtfertigter) Verdacht, Wagner habe ihn der Päderastie beschuldigt. (B 6, 365) Mehrere Tage war er daraufhin krank.

Nietzsche war sich bewusst, dass *Also sprach Zarathustra* einen Wendepunkt in seinem Leben darstellte, der sich schon im vierten Buch der *Fröhlichen Wissenschaft*, »Sanctus Januarius«, angekündigt hatte. Noch bevor der erste Teil des *Zarathustra* geschrieben war, hieß es in einem Brief an Franz Overbeck vom 9. September 1882:

> Wenn Du den Sanctus Januarius gelesen hast, so wirst Du gemerkt haben, daß ich einen *Wendekreis* überschritten habe. Alles liegt neu vor mir, und es wird nicht lange dauern, daß ich auch das *furchtbare* Angesicht meiner ferneren Lebens-Aufgabe zu sehen bekomme. Dieser lange reiche Sommer war für mich eine *Probe*-Zeit; ich nahm äußerst muthig und stolz von ihm Abschied, denn ich empfand für diese Zeitspanne wenigstens die sonst so häßliche Kluft zwischen Wollen und Vollbringen als *überbrückt*. Es gab *harte* Ansprüche an meine Menschlichkeit, und ich bin mir im Schwersten genug geworden. Diesen ganzen Zwischenzustand zwischen sonst und einstmals nenne ich »in media vita«. (B 6, 255)

Nach der Vollendung des ersten Teils des *Zarathustra* in Rapallo äußerte Nietzsche sich in einem Brief an Heinrich Köselitz enthusiastisch. Er bezeichnete das Buch als eine »Art von ›Moral-Predigten‹« und als sein bestes Werk, ein Werk, das ihm einen »schweren Stein« von der Seele »gewälzt« habe: »Es giebt nichts Ernsteres von mir und auch nichts Heitereres; ich wünsche von Herzen, daß *diese* Farbe – welche nicht einmal eine Mischfarbe zu sein braucht – immer mehr zu meiner ›Natur‹-farbe werde.« Er fügte hinzu, dass er mit diesem neuen Buch etwas Neues begonnen habe, das ihn, besonders in Deutschland, wohl in den Ruch der Verrücktheit bringen würde. (B 6, 321) Franz Overbeck schrieb er, der *Zarathustra* sei sein »Testament«, eine »Dichtung«, im Gegensatz zu einer Aphorismensammlung. Seinem Verleger gegenüber ließ er verlauten, es handle sich um ein »fünftes ›Evangelium‹«, etwas, für das er bisher »noch keinen Namen« gefunden hätte. (B 6, 326f)

Es kam zu einigen Verzögerungen bei Druck und Bindung des Werkes, was Nietzsche Anlass zu ironischen Kommentaren gab. Köselitz teilte er mit, dass Schmeitzner mit Aufträgen religiöser Provenienz überhäuft sei – er habe vor Ostern 500 000 Kirchengesangbücher zu drucken und eine Menge antisemitischer Traktate zu verteilen. Angesichts solch gut christlicher Konkurrenz müsse der gottlose *Zarathustra* bis Ende April warten, schrieb er trocken. (B 6, 353.388) Manchmal ließ ihn sein Sinn für Ironie jedoch im Stich, und er erlebte Momente tiefer

Rapallo an der ligurischen Küste. Das Hotel della Posta, wo Nietzsche im Januar 1883 den ersten Teil von *Also sprach Zarathustra* niederschrieb.

Verzweiflung. Es war, als sollten die Deutschen, die seinen Gemütszustand angezweifelt hatten, einmal Recht behalten. Am 22. März 1883 bekannte Nietzsche Overbeck:

> Mein lieber Freund, mir ist zu Muthe, als hättest Du mir lange nicht geschrieben. Aber vielleicht täusche ich mich, die Tage sind so lang, ich weiß gar nicht mehr, was ich mit einem Tage anfangen soll: es fehlen mir alle »Interessen«. Im tiefsten Grunde eine unbewegliche schwarze Melancholie. Im Übrigen Müdigkeit. Zumeist zu Bett; auch ist es das Vernünftigste für die Gesundheit. Ich war recht mager geworden, man wunderte sich; jetzt habe ich eine gute trattoria und will mich schon wieder herausfüttern. Aber das Schlimmste ist: ich begreife gar nicht mehr, *wozu* ich auch nur ein halbes Jahr leben soll, Alles ist langweilig schmerzhaft degoutant. Ich entbehre und leide zu viel und habe einen Begriff von der Unvollkommenheit, den Fehlgriffen und den eigentlichen Unglücksfällen meiner ganzen *geistigen* Vergangenheit, der über alle Begriffe ist. Es ist Nichts mehr gut zu machen; ich werde nichts Gutes mehr machen. Wozu noch etwas machen! – (B 6, 348)

Kein Zweifel, *Zarathustra* »überkam« Nietzsche mit solchem Eifer und solcher Gewalt – wenngleich das Werk mit einer geradezu gnadenlosen, ja schamlosen inneren Logik (»impudentia«) auf *Die fröhliche Wissenschaft* folgte (B 6, 364) –, dass er nicht so recht wusste, was er damit anfangen sollte. Diese Reaktion gegenüber schöpferischer Arbeit war durchaus keine Seltenheit bei ihm. So hatte er sich bei seiner mit achtzehn Jahren komponierten »Ermanarich-Sinfonie« beklagt:

> Der Weltschmerz wird durch seltsame Harmonien eingeführt, die sehr herbe und schmerzlich sind und mir anfangs durchaus mißfielen. jetzt erscheinen sie mir durch den Gang des Ganzen etwas wenigstens gemilde[r]t und entschuldigt. Das Drängen und Jagen der Leidenschaft zuletzt mit ihren plötzlichen Uebergängen und stürmischen Ausbrüchen strotzt von harmonischen Ungeheuerlichkeiten, über die ich nicht zu entscheiden wage. (F 2, 104)

Doch die vorherrschende Stimmung nach dem Rausch des *Zarathustra* war pure Exaltation, verbunden allerdings mit dem Bemühen um Ruhe und einen klaren Kopf. Die Kategorien hatten sich nicht geändert. Es war immer noch der Philologe am Werk, der zum Philosophen und dann zum Dichter geworden war, wenn auch sicherlich nicht zum Belletristen. Anfang April 1883 schrieb er, wiederum an Overbeck:

> Zuletzt: es ist **möglich**, daß ich mit diesem Winter in eine neue Entwicklung eingetreten bin. Zarathustra ist etwas, das kein lebendiger Mensch außer mir machen kann. Vielleicht habe ich jetzt erst meine beste Kraft entdeckt. Selbst als »Philosoph« habe ich meine wesentlichsten Gedanken (oder »Tollheiten«) noch nicht ausgesprochen – ach, ich bin so schweigsam, so versteckt! Aber gar als »Dichter«! Meine Philologie habe ich *vergessen*; ich hätte was Besseres in meinen 20-ger Jahren *lernen* können! Ach, was ich unwissend bin!
> (B 6, 355)

Im Zuge der Vollendung von *Also sprach Zarathustra. Zweiter Theil* und bei den ersten Gedanken zu Teil III im Sommer 1883 in Sils-Maria befand sich Nietzsche eindeutig in einem Zustand der Euphorie. Am 13. Juli sandte er die folgenden atemlosen Zeilen an Heinrich Köselitz:

> Nun, ich habe den zweiten Vers hinter mir und jetzt wo er fertig ist, schaudert mir bei der Schwierigkeit, über die ich hinweg bin, ohne an sie gedacht zu haben.
> Seit meinem letzten Briefe gieng es mir besser und muthiger, und mit Einem Male hatte ich die Conception zum *zweiten* Theile Zarathustra – und *nach* der Conception auch die Geburt: Alles mit der größten Vehemenz.
> (Dabei ist mir der Gedanke gekommen, daß ich wahrscheinlich an einer *solchen* Gefühls-Explosion und -Expansion einmal sterben werde: hol' mich der Teufel!)
> Das Manuscript für die Druckerei wird übermorgen fertig sein, es fehlen nur noch die letzten 5 Abschnitte; und meine Augen ziehn meinem »Fleiße« Grenzen.
> [...] In der Hauptsache galt es, *sich auf die zweite Stufe zu schwingen*, – um von dort aus noch die *dritte* zu erreichen (deren Name ist: »Mittag und Ewigkeit«: das sagte ich Ihnen schon einmal? Aber ich bitte Sie inständig, davon gegen Jedermann zu schweigen! Für den dritten Theil will ich mir Zeit lassen, vielleicht *Jahre* –) (B 6, 397)

Teil III von *Also sprach Zarathustra* sollte, zumindest nach Nietzsches Zeitplan, gegen Ende seines Sommers in Sils-Maria 1883 zum »pessimistischen« oder noch besser wahrhaft »tragischen« Wesen des Daseins vorstoßen. Dieser dritte Teil regte Nietzsche denn auch dazu an, *Zarathustra* mit seinem ersten großen Werk, der *Geburt der Tragödie*, in Zusammenhang zu stellen. Darüber hinaus brachte er das Buch mit einem groß angelegten theoretischen Werk in Verbindung, das unter anderem mit *Die Unschuld des Werdens* überschrieben war. (B 6, 444f) Anfangs hatte er den dritten Teil als eine Einheit geplant, die dann jedoch in zwei deutlich getrennte Episoden zerfiel, »Vom Gesicht und Räthsel« und »Der Genesende«. Hier nahm der Gedanke der Ewigen Wiederkunft seine eindrucksvollste – dabei auch rätselhafteste und gar unheimlichste – Gestalt an. Wieder gebrauchte der Verfasser das Bild der »Explosion« für das Buch, aber auch die musikalische Metapher der Sinfonie und das architektonische Symbol des Turms. Auch die übliche Personifizierung des Verhältnisses von Autor und Buch setzte ein – so bezeichnete Nietzsche *Zarathustra* gern als seinen »Sohn«. Overbeck gegenüber schwärmte er am 6. Februar 1884:

> Übrigens ist der *ganze* Zarathustra eine Explosion von Kräften, die Jahrzehende lang sich aufgehäuft haben: bei solchen Explosionen kann der Urheber leicht selber mit in die Luft gehen. Mir ist öfter **so** zu Muthe: – das will ich Dir nicht verbergen. Und ich weiß im Voraus: wenn Du aus dem Finale ersehen wirst, *was* mit der ganzen Symphonie eigentlich gesagt werden soll (– sehr artistisch und schrittweise, wie man etwa einen Thurm baut), – so wirst auch Du, mein alter treuer Freund, einen heillosen Schrecken und Schauder nicht überwinden können. Du hast einen *äußerst gefährlichen* Freund; und das Schlimmste an ihm ist, wie sehr er **zurückhalten** kann. Wie gerne möchte ich mit Dir und Deiner lieben verehrungswürdigen Frau zusammen *lachen* (mich über mich selber *todtlachen*!!!) (B 6, 475)

Im Dezember 1884 unterbrach Nietzsche die Arbeit an einem Prosatext mit dem Titel *Mittag und Ewig-*

Silser See, Oberengadin. Blick nach Westen zum Grevasalvas und Piz Lagrev in der Nachmittagssonne. »Empfindung auf dem Lande. – Wenn man nicht feste, ruhige Linien am Horizonte seines Lebens hat, Gebirgs- und Waldlinien gleichsam, so wird der innerste Wille des Menschen selber unruhig, zerstreut und begehrlich wie das Wesen des Städters: er hat kein Glück und giebt kein Glück.« (MAM I, 290; 234)

Aufstieg zum maurischen Kastell in Èze, wo wichtige Abschnitte des dritten Teils von *Also sprach Zarathustra* entstanden. »Ich schliesse Kreise um mich und heilige Grenzen; immer Wenigere steigen mit mir auf immer höhere Berge, – ich baue ein Gebirge aus immer heiligeren Bergen.« (ASZ III, 19; 260)

keit, der zweifellos mit Teil III von *Also sprach Zarathustra* in Zusammenhang stand. Von Januar bis April 1885 schrieb er in Nizza an Teil IV des *Zarathustra*, zu dem er sogar einen fünften, sechsten und x-ten Teil plante, weil er sein Geschöpf nicht mehr loswerden – und das heißt nicht sterben lassen – konnte.[7] In gewissem Sinne spiegelte Nietzsches Beschäftigung mit den höheren Menschen im vierten Teil des *Zarathustra* seine tiefe Enttäuschung darüber, dass es ihm nicht gelungen war, für den Gedanken der Ewigen Wiederkunft Anhänger zu gewinnen. Die beißende Ironie und die Neigung zur Karikatur, die diesen vierten und letzten Teil kennzeichnen, weisen auf seine zunehmende Isoliertheit. Auch wenn einer der geplanten Texte dieser Zeit den Titel »Die guten Europäer« trug, war es nichtsdestoweniger eine Tatsache, dass Nietzsches Suche nach diesem Menschentypus immer wieder scheiterte.

Rein formal gesehen gelang es ihm im vierten Teil, einen sehr viel kohärenteren *dramatischen* Aufbau zu realisieren als bei den früheren Teilen. Teil IV schlug zugleich den Bogen zurück zu dem dramatischen Prolog, der *Also sprach Zarathustra* eroffnete, und gab dem Werk damit eine gewisse klassische Geschlossenheit, wenngleich diese nur äußerlich bestand. An Overbeck schrieb Nietzsche am 4. Mai 1885 im Blick auf diesen vierten Teil – von dem während des Sommers 1885 eine kleine Anzahl Exemplare als Privatdruck herausgegeben werden sollten –, dass er das »Finale« des Werks bilden solle, und empfahl ihm: »Lies nur einmal die ›Vorrede‹ des ersten Theils.« (B 7, 46)

Doch noch bevor der vierte und letzte Teil von *Also sprach Zarathustra* abgeschlossen war, fing Nietzsche bereits an, die gesamte Schrift lediglich als »Vorrede«, oder »Vorhalle« des großen theoretischen Werkes zu bezeichnen, das er erst plante. (B 6, 485) Am 7. April 1884 hieß es an Overbeck: »Falls ich den Sommer nach Sils-Maria komme, so will ich eine Revision meiner Metaphysica und erkenntnisstheoretischen Ansichten vornehmen. Ich muß jetzt Schritt für Schritt durch eine ganze Reihe von Disciplinen hindurch, denn ich habe mich nunmehr entschlossen, die nächsten fünf Jahre zur Ausarbeitung meiner ›Philosophie‹ zu verwenden, für welche ich mir, durch meinen Zarathustra, eine Vorhalle gebaut habe.« (B 6, 496) Die Bilder der »Vorrede« und »Vorhalle« erfuhren allerdings im Folgenden eine Relativierung: »Beim Durchlesen von ›Morgenröthe‹ und ›fröhlicher Wissenschaft‹ fand ich übrigens, daß darin fast keine Zeile steht, die nicht als Einleitung,Vorbereitung und Commentar zu genanntem Zarathustra dienen kann. Es ist eine *Thatsache*, daß ich den Commentar *vor* dem *Text* gemacht habe – –« Gegen Ende des Sommers, nachdem er zahlreiche Bücher zur deutschen Metaphysik und Epistemologie gelesen hatte, erklärte er sich für ausreichend gerüstet:

> Ich bin überdies mit der Haupt-Aufgabe dieses Sommers, wie ich sie mir gestellt hatte, im Ganzen *fertig* geworden – die nächsten 6 Jahre gehören der Ausarbeitung eines Schema's an, mit welchem ich meine »Philosophie« umrissen habe. Es steht gut und hoffnungsvoll damit. Zarathustra hat einstweilen nur den ganz persönlichen Sinn, daß es mein »Erbauungs- und Ermuthigungs-Buch« ist – im Übrigen dunkel und verborgen und lächerlich für Jedermann. (B 6, 525; vgl. 528)

Die Aufzeichnungen, die Nietzsche für sein »philosophisch-systematisches Hauptwerk« zusammenzutragen begann, Passagen von enormer Wucht und Tragweite, die ihm bis ins Frühjahr 1888 unvermindert reich in die Feder flossen, waren geprägt von innerer Unruhe und einem, wie Curt Paul Janz es formuliert, »dämonischen Getriebensein«.[8] Zunächst trugen sie den Titel »Der Wille zur Macht«. Es war dies jedoch nur eine von zahlreichen Überschriften, die Nietzsche dem Text zugedacht hatte, und vielleicht die am wenigsten glückliche. Sicherlich trug nicht zuletzt die Tatsache, dass seine Schwester und Köselitz ausgerechnet diese Titelformulierung für *ihre* Version von Nietzsches (unveröffentlichtem) Hauptwerk wählten, zu der bedenklichen Richtung bei, die die Nietzsche-Rezeption nahm. Wenn diese große Anzahl glänzender Gedanken, von denen sehr viele nie Eingang in ein veröffentlichtes Werk fanden, dennoch kein philosophisches Hauptwerk bildete, dann wahrscheinlich aus dem Grund, den Janz vermutet: »Wenn es keine zu erkennende Wahrheit gibt, wenn es kein zur Wahrheitserkenntnis taugendes erkennendes Subjekt gibt, wenn es keine Kausalität gibt, wenn Begriffe die bezeichnete Sache nie oder nur unvollkommen treffen, wie sollte dann ein systematisches philosophisches ›Hauptwerk‹ möglich sein?«[9] Seinen treffendsten Ausdruck fand Nietzsches Dilemma vielleicht in dem Ausruf gegenüber Overbeck am 12. Februar 1887, »wenn ich nur den Muth hätte, Alles zu *denken*, was ich weiß ...« (B 8, 21), aber auch in seinem Bekenntnis gegenüber Georg Brandes am 2. Dezember 1887, »ich habe nur selten den Muth zu dem, was ich eigentlich weiß« (B 8, 206). Dessen ungeachtet stellte sich Nietzsche in den Jahren zwischen 1885 und 1888 durchaus der Aufgabe kühnsten Denkens. Im Dezember 1886 teilte er seinem Verleger mit: »Ich brauche jetzt, für lange lange Jahre, tiefe Ruhe: denn es steht die Ausarbeitung meines ganzen Gedankensystems vor mir.« (B 7, 297) Sein Ziel war *»ein zusammenhängender Bau von Gedanken«*. (B 8, 49)

Jenseits von Gut und Böse erschien im August 1886. Bestand der *Zarathustra* aus mehreren »Explosionen«, so war Nietzsches nächstes Buch, wie ein Rezensent (sehr zu Nietzsches Freude) erklärte, reines *Dynamit*. Die folgenden Auszüge aus seiner Lieblingsrezension gab er am 24. November 1886 von Sils-Maria aus per Post an Malwida von Meysenbug in Rom weiter:

> Jene Dynamitvorräthe, die beim Bau der Gotthardbahn verwendet wurden, führten die schwarze, auf Todesgefahr deutende Warnungsflagge. – Ganz nur in diesem Sinne sprechen wir von dem neuen Buche des Philosophen Nietzsche als von einem *gefährlichen* Buche. Wir legen in diese Bezeichnung keine Spur von Tadel gegen den Autor und sein Werk, so wenig als jene schwarze Flagge jenen Sprengstoff tadeln sollte. Noch weniger könnte es uns einfallen, den einsamen Denker durch den Hinweis auf die Gefährlichkeit seines Buchs den Kanzelraben und den Altarkrähen auszuliefern. Der geistige Sprengstoff, wie der materielle, kann einem sehr nützlichen Werke dienen; es ist nicht

Nietzsches Zimmer im Haus von Gian Durisch in Sils-Maria.

> nothwendig, daß er zu verbrecherischen Zwecken mißbraucht werde. Nur thut man gut, wo solcher Stoff lagert, es deutlich zu sagen »*Hier liegt Dynamit*!« (B 7, 258)

Im Brief an einen Freund bezeichnete Nietzsche auch *Jenseits von Gut und Böse* als »eine Art von Commentar zu meinem ›Zarathustra‹«. (B 7, 270) Später drängte er Georg Brandes, bei der Beschäftigung mit seiner Philosophie mit *Jenseits von Gut und Böse* anzufangen, da dieses Buch der Schlüssel zu seinem ganzen Werk sei. In einem Brief an Köselitz äußerte er emphatisch: »Es ist ein erschreckliches Buch, das dies Mal mir aus der Seele geflossen ist, – sehr schwarz, beinahe Tintenfisch.« (B 7, 181) Die während der von intensiver Arbeit geprägten Jahre 1884 bis 1886 zu Papier gebrachten Gedanken der Schrift knüpften an Themen an, die zum ersten Mal in *Menschliches, Allzumenschliches* aufgetaucht waren. Monatelang bezeichnete er das geplante neue Werk als »zweiten Band« von *Morgenröthe*. Am 27. März 1886 hatte er sich jedoch für den neuen Titel entschieden. Er schrieb an Köselitz (B 7, 166f): »Diesen Winter habe ich benutzt, etwas zu schreiben, das Schwierigkeiten in Fülle hat, so daß mein Muth, es herauszugeben, hier und da etwas wackelt und zittert. Es heißt:

> *Jenseits von Gut und Böse*
> Vorspiel
> einer Philosophie der Zukunft.«

Tatsächlich war Nietzsche nach dem außergewöhnlichen Umweg über *Also sprach Zarathustra* bemüht, den Anschluss an seine Schriften »vor Zarathustra« wieder zu finden und seiner Arbeit auf diese Weise Kontinuität zu verleihen. Zum Themenkreis von *Jenseits von Gut und Böse* gehören unter anderem die Voreingenommenheit der Philosophen, insbesondere ihr naiver Glaube an klar definierte Gegensätze; die Ursprünge des religiösen Glaubens (besonders im Christentum); eine »Naturgeschichte« der Moral; der gegenwärtige Zustand der Wissenschaften und der Gelehrsamkeit wie auch der »Tugenden« derer, die sie ausüben; und schließlich der Sinn des »Vornehmen«. Es ist sicherlich nicht zu hoch gegriffen zu behaupten, dass Nietzsche in diesem Buch die gesamte Tradition der abendländischen Metaphysik und Moralphilosophie seit Plato verarbeitete.

Ein wichtiger Aspekt von *Jenseits von Gut und Böse* war Nietzsches verstärkte Auseinandersetzung mit »Völkern und Vaterländern«. Zum Teil hing diese intensivere Beschäftigung mit seinem Schwager Bernhard Förster zusammen, dessen Schrift *Deutsche Kolonien in dem oberen La-Plata-Gebiete mit besonderer Berücksichtigung von Paraguay* Nietzsche im Herbst 1885 gelesen hatte. Der Chauvinismus und Imperialismus von Försters Kolonialplänen – die voll und ganz mit dem Militarismus und Antisemitismus von Adolf Stoecker, Hofkaplan in Berlin und Vorsitzender der »Christlich Sozialistischen Partei« zusammenstimmten – standen für all das, was Nietzsche zu verabscheuen gelernt hatte. In seinen Augen war Deutschland »eine förmliche Schule der Verdummung« geworden. (B 8, 31) Die Tatsache, dass seine Schwester ausgerechnet in Verhältnisse eingeheiratet hatte, in denen sich die ihn am meisten abstoßenden Aspekte von Bayreuth und Berlin vereinigten, war Nietzsche in den letzten Jahren seines aktiven Lebens eine ständige Quelle des Zorns und des Kummers. Noch seine letzten Notizen und Briefe aus dem Jahr 1888, an der Schwelle des Wahnsinns, forderten die Abschaffung des Hauses Hohenzollern und die Hinrichtung Stoeckers, Bismarcks und »alle[r] Antisemiten«.

Dabei bleibt die geschliffene Argumentation aus *Jenseits von Gut und Böse* der Schlüssel zum Verständnis von Nietzsche als »gutem Europäer«. Wichtig ist in diesem Zusammenhang der Untertitel des Buches: *Vorspiel einer Philosophie der Zukunft.* Wie lange würde Nietzsche auf diese Zukunft warten müssen? Er gab zwei Einschätzungen ab: Einmal erklärte er, es sei gut möglich, dass *Jenseits von Gut und Böse* »gegen das Jahr 2000« (B 7, 257) zum ersten Mal wirklich rezipiert werde. In zwei anderen Prognosen (B 8, 57.70) äußerte er die Vermutung, dass das Jahr 1901 (also, wie sich herausstellen sollte, nur wenige Monate nach seinem Tod) das Debütjahr des Werkes werden könnte. Dennoch traf das vollständige Ausbleiben jeglicher Reaktion auf das Buch Nietzsche tief. In einem vom 17. Juni 1887 datierten Brief an Overbeck, den Freund, auf den er sich in den letzten Jahren seines aktiven Lebens immer mehr verließ, klagte er:

> Diese letzten Jahre auszuhalten – das war vielleicht das Schwerste, was mir überhaupt mein Schicksal bisher zugemuthet hat. Nach einem solchen Anrufe, wie mein Zarathustra es war, aus der innersten Seele heraus, nicht einen Laut von Antwort zu hören, nichts, nichts, immer nur die lautlose, nunmehr vertausendfachte Einsamkeit – das hat etwas über alle Begriffe Furchtbares, daran kann der Stärkste zu Grunde gehn – ach, und ich bin nicht »der Stärkste«! Mir ist seitdem zu Muthe als sei ich tödtlich verwundet, es setzt mich in Erstaunen, daß ich noch lebe. Aber es ist kein Zweifel, ich lebe noch: wer weiß, was ich noch Alles zu erleben habe! (B 8, 93f)

Nietzsche vollendete das Manuskript um Ostern, das heißt um den 25. April 1886, und ließ es bei Constantin Gustav Naumann in Leipzig privat drucken. Mit diesem Buch wurde aus dem Drucker Naumann ein unabhängiger Verleger. Vorerst war Nietzsche jedoch noch an die Pläne des Verlegers Ernst Fritsch zur Herausgabe einer zweiten Auflage seiner früheren Werke gebunden, deren Rechte Fritsch am 5. August 1886 erworben hatte. Hinter dieser zweiten Auflage, die Nietzsche nach der Veröffentlichung von *Jenseits von Gut und Böse* vorbereitete, standen keine kommerziellen Erwägungen; die Neuauflagen waren vielmehr ein weiterer Beleg für Nietzsches Bedürfnis, seine philosophische Aufgabe neu zu umreißen und dabei gleichzeitig nach Kontinuität zu streben. Die Vorreden, die er in den folgenden sechs Monaten verfasste, gehörten nach seiner eigenen (wie auch unserer) Einschätzung zu den eindrücklichsten Texten seines ganzen Œuvres. In Briefen an seine Freunde äußerte er sich detaillierter dazu als zu irgendeiner anderen seiner Schriften. Gegenüber Overbeck erklärte er: »Diese 5 Vorreden sind vielleicht meine beste Prosa, die ich bisher geschrieben habe.« (B 7, 282) Den Werken selbst stand er dagegen nicht immer so positiv gegenüber. Am 31. Oktober schrieb er an Heinrich Köselitz:

> Eben sendet *Fritzsch* die alten Bücher in ihren neuen sauberen Kleidern, und den »Vorreden«, welche sich wunderlich genug ausnehmen. Es scheint mir nachträglich ein Glück, daß ich weder Menschliches, Allzumenschliches noch die Geburt der Tragödie zu Händen hatte, als ich diese Vorreden schrieb: denn, unter uns gesagt, ich halte alles dies Zeug nicht mehr aus. Hoffentlich wachse ich mit meinem Geschmacke noch über den »Schriftsteller und Denker« Nietzsche hinweg; und vielleicht bin ich dann ein Bißchen würdiger zu dem anmaaßlichen Vorsatz, der im Worte »freier Geist« steckt. (B 7, 274)

Den Traum, nach Mexiko oder an irgendeinen anderen Ort außerhalb Europas zu reisen, hatte er mittlerweile aufgegeben. Das Paraguay-Projekt von Bernhard und Elisabeth Förster reichte aus, um solche Träume abstoßend erscheinen zu lassen. In einem anderen, positiveren Sinn kam Nietzsche aber auch zu dem Schluss, dass er Europa letztlich als geistigen Nährboden brauchte, weil es »der Sitz der Wissenschaft auf Erden ist«. (B 7, 278) Am 25. September 1886 verließ er Sils und siedelte für einen Monat – und zum Zwecke der Niederschrift weiterer Vorreden zu früheren Werken – nach Ruta bei Genua über. Am 20. Oktober war er in Nizza, wo er sich weiter mit der Ausarbeitung von Entwürfen für ein geplantes philosophisches Hauptwerk beschäftigte.

Am 3. April 1887 reiste er nach Cannóbio am Westufer des Lago Maggiore und quartierte sich in der Pension Villa Badía in der Nähe der Thermalquellen von Fonte Carlina ein. (Die Villa Badía ist heute eine von Efeu überwucherte Ruine im zerklüfteten Val Cannóbio, etwa einen Kilometer westlich der Fonte Carlina.) Nietzsche hoffte, dass Cannóbio eine Lösung für die problematische Zeit im Frühjahr und Herbst bieten würde, jene Monate, die am Meer zu warm und in den Alpen zu kalt waren. Doch das Val Cannóbio erwies sich seinen Augen als unzuträglich, und Nietzsche zog in die Pension Neptun in Zürich.[10]

Zur Genealogie der Moral erschien im November 1887. Am 6. Mai 1887 war Nietzsche nach Chur gereist, wo er einen Monat lang in der Villa Rosenhügel wohnte. Von dort fuhr er am 6. Juni über Len-

Cannóbio am Lago Maggiore. Die Überreste einer Steinbank auf dem Grundstück der nicht mehr erhaltenen Villa Badía. (Bei genauem Hinsehen wird eine in den Stein geritzte Sonne sichtbar.)

zerheide erneut nach Sils. Hier verfasste er in der Woche zwischen dem 10. und 17. Juli die ganze »Streitschrift« *Zur Genealogie der Moral*. Das Werk erinnert in seiner Form stärker an die *Unzeitgemäßen Betrachtungen* der siebziger Jahre als an die aphoristischen Werke der frühen achtziger. Jede der drei Abhandlungen stellte eine in sich geschlossene, sorgfältig aufgebaute Erörterung dar. In der ersten geht es um die Gegensatzpaare »Gut und Böse« und »Gut und Schlecht«; in der zweiten um »Schuld« und »schlechtes Gewissen«; und in der dritten um die Bedeutung »asketischer Ideale« für die westlichen Religionen und Moralsysteme, die Wissenschaft und die Philosophie. Der Ton der Schrift war jedoch sehr viel schärfer als der aller früheren Texte, ja geradezu bitter. Am 22. August 1888, ein ganzes Jahr nach der Fertigstellung von *Zur Genealogie der Moral*, äußerte sich Nietzsche zu den »extrem schwierigen Problemen«, mit denen er in diesem Buch gerungen hatte und für die »eine Sprache, eine Terminologie nicht vorhanden war«. (B 8, 397) Er fuhr fort: »Aber ich muß damals in einem Zustande von fast ununterbrochener Inspiration gewesen sein, daß diese Schrift wie die natürlichste Sache von der Welt dahinläuft. Man merkt ihr keine Mühsal an – Der Stil ist vehement und aufregend, dabei voller finesses; und biegsam und farbenreich, wie ich eigentlich bis dahin keine Prosa geschrieben.« Es scheint nicht zu weit hergeholt, die glasklare, geschliffene Prosa von Nietzsches *Genealogie* mit der Landschaft des Engadin bei Föhn in Verbindung zu bringen, jenem besonderen atmosphärischen Zustand, der dem Betrachter Ausblicke von brillanter Klarheit und gleichzeitig bohrende Kopfschmerzen beschert.[11]

Obwohl Nietzsche die *Genealogie* als Anhang oder Ergänzung zu *Jenseits von Gut und Böse* bezeichnete, reichen ihre eigentlichen Ursprünge weiter zurück: Am 15. Oktober 1885 (Nietzsches 41. Geburtstag) hatte er an Baron Heinrich von Stein geschrieben, dass er kurz zuvor Paul Rées Buch über das »Gewissen« gelesen habe. »Wie leer, wie langweilig, wie falsch!«, rief er aus. »Man sollte doch nur von Dingen reden, worin man seine Erlebnisse hat.« (B 7, 99) Zu den kraftvollsten Passagen der *Genealogie der Moral* gehören zweifellos jene, in denen Nietzsche Tertullians Aussagen über die Freude zitiert, welche die christlichen Heiligen bei der Aussicht empfinden, die Verdammten in der Hölle leiden zu sehen, sowie die Abschnitte über die Vielgestaltigkeit des Asketizismus in der abendländischen Kultur, zum Beispiel die Askese in der Philosophie des Schönen. Meta von Salis erwähnt die ausführlichen und wiederholten Gespräche mit Nietzsche sowohl über Kants Konzept des »interesselosen Wohlgefallens« am Schönen als auch über Stendhals konträre Gedanken, dass das Schöne die *promesse de bonheur* sei, deren Glück seinem Wesen nach erotischer Natur ist.[12] Im 20. Jahrhundert haben eine ganze Reihe von Denkern – allen voran Michel Foucault und Gilles Deleuze – Nietzsches Projekt einer *Genealogie der Moral* erweitert. Für sie war Nietzsches »Polemik« zweifellos eine seiner bedeutendsten Leistungen.

Wenn Nietzsche *Zur Genealogie der Moral* mit *Jenseits von Gut und Böse* verglich, dann beschrieb er das frühere Werk als im Ton »neutral« und langsam, nur zögernd seinen Rhythmus beschleunigend. Die *Genealogie* dagegen kam mit dem musikalischen Tempo eines *Allegro feroce* daher, einer »Leidenschaft nue, crue, verte«. (B 8, 245) Beim Vergleich der dritten und bekanntesten Abhandlung der *Genealogie* mit den beiden ersten befand Nietzsche, dass sie nochmals in einer anderen »Tonart« und einem anderen »Tempo« geschrieben sei, eher im Stil eines »Finale« und »Rondo«, das heißt, »noch verwegener concipirt«. (B 8, 154) Lediglich das Vorwort zum gesamten Buch (die Vorreden waren Nietzsche immer am wichtigsten!) übertraf sie noch an Kraft und Kompaktheit. Nach der Fertigstellung der *Genealogie* im Sommer 1887 spürte Nietzsche selbst, dass er eine Art Hochebene seines Schaffens erreicht hatte. An Overbeck schrieb er am 30. August: »Damit glaube ich *am Ende* mit den Bemühungen zu sein, meine bisherige Litteratur ›verständlich‹ zu machen: und nunmehr wird für eine Reihe von Jahren nichts mehr gedruckt, – ich muß mich absolut auf mich zurückziehn und abwarten, bis ich die letzte Frucht von meinem Baume schütteln darf. *Keine*

Blick aus Nietzsches Fenster
im Haus von Gian Durisch
in Sils-Maria.

Erlebnisse; *nichts* von *außen* her; nichts *Neues* – das sind für lange jetzt meine einzigen Wünsche.« (B 8, 140)

1888 entstand noch eine große Zahl unveröffentlichter Texte zu dem geplanten »philosphischen Hauptwerk« sowie die Manuskripte für *Der Antichrist*, *Der Fall Wagner*, *Götzen-Dämmerung*, *Ecce homo*, *Nietzsche contra Wagner* und *Dionysos-Dithyramben*. Die achtziger Jahre waren für Nietzsche unglaublich fruchtbar, doch das letzte aktive Jahr seines Lebens, 1888, übertraf in seiner Produktivität alles Vorstellbare. Nietzsches Arbeitstempo war dabei von einer zunehmenden Hast bestimmt, wurden doch allein vier der sechs genannten Werke im Herbst und Frühwinter niedergeschrieben!

Im Herbst 1887 hatte Nietzsche noch über eine Rückkehr an die Universität Leipzig nachgedacht, um Studien anzustellen, die der Komposition seines großen philosophischen Werkes dienlich sein sollten. Doch seine Gesundheit verbot solche »gefährlichen Experimente«. (B 8, 154) Die einzige Möglichkeit waren Nizza und Venedig. Am 19. September 1887 verließ Nietzsche Sils-Maria, um zum letzten Mal Venedig zu besuchen, die Stadt Vivaldis und Köselitz' oder Pietro Gasti, wie Nietzsche ihn gerne nannte, aber auch der Sterbeort Richard Wagners. Hier in der Calle dei Preti 1263, einen Katzensprung von Sotto San Geminian entfernt, dem westlichen Zugang zur Piazza San Marco, führte er eine Reihe von Skizzen über Theseus (Richard) und Ariadne (Cosima) aus, mit sich selbst in der Rolle des Dionysos – wenn auch nur für ein »Satyrspiel«, das, wie er hoffte, »das vollkommene Buch«, krönen sollte.[13]

Als Nietzsche Ende Oktober nach Nizza weiterreiste, verstärkte sich das Gefühl, dass für ihn eine Epoche unwiederbringlich zu Ende gegangen war. Am 20. Dezember 1887 schrieb er zwei lange Briefe über diesen Epochenwechsel, den ersten an Köselitz, der noch in Venedig weilte:

> Ich bin arbeitsam, aber schwermüthig und noch nicht aus der vehementen Schwingung heraus, welche die

> letzten Jahre mit sich gebracht haben. Noch nicht »entpersönlicht genug«. – Trotzdem weiß ich, was gethan und *abgethan* ist: ein *Strich* ist unter meine bisherige Existenz gezogen – das war der Sinn der letzten Jahre. Freilich, ebendamit hat sich diese bisherige Existenz als das herausgestellt, was sie ist – ein bloßes *Versprechen*. Die Leidenschaft der letzten Schrift [das heißt *Zur Genealogie der Moral*] hat etwas Erschreckendes: ich habe sie vorgestern mit tiefem Erstaunen und wie etwas Neues gelesen. (B 8, 213)

Der zweite Brief, der einen »Strich« unter »Vergangnes« zieht, war an Carl von Gersdorff gerichtet, mit dem er wieder in einen freundschaftlichen Briefwechsel getreten war:

> In einem bedeutenden Sinn steht mein Leben gerade jetzt wie im *vollen Mittag*: eine Thür schließt sich, eine andre thut sich auf. Was ich nur in den letzten Jahren gethan habe, war ein Abrechnen, Abschließen, Zusammenaddiren von Vergangnem, ich bin mit Mensch und Ding nachgerade fertig geworden und habe einen Strich drunter gezogen. *Wer* und *was* mir übrig bleiben soll, jetzt wo ich zur eigentlichen Hauptsache meines Daseins übergehn muß (überzugehn *verurtheilt bin* ...) das ist jetzt eine capitale Frage. Denn, unter uns gesagt, die Spannung, in welcher ich lebe, der Druck einer großen Aufgabe und Leidenschaft, ist zu groß, als daß jetzt noch neue Menschen an mich herankommen könnten. Thatsächlich ist die Oede um mich ungeheuer; ich vertrage eigentlich nur noch die ganz Fremden und Zufälligen und, anderseits, die von Altersher und aus der Kindheit mir Zugehörigen. Alles Andre ist abgebröckelt oder auch *abgestoßen* worden (es gab viel Gewaltsames und Schmerzliches dabei –) (B 8, 214)

Und am 3. Januar des neuen Jahres, des letzten Jahres seines Schaffens, schrieb er an seinen alten Freund Paul Deussen: »Im Grunde macht jetzt Alles Epoche bei mir; mein ganzes Bisher bröckelt von mir ab.« (B 8, 221)

Er unterbrach seine Aufzeichnungen und Entwürfe für das Hauptwerk, die sich mittlerweile auf die Geschichte des Nihilismus konzentrierten, und machte Pläne für drei weitere Abhandlungen (Nummer 4–6) zu einer zweiten *Genealogie der Moral*. Nummer 4 sollte vom »Heerdeninstinct in der Moral«, Nummer 5 von der »Geschichte der Moral – Entnatürlichung« und Nummer 6 von »Moralisten und Moralphilosophen« handeln.[14] Dass diese projektierte zweite *Genealogie* mit dem größeren Vorhaben, das heißt mit dem Hauptwerk, verwoben war, lässt sich aus der letzten Zeile des Entwurfs, die mehrfach unterstrichen ist, schließen: **»Eintritt in das tragische Zeitalter von Europa«**, ein Eintritt, den Nietzsche immer mit dem Gedanken der Ewigen Wiederkunft gleichsetzte. (W 12, 378, vgl. 388)

Der Hauptteil von *Der Fall Wagner* entstand nach dem 15. Mai 1888. Das meiste davon wurde nach dem 5. Juni in Sils niedergeschrieben, wo Nietzsche seinen letzten Engadiner Sommer verlebte. Während viele Kritiker das Werk als »Gelegenheitsschrift« oder gar als eine Polemik gegen den Meister betrachten, kostete es Nietzsche in Wirklichkeit Monate harter Arbeit. Man kann das Buch als Angriff auf die deutsche Romantik im Ganzen, insbesondere auf die deutsche Musik von Schubert bis Wagner über Liszt und sogar Brahms lesen. Die wagnersche Musik wurde diesmal allerdings nicht mit Schopenhauer, sondern mit Hegel, das heißt mit der Dekadenz der Moderne assoziiert.

Auch der größere Teil von *Der Antichrist* entstand im Frühjahr und Sommer 1888. Die Vorarbeiten für das Werk gingen freilich bis in den Winter in Sorrent 1876/77 zurück. Bereits Franz Overbecks 1873 verfasste Studie *Über die Christlichkeit unserer heutigen Theologie*, deren Ausarbeitung Nietzsche im »Gifthüttli« in Basel aus erster Hand miterlebt hatte, blieb nicht ohne Einfluss auf Nietzsches Angriffe auf das Christentum. Anfang Mai 1888 stieß Nietzsche in Turin zufällig auf eine französische Übersetzung des Moralkodex der brahmanischen Priester in altem Sanskrit, *Die Gesetze des Manu*. Dieser auf den Veden basierende Kodex wurde für ihn zu einer wichtigen Integrationsinstanz beim Studium der hinduistischen, buddhistischen, jüdischen und christlichen Religionen. Zweifellos gingen viele für das projektierte Hauptwerk gedachte Notizen in *Der Antichrist* ein: Nietzsche selbst betrachtete seinen *Antichrist* als »das erste Buch« seiner nie fertig geschriebenen *Umwertung aller*

Werte. Einen letzten Anstoß für die Schrift bildeten die Gespräche mit dem Theologen und Dogmatiker Julius Kaftan, der Sils im August 1888 für drei Wochen besuchte. Unmittelbar nachdem Kaftan Sils verlassen hatte, begann Nietzsche, intensiv an *Der Antichrist* zu arbeiten (der Titel kann sowohl als *Anti-Christ* im biblischen Sinne wie auch im Sinne von *Anti-Christusgläubiger* gedeutet werden und trug den Untertitel »Fluch auf das Christenthum«). Julius Kaftan sollte sich nach Nietzsches Zusammenbruch dafür rächen, indem er die Werke des Philosophen in bestem Stil erbarmungsloser göttlicher Vergeltung zu Ausgeburten der Areligiosität und des Wahnsinns erklärte.

Während dieses intensiven Sommers begann Nietzsche manchmal schon um zwei Uhr früh zu schreiben. In einem Brief an Meta von Salis, datiert vom 7. September, berichtete er, dass er häufig seinen Vermieter Gian Durisch in den Stunden vor der Morgendämmerung zur Tür hinausschlüpfen höre, um Gämsen zu jagen. »Wer weiß!«, sinnierte er, »vielleicht war ich auch auf der Gemsenjagd…« Er fuhr fort:

> Der *dritte* September war ein sehr merkwürdiger Tag. Früh schrieb ich die Vorrede zu meiner *Umwerthung aller Werthe*, die stolzeste Vorrede, die vielleicht bisher geschrieben worden ist. Nachher gieng ich hinaus – und siehe da! der schönste Tag, den ich im Engadin gesehn habe, – eine Leuchtkraft aller Farben, ein Blau auf See und Himmel, eine Klarheit der Luft, vollkommen unerhört … Es war *nicht nur* mein Urtheil … Die Berge, bis tief hinunter in Weiß – denn wir hatten ernsthafte Wintertage – erhöhten jedenfalls die Intensität des Lichtes. – (B 8, 410)

Der Antichrist war freilich mehr an der Intensität des Dunkels interessiert. Das Werk richtete sich grundsätzlich gegen Paulus und das paulinische Christentum, das heißt gegen die Kirche. Dabei enthielt es aber auch (in den Abschnitten 28 bis 30) eine genealogische Analyse des »Erlösertyps«, der als Typus Dostojewskis *Idioten* näherstand als Ernest Renans heroischem Jesus in dessen *Leben Lesu*. Aus heutiger Sicht kommt Nietzsches Erlöser vielleicht am ehesten dem Jesus in Kazantzakis' *Die letzte Versuchung* nahe. Im Brennpunkt von Nietzsches Angriffen stand jedoch Paulus, weil er der eigentliche Urheber des ungeheuerlichen frevlerischen

Das »Nietzsche-Haus« in Sils-Maria. Nietzsches Zimmer lag im zweiten Stock im rückwärtigen Teil des Gebäudes.

Betrugs war: »Das ›Evangelium‹ *starb* am Kreuz«, (A, 39; 211) und dafür hatte Paulus gesorgt. Nietzsche gab sich nicht der Hoffnung hin, dass sein Buch populär würde. Schon im Vorwort heißt es illusionslos: »Dies Buch gehört den Wenigsten. Vielleicht lebt selbst noch Keiner von ihnen. Es mögen die sein, welche meinen Zarathustra verstehn [...]. Erst das Übermorgen gehört mir. Einige werden posthu[m] geboren.« (A 167) Er erwartete aber durchaus, dass *Der Antichrist* eine radikale Wende in der Geschichte bewirken werde: Wenn die Aufgabe der Umwertung erst einmal wahrhaft verstanden worden sei, werde dies »die Geschichte der Menschheit in zwei Hälften spalten«. (B 8, 426.447) War die Geschichte bis dahin, zumindest für den christlichen Europäer, in die Zeit vor beziehungsweise nach Christus – v. Chr. und n. Chr. (A.D.) – gegliedert, so musste sie vom 30. September 1888 an als A. N., *Anno Nietzschensis*, gerechnet werden.

Die Schrift *Götzen-Dämmerung* trug ursprünglich den Titel »Müssiggang eines Psychologen«. Nietzsche änderte den Titel auf Drängen von Köselitz zu einem relativ späten Zeitpunkt, als ihm bereits die Druckfahnen in Turin vorlagen. (B 8, 442f) C. G. Naumann hatte Nietzsche dazu ermutigt, mehrere kleinere Schriften zu veröffentlichen, um das Interesse an seinem entstehenden Hauptwerk zu schüren. In Nietzsches Augen war *Götzen-Dämmerung*, die ihm fast mühelos von der Hand ging, »eine vollkommene Gesammt-Einführung in meine Philosophie.« (B 8, 414) Das Vorwort des Buches war datiert »*Turin*, am 30. September 1888, am Tage, da das erste Buch der *Umwerthung aller Werthe* [i. e. *Der Antichrist*] zu Ende kam«. (GD 58) In der Tat betrachtete Nietzsche *Götzen-Dämmerung* als geeignete Vorbereitung auf *Der Antichrist*. Am 12. September 1888 schrieb er Heinrich Köselitz von dieser »kühn und präcis hingeworfnen Zusammenfassung« seiner »wesentlichsten philosophischen *Heterodoxien*« und merkte an, dass das neue Buch »*einweihend*« und »*appetitmachend*« im Blick auf *Der Antichrist* wirken sollte. (B 8, 417) Gegenüber Overbeck äußerte er begeistert: »Es scheint mir, als ob ich mit Einem Male *schreiben* gelernt hätte.« (B 8, 434)

Um das Schreiben-Lernen scheint es in dem Buch tatsächlich zu gehen. *Götzen-Dämmerung* besteht aus zehn Abschnitten, einem Vorwort und einem Epilog. Einige der Kapitel sind in Nietzsches charakteristischem knappen, aphoristischen Stil gehalten, andere haben die Form ausführlicher Essays in der Manier der *Unzeitgemäßen Betrachtungen*. Zu den berühmtesten Kapiteln gehören »Das Problem des Sokrates« und »Wie die ›wahre Welt‹ endlich zur Fabel wurde«. Besonders beißend ist »Was den Deutschen abgeht«. Dort findet sich aber auch der folgende Rat, wie man sehen, denken, sprechen und schreiben lernen sollte:

> Man hat *sehen* zu lernen, man hat *denken* zu lernen, man hat *sprechen* und *schreiben* zu lernen: das Ziel in allen Dreien ist eine vornehme Cultur. – *Sehen* lernen – dem Auge die Ruhe, die Geduld, das An-sich-herankommen-lassen angewöhnen; das Urtheil hinausschieben, den Einzelfall von allen Seiten umgehn und umfassen lernen. [...] *Sehen* lernen, so wie ich es verstehe, ist beinahe Das, was die unphilosophische Sprechweise den starken Willen nennt: das Wesentliche daran ist gerade, *nicht* »wollen«, die Entscheidung aussetzen *können*. [...] Denken [will]gelernt sein [...], wie Tanzen gelernt sein will, *als* eine Art Tanzen [...] mit den Füssen, mit den Begriffen, mit den Worten; habe ich noch zu sagen, dass man es auch mit der *Feder* können muss, – dass man *schreiben* lernen muss? (GD 108ff)

Die ersten Exemplare von *Götzen-Dämmerung. Wie man mit dem Hammer philosophirt* erreichten Nietzsche am 25. November in Turin. Hier wurden auch die letzten Werke, *Ecce homo, Nietzsche contra Wagner* und *Dionysos-Dithyramben*, vollendet. Diesen Werken wird sich unser viertes Kapitel widmen, wobei *Ecce homo*, Nietzsches faszinierende »Auto-Hetero-Biographie«, besondere Aufmerksamkeit zukommt. Zuvor jedoch geht unser Blick zu Nietzsches Leben in Sils-Maria – in der Einsamkeit des Hochgebirges.

Friedrich Nietzsche wusste, was die Berge von Sils-Maria ihm einmal werden sollten, noch bevor er sie wirklich gesehen hatte. Ende Juni 1878 schrieb er

Blick auf die Berge des Fextals jenseits des Silser Sees im Oberengadin, aufgenommen von Chastè aus. »Wer die Luft meiner Schriften zu athmen weiss, weiss, dass es eine Luft der Höhe ist, eine *starke* Luft. Man muss für sie geschaffen sein, sonst ist die Gefahr keine kleine, sich in ihr zu erkälten. Das Eis ist nahe, die Einsamkeit ist ungeheuer – aber wie ruhig alle Dinge im Lichte liegen! wie frei man athmet! wie Viel man *unter* sich fühlt! – Philosophie, wie ich sie bisher verstanden und gelebt habe, ist das freiwillige Leben in Eis und Hochgebirge …« (EH 258)

aus Basel an Carl Fuchs, der soeben den ersten Band von *Menschliches, Allzumenschliches* gelesen hatte:

> Fühlen Sie jetzt, hinterdrein, nicht etwas von Höhenluft –; es ist etwas kälter um uns, aber um wie viel freier und reiner als im Dunst des Thals! Ich wenigstens fühle mich rüstiger und zu allem Guten entschlossener als je – auch zehnmal *milder* gegen Menschen, als in der Zeit meines früheren Schriftthums. In summa und im kleinsten Einzelnen: jetzt wage ich es, der Weisheit selber nachzugehen und selber Philosoph zu *sein*. (B 5, 334f)

Historische Fotografie von Sils-Maria mit Blick nach Osten. Das große Gebäude mit Turm und Erker vorne links ist das Hotel Alpenrose; das Haus von Gian Durisch ist das zweitletzte rechts in der Häusergruppe, die das eigentliche Dorf bildet. Nietzsches Fenster im zweiten Stock des Hauses ist durch ein undeutliches »x« gekennzeichnet. Jenseits des »Nietzsche-Hauses« befindet sich das Hotel Edelweiß.

Doch das Gefühl der Befreiung, das Nietzsche hier empfand, rührte ebenso sehr vom Himmel über Sils her wie von seinen Bergen. Am 14. September 1884 teilte er Franz Overbeck aus Sils-Maria mit: »Ein Italiäner sagte kürzlich ›gegen das, was wir Himmel cielo nennen, ist der deutsche Himmel una carricatura‹.« (B 6, 532) Berge und Himmel, Wälder und Seen: Am 14. Juni 1888, nach zehn Sommern im Engadin, schrieb Nietzsche an Heinrich Köselitz in Venedig: »Sils ist wirklich wunderschön; in gewagter Latinität das, was ich *Perla Perlissima* nenne. Ein Reichthum an *Farben*, hundert Mal südlicher darin als Turin.« (B 8, 331)

Wenn er von Basel aus oder von einem anderen nördlich gelegenen Ort Europas nach Sils reiste, fuhr er mit der Bahn bis Chur, der letzten Zugstation an der Schwelle der Berge des Kantons Graubünden. Beim Umsteigen in Zürich dachte er zweifellos an seinen Freundeskreis dort. Zu diesem gehörten die ersten Frauen, die in der Schweiz die Doktorwürde erlangten, Frauen, die er öffentlich schmähte und im privaten Kreis rühmte – allen voran Meta von Salis und Resa von Schirnhofer. Von Chur aus ging es mit der Kutsche weiter über Lenzerheide und Tiefencastel, dann entweder in östlicher Richtung zum Albulapass oder nach Süden zum Julierpass, hinauf zur letzten Zwischenstation, St. Moritz im Oberengadin. Kam er von Süden, von Nizza, Genua, Venedig oder Turin, fuhr er mit dem Zug nach Mailand, dann nach Norden bis Como und von da aus mit der Kutsche über Chiavenna und den Malojapass in sein geliebtes Sils.

Dabei konnte er nie wirklich sicher sein, dass die Engadiner Berge seine Gesundheit wiederherstellen würden, obwohl die Suche nach Heilung immer ein Antrieb seiner Entdeckungsreisen war. Seinem Brief an Heinrich Köselitz, geschrieben in Recoaro am 23. Juni 1881, noch ganz in Gedanken an das Oberengadin, haftet etwas Verzweifeltes an:

> Es bleibt doch bei dem Engadin – denn von meinen vielen Versuchen in der Schweiz (vielleicht 20-30) ist der Engadiner der einzige leidlich gelungene. Es ist *schwer* für meine Natur das Rechte in der Höhe und Tiefe zu finden, im Grunde ist es ein *Tasten*, es sind Faktoren dabei, die sich nicht streng fassen lassen (z. B. die Elektricität der ziehenden Wolken und die Wirkungen der Winde: ich bin überzeugt, daß achtzigmal von 100 ich *diesen* Einflüssen meine Qualen zu danken habe.) *Wo* ist das Land mit viel Schatten, ewig reinem Himmel, *gleichem* kräftigen Meerwinde von

Der Silser See im Oberengadin. Aufgenommen von der Spitze der Halbinsel Chastè; Blick nach Südwesten in Richtung des Malojapasses.

> Morgen bis Abend, ohne Wetter-Umschläge? *Dahin*, *da*hin – will ich – ziehn! Sei es auch außer Europa! (B 6, 95f)

Die gleiche Hoffnung und Verzagtheit sprechen aus einem anderen Brief, den er zwei Jahre später an Köselitz richtete: »Nun habe ich wieder mein geliebtes Sils-Maria im Engadin, den Ort, wo ich einmal sterben will; inzwischen giebt er mir die besten Antriebe zum Noch-Leben. Ich bin im *Ganzen* merkwürdig schwebend, erschüttert, voller Fragezeichen –: es ist kalt hier oben, das hält mich zusammen und stärkt mich. – Ich will 3 Monate hier sein: aber was wird dann? Ach Zukunft!– –« (B 6, 388f)

In diesen hohen Bergen und tiefen Seen schien Nietzsche noch etwas vom archäischen Meer zu finden, ja für ihn schienen sich hier die entferntesten Orte und Klimaverhältnisse zu begegnen. In seinem berühmten Brief an Heinrich Köselitz, datiert vom 14. August 1881, jenem Brief, der von seiner Eingebung zur Ewigen Wiederkehr des Gleichen berichtet, schrieb er:

> Dagegen nehme ich es als Belohnung auf, daß dies Jahr mir zweierlei zeigte, das zu mir gehört und mir innig nahe ist – das ist *Ihre* Musik und diese *Landschaft*. Das ist keine Schweiz, kein Recoaro, etwas *ganz* Anderes, jedenfalls etwas viel Südlicheres, – ich müßte schon nach den Hochebenen von Mexiko am stillen Ozeane gehen, um etwas Ähnliches zu finden (z. B. Oaxaca) und da allerdings mit tropischer Vegetation. Nun, dies Sils-Maria will ich mir zu erhalten suchen.[15]

Der Gedanke, Europa zu verlassen oder weniger bekannte Städte an der Peripherie Europas, wie etwa Barcelona, zu besuchen (B 6, 346), taucht Anfang der achtziger Jahre in den Briefen immer wieder auf. Am 18. August 1881 versuchte er, Elisabeth in einem Brief diese geradezu besessene Suche nach dem Alleinsein zu erklären: »Ein Mensch mitten hinein in das von allen Seiten aufschießende Gewebe meiner Gedanken – das ist eine furchtbare Sache; und kann ich meine Einsamkeit nicht fürderhin sicher stellen, so verlasse ich Europa auf viele Jahre, ich schwöre es! Ich habe keine Zeit mehr zu verlieren und habe schon viel zu viel verloren; wenn ich nicht mit meinen guten Viertelstunden *geize*, so habe ich ein schlechtes Gewissen.« (B 6, 115) Ebenso deutlich wird in diesen Briefen seine Faszination durch die Meteorologie, die er kurz davor Köselitz gestand: Er war fest überzeugt, dass die elektrischen Felder, die durch Gewitter entstehen, seine Gesundheit ruinierten, und suchte deshalb einen Himmel, der klar war, offen und frei von allen schädlichen Kraftfeldern.[16] Gegen Ende des Sommers, am 22. September 1881, schrieb er an Köselitz: »Gefährliche Zeiten waren es, der *Tod* schaute mir über die Achsel, ich habe den ganzen Sommer über fürchterlich gelitten: wohin soll ich mich wenden!« (B 6, 131) Im folgenden Winter berichtete er Mutter und Schwester, dass er beinahe blind sei, Dinge vom Tisch in seinem Zimmer stoße und stolpere, wenn er die Straße entlanggehe. Das weite, offene Tal des Oberengadin bot ihm in dieser Verfassung die besten Wanderwege und den weitesten Himmel. Ende Juni 1883 schrieb er an Carl von Gersdorff:

> Ich möchte Geld genug haben, um mir hier eine Art ideale Hundehütte zu baun: ich meine, ein Holzhaus mit 2 Räumen; und zwar auf einer Halbinsel, die in den Silser See hineingeht und auf der einst ein römisches Castell gestanden hat. Es ist mir nämlich auf die Dauer unmöglich, in diesen Bauernhäusern zu wohnen, wie ich bisher gethan habe: die Zimmer sind niedrig und gedrückt, und immer giebt es mancherlei Unruhe. Sonst sind mir die Einwohner von Sils-Maria sehr gewogen; und ich schätze sie. Im Hôtel *Edelweiß*, einem ganz vorzüglichen Gasthofe, esse ich: allein natürlich, und zu einem Preise, der nicht gänzlich im Mißverhältniß zu meinen kleinen Mitteln steht. Ich habe einen großen Korb Bücher mit herauf gebracht: und auf drei Monate ist es wieder abgesehn. Hier wohnen *meine* Musen: schon im »Wanderer und sein Schatten« habe ich gesagt, diese Gegend sei mir »blutsverwandt, ja noch mehr«. – (B 6, 386f)

Dieser Verweis auf die Blutsverwandtschaft mit Sils taucht in einer der eindrücklichsten Passagen von »Der Wanderer und sein Schatten« auf. Hier beschwört Nietzsche die »Doppelgängerei der Natur«, ihre seltsame Anziehungskraft auf den Menschen zu verschiedenen Zeiten und an verschiedenen Orten – eine Kraft, die zuweilen menschlich und zugleich fremd, sogar unheimlich anmutet, also eine *doppelte* Wirkung hat.

Die im Brief an Gersdorff erwähnte Halbinsel, die diese Anziehungskraft auf Nietzsche ausübte, war Chastè, eine lang gezogene Landzunge, die in den Silser See hinausragt. Von dort aus bot sich ein grandioser Blick auf den See und die umgebenden

DOPPELGÄNGEREI DER NATUR.

In mancher Natur-Gegend entdecken wir uns selber wieder, mit angenehmem Grausen; es ist die schönste Doppelgängerei. – Wie glücklich muss Der sein können, welcher jene Empfindung gerade hier hat, in dieser beständigen sonnigen Octoberluft, in diesem schalkhaft glücklichen Spielen des Windzuges von früh bis Abend, in dieser reinsten Helle und mässigsten Kühle, in dem gesammten anmuthig ernsten Hügel-, Seen- und Wald-Charakter dieser Hochebene, welche sich ohne Furcht neben die Schrecknisse des ewigen Schnees hingelagert hat, hier, wo Italien und Finnland zum Bunde zusammengekommen sind und die Heimath aller silbernen Farbentöne der Natur zu sein scheint: – wie glücklich Der, welcher sagen kann: »es giebt gewiss viel Grösseres und Schöneres in der Natur, *diess* aber ist mir innig und vertraut, blutsverwandt, ja noch mehr.« (MAM II, 338; 699)

Silser See an der Spitze der Chastè, in der späten Sommer-Morgensonne.

Berge. Unzählige Arten von Wildblumen und Gräsern wuchsen hier. Chastè und das Fextal im Süden wurden zu Nietzsches Lieblingsplätzen im Engadin, hier füllte er seine Notizbücher mit beinahe unentzifferbarem Gekritzel.

Was Friedrich Nietzsche vor allem am Oberengadin schätzte, war die Stille und die Einsamkeit. Sie begann damit, dass er Begegnungen mit Touristen mied, die er in einer Anmerkung im zweiten Teil von *Menschliches, Allzumenschliches* folgendermaßen definierte: »*Vergnügungs-Reisende*. – Sie steigen wie Thiere den Berg hinauf, dumm und schwitzend; man hatte ihnen zu sagen vergessen, dass es unterwegs schöne Aussichten gebe.« (MAM II, 202; 641) Zur Einsamkeit gehörte aber auch die Zurückgezogenheit von seiner Familie und seinen Freunden oder, genauer gesagt, eine Zurückgezogenheit, die von gelegentlichen, sorgsam dosierten Kontakten zur Umwelt unterbrochen wurde. So versuchte Nietzsche, auf dem berüchtigten schmalen Grat zwischen schöpferischer Einsamkeit und öder Verlassenheit zu wandeln und sich in jenem Niemandsland eine Heimstatt zu bauen.

Wenn wir den Sommer 1884 exemplarisch für Nietzsches Einsamkeit im Graubündener Hochgebirge betrachten, so fällt auf, dass seine Abgeschiedenheit immer wieder durch wichtige menschliche Begegnungen unterbrochen wurde, ohne die er wohl kaum hätte leben können. Dieser Sommer besiegelte zum Beispiel die Freundschaft mit seinen Schwei

Hotel Alpenrose in Sils-Maria. Das Hotel war lange Zeit verfallen, jetzt wird es restauriert.

Drei Ansichten von Nietzsches Zimmer in Sils-Maria.

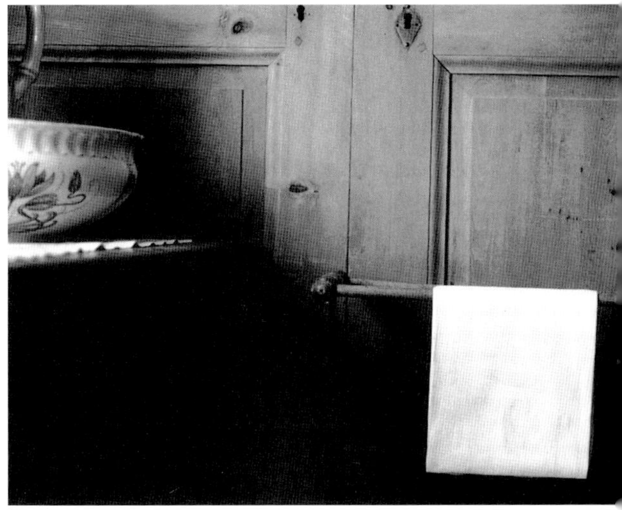

zer Bekannten Meta von Salis und Resa von Schirnhofer, seinen beiden englischen Freundinnen Emily Fynn und Helen Zimmern und dem jungen Baron Heinrich von Stein. Da Meta von Salis der letzte lebende Spross einer alten Graubündener Familie mit Sitz in Marschlins, nicht weit von Maloja, war, hatte Nietzsche das Empfinden, dass sie seine Anwesenheit im Engadin gleichsam »legitimiere«. Es war, als ob sie sein Verweilen an diesem Ort autorisiere – so wie König Friedrich Wilhelm seinem Vater das Pastorat in Röcken und ihm selbst die Freistelle in Pforta gewährt hatte.

Haustür des »Nietzsche-Hauses« in Sils-Maria.

Vielleicht im selben Sommer 1884 lernte Nietzsche auch einen der berühmtesten Bergsteiger seiner Zeit kennen, Christian Klucker. Klucker war regelmäßig im Hotel Alpenrose zu finden, in dem Nietzsche Mitte der achtziger Jahre sein Mittagsmahl einnahm, und in dem auch seine Freundinnen abstiegen. Auch wenn Klucker den halb blinden Philosophen nicht als Kletterkameraden auf den Biancograt des Piz Bernina oder die massiven Gletscher durchfurchten Seiten des Piz Scerscen oder auch zur steilen Pyramide des Roseggletschers mitnehmen konnte, vermochte er Nietzsche doch mit seinen Schilderungen zu fesseln. Er könnte ihm erzählt haben, dass der Schnee auf dem Gipfel des Roseg oder Piz Bernina, der vom Tal aus so rein weiß erscheint, von Felsbrocken braun gefleckt ist und dass die Luft auf dem Gipfel des Corvatsch lebensfeindlich nach Schlacke und Asche schmeckt. Klucker, im üppigen Val Fex geboren, muss tausend Geschichten über die Gefahren des Hochgebirges, denen der einsame Wanderer oft nur um Haaresbreite entrinnen konnte, gekannt und erzählt haben.

Nietzsche wohnte nicht im Hotel. Er hatte ein Zimmer im schlichten, aber relativ geräumigen Bauernhaus von Gian Durisch gemietet, der Klucker ebenfalls gut kannte. Wir wissen nicht, wer Nietzsche an Durisch verwies. Hinter dem Haus wurden

Schweine und Hühner gehalten, doch neben seiner Existenz als Bauer betrieb Durisch noch einen Kaffee-, Tee- und Gewürzhandel. Nietzsches Zimmer im zweiten Stock hatte Nachmittagssonne, das Sonnenlicht, das er am meisten liebte. Irgendwann einmal tapezierte Durisch eine Wand des Raums mit der grünen Tapete, nach der Nietzsche sich immer gesehnt hatte. Der Philosoph entwarf auch seine eigene grünseidene Tischdecke: Zwei Streifen hellgrüner Seide verliefen über die Oberfläche in dunklerem Grün, und ein fröhliches, folkloristisches Motiv schmückte den Rand. Immer wieder Grün, als ob das Draußen nach drinnen geholt werden sollte. Auch die unbehandelten Wände und Böden aus Tannenholz in Durischs Haus waren ganz nach Nietzsches Geschmack, nur die niedrige Zimmerdecke bedrückte ihn. Sicher dachte er in Sils-Maria oft sehnsüchtig an die hohen Räume seiner Unterkünfte in Genua und Nizza am Mittelmeer.

Während des Sommers 1884 diente Nietzsche seine eigene »Litteratur« als Lesestoff, das heißt alle seine Bücher, von der *Geburt der Tragödie* bis zu *Also sprach Zarathustra, Dritter Theil.* Sein 40. Geburtstag nahte; er zog Bilanz seines vierten Lebensjahrzehnts und war voller Pläne und Ideen für das fünfte. Nun, da die »Vorhalle« seiner Philosophie so gut wie vollendet war, arbeitete er an Plänen für den Hauptbau. An Overbeck schrieb er am 23. Juli: »Ich stecke mitten in meinen Problemen drin; meine Lehre, daß die Welt des Guten und Bösen nur eine scheinbare und perspektivische Welt ist, ist eine solche Neuerung, daß mir bisweilen dabei Hören und Sehen vergeht.« (B 6, 514) Obwohl der vierte und letzte Teil des *Zarathustra* noch nicht geschrieben

Käskünstlerwerkzeug aus Isola am Silser See.

war, arbeitete Nietzsche an seinen theoretischen »Problemen«, jenseits von gut und böse harrend, und träumte von einer umfassenderen und systematischeren Darstellung seiner Ansichten. Er las eine Reihe schlecht gedruckter Bücher über deutsche Metaphysik und mehrmals ein sehr gutes Buch, nämlich Adalbert Stifters *Nachsommer*. Doch seine eigene Aufgabe nahm letztlich all seine Kräfte in Anspruch. In den Augenblicken der Erholung ruderte er mit seinen Freunden auf den Seen oder wanderte am Südufer des Silvaplaner Sees in nordöstlicher Richtung nach Surlej und seinem herrlichen Wasserfall, Ova da Surlej. Oder er marschierte in südwestlicher Richtung am Südufer des Silser Sees entlang zum Dorf Isola oder noch weiter in die Stadt Maloja oder nach Süden ins Fextal. Das Ortsbild von Isola war von den pittoresken alten Stein gedeckten Häuser und Scheunen bestimmt, die für die von der Milchviehwirtschaft geprägten Dörfer im Bergell typisch sind. Das in dem flachen Delta des Fedozbachs gelegene Dorf ist immer noch für seine Käsesorten überaus berühmt. Zweifellos machte Nietzsche hier auf seinen sieben- bis achtstündigen Wanderungen nach Maloja häufig Rast. Der Silvaplaner See nordöstlich des Silser Sees wird vom Massiv des Piz Corvatsch überragt, den Nietzsche von der Chastè-Halbinsel aus deutlich sehen konnte. Der Wächter des Silser Sees ist der hoch aufragende Piz da la Margna. Selbst Nietzsches schwache und empfindliche Augen wurden immer wieder nach Süden und Westen gelenkt, hin zu den Spitzen des Piz Badile und der anderen Kletterberge des Bergell und des Malojapasses, an die sich die Seen anzuschmiegen schienen, gleichsam als Erinnerung an die letzte Eiszeit, die sie hervorgebracht hatte. Im Norden konnte er die hohen Berge des Suvretta-, Albula- und Julierpasses erkennen.

Die Übereinstimmung zwischen dieser Hochgebirgslandschaft und den Werken, die hier entstanden, lässt sich auf zwei ganz entgegengesetzte und doch gleichermaßen legitime Arten deuten. Von einem Standpunkt her betrachtet schenkten die Berge, Täler, Seen, Wälder und weiten Himmel des Oberengadin Nietzsche jene Vielfalt der Blickwinkel und Perspektiven, jene Kristallklarheit der Konzentration, die wir in seinem Werk gespiegelt finden. Aus anderer Sicht wirkt das Oberengadin bei all seiner Großartigkeit aber auch »umschlossen« oder doch zumindest klar umgrenzt, während Nietzsches Werk – das hinausgriff in den Kosmos einer Natur, die kalt und leblos geworden war, einer Moral, die sich in Bösartigkeit verwandelt hatte, und einer Geschichte, die ein gefräßiger Moloch geworden war – keine Grenze und kein Maß zu kennen scheint. Es ist schwer zu entscheiden oder auch nur zu beurteilen, ob so etwas überhaupt entschieden werden kann: nämlich ob der Entstehungsort des Werkes dazu beitrug, diesem »freie Luft zum Atmen« zu schaffen, oder im Gegenteil half, den Schöpfer vor seinem nicht zu bändigenden Werk zu schützen. Schwer zu sagen, ob die besondere Umgebung den einsamen Denker seinen Unheil verkündenden Gedanken noch stärker preisgab oder ob sie ihn sanft umhüllte und gegen diese Gedanken abschirmte. Auf jeden Fall aber ist es unmöglich, diese Gedanken von dem Ort, an dem sie gedacht wurden, zu trennen. Meta von Salis notierte:

> Für mich ist Nietzsche mit Sils so unzertrennbar verknüpft, wie Heraklit mit dem Heiligtum der Göttin bei Ephesus. Es war sein optimum im Norden [...] In die schweigende Gebirgswelt des Ober-Engadins, in die farben- und formensatte Umgebung des sauberen Sils-Maria, wo der Duft des nahen Südens wie eine Verheissung über den beiden Zacken des Piz Badile zu schweben scheint, ist der einsamste, stolzeste und zarteste Mann unseres Jahrhunderts in sein angestammtes Reich getreten, wie ein in der Verbannung geborener Königssohn.[17]

Das nächstgelegene Ziel für Nietzsches Streifzüge um Sils herum war die Halbinsel Chastè. Hier steht der Besucher heute vor dem riesigen »Nietzsche-Stein«, der den berühmten Vers aus *Also sprach*

Lärchen und Zirbelkiefern auf der Chastè-Halbinsel; Blick nach Südosten über den Silser See auf den Piz Tremoggia.

Zarathustra, »O Mensch! Gieb Acht!«, trägt. Nietzsche erreichte die Spitze der Landzunge vom Durisch-Haus aus in einer knappen halben Stunde. Er freute sich an der Vielzahl bezaubernder Wildblumen, deren bloße Namen schon leuchten und duften und mitunter äußerst bildlich sind: *rhododendron hirsutum*, *pulsatilla alpina*, *sempervivum montanum*, *campanula barbala*, *viola calcarata*, *lilium martagon*, *ranunculus glacialis*. Nicht zu vergessen die bescheidenen Gänseblümchen und Vergissmeinnicht. Der halb blinde Nietzsche musste aufpassen, dass er nicht über die vielen Baumwurzeln stolperte, die sich kreuz und quer über die Wege ziehen, oder über die zahlreichen Kriechwacholder- und Blaubeersträucher. Riesige Zirbelkiefern und hoch aufragende Lärchen schützten seine Augen gegen das vom See reflektierte Sonnenlicht. Ein weicher Teppich aus Lärchennadeln dämpfte überall auf der felsigen Halbinsel den Schritt. Der Duft, der von ihm aufstieg, süßlicher als der würzige Duft der Zirbelkiefern, vermischt mit den Düften der Blumen und Gräser sättigte eine Luft, die Nietzsche inspirierte. Vielleicht liegt hier, in der »Überdosis« solcher Luft, das Geheimnis einer ganz bestimmten Art zu schreiben und zu denken. Und wenn die Übersättigung und das Schreiben allzu intensiv wurden, gab es in unmittelbarer Nähe die Möglichkeit zu entrinnen: Im Juli und August ist der Silser See, milchig grün am Ufer und tief aquamarinblau weiter draußen, zwar frisch, aber keineswegs eisig. Ob Nietzsche, der Liebhaber des Meeres und der kalten Hochalpenseen, von dieser Erfrischung Gebrauch machte, wissen wir nicht.

Die lateinischen Blumennamen waren nicht die einzigen linguistischen Freuden des Engadin. Ein alter Philologe wie Nietzsche muss von den drei rätoromanischen Dialekten, die in der Region gesprochen werden – Ladin (der ursprüngliche Dialekt des Oberengadin), Surmiran und Sursilvan –, fasziniert gewesen sein.[18] Die Dialekte der Region müssen Nietzsches Eindruck, im Engadin träfen Finnland und Italien zusammen, noch bestärkt haben. Nordöstlich von St. Moritz lagen zwei Dörfer mit den für uns unaussprechlichen Namen Cho d' Punt und Chamues-ch, die gegenüber liegenden Berge wiederum hießen Munt da la Bês-cha und Muottas-Muragl – Namen, die jedoch recht musikalisch klangen, wenn sie von den Kindern der Gegend ausgesprochen wurden.

Meta von Salis erinnerte sich an einen Spaziergang zur Halbinsel von Chastè im Silser See:

> Als mich Nietzsche am Vormittag des 9. September 1886 abholte, galt unser erster Gang der Halbinsel [Chasté] [...] Bald standen wir auf der ersten Anhöhe der Halbinsel. Hier hatte Nietzsche, als noch keine Wege heraufführten [...] im durchsonnten Moos und Heidekraut liegend [...] einst einen Theil seines »Zarathustra« gedichtet. Hier hatte er damals gewünscht, dass man ihn seinerzeit begraben möchte [...] Nietzsche sprach von der überraschenden Verwandtschaft im Charakter der Riviera di Levante und der Halbinsel [...] Dann warf Nietzsche einen Rückblick auf die langsame Genesung, die er seiner Zeit in Sils-Maria durchgemacht hatte. Die Wanderung um den See von Silvaplana war zuerst so anstrengend für ihn gewesen [etwa 12 km], dass er sich in eine Falte des Zarathustrasteins hineinzulegen pflegte, bis er sich genügend erholt fühlte, um durch den Wald nach Sils zurückzugehen.[19]

Helen Zimmern, eine deutsche Jüdin aus Hamburg, die als Kind nach England übersiedelt war und eine der ersten Übersetzerinnen Nietzsches ins Englische werden sollte, berichtete, dass sie und Nietzsche nach dem Mittagessen im Hotel Alpenrose gewöhnlich am Ufer des Silvaplaner Sees entlang wanderten, nach Osten, also in die der Chastè-Halbinsel entgegengesetzte Richtung. Er nahm sie mit zu dem großen, pyramidenförmigen Findling mit seiner Einbuchtung, in dem er die Geburtsstätte des Gedankens von der Ewigen Wiederkunft sah. »Er erzählte mir oft von dem, was er am Morgen geschrieben hatte. Ich verstand von alledem nur sehr wenig; aber ich fühlte, daß es ihm eine Erleichterung war, sich einem menschlichen Wesen aussprechen zu können. Der Mann schien so einsam, so entsetzlich einsam! Machte ich, was selten genug vorkam, irgendeine Einwendung, so pflegte er zu erwidern. ›Jawohl, aber wie Zarathustra sagt‹ – und dann kam eine Stelle aus diesem seinem Hauptwerk, von dem er schon damals den größten Teil geschrieben hatte.«[20] Resa von Schirnhofer erinnert sich:

> Auch mich, wie vorher und nachher andere seiner Besucher, führte er zum wasserumspülten Felsblock am Ufer des Sees von Silvaplana, dem Zarathustrastein, an jene wundervolle Stelle ernster Naturschönheit, wo dunkelgrüner See, naher Wald, hohe Berge, feierliche Stille ihren Zauber gemeinsam weben. Nachdem ich mich seiner Bitte gemäß auf den ihm »heiligen Stein« gesetzt hatte, fing Zarathustra an aus der Welt seiner geistigen und emotionellen Hochspannung heraus zu sprechen und goss in dithyrambische Worte gekleidet eine Fülle von Gedanken und Bildern aus. Dann erzählte er mir von der erstaunlichen Raschheit des Entstehens jedes einzelnen Teiles dieses Werkes, betonte das Phänomenale dieser Produktion, Inspiration der die Niederschrift kaum folgen konnte. [...] Als wir dann am Seeufer weitergingen, die Zone des Zarathustrazaubers hinter uns lassend, verloren sich auch die geheimnisvollen Vibrationen im Wesen Nietzsche's, eine natürliche Entspannung trat ein, begünstigt durch die köstliche Frische und Luftreinheit dieses klaren Sommertages, den kein »elektrisches Wölkchen« am Horizont, von Nietzsche so sehr gefürchtet, bedrohte.[21]

Sie berichtet ebenfalls von einem Spaziergang in die andere Richtung, am Südufer des Silser Sees entlang nach Isola und weiter nach Maloja:

> Eines Morgenspazierganges erinnere ich mich noch am Ufer des Silsersees bis zu einer Stelle von der aus man in der Entfernung malerisch gelegen das große neuerbaute Hotel von Majola sehen konnte »für die katholische Aristokratie« bestimmt, wie Nietzsche sagte. Dann gingen wir zurück, erstiegen ein kleines Promontorium, wo auf üppig grünem Rasenfleck, durchzogen von moosbedeckten Felsblöcken umgeben rings von dichtem Buschwerk Nietzsche seinen versteckten Ruheplatz hatte, wo der Dichter und Denker ungestört mit sich selbst Zwiesprache hielt.[22]

Curt Paul Janz zufolge dienten Nietzsche diese drei Landschaftsformen – Wald, See und Gebirge – als Narkotika. Mit ihrer Hilfe gelang es ihm, über das Alltägliche, das Gewohnte und Gebräuchliche hinauszugelangen in ein Land unvertrauter Gedanken und Erkenntnisse.[23] Es war, als ob es nur des Makrorhythmus des Sonnenlaufs über dem leuchtend blauen Himmel von Sils-Maria zusammen mit den Mikrorhythmen von Wind und Wellen bedurfte, um die Musik, die in ihm erklingen wollte, freizusetzen. Diese Rhythmen heilten nicht seine Krankheit, sie schafften ihm keine Erleichterung von schmerzlichen Erinnerungen wie jenen, die Wagners kurz zurückliegender Tod ausgelöst hatte. Sie nahmen ihm keine der Lasten von den Schultern, die mit seiner Aufgabe verbunden waren. Doch wenn alles sonst sich verschworen hatte, Nietzsche die Arbeit an seinem Werk unmöglich zu machen, dann wirkten Sils-Maria und das Oberengadin in kaum beschreibbarer Weise zusammen, jene Verwirklichung zu erleichtern. Laut Janz wird Nietzsches Perspektivismus in seinen Aufzeichnungen von 1884 in mehr als einem Sinne deutlich. Neben dem epistemologischen Perspektivismus oder radikalen Relativismus gewahrt Janz in Nietzsches Notizen und Entwürfen für ein philosophisches Hauptwerk Belege für den Einfluss der Landschaft: Es war, als ob Nietzsche seine ganze Philosophie nun von einem der Berghänge über Sils aus überblicke, als ob die Landschaft seines Denkens gleichsam in der Perspektive im Tal drunten vor ihm ausgebreitet läge.[24]

Im August 1884 machte der junge Baron Heinrich von Stein dem Verfasser von »Richard Wagner in Bayreuth« seine Aufwartung. Er berichtete über seine Tage in Sils:

> Ich fand in dem engen Bauernstübchen in Sils einen Mann, dessen erster Anblick Erbarmen erweckt. [...] Glauben Sie mir, daß es Augenblicke in diesen Tagen gab, wo ich diesen Mann voll und herzlich bewunderte? Er darf dann freilich nicht von sich sprechen. Tut er das nicht, so denkt man aber wohl selbst daran, was dieser erduldet, und daß er sich daraus ein starkes Lebensgefühl errettet hat. Einen solchen Schmerzenstag erlebte ich. Die Nacht darauf schlief er nicht: Nun aber begrüßte uns ein sonnenheller Tag. An diesem Tage gingen wir im ganzen acht Stunden zusammen, beständig über die großen Dinge des Lebens, unsere gemeinsame Erinnerung – über Geschichtliches – über Ewiges sprechend. Am Abend noch war er frisch und helläugig, wie ich ihn mir gerne stets gedacht. – Die Matten des Oberengadin und die Schneefirnen,

Blick auf Isola und den Piz da la Margna von der Chastè aus.

> die hereinleuchteten, geben diesen Tagen für mich starke Linien, die nicht verlöschen werden. [...] Es lastet ein Verhängnis auf ihm, und aus allem auch scheinbar Ferneliegendem hörte ich heraus, daß er im Leben nicht mehr glücklich werden kann. Aber dies ist nicht hart gemeint, nur ernst.[25]

Von Stein bewunderte die Energie, mit der Nietzsche den Gedanken von der Ewigen Wiederkehr verfocht. Er fühlte sich veranlasst, in Nietzsche einen Bruder zu begrüßen, einen der wenigen im »Chaos« einer »auf ihre Nicht-Philosophie stolzen Zeit«, die weder Zeit noch Kraft auf einen Gedanken zu verschwenden bereit war, der eben nur dies war – ein Gedanke.[26] Dabei war sich Heinrich von Stein durchaus des Ehrfurcht gebietenden Alters dieses Gedankens bewusst: »Die ruhige Erhabenheit eines schönen Tages dort oben in Sils, im Oberengadin, ließ uns aufatmen aus tiefstem Gefühl des Welttragischen heraus, atmen im Lichte des Äschylos, des Heraklit.«[27] Von Steins Tod am 20. Juni 1887, nur drei Jahre nach ihren gemeinsamen Tagen in Sils, ließ Nietzsche mit einem geistigen Bruder weniger und einem schmerzlichen Verlust mehr in einem Universum des Tragischen zurück.

Eines der präzisesten literarischen Portraits von Nietzsche in Sils stammt von Adolf Ruthardt, einem Komponisten, der im Sommer 1885 ins Engadin reiste. Viele Jahre später berichtete er von den Eindrücken seiner Begegnung mit Nietzsche:

> Die äußere Erscheinung Nietzsches machte mir einen höchst sympathischen Eindruck. Über Mittelgröße, schlank, wohlgestalt, aufrechter aber nicht steifer Haltung, die Gebärden harmonisch, ruhig und sparsam, das fast schwarze Haar, der dichte Vercintorix-Schnurrbart, sein heller, dagegen lebhaft abstechender Anzug besten Schnittes und Sitzes, ließ ihn so wenig dem Typus eines deutschen Gelehrten gleichen, daß er eher an den eines südfranzösischen Edelmannes oder eines italienischen oder spanischen höheren Offiziers in Zivil erinnerte. Aus seinen edlen, von vielem Aufenthalte in freier Luft und Sonne gesund gebräunten Gesichtszügen und seinen großen dunklen Augen sprach zwar tiefer Ernst, aber keineswegs der finstere, kantige, dämonische Ausdruck, der ihm auf Bildern und Büsten angedichtet worden ist.[28]

Ein ähnliches literarisches Portrait zeichnete Julius Kaftan, der Nietzsche im August 1888, während seines letzten Sommeraufenthalts in Sils, besuchte. Er gebrauchte (oder besser missbrauchte) dieses Portrait zur Rechtfertigung seiner These, dass die Werke des Atheisten Nietzsche durch und durch verrückt seien. Ungeachtet dieser These bleiben doch einige Details des Bildes, das er zeichnet, interessant. So fiel Kaftan auf, dass Nietzsche »so ganz anders war« als in seinen Schriften, in denen er häufig einen scharfen Ton anschlug, ja dass er ganz im Gegenteil immer ruhig und mit »Gelassenheit« auch über die Dinge sprach, die ihm am meisten am Herz lagen. Nie zeigte sich auch nur die Spur einer »Maske«, fährt Kaftan fort, »sondern in allem« spürte man die »einfache und schlichte Liebenswürdigkeit, die ihm Natur war«.[29] Kaftan erzählt von einem Ausflug mit Nietzsche: »Wir gingen im Fextal aufwärts dem Gletscher zu, als die Rede auf seine Krankheit kam, auf alles, was er in ihr erlebt, und was er ihr zu verdanken habe. Bei einer kleinen Brücke [...] blieb er auf der schmalen Straße stehen und sprach mit leiser Stimme über die große Wandlung, die mit ihm vor sich gegangen sei. [...] Was er im Sinne hatte, war aber eben jener Übergang vom Nein zum Ja: das ist die Wurzel aller seiner Reden und Lehren.«[30] Kaftan berichtet auch von einer bemerkenswerten Wendung ihres Gesprächs bei einem Gang in das benachbarte Dorf Sils-Baselgia: »Da setzte mir Nietzsche irgend ein Küchenrezept mit großem Eifer auseinander [...] Plötzlich fand ich das Ding komisch, [...] lachte und sagte: ›Das wäre etwas für die ›Fliegenden Blätter‹, daß wir Professoren hier laufen und uns über Küchenrezepte unterhalten.‹ Aber da wurde er ernstlich böse und hielt mir eine Vorlesung, welch ein Frevel es sei, des Leibes Pflege zu vernachlässigen.«[31] Küchenrezepte gehörten zu jenen »nächsten Dingen«, die Nietzsche den eschatologischen vier letzten Dingen immer vorzog. Mochten Kaftan und seine Herde Tod, Gericht, Himmel und Hölle beschwören, Nietzsche wollte das Leben predigen, das Gericht aussetzen, einen hellen, weiten Himmel verkündigen und diätetische Köstlichkeiten bereiten.

Was diese Köstlichkeiten angeht, so bestand Nietzsches Diät in Sils-Maria seit Mitte der achtziger Jahre hauptsächlich aus Ziegenkäse und frischer Kuhmilch, dazu Vollkornbrot oder Zwieback. Seine Mutter schickte ihm regelmäßig Pakete mit Schinken, Würsten und Zwieback. Als Meta von Salis im Hotel Alpenrose speiste, versuchte sie, in Nietzsches Nähe zu sitzen, um darauf zu achten, dass er auch richtig aß. Er hatte nichts gegen diese Fürsorge einzuwenden. Tatsächlich brauchte und liebte Nietzsche gutes Essen, beklagte allerdings, dass sein Einkommen in dieser Beziehung weder seinen Grundbedürfnissen noch seinen besonderen Vorlieben genüge. (B 7, 233)

Keiner der Begleiter und Gesprächspartner, die wir hier haben zu Wort kommen lassen, durchdrang die wachsende Isolation und äußerste Zurückgezogenheit des Denkers. Es war nicht nur ein Sich-Verschließen gegen Zufallsbekanntschaften, die eigene Familie, ja sogar gegen die Freunde: Nietzsche erfuhr die Einsamkeit vielmehr als eine Bürde seines *Denkens*, die schwerste Bürde überhaupt in einem Leben, das voller Bürden war. Tatsächlich war er nie (konnte es auch gar nicht sein) in der Gesellschaft Ebenbürtiger. Unter den Notizen für das Buch, das später den Titel *Jenseits von Gut und Böse* tragen sollte, finden wir die folgenden Gedanken über den Preis eines solchen Daseins, eines Daseins »jenseits«:

> Inter pares: ein Wort, das trunken macht, – so viel Glück und Unglück schließt es für den ein, welcher ein ganzes Leben allein war; der Niemandem begegnet ist, welcher zu ihm gehörte, ob er schon auf vielerlei Wegen gesucht hat; der im Verkehre immer der Mensch der wohlwollenden und heiteren Verstellung, der gesuchten und oft gefundenen Anähnlichung sein mußte und jene gute Miene zum bösen Spiele aus allzulanger Erfahrung kennt, welche »Leutseligkeit« heißt, – mitunter freilich auch jene gefährlichen herzzerreißenden Ausbrüche aller verhehlten Unseligkeit, aller nicht erstickten Begierde, aller aufgestauten und wild gewordenen Ströme der Liebe, – den plötzlichen Wahnsinn jener Stunde, wo der Einsame einen Beliebigen umarmt und als Freund und Zuwurf des Himmels und kostbarstes Geschenk behandelt, um ihn eine Stunde später mit Ekel von sich zu stoßen, – mit Ekel nunmehr vor sich selber, wie beschmutzt, wie erniedrigt, wie sich selbst entfremdet, wie an seiner eignen Gesellschaft krank –. (W 12, 71)

Im Sommer 1885 erklärte Nietzsche Franz Overbeck, seine Philosophie sei »nicht mehr mittheilbar, zum Mindesten nicht durch Druck«. (B 7, 62) Er selbst erlebte massive innere Widerstände gegen seine eigenen Erkenntnisse. »Mir besteht mein Leben jetzt in dem Wunsche, daß es mit allen Dingen *anders* stehn möge, als ich sie begreife; und daß mir Jemand *meine* ›Wahrheiten‹ unglaubwürdig mache.« (B 7, 63) Als Overbeck ihm zu seinem 41. Geburtstag eine Karte schickte, antwortete Nietzsche:

> Es war der einzige dem Papiere anvertraute Glückwunsch, den ich dies Mal erhielt: – ich dachte länger über dieses Factum eines ein und vierzigjährigen Lebens nach. Es ist auch eine Art von *Resultat*, und vielleicht nicht in jedem Betracht ein trauriges, zum Mindesten, wenn man ein Recht sich zugestehn darf, den Sinn seines Lebens in die Erkenntniß zu setzen. Zu ihr gehört Entfremdung, Entfernung, vielleicht auch Erkältung. Du wirst reichlich gemerkt haben, wie die Scala der »Frostgefühle« jetzt beinahe meine Specialität ist: das kommt davon, wenn man so lange »in der Höhe« lebt, »auf dem Berge« oder auch, wie der Vogelfreie, »in der Luft«: man wird für den feinsten Reiz der Wärme empfindlich, und immer empfindlicher – oh man wird so *dankbar* für Freundschaft, mein lieber alter Freund! (B 7, 101)

Ein Jahr später notierte er, dass die Dame, die im Hotelrestaurant in Nizza neben ihm saß (vielleicht eine weitere hilfsbereite »Mutter«?), sich darüber beklagt habe, dass sie sich von der Kälte, die er ausstrahlte, eine Erkältung geholt habe. (B 7, 290)

In Nietzsches letztem Sommer in Sils, 1888, holten sich alle eine Erkältung. Die ersten sechs Wochen seines Aufenthaltes waren eisig und regnerisch. Es gab schwere Überschwemmungen, und am 17. Juni schneite es gar! Am 14. Juni schrieb Nietzsche an Heinrich Köselitz in Venedig: »Ringsherum liegen noch die Reste von 26, zum Theil ungeheuren Lawinen. Ganze Wälder sind von ihnen heruntergebrochen. Es giebt hier ein interessantes Lawinen-Recht: das Holz gehört dem, auf dessen Grundstück die Lawine es wirft. Ein Bewohner von Bevers hat auf diese Weise ca. 5000 frs. Holz zum Geschenk bekommen, Der Schnee lag hier noch in den Mai hinein 6 Fuß hoch: dann schmolz er mit einer kaum begreiflichen Schnelle weg.« (B 8, 331) Nietzsche beobachtete das schauderhafte Wetter mit großem Interesse für meteorologische Zusammenhänge. An Meta von Salis schrieb er über den stürmischen 17. Juni:

> [E]s schneit eben aus Leibeskräften: ich sitze in meiner Höhle und überlege mit einiger Schwermuth, ob nicht das Wetter (oder der Wettermann) den Verstand verloren hat. Als ich hier ankam, war es schwül, lästig, eine Hitze von 24 Grad; es kam mich fast eine Reue an, Turin verlassen zu haben, wo wir zwar täglich 31 C. hatten, aber aria limpida elastica und jenen berühmten Zephyr [...] Dies schreibe ich im Grunde, um Sie einzuladen, hier herauf zu kommen. Ich zweifle nicht, daß Sie besseres Wetter mitbringen – und jene Vernunft, die das Wetter verloren hat.
> In der »Alpenrose« sind vierzehn Personen – fast lauter Hamburger und Hamburgerinnen. *Das* flieht Alles vor dem tropischen Gluth-Sommer, der uns verspro-

Das »Nietzsche-Haus« in Sils-Maria, wie es im Juni 1888 ausgesehen haben könnte.

chen ist – *und* sitzt nun im Schnee. Ich habe eben, mit Hülfe meteorologischer Tabellen, folgende *ganz unwahrscheinlich klingende* Wahrheit festgestellt.

»Der Januar in Italien«

	Heitere Tage	Regentage	Grad der Bewölkung
Turin	10,3	2	4,9
Florenz	9,1	9,7	5,7
Rom	8,2	10	5,8
Neapel	7,7	10,8	5,2
Palermo	3,2	13,5	6,5

Das bedeutet, daß im Winter, je tiefer man nach Süden steigt, das Wetter schlechter ist (– weniger helle Tage, mehr Regentage und ein immer trüberer Himmel –) Und wir glauben alle instinktiv das Gegentheil!! (B 8, 335f)

Wetter und Stimmung schlugen im August zum Besseren um. Am 13. August 1888 schrieb Nietzsche an seine Mutter:

[W]ir haben seit 4 Tagen ein unvergleichlich schönes Wetter und athmen alle auf. Vorher noch war es tief winterlich; so daß meine Wirthin mir doppelte Decken aufs Bett legte und ich alle Wintersachen, die ich hatte, in Gebrauch nahm. Aber mit Einem Male ist eine wunderbare Sommer-Stimmung da; die allerschönsten Farben, die ich hier oben gesehen habe, und der Himmel vollkommen rein wie in Nizza. Heute morgen bin ich mit Fräulein v. Salis auf dem See herumgegondelt; gestern hat mir ein ausgezeichneter Musiker [Carl von Holten] ein kleines Privatconcert gegeben, in dem er Sachen von Herrn Köselitz spielte, die er für mich eingeübt hatte. Ebenfalls langte ein sehr liebenswürdiger Brief von Missis Fynn aus Genf an (trotzdem daß ich seit vorigem Herbste vollkommen verstummt war und mehrere Briefe unbeantwortet gelassen hatte).
In meinem Hôtel [Alpenrose, wo er zu Mittag isst] sind jetzt 60 Gäste. Es gab sehr viel zu thun für mich, wir sind wieder in voller Druck-Arbeit [*Der Fall Wagner*]. [...] Sils hat sich neue Glocken angeschafft, deren Klang sehr weich und voll ist.
(B 8, 392)

Am Ende dieses Sommers, an diesem Ende all seiner Sommeraufenthalte im Engadin, schrieb Nietzsche an Overbeck:

> Zuletzt glaube ich, daß die merkwürdige Ungunst der meteorologischen Zustände jede Art Erschöpfung in diesem Jahre bedenklich macht, – ich rede aus Erfahrung. Man ist durchaus nicht isolirt vom ganzen Naturleben: wenn der Wein nicht aus Mangel an Sonne geräth, werden wir auch *sauer* ... Seltsam, daß hier oben uns die stärkste Geduldsprobe bis zuletzt aufgespart war: es gab gerade *schauderhafte* Zustände die ganze letzte Woche: – ich lag wieder Tage lang wie betäubt. Die Wasser-Masse, die allein in 4 Tagen gefallen ist, beträgt 220 millimeter: während das normale Quantum eines *ganzen* Monats in Sils 80 mill. ist. Trotzdem war Sils der einzige Ort im Engadin, der ohne Schaden durch diese Katastrophe (– unerhört in der Geschichte des Engadin!) durchgekommen ist. – Mein Hôtel, die *Alpenrose*, in der ich immer verkehre, aber allein esse, hatte diesen Sommer die Auszeichnung, Herrn Bädecker und Frau aus Leipzig ein paar Monate zu Gaste zu haben: eine wirkliche *Censur*, auch für Sils! (B 8, 433)

So heiter Nietzsche auch von Zeit zu Zeit sein mochte, seine Gedanken kreisten dennoch ständig um seine schlechte Gesundheit, trotz des außergewöhnlich aktiven, arbeitsreichen Sommers in diesem Jahr. Am 4. Juli 1888 schrieb er, wiederum an Overbeck in Basel:

> Ewiger Kopfschmerz, ewiges Erbrechen; eine Recrudescenz meiner alten Leiden; tiefe nervöse Erschöpfung verhüllend, bei der die ganze Maschine nichts taugt. Ich habe Mühe, mich gegen die traurigsten Gedanken zu vertheidigen. Oder vielmehr: ich denke sehr klar, aber nicht günstig über meine Gesammtlage. Es fehlt nicht nur an der Gesundheit, sondern an der Voraussetzung zum gesund-werden – Die Lebens-Kraft ist nicht mehr intakt. Die Einbuße von 10 Jahren zum Mindesten ist nicht mehr gut zu machen: während dem habe ich immer vom »Capital« gelebt und nichts, gar nichts zuerworben. Aber das macht *arm*. ... Man holt nicht nach in physiologicis, jeder schlechte Tag *zählt* [...] Ich bin durchaus *nicht* kopfleidend, *nicht* magenleidend: aber unter dem Druck einer nervösen Erschöpfung (die zum Theil *hereditär*, – von meinem Vater, der auch nur an *Folge*erscheinungen des Gesammt-Mangels an Lebenskraft gestorben ist – zum Theil erworben ist) erscheinen die Consequenzen in allen Formen. [...] Verzeihung! lieber Freund, für diesen gar zu medizinisch gerathenen Brief. (B 8, 347f)

Ein Großteil der Geschichte von Nietzsches quälenden Rekonvaleszenzversuchen ist jedoch mit dem Meer verknüpft. Wie sein »Sohn« Zarathustra wusste Nietzsche, dass er zu jenen Gestaden hinabsteigen musste, dass er schwimmen musste, auch wenn er gern geflogen wäre. In einem gereizten Brief an seine Mutter und Schwester vom 14. März 1885 heißt es:

> Man wird tüchtig für seine Unwissenheit bestraft: hätte ich mich *zur rechten Zeit* mit medizinischen, klimatologischen und dergleichen Problemen beschäftigt, statt mit Suidas und Laertius Diogenes: ich wäre kein halb-zu-Grunde-gerichteter Mensch. – –
> Also: ich habe das Meer *nöthig* usw. Pardon, ich langweile Euch mit diesen alten Geschichten.
> Und so verliert man seine Jugend, und ist nun schon über 40 hinaus, und immer noch in den ersten Experimenten über das, was man nöthig *hat*, und spätestens seit 20 Jahren haben *sollte*. – (B 7, 22)

Den Städten am Meer, dem Bedürfnis nach intimer Zwiesprache und Heimlichkeiten mit dem Meere, müssen auch wir uns nun zuwenden. Denn Nietzsche selbst wandte sich in den letzten aktiven zehn Jahren seines Lebens jeden Herbst in diese Richtung. Am 2. Oktober 1886 berichtete er Emily Fynn, dass jedes Mal, wenn er Vorkehrungen treffe, Sils-Maria zu verlassen, um sich in das wärmere Seeklima zu begeben, sein Hausherr erschrocken ausrufe: »Nun geht der Winter los.« (B 7, 259) Doch Gian Durisch musste leiden, damit der »Übermensch« leben konnte: »Seht, welche Fülle ist um uns! Und aus dem Überflusse heraus ist es schön hinaus zu blicken auf ferne Meere.« (ASZ II; 109).

»DIE EINSAMKEIT DES HOCHGEBIRGES«

Riva del Garda

Stresa, Lago Maggiore

Recoaro Terme

Cannóbio

Airolo, Gotthardpass

Penniner und Lepontiner Alpen

Albula- und Julierpass

Sils-Maria, Oberengadin

Riva del Garda; die Strandpromenade am Abend.

Ich bemerke, dass alle Landschaften, die mir dauernd zusagen, unter aller Mannichfaltigkeit ein einfaches geometrisches Linien-Schema haben. Ohne ein solches mathematisches Substrat wird keine Gegend etwas künstlerisch Erfreuendes. Und vielleicht gestattet diese Regel eine gleichnisshafte Anwendung auf den Menschen.

WS, 115; 602

Naturphysiognomie. Luftbläue, Beleuchtung, Duft, der auf der Ferne ruht, Gestalt der Thiere, Saftfülle der Kräuter, Glanz des Laubes, Umriß des Berges bestimmen den Totaleindruck einer Gegend.

Tagebucheintrag in Pforta, geschrieben im Alter von achtzehn Jahren; F 2, 259

Stresa am Westufer des Lago Maggiore; hier arbeitete Nietzsche im Herbst 1880 an *Morgenröthe*.

Recoaro ist, als Landschaft, eine meiner schönsten Erfahrungen, ich bin seiner Schönheit recht nachgelaufen und habe viel Mühe und Eifer verwendet. Die Schönheit der Natur ist, wie jede andere, sehr eifersüchtig und will, daß man ihr allein diene.

An Heinrich Köselitz in Venedig; Recoaro, 23. Juni 1881; B 6, 96

Recoaro Terme. Blick auf das Hauptgebäude der Fonti Centrali und Ansicht des Speisesaals des Albergo Tre Garofani (»Drei Nelken«), in dem Nietzsche und Köselitz wohnten.

In einem kleinen Gebirgsbade unweit Vicenza, Recoaro, wo ich den Frühling des Jahrs 1881 verbrachte, entdeckte ich, zusammen mit meinem maëstro und Freunde Peter Gast, einem gleichfalls »Wiedergebornen«, dass der Phönix Musik mit leichterem und leuchtenderen Gefieder, als er je gezeigt, an uns vorüberflog.

EH 335

Links: Die Felsschlucht des Cannobino westlich des Lago Maggiore.

Unten: Die Fonte Carlina im Cannóbio-Tal, wo einst die Villa Badía stand.

Wasser thut's ... Ich ziehe Orte vor, wo man überall Gelegenheit hat, aus fliessenden Brunnen zu schöpfen (Nizza, Turin, Sils); ein kleines Glas läuft mir nach wie ein Hund. *In vino veritas:* es scheint, dass ich auch hier wieder über den Begriff »Wahrheit« mit aller Welt uneins bin: – bei mir schwebt der Geist über dem *Wasser* ...

EH 281

*D*er *Wanderer im Gebirge zu sich selber.* – Es giebt sichere Anzeichen dafür, dass du vorwärts und höher hinauf gekommen bist: es ist jetzt freier und aussichtsreicher um dich als vordem, die Luft weht dich kühler, aber auch milder an, – du hast ja die Thorheit verlernt, Milde und Wärme zu verwechseln –, dein Gang ist lebhafter und fester geworden, Muth und Besonnenheit sind zusammen gewachsen: – aus allen diesen Gründen wird dein Weg jetzt einsamer sein dürfen und jedenfalls gefährlicher sein als dein früherer, wenn auch gewiss nicht in dem Maasse, als Die glauben, welche dich Wanderer vom dunstigen Thale aus auf dem Gebirge schreiten sehen.

MAM II, 237; 486

Ansichten von Airolo im Tessin beim Gotthardpass und von den Lepontiner und Penniner Alpen.

Ansichten des Albulatals; Blick nach Norden Richtung Bergün.

Die Gegend ist unmässig schön und viel grossartiger als Flims. Nur vermissen wir das Bad: zwar haben wir ein paar Stunden höher einen See, auch schwammen wir neulich drin herum, doch war es so kalt dass ich roth wie ein Krebs herauskam und mir die Haut etwas geschwollen ist.

An seine Schwester in St. Romay; Bergün, Hotel Piz Aela, 22. Juli 1874; B 4, 245

Am *Wasserfall*. – Beim Anblick eines Wasserfalles meinen wir in den zahllosen Biegungen, Schlängelungen, Brechungen der Wellen Freiheit des Willens und Belieben zu sehen; aber Alles ist nothwendig, jede Bewegung mathematisch auszurechnen. So ist es auch bei den menschlichen Handlungen; man müsste jede einzelne Handlung vorher ausrechnen können, wenn man allwissend wäre, ebenso jeden Fortschritt der Erkenntniss, jeden Irrthum, jede Bosheit. Der Handelnde selbst steckt freilich in der Illusion der Willkür; wenn in einem Augenblick das Rad der Welt still stände und ein allwissender, rechnender Verstand da wäre, um diese Pausen zu benützen, so könnte er bis in die fernsten Zeiten die Zukunft jedes Wesens weitererzählen und jede Spur bezeichnen, auf der jenes Rad noch rollen wird. Die Täuschung des Handelnden über sich, die Annahme des freien Willens, gehört mit hinein in diesen auszurechnenden Mechanismus.

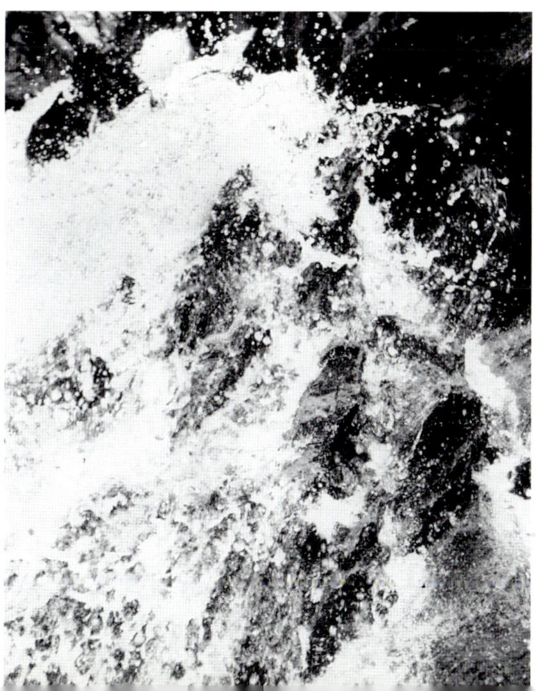

MAM I, 106; 103

Incipit tragoedia. – Als Zarathustra dreissig Jahr alt war, verliess er seine Heimath und den See Urmi und gieng in das Gebirge. Hier genoss er seines Geistes und seiner Einsamkeit und wurde dessen zehn Jahre nicht müde. Endlich aber verwandelte sich sein Herz, – und eines Morgens stand er mit der Morgenröthe auf, trat vor die Sonne hin und sprach zu ihr also: »Du grosses Gestirn! Was wäre dein Glück, wenn du nicht Die hättest, welchen du leuchtest! Zehn Jahre kamst du hier herauf zu meiner Höhle: du würdest deines Lichtes und dieses Weges satt geworden sein, ohne mich, meinen Adler und meine Schlange; aber wir warteten deiner an jedem Morgen, nahmen dir deinen Ueberfluss ab und segneten dich dafür. Siehe! Ich bin meiner Weisheit überdrüssig, wie die Biene, die des Honigs zu viel gesammelt hat, ich bedarf der Hände, die sich ausstrecken, ich möchte verschenken und austheilen, bis die Weisen unter den Menschen wieder einmal ihrer Thorheit und die Armen wieder einmal ihres Reichthums froh geworden sind. Dazu muss ich in die Tiefe steigen: wie du des Abends thust, wenn du hinter das Meer gehst und noch der Unterwelt Licht bringst, du überreiches Gestirn! – ich muss, gleich dir, *untergehen*, wie die Menschen es nennen, zu denen ich hinab will. So segne mich denn, du ruhiges Auge, das ohne Neid auch ein allzugrosses Glück sehen kann! Segne den Becher, welcher überfliessen will, dass das Wasser golden aus ihm fliesse und überallhin den Abglanz deiner Wonne trage! Siehe! Dieser Becher will wieder leer werden, und Zarathustra will wieder Mensch werden.« – Also begann Zarathustra's Untergang.

FW, 342; 571

Oberengadin. Der »Zarathustra-Stein« am Südufer des Silvaplaner Sees bei Surlej; der Wasserfall Ova da Surlej über dem See.

Oben: Oberengadin. Der Silser See und die Chastè-Halbinsel im Morgenschatten, im Hintergrund die Gipfel des Grevasalvas und Piz Lagrev.
Unten: Das Seeufer in der Nachmittagssonne; Blick nach Südosten hinauf zum Fextal auf den Chapütschin und den Piz Tremoggia.

Et in Arcadia ego. – Ich sah hinunter, über Hügel-Wellen, gegen einen milchgrünen See hin, durch Tannen und alterernste Fichten hindurch: Felsbrocken aller Art um mich, der Boden bunt von Blumen und Gräsern. Eine Heerde bewegte, streckte und dehnte sich vor mir; einzelne Kühe und Gruppen ferner, im schärfsten Abendlichte [...] Zwei dunkelbraune Geschöpfe, bergamasker Herkunft, waren die Hirten: das Mädchen fast als Knabe gekleidet. Links Felsenhänge und Schneefelder über breiten Waldgürteln, rechts zwei ungeheure beeiste Zacken, hoch über mir, im Schleier des Sonnenduftes schwimmend, – Alles gross, still und hell. Die gesammte Schönheit wirkte zum Schaudern und zur stummen Anbetung des Augenblicks ihrer Offenbarung; unwillkürlich, wie als ob es nichts Natürlicheres gäbe, stellte man sich in diese reine scharfe Lichtwelt (die gar nichts Sehnendes, Erwartendes, Vor- und Zurückblickendes hatte) griechische Heroen hinein; man musste wie Poussin und sein Schüler empfinden: heroisch zugleich und idyllisch.

WS, 295; 686f

Am Silser See im Oberengadin. Scheune im Dorf Isola; das Delta, das der Fluss aus dem Val Fedoz geschaffen hat.

Wohin man reisen muss. – Die unmittelbare Selbstbeobachtung reicht nicht lange aus, um sich kennen zu lernen: wir brauchen Geschichte, denn die Vergangenheit strömt in hundert Wellen in uns fort; wir selber sind ja Nichts als Das, was wir in jedem Augenblick von diesem Fortströmen empfinden. Auch hier sogar, wenn wir in den Fluss unseres anscheinend eigensten und persönlichsten Wesens hinabsteigen wollen, gilt Heraklit's Satz: man steigt nicht zweimal in den selben Fluss. – Das ist eine Weisheit, die allmählich zwar altbacken geworden, aber trotzdem eben so kräftig und nahrhaft geblieben ist, wie sie es je war: ebenso wie jene, dass, um Geschichte zu verstehen, man die lebendigen Ueberreste geschichtlicher Epochen aufsuchen müsse, – dass man *reisen* müsse, wie Altvater Herodot reiste, zu Nationen – [...] Es leben sehr wahrscheinlich die letzten drei Jahrhunderte in allen ihren Culturfärbungen und -Strahlenbrechungen auch in *unserer Nähe* noch fort: sie wollen nur *entdeckt* werden. [...] Gewiss hat sich in abgelegenen Gegenden, in weniger betretenen Gebirgsthälern, umschlosseneren Gemeinwesen ein ehrwürdiges Musterstück sehr viel älterer Empfindung leichter erhalten können und muss hier aufgespürt werden [...] Wer nach langer Uebung in dieser Kunst des Reisens, zum hundertäugigen Argos geworden ist, der wird *seine Io* – ich meine sein *ego* – endlich überall hinbegleiten und in Aegypten und Griechenland, Byzanz und Rom, Frankreich und Deutschland, in der Zeit der wandernden oder der festsitzenden Völker, in Renaissance und Reformation, in Heimat und Fremde, ja in Meer, Wald, Pflanze und Gebirge, die Reise-Abenteuer dieses werdenden und verwandelten ego wieder entdecken.

MAM II, 223; 477f

Nun, mein lieber guter Freund! Die Augustsonne ist über uns, das Jahr läuft davon, es wird stiller und friedlicher auf Bergen und in den Wäldern. An meinem Horizonte sind Gedanken aufgestiegen, dergleichen ich noch nicht gesehn habe – davon will ich nichts verlauten lassen, und mich selber in einer unerschütterlichen Ruhe erhalten. Ich werde wohl *einige* Jahre noch leben müssen! Ach, Freund, mitunter läuft mir die Ahnung durch den Kopf, daß ich eigentlich ein höchst gefährliches Leben lebe, denn ich gehöre zu den Maschinen, welche *zerspringen* können! Die Intensitäten meines Gefühls machen mich schaudern und lachen – schon ein Paarmal konnte ich das Zimmer nicht verlassen, aus dem lächerlichen Grunde, daß meine Augen entzündet waren – wodurch? Ich hatte jedesmal den Tag vorher auf meinen Wanderungen zuviel geweint, und zwar nicht sentimentale Thränen, sondern Thränen des Jauchzens; wobei ich sang und Unsinn redete, erfüllt von einem neuen Blick, den ich vor allen Menschen voraus habe.

An Heinrich Köselitz in Venedig; Sils-Maria, 14. August 1881; B 6, 112

Gegenüber: Die »Kleine Insel«, Isoletta, im Silser See. Blick nach Westen auf den Grevasalvas, den Piz Lagrev und den Malojapass.

Klein sein können. – Man muss den Blumen, Gräsern und Schmetterlingen auch noch so nahe sein wie ein Kind, das nicht viel über sie hinwegreicht. Wir Aelteren dagegen sind über sie hinausgewachsen und müssen uns zu ihnen herablassen; ich meine, die Gräser *hassen* uns, wenn wir unsere Liebe für sie bekennen. Wer an *allem* Guten Theil haben will, muss auch zu Stunden klein zu sein verstehen.

WS, 51; 575f

Sempervivum montanum auf der Halbinsel Chastè im Oberengadin.

Viertes Kapitel

HEIMLICHKEITEN MIT DEM MEERE

Die Einsamkeit ist mitunter gar zu trostlos.
Nietzsche an Carl von Gersdorff

Man kann daran zu Grunde gehn, „unsterblich“ zu sein.
Nietzsche an Malwida von Meysenbug

Als ein vor Schreck gelähmter Pip in Herman Melvilles *Moby Dick* zum zweiten Mal über Bord des Walfängers ging, setzten Stubb und die anderen ungerührt die Verfolgung des Weißen Wals fort und überließen den hilflos Trudelnden dem hoffnungslosen Horizont des Pazifik. So weit war die See und so furchtbar Pips Verlassenheit, dass seine Seele in die Unendlichkeit versank, wenngleich sein Körper am Leben blieb. Durch einen unerklärlichen Zufall fuhr die Pequod an dem verloren gegangenen Pip vorbei und fischte ihn aus den Wogen. Doch der unselige Pip kam danach nie wieder zu Verstand. Nachdem er einmal das Meer gründlich erforscht hatte, spielte er die Rolle des Schiffsidiots, bis auch er schließlich sein Grab auf dem Meeresgrund fand.

Nietzsche verließ das Meer niemals freiwillig. Das Meer war kein Ort, den man einfach verließ. Mitte März 1882, als es in Genua allmählich zu warm wurde, war Nietzsche sich darüber klar, dass es für ihn Zeit wurde, in die Berge zurückzukehren. Obwohl er hier gesundheitlich in katastrophaler Verfassung gewesen war, verließ er die Küste nur mit äußerstem Widerwillen. Overbeck gegenüber klagte er: »Der Frühling ist hinter uns: wir haben Sommer-Wärme und Sommer-Helligkeit. Es ist die Zeit meiner Verzweiflung. Wohin? wohin? Wohin? Ich verlasse so ungern das Meer. Ich fürchte die Berge und alles Binnenländische – aber ich muss fort. Was für Anfälle habe ich wieder hinter mir! Die ungeheuren Mengen Galle, welche ich jetzt immer ausbreche, erregen mein Interesse.« (B 6, 180) Am 23. März schrieb er an Paul Rée: »Soll ich wirklich so verrückt sein, mich wieder den *Bergen* zu nähern? Am Meere geht es mir doch am erträglichsten. Wo ist aber der Meer-Ort, der *Schatten* genug für mich hat! è una miseria!« (B 6, 187) In einem wie kopflos wirkenden spontanen Entschluss buchte er eine Passage auf einem Frachter, der nach Messina auf Sizilien fuhr. Nicht einmal die kochende Hitze auf dem Eiland des Empedokles konnte ihn von dem Gedanken abbringen, dass er auf lange Sicht gesehen den rechten Ort für sich gefunden habe.[1]

Genua war für Nietzsche eine wichtige »Entdeckung« gewesen; für ihn war es immer die Stadt von Kolumbus, Mazzini und Paganini, die Stadt der Entdecker, Gründer und Neuerer. Am 24. März 1881 schrieb er an Erwin Rohde: »Schon jetzt giebt es Augenblicke, wo ich auf den Höhen über Genua mit Blicken und Empfindungen herumwandele, wie sie von eben hier aus vielleicht einmal der selige Columbus auf das Meer und auf alle Zukunft hinaus gesandt hat.« (B 6, 75) Auch Overbeck ließ er von Anfang an intensiv an seiner Begeisterung für Genua teilhaben, so in einem Brief vom November 1880 und einem weiteren vom Januar 1881. Im ersten Schreiben hieß es:

> Jetzt ist mein ganzes Dichten und Trachten darauf aus, eine idealische Dachstuben-Einsamkeit zu verwirklichen, bei der alle jene nothwendigen und einfachsten Anforderungen meiner Natur, wie viele, viele Schmer-

Gegenüber: Nizza. Blick vom Parc du Château.

zen sie mich gelehrt haben, zu ihrem Rechte kommen. Und vielleicht gelingt es mir! [...] Eben habe ich mich von einem sehr bitterbösen Anfalle erhoben, und kaum ist die Noth zweier Tage abgeschüttelt, so läuft meine Narrheit schon wieder ganz unglaublichen Dingen nach, vom frühsten Erwachen an, und ich glaube nicht, daß irgendwelchen Dachstubenbewohnern die Morgenröthe lieblichere und wünschbarere Dinge beleuchtet hat. Hilf mir diese Verborgenheit festzuhalten, verleugne meine Existenz in Genua, – für eine gute Spanne Zeit muß ich ohne Menschen und inmitten einer Stadt, deren Sprache ich nicht kenne, leben, *muß* ich – ich wiederhole es; fürchte nichts für mich! Ich lebe, wie als ob die Jahrhunderte ein Nichts wären und gehe meinen Gedanken nach, ohne an das Datum und die Zeitungen zu denken. (B 6, 49f)

Am 8. Januar 1881 äußerte sich Nietzsche dem Freund gegenüber erneut enthusiastisch über Genua: »Ich denke so oft an Dich und namentlich, wenn ich nach Mittag, fast Tag für Tag, auf meinem abgeschiedenen Felsen am Meere sitze oder liege, wie die Eidechse in der Sonne ruhe und mit den Gedanken auf Abenteuer des Geistes ausgehe. Meine Diät und Vertheilung des Tages sollte mir doch auf die Dauer gut thun! Meerluft und viel reiner Himmel – das sehe ich nun ein ist mir unentbehrlich! Die Wärme ist im neuen Jahre geringer als im alten, ich habe keinen Ofen – aber wer hat hier einen Ofen!« (B 6, 57) Am gleichen Tag und in der gleichen Stimmung schrieb er an seine Mutter und Schwester in Naumburg: »Wenn die Sonne scheint, gehe ich immer auf einen einsamen Felsen am Meer und liege dort im Freien unter meinem Sonnenschirm still, wie eine Eidechse; das hat mehrere Male meinem Kopfe wieder aufgeholfen. Meer und reiner Himmel!« (B 6, 56f)

Zweifellos lernte er seine Gastfamilie in Genua, nachdem er Ende Oktober 1881 endlich ein Zimmer gefunden hatte, das ihm zusagte, recht gut kennen – so wie er auch die Familie von Gian Durisch in Sils im Laufe der achtziger Jahre und jene von Davide Fino in Turin gegen Ende des Jahrzehnts kennen lernen sollte. An Weihnachten 1881 berichtete er seiner Mutter und Schwester, dass er dem Sohn seiner Vermieterin (vermutlich jener Dame mit dem Namen »Carlotta«), der in der Irrenanstalt saß, ein *pane dolce* – das italienische Äquivalent zum Christstollen – habe zukommen lassen. (B 6, 151ff) Während seiner Winteraufenthalte in Genua bewohnte Nietzsche verschiedene Zimmer im Haus Nr. 8 in der Salita delle Battistine. Die steil ansteigende Gasse war für den Verkehr gesperrt. Sie grenzte an die schattigen Barockgärten der Villetta di Negro, in denen Nietzsche oft seine Abende verbrachte. Vom Aussichtspunkt des Parks aus konnte Nietzsche die Altstadt und den Hafen von Genua überblicken und beobachten, wie die beladenen Schiffe den Hafen verließen und nach Westen in See stachen.

Carlotta, Nietzsches Vermieterin in Genua, vermutlich in der Salita delle Battistine 8 in Genua.

6. November 1881 an Heinrich Köselitz: »Dieser Monat ist hier *sehr schön*; ich sitze Abends in einem Weingarten, mit Meer, Bergen und Villen unter mir, ja ich nehme ein Meerbad, in meiner Grotte der Morgenröthe.« (B 6, 138).

Genua, Salita delle Battistine 8; rechts liegt der öffentliche Park der Villetta di Negro.

Genua war auch der Heimathafen einiger seiner kühnsten Unternehmungen. Im Blick auf seine beiden »persönlichsten« Bücher, *Morgenröthe* und *Die fröhliche Wissenschaft*, die beide größtenteils in Genua entstanden, äußerte Nietzsche gegenüber dem französischen Historiker Hippolyte Adolphe Taine:

> Diese zwei Bücher sind mir lieb. Das erste, die Morgenröthe, habe ich in Genua geschrieben, in Zeiten schwersten und schmerzhaftesten Siechtums, von den Aerzten aufgegeben, Angesichts des Todes und inmitten einer unglaublichen Entbehrung und Vereinsamung: aber ich wollte es damals nicht anders und war trotzdem mit mir in Frieden und Gewißheit. Das andre, die fröhliche Wissenschaft, verdanke ich den ersten Sonnenblicken der wiederkehrenden Gesundheit: es entstand ein Jahr später (1882), ebenfalls in Genua, in ein paar sublimklaren und sonnigen Januarwochen. Die Probleme, mit denen sich beide Bücher beschäftigen, machen einsam. (B 8, 107)

Zoagli; Blick nach Südosten in Richtung Chiavari und Sestri Levante – einer der Ausblicke bei Nietzsches Morgenspaziergängen auf der Via Aurelia.

Das Castrum Venagi in der Bucht von Rapallo.

In seiner Autobiographie *Ecce homo* erinnert sich Nietzsche unter der Überschrift »Warum ich so gute Bücher schreibe« an die Entstehung von *Morgenröthe*. Für ihn lag dieses Buch gleichsam in der Sonne, »rund, glücklich, einem Seegethier gleich, das zwischen Felsen sich sonnt«. Letztlich, so sagt er, war er selbst dieses »Seegethier«: »Fast jeder Satz des Buchs ist erdacht, *erschlüpft* in jenem Felsen-Wirrwarr nahe bei Genua, wo ich allein war und noch mit dem Meere Heimlichkeiten hatte.« (EH 329) Die vielleicht intimste dieser Heimlichkeiten fand ihren Niederschlag unter dem Titel »Im grossen Schweigen« in *Morgenröthe*. Hier ergriff die weite Stille des Meeres von Nietzsche Besitz:

> *Im grossen Schweigen.* – Hier ist das Meer, hier können wir der Stadt vergessen. Zwar lärmen eben jetzt noch ihre Glocken das Ave Maria – es ist jener düstere und thörichte, aber süsse Lärm am Kreuzwege von Tag und Nacht –, aber nur noch einen Augenblick! Jetzt schweigt Alles! Das Meer liegt bleich und glänzend da, es kann nicht reden. Der Himmel spielt sein ewiges stummes Abendspiel mit rothen, gelben, grünen Farben, er kann nicht reden. Die kleinen Klippen und Felsenbänder, welche in's Meer hineinlaufen, wie um den Ort zu finden, wo es am einsamsten ist, sie können alle nicht reden. Diese ungeheure Stummheit, die uns plötzlich überfällt, ist schön und grausenhaft, das Herz schwillt dabei. – Oh der Gleissnerei dieser stummen Schönheit! Wie gut könnte sie reden, und wie böse auch, wenn sie wollte! Ihre gebundene Zunge und ihr leidendes Glück im Antlitz ist eine Tücke, um über dein Mitgefühl zu spotten! – Sei es drum! Ich schäme mich dessen nicht, der Spott solcher Mächte zu sein. Aber ich bemitleide dich, Natur, weil du schweigen musst, auch wenn es nur deine Bosheit ist, die dir die Zunge bindet: ja, ich bemitleide dich um deiner Bosheit willen! – Ach, es wird noch stiller, und noch einmal schwillt mir das Herz: es erschrickt vor einer neuen Wahrheit, *es kann nicht reden*, es spottet selber mit, wenn der Mund Etwas in diese Schönheit hinausruft, es geniesst selber seine süsse Bosheit des Schweigens. Das Sprechen, ja das Denken wird mir verhasst: höre ich denn nicht hinter jedem Worte den Irrthum, die Einbildung, den Wahngeist lachen? Muss ich nicht meines Mitleidens spotten? Meines Spottes spotten? – Oh Meer! Oh Abend! Ihr seid schlimme Lehrmeister! Ihr lehrt den Menschen *aufhören*,

> Mensch zu sein! Soll er sich euch hingeben? Soll er werden, wie ihr es jetzt seid, bleich, glänzend, stumm, ungeheuer, über sich selber ruhend? Über sich selber erhaben? (M 423; 259f)

Neben Genua wurden auch die Städte und Orte der Riviera wichtig für Nietzsche und sein Werk. Am 20. Juli 1886 empfahl Nietzsche, ausgestattet mit der Erfahrung von drei Jahren Italienaufenthalt, seinem Freund Köselitz ein »billiges kleines Albergo« in Rapallo, das »Albergo della posta, ganz am Meere, in dem der erste Theil Zarathustra niedergeschrieben wurde«. (B 7, 213) Er hoffte, dass Köselitz in diesem bewährten Quartier mit Blick auf das Castrum Venagi, die mittelalterliche Festung, die den Hafen beherrschte, sein Gast (!) sein werde. In der Erinnerung, in die sich die Eindrücke aus seinen früheren Quartieren in und um Genua mengten, wurde er geradezu lyrisch: »Und auf den düsteren Bastionen stiegen wir herum, und tränken, auf meinem Belvedere in Sampierdarena, ein Glas Monteferrato! Wirklich, ich weiß nichts, worauf ich mich so sehr freuen könnte. Es ist ein Stück meiner Vergangenheit, dies Genueser Stück, vor dem ich *Respekt* habe … es war furchtbar einsam und streng.« (B 7, 213)

Was war es, das Nietzsche an der genuesischen und ligurischen Küste so sehr ansprach? Allem voran das intensive Meerblau um die Mittagszeit; blitzendes Gold, wie die Unterseite einer Schlange, am Nachmittag; wogend unter seiner dicken Haut aus geschmolzenem Blei am Abend; die Felszacken vor den zahllosen schmalen Buchten von Portofino bis Santa Margherita, Rapallo und Zoagli im Osten, von Portofino bis San Fruttuoso, Ruta und Camogli im Westen und Norden; die zerklüfteten Bergrücken und das allgegenwärtige Geräusch der Wellen, das die Orientierung erschwerte und in dem man sich allenfalls nach der Sonne richten konnte. Doch da gab es auch besondere Freuden für seinen hoch entwickelten Geruchssinn: den zu allen Jahreszeiten duftenden Feigenbaum, den Rosmarin und den Buchsbaum, die Rosen und den Jasmin. Und nicht zuletzt überall die Versuchungen zu wandern – die Terrassen, gewundenen Wege und vortrefflich für den wandernden Fuß eingerichteten Treppen der Via Aurelia, die die mit Pinien und Olivenbäumen bestandenen Hänge der Landschaft durchzieht.

Das Meer, ein wesentlicher Teil von Nietzsches Leben, war für ihn keineswegs nur ein Ort der Ruhe und Erholung. Nie arbeitete er angestrengter als beispielsweise in Ruta, das auf den üppig bewaldeten Bergen am Südostufer des Golfs von Genua thront. In der dortigen stattlichen Albergo Italia, wo er im Winter 1886/87 sein Quartier aufgeschlagen hatte, entstanden mehrere der Vorreden für die zweite Auflage seiner Werke. Die Vorreden für *Morgenröthe* und *Die fröhliche Wissenschaft* sind beide mit »*Ruta* bei Genua, im Herbst des Jahres 1886« unterzeichnet. In der ersten werden die Leser gebeten, langsam voranzugehen, in *tempo lento*, um des alten Philologen willen, des Liebhabers des Logos, der auf langsames Lesen Wert lege. (M, 5; 17) Das zweite Vorwort kündigt eine »Lustbarkeit« an, das »Frohlocken der wiederkehrenden Kraft, des neu erwachten Glaubens an ein Morgen und Uebermorgen, des plötzlichen Gefühls und Vorgefühls von Zukunft, von nahen Abenteuern, von wieder offenen Meeren«. (FW 346) Am 2. Oktober 1886 schrieb Nietzsche an Emily Fynn in St. Moritz:

> Links der Golf von Genua bis zum Leuchtthurm; unter dem Fenster und nach den Bergen zu Alles grün, dunkel, erquicklich für das Auge. Das Albergo Italia reinlich und gefällig eingerichtet: die Küche *abscheulich*; noch keinen ordentlichen Bissen Fleisch zu sehen bekommen. Um so preiswürdiger ist die reine und nicht erschlaffende Luft, die Gänge hoch zwischen zwei Meeren, ein Pinienwald mit fast tropischer Üppigkeit. Wir haben schon drei Mal grosse Feuer angezündet; es giebt nichts Schöneres als die Flammen gegen den reinen Himmel lodern zu sehn. – Einsamkeit wie auf einer Insel des griechischen Archipelagus; rings zahllose Bergketten. (B 7, 259)

Eine Woche später lieferte er Köselitz mehr Einzelheiten über diesen launischen griechischen Archipel. Sein Brief lässt nichts von der schauderhaften Küche verlauten (die Hotelköche erinnerten sich jedoch zweifellos an den Gast, der mit dem Essen immer äußerst wählerisch war, ja heikel bis zur Pedanterie), dafür umso mehr von der exotischen Schönheit der Umgebung.

Ein Balkon des heute leer stehenden Albergo Italia in Ruta; Blick nach San Rocco an der ligurischen Küste.

[E]in Wort aus diesem wunderlichen Welt-Winkel, wo ich Sie selbst lieber wüßte als in München. Denken Sie sich eine Insel des griechischen Archipelagos, mit Wald und Berg willkürlich überworfen, welche durch einen Zufall eines Tags an das Festland herangeschwommen ist und nicht wieder zurück kann. Es ist etwas *Griechisches* daran, ohne Zweifel: andererseits etwas Piratenhaftes, Plötzliches, Verstecktes, Gefährliches; endlich, an einer einsamen Wendung, ein Stück *tropischen* Pinienwaldes, mit dem man aus Europa weg ist, etwas Brasilianisches, wie mir mein Tischgenosse sagt, der die Erde mehrmals umreist hat. Ich lag nie so viel herum, in wahrer Robinson-Insularität und -Vergessenheit; mehrfach auch lasse ich große Feuer vor mir empor lodern. Die reine unruhige Flamme mit ihrem weißgrauen Bauche sich gegen den wolkenlosen Himmel aufrichten zu sehn – Haidekraut rings herum, und jene October-Seligkeit, welche sich auf hundert Arten Gelb versteht – oh lieber Freund, ein solches Nachsommer-Glück wäre etwas für Sie, ebensosehr und vielleicht noch mehr als für mich! (B 7, 261)

Vielleicht war es das Essen im Restaurant des Albergo Italia, das ihn schließlich wieder nach Nizza trieb. In diese Stadt am Mittelmeer, die seit Jahren regelmäßig in seinen Reiseplänen eine Rolle spielte, hatte er sich zum ersten Mal im November 1883 begeben. (B 6, 133) Dennoch nahmen Genua und die ligurische Küste einen besonderen Platz unter den Städten und Orten am Meer ein.

Eines der Gedichte, die Nietzsche der zweiten Auflage von *Die fröhliche Wissenschaft* hinzufügte, trug den Titel *Nach neuen Meeren* (FW 649):

Turm des Albergo Italia in Ruta; Blick auf den abendlichen Golf von Genua.

Dorthin – *will* ich; und ich traue
Mir fortan und meinem Griff.
Offen liegt das Meer, in's Blaue
Treibt mein Genueser Schiff.

Alles glänzt mir neu und neuer,
Mittag schläft auf Raum und Zeit -:
Nur *dein* Auge – ungeheuer
Blickt mich's an, Unendlichkeit!

Die Übersiedlung von Genua nach Nizza über Menton und Villefranche bedeutete jedoch keine Unterbrechung in Nietzsches Zwiesprache mit dem Meer. Es war allenfalls ein Ortswechsel und damit ein Wechsel des Dialekts. In einem Briefentwurf an Overbeck, datiert Anfang Dezember 1883, schilderte Nietzsche, was diese Übergangszeit ihm bedeutete:

> Genua war eine ausgezeichnete Schule harter einfacher Lebensweise für mich – ich weiß jetzt, daß ich wie ein Arbeiter und Mönch leben *kann*. Zuletzt war ich dort *zu bekannt* – und ich konnte nicht länger leben wie ich wollte.
> Nizza ist groß genug, es versteckt mich.
>
> 1) Ich *ahnte* daß ich von dem Augenblick an, wo ich mein Ideal zeigen würde, ich ganz allein sein würde. Nun *weiß* ich es. Es gab zuletzt noch die härteste Illusion.
>
> 2) Sodann ist Deutschland und die Wirkung durch Universität für mich jetzt ein überwundener Standpunkt – überhaupt das Leben und Wirken im Norden [...]
>
> Der Monat in Genua war kritisch, ich hatte Zustände die von Desperation reden – ich wußte nicht wo aus noch ein. *Jetzt* glaube ich, ist Vieles wieder klar und bin ich mit den 2 letzten Jahren *zufrieden* – wegen dieser ungeheuren Klarheit.
> Genua war überdieß von Anfang an für mich die Stadt Eines Menschen, des Columbus. Nun habe ich selber ein neues Land *entdeckt* – in allen guten Stunden glaube ich es. Ich muß es mir nur noch – **erobern**. (B 8, 600)

In einem Brief an Köselitz vom 4. Dezember 1883 aus Nizza erläuterte Nietzsche noch einmal seine Entscheidung, Genua zu verlassen und Nizza den Vorzug zu geben:

> [I]ch [habe] Genua verlassen [...] und, nach längerem Zweifel, mich vorgestern für diesen Winter in *Nizza* festgesetzt und festgebunden [...]! Im Jahr 220 vollkommen reine Tage – das entschied zuletzt: die Wirkung dieser herrlichen Lichtfülle auf mich *sehr gequälten* Sterblichen (und oft so Sterbenslustigen –) grenzt an's Wunderbare. Ich habe hier für die sechs Winter-Monate fast so viel Himmels-Tage als in Genua für das ganze Jahr. Damit sagte ich der geliebten Stadt des Columbus – etwas Anderes war sie mir *nie* – Lebewohl; und sie war zuletzt noch rührendschön in ihrem Oktoberglanze.
> Nizza, als *französische* Stadt, ist mir unleidlich und fast ein Flecken in dieser südländischen Herrlichkeit; aber es ist auch noch eine *italiänische* Stadt – da, im älteren Theil, habe ich mich eingemiethet, und wenn geredet werden muß, wird *italiänisch* geredet: dann ist es, wie in einer Genueser Vorstadt. (B 6, 456f)

Rapallo und Nizza, also sowohl die italienische als auch die französische Riviera, waren die Hauptentstehungsorte von *Also sprach Zarathustra*. Wenn wir uns Zarathustra ausschließlich als einen Mann der Berge vorstellen, so vergessen wir, dass er zu den Menschen herabkommt, um sie in seine Gedanken vom Übermenschen und der Ewigen Wiederkunft einzuweihen, und dass dieses Hinabsteigen ihn stets ans Meer führt.

Als Nietzsche den dritten Teil des *Zarathustra* plante – er wohnte damals noch in Genua –, schrieb er am 6. April 1883 an Köselitz in Venedig, dass sein neues Buch ein direkter Nachkomme von »Sanctus Januarius« sei, dem vierten und letzten Buch der *Fröhlichen Wissenschaft* in der Erstauflage. Er zitierte den Einleitungsvers des Buches und die Worte »der du mit dem Flammenspeere meiner Seele Eis zertheilt, daß sie brausend nun *zum Meere ihrer höchsten Hoffnung* **eilt**«. (B 6, 358) Am 3. Dezember 1882, noch diesseits von *Also sprach Zarathustra*, Teil I, irgendwo zwischen Eis und Tauwetter, hatte Nietzsche an Köselitz in Leipzig geschrieben:

> [I]ch [habe] gefroren wie nie im Leben. Endlich flüchtete ich in ein Albergo, unmittelbar am Meere, und mein Zimmer hat einen Kamin.
> Mein Reich erstreckt sich jetzt von Portofino bis Zoagli; ich wohne in der Mitte, nämlich in Rapallo, aber meine Spaziergänge führen mich täglich an die genannten Grenzen meines Reichs. Der Hauptberg der Gegend, von meiner Wohnung an aufsteigend, heißt *»der fröhliche Berg«*, Monte allegro: ein gutes omen – hoffe ich. [...]
> Die Welt ist rund und muß sich drehn: machen wir »gute Musik« *dazu*, alter Freund! Hier und da glaubt man wohl, man dürfe auch selber ein wenig mittanzen, aber Niemand will mit diesen Leierkasten-Männern tanzen – *dazu* sind sie nicht da.
> Addio, es lebe der Gott Italiens. (B 6, 288f)

In *Ecce homo* schildert Nietzsche den Winter in Rapallo, in dem der erste Teil des *Zarathustra* das Licht der Welt erblickte. Er macht deutlich, dass das Werk manchmal hart gegen seinen Entstehungsort und das Klima ankämpfen musste, um überhaupt geboren werden zu können.

> Den darauf folgenden Winter [1882-83] lebte ich in jener anmuthig stillen Bucht von Rapallo [Tigullio] unweit Genua, die sich zwischen Chiavari und dem Vorgebirge Porto fino einschneidet. Meine Gesundheit war nicht die beste; der Winter kalt und über die Maassen regnerisch; ein kleines Albergo, unmittelbar am Meer gelegen, so dass die hohe See nachts den Schlaf unmöglich machte, bot ungefähr in Allem das Gegentheil vom Wünschenswerthen. Trotzdem und beinahe zum Beweis meines Satzes, dass alles Entscheidende »trotzdem« entsteht, war es dieser Winter und diese Ungunst der Verhältnisse, unter denen mein Zarathustra entstand. – Den Vormittag stieg ich in südlicher Richtung auf der herrlichen Strasse nach Zoagli hin in die Höhe, an Pinien vorbei und weitaus das Meer überschauend; des Nachmittags, so oft es nur die Gesundheit erlaubte, umgieng ich die ganze Bucht von Santa Margherita bis hinter nach Porto fino. [...] Auf diesen beiden Wegen fiel mir der ganze erste Zarathustra ein, vor Allem Zarathustra selber, als Typus: richtiger, er *überfiel mich* ... (EH 336f)

Nietzsche war sicherlich der Erste, der bemerkte, dass seine beiden Wege in Rapallo, der Vormittagsweg und der Nachmittagsweg, in Wirklichkeit ein einziger waren. Der Blick auf Portofino kehrt immer wieder, während man auf der Via Aurelia um die Bucht von Tigullio herumwandert. Man kann Portofino nicht auf Dauer den Rücken kehren, selbst wenn man den Hügelkamm überquert, der Zoagli von Rapallo trennt. Es ist, als ob Portofino das enge Tor zur Ewigkeit wäre, zu jener Ewigkeit, die man nur im Augenblick findet. Nietzsche hätte der Gedanke gefallen, dass er, Nietzsche – während sein Zarathustra den Weg unterhalb des Monte Allegro, zwischen San Pantaleo und San Ambrogio, entlangging –, dieses Stück Meerblick und Pinienwald zugleich für ungezählte andere ergründete, die in der Zukunft kommen sollten – andere wie Ezra Pound, der hier lebte, und William Butler Yeats, der hier durch alle Mondphasen Nietzsches Fußspuren folgte.[2]

Nachdem Teil II von *Also sprach Zarathustra* fertig gestellt war (einige Episoden waren auf der Piazza Barberini in Rom entstanden, das meiste wurde jedoch auf der Chastè-Halbinsel bei Sils zu Papier gebracht), folgte Teil III, verfasst in einer Schweizer Pension in Nizza, der Pension de Genève in der Petite Rue St. Étienne. Wieder war Nietzsche dem Mittelmeer nahe. Einige Abschnitte aus Teil III

Rapallo - Il lungomare V. Veneto (1900)

Ansicht von Rapallo; Postkarte um 1900. Das rechteckige Gebäude, das auf der Waagrechten zwischen den beiden Kirchtürmen oben im Bild liegt, ist Nietzsches Hotel; weiter rechts befindet sich das Castrum Venagi.

– er selbst erwähnt »Von alten und neuen Tafeln« – entstanden auf dem steilen Weg bei Èze (oder Eza) östlich von Nizza. Nietzsche nahm gewöhnlich den Zug von Nizza und fuhr etwa zwanzig Minuten an der Küste entlang über St. Jean/Cap Ferrat und Villefranche hinaus, stieg am Bahnhof von Èze aus und wanderte dann hinauf zur maurischen Zitadelle auf dem Gipfel des Berges. Der Himmel brannte in einem genauso tiefen Blau wie das Meer, einzeln stehende Pinien klammerten sich an Granitfelsen. Gelbe und rosafarbene Wildblumen blühten früh im Frühjahr, dem Wind und der Kälte zum Trotz. Nietzsche musste sich seinen Weg über den felsigen, sich schlängelnden Pfad ertasten: Die Sonne blendete, und der silbrig glänzende Marmorfels war schlüpfrig. Die üppige Vegetation am Wegesrand überwucherte klaffende Löcher im Fels, und es war sicherlich nicht ungefährlich, hier zu stürzen. Seine einzigen Weggefährten, die ihn dafür aber ständig begleiteten, waren sein Schatten auf dem Felsen und das Rauschen des Meeres weit drunten.

Am 4. Januar 1884 bezeichnete Nietzsche das gesamte Projekt des *Zarathustra* – das er nun als abgeschlossen betrachtete – als maritimes Abenteuer. Er schrieb an Franz Overbeck: »Verzeihung, alter Freund, für dies Zettelchen – aber ich will eine *gute* Nachricht drauf schreiben. Seit vorigem Freitage ist ›Also sprach Zarathustra‹ vollkommen *fertig* – und ich bin mitten im Abschreiben. Das Ganze ist somit genau im Verlaufe *eines* Jahrs entstanden: im strengeren Sinne sogar im Verlaufe von 3 x 2 Wochen. – Die letzten zwei Wochen waren die glücklichsten meines Lebens: ich bin **nie** mit solchen Segeln über ein solches Meer gefahren; und der ungeheure Übermuth dieser *ganzen* Seefahrer-Geschichte, welche so lange dauert als Du mich kennst, 1870, kam auf seinen Gipfel.« (B 6, 466f) Nietzsche lernte das Meer in all seinen Stimmungen kennen, ob es nun friedlich schlief oder Gischt durch die Felsspalten am Cap de Nice oder entlang der Halbinsel von St. Jean oder weiter in Richtung Èze presste; er konnte Poseidon an den Kieselstränden des alten Nizza selbst rütteln hören, wie die Wellen sich in regelmäßigem Rhythmus von Pferdehufen zurückzogen und die rundgeschliffenen grauen Steine im Sog mit sich nahmen. Er bummelte in westlicher Richtung über die Promenade des Anglais, sorgfältig darauf bedacht, eine Zeit zu wählen, in der sich sonst niemand dort aufhielt. Dann kehrte er um, wenn die späte Nachmittagssonne den

Ansicht von Portofino, aufgenommen auf dem Höhenweg zwischen San Ambrogio und San Pantaleo. Nietzsche kam auf seiner Wanderung auf der Via Aurelia von Portofino über Santa Margherita und Rapallo nach Zoagli an dieser Stelle vorbei.

Èze, zwischen Nizza und Monte Carlo, auf dem »Chemin Nietzsche«.

Die Küste bei Nizza, Spätnachmittag.

Strand illuminierte und die Fenster der Fassaden der Altstadt aufglühen ließ, bis sie schließlich die Festung über dem Parc du Château erreichte, heute als »Terrasse Frédéric Nietzsche« bekannt.

Um die Mitte der achtziger Jahre hatte sich also für Nietzsche eine Routine herausgebildet: Sils-Maria im Sommer, die italienische oder französische Riviera im Winter, wobei die Übergangsmonate im Frühjahr und Herbst noch immer ein Problem darstellten. An Malwida von Meysenbug schrieb er am 13. Dezember 1886 aus der Pension de Genève in Nizza: »Nizza und Engadin: aus diesem Cirkeltanze darf ich altes Pferd immer noch nicht heraus.« (B 7, 290) Nizza wurde für die Jahre 1883/84 bis 1887/88 Nietzsches »Winterresidenz«. Erst in den letzten Wochen seines aktiven Lebens beschloss das »alte Pferd«, den Wechsel nach Turin vorzunehmen.

Am 29. Januar 1885 schrieb Nietzsche aus Nizza einen Geburtstagsbrief an seine Mutter in Naumburg, in dem er von seinen Hoffnungen sprach, sich ständig in Nizza niederzulassen, Hoffnungen, die nun mit den Plänen für ein philosophisches Hauptwerk verknüpft waren:

> Ein Ort ist zwar schon gefunden, unweit Nizza's, wo ich später leben will, die Halbinsel St. Jean; aber da muß noch Viel geschafft und geglückt sein, bis es dazu kommt, daß ich dahin übersiedle. Ebenso ist meine Sommer-Existenz im Engadin auf eine ganz neue Basis zu stellen. Überall begreife ich, daß es mit dem Bisherigen vorüber ist, und daß ich jetzt ohne alle Übereilung *definitive* Zustände zu schaffen habe, zum mindesten ausreichend für 10 Jahre, um mein Lebenswerk mit der vollkommensten Ruhe in Angriff nehmen zu können. Eine Umgebung die zu mir *paßt*, ich meine zu meinem *Werke*! October bis Mai in

> St. Jean, Juli und August im Engadin, die Übergangs-Monate vielleicht in Zürich: so sieht einstweilen das Programm aus. – –
> In St. Jean fanden wir vor 8 Tagen die schönsten grünen Geranium-Hecken mit den rothen Blüthen; da dachte ich Eurer und der traurigen Schnee-Welt. – Abends trinke ich immer jetzt einen starken Grog – heute will ich's auf Dein Wohl thun! (B 7, 8f)

Bei seinen verschiedenen Aufenthalten in Nizza wohnte Nietzsche während der ersten Tage immer in der Pension de Genève, heute nur noch eine Erinnerung, nachdem das Gebäude bei einem Erdbeben beschädigt wurde und dem Ausbau eines Bahnhofs und einer Stadtautobahn zum Opfer fiel. Er beschrieb Mutter und Schwester die Pension in einem Brief vom 11. November 1885:

> Wundert Euch nicht zu sehr, meine Lieben, wenn sich heute der hamletische Maulwurf aus Nizza und *nicht* aus Vallombrosa (»Schattenthal«–) verlautet. Es war mir *sehr werthvoll*, fast gleichzeitig die Luft von Leipzig München Florenz Genua und Nizza zu experimentiren. Ihr könnt gar nicht glauben, *wie sehr* bei diesem Wettkampfe Nizza triumphirt hat. Meine Wohnung ist nach wie vor Pension de Genève, petite rue St. Etienne; sie ist inzwischen durch Umbau und gänzliche Erneuerung von Stoffen und Farben sehr appetitlich geworden. Mein Tischnachbar ist ein Bischof, ein Monsignore, der Deutsch redet. (B 7, 108)

In einem Brief an Franz Overbeck vom folgenden Tag berichtete er von seiner »Zick-Zack«-Reise durch Europa auf der Suche nach dem Ort und den Menschen, die seiner Gesundheitheit wahrhaft zuträglich wären. Er schloss: »Es scheint, das Nizza und Sils-Maria nicht zu überbieten und *auch nicht zu ersetzen* sind.« (B 7, 109) In einer ganz ähnlichen Stimmung betonte er die Vorzüge Nizzas gegenüber Heinrich Köselitz, der sich damals in Wien aufhielt, in einem Brief vom 24. November 1885. Am Tag zuvor hatte er ein neues Quartier bezogen, in dem er hoffte, längere Zeit bleiben zu können:

> Dieser Tage erquickte es mich zu erfahren, daß diese Stadt, welche ich nicht mehr wechseln und eintauschen darf, in ihrem Namen etwas vom *Siege* hat. [»Nizza« ist von der griechischen Siegesgöttin Nike abgeleitet] Und wenn Sie hören, wie der Platz heißt, wohinaus mein Fenster schaut (herrliche Bäume, in der Ferne röthliche große Gebäude, das Meer und die schön gewundene baie des anges), nämlich »Square des Phocéens«, so werden Sie vielleicht gleich mir über den ungeheuren Cosmopolitismus dieser Wort-Verbindung lachen – wirklich haben Phoceer einstmals hier sich angesiedelt – aber etwas Siegreiches und Über-Europäisches klingt heraus, etwas sehr Tröstliches, das mir sagt *»hier bist du an deinem Platze«*. Inzwischen nämlich prüfte ich München, Florenz, Genua, aber es schickt sich für meinen alten Kopf nichts Anderes als dies Nizza, abgerechnet ein paar Monate Sils-Maria: obgleich der Sommer sogar hier erquicklicher sein soll als an irgend einem Binnen-Orte Deutschlands (die Abende frische Meerbrisen, die Nächte kühl). Die Luft ist unvergleichbar, die anregende Kraft (ebenso die Lichtfülle des Himmels) in Europa nicht zum zweiten Male vorhanden. Ich erwähne endlich, daß man hier billig, *sehr billig* leben kann, und daß der Ort umfänglich genug ist, um jeden Grad einsiedlerischer Verborgenheit zu gestatten. Die ganz ausgesuchten Dinge der Natur, wie die Waldwege am nächsten Berge, wie die Halbinsel Saint-Jean, hat unsereins für sich; ebenso ist die ganze herrlich-freie Promenade am stark brandenden Meere (ca. dreiviertel Stunde lang –) nur für ein paar Stunden des Tages besucht. [...]
> Man ist hier so »außerdeutsch« – ich kann es nicht stark genug ausdrücken. (B 7, 114f)

Ganz ohne Zweifel wanderte der einstige klassische Philologe durch die Ruinen des antiken Nikaia (gegründet im 6. Jahrhundert v. Chr.) droben auf der Höhe des Parc du Château. Zweifellos nahm er sich auch Zeit, die weitläufigen Ruinen von Cimiez aus gallisch-römischer Zeit im Norden der Stadt zu besichtigen. Hatte seine erste Bleibe in der Rue Cathérine Ségurane ihm den Park und Nikaia für seine Morgen- und Abendspaziergänge in unmittelbare Nähe gerückt, so schenkte ihm sein neues Zimmer in der »Rue St. François de Paule 26 2e Étage, à gauche«, wie wir seinem Brief an Köselitz entnommen haben, die Place des Phocéens, die Promenade und die Baie des Anges. Sein neues Logis, in einem Gebäude, dessen Front aufs Meer ging, gewährte ihm die Nähe zu diesem charmanten Platz mit seinem Bacchanten-Brunnen. Die spätnachmittägliche Sonne, die durch die mächtigen Pinien- und

Nizza, Rue Cathérine Ségurane 38; gesehen von der Ostseite des Parc du Château in der Nähe des alten Hafens. Hier wohnte Nietzsche im Winter 1883/84.

Nikaia, die antiken Ruinen aus griechischer Zeit oberhalb des Parc du Château in Nizza.

Zwei Ansichten der gallisch-römischen Ruinen bei Cimiez im Norden Nizzas.

Eukalyptusbäume auf dem Platz gefiltert wurde, wärmte sein Zimmer, das er in einem Brief vom 10. Dezember 1885 an Franziska Nietzsche in Naumburg genauer beschrieb:

> Ich selber habe mich für 4 Monate hier festgesetzt und contraktlich verpflichtet. Das Zimmer, welches ich jetzt bewohne, ist, *so lange ich lebe*, das erste Zimmer, in dem ich ohne Überwindung und Widerwillen lebe – es entspricht den Hauptterfordernissen meiner Gesundheit und meines Geschmacks. Es ist 20 Fuß lang, 14 Fuß breit und 14 Fuß hoch; das Fenster 8 Fuß hoch und 3 Fuß breit; dunkelgelb tapezirt, dunkler Fußteppich, das Bett drei Mal so groß als meins in Naumburg. Nichts darin erinnert an Eleganz, Luxus bric-à-

Nizza. Der Brunnen auf der Place des Phocéens.

brac und sonstigen weiblichen Zubehör; lauter nothwendige Dinge stehen darin, darunter auch ein ganz großer Arbeitstisch und ein »*Voltaire*« (ein bequemer Gelehrten-Lehnstuhl, wie er mir in Deutschland noch nicht vorgekommen ist) Die Aussicht geht auf herrliche Bäume (Eucalyptus der größten Art) das blaue Meer und das Gebirge, vor Allem aber auf den *leuchtenden* Himmel. Die Sonne kommt Nachmittags, wie sie allein in Hinsicht auf meine Augen kommen darf. – (B 7, 125)

Die Briefe aus Nizza vom Frühling 1885 gewähren auch noch einen tieferen Einblick in Nietzsches Augenleiden. Er beklagte sich über exzessiven Tränenfluss, einen »Schleier« über den Augen (was den Gedanken an grauen Star nahe legt, auch wenn es keine medizinische Bestätigung dieser Diagnose gibt) und über »blinde Flecke«, wie sie bei Netzhautschäden auftreten.[3] Als er ein Weihnachtspaket von seiner Mutter und seiner Schwester bekam, machte er es draußen auf der Straße auf; er übersah das Geld, das sie so sorgfältig hineingepackt hatten, und hatte im Nachhinein wenigstens die Hoffnung, dass irgendein altes Mütterchen es finden und ein schöneres Weihnachtsfest feiern könnte. (B 7, 128) Zu Beginn des Jahres 1886 wies er Overbeck gegenüber auf die Ironie des Schicksals, die in seinen gequälten Augen lag, hin: »Daß ein Denker wie ich, der sein Bestes niemals in Büchern, sondern immer nur in ausgesuchten Seelen niederlegen kann, gezwungen ist, mit seinen halbblinden schmerzenden Augen ›Litteratur zu machen‹ – es ist Alles so verrückt! so hart!« (B 7, 136) Doch nicht nur die eigentlichen physischen Augenbeschwerden und die Migräne, die sie auslösten, verursachten Nietzsche schlimme Leiden. Ein weiterer Schatten des Vaters lastete auf ihm: Während des gesamten Jahrzehnts seines Nomadendaseins lebte er ständig in der Furcht zu erblinden, der Furcht, dass irgendwann einmal die Berge in Nacht versinken würden und das Meer in Dunkelheit.

Trotzdem schrieb er. Und trotzdem las er. Neben ungezählten wissenschaftlichen Werken, Büchern über Metaphysik, Erkenntnistheorie und Werken zur Religions- und Moralgeschichte las er Gedichte und Romane. Dostojewskis *L'esprit souterrain*, das er, weil er in Nizza war, in französischer Übersetzung las, fesselte ihn. Er war der Überzeugung, dass Dostojewski nach Stendhal der einzige Psychologe war, der ihm an Einfühlungsvermögen und Erkenntnissen gleichkam.[4]

Nizza ist während der Wintermonate besonders schön, mit unvermindert blauem Himmel von Dezember bis Februar. Dabei kann es aber auch bitterkalt sein. Genau das war im Winter 1886/87 der Fall, als Nietzsche an Entwürfen und Skizzen zu seinem philosophischen Hauptwerk arbeitete. Zu Weihnachten berichtete er aus der Pension de Genève an Overbeck, dass der Himmel über Nizza so strahlend wie immer sei:

> Dabei ist es kalt, in meinem persönlichen Falle sogar *sehr kalt*. Ein Nordzimmer ohne Ofen: habituelle blaue Finger. Was habe ich in den 7 Wintern meiner Existenz im Süden schon gefroren! Im Grunde bin ich nicht bemittelt genug, um hier zu leben; die Pensionspreise mit Südzimmern sind viel zu hoch für mich, insgleichen die gut gelegenen Privatwohnungen. Rechne ich noch meine Engadiner Sommer dazu mit 10, 11 und 7 Grad Celsius im Monatsdurchschnitt (letzteres im September), so ergiebt sich die *frostigste* Existenz, die man sich in diesem Leben herstellen kann. (B 7, 294f)

Am 3. Januar 1887 gelang es ihm, ein Zimmer mit Südlage und Meerblick in der Rue des Ponchettes Nr. 29 im 1. Stock zu ergattern. In diesem neuen Quartier entkam er unverletzt einem starken Erdbeben, das in den frühen Morgenstunden des 23. Februar 1887 schwere Schäden im Zentrum von Nizza anrichtete. Das vierte Stockwerk der Pension de Genève, Nietzsches erste Anlaufstelle, wenn er in Nizza ankam, wurde dabei zerstört.[5] Nietzsches eher amüsierte Reaktion auf das Erdbeben zeigt, wie vollständig er von seiner Arbeit in Anspruch genommen war. An Reinhart von Seydlitz in München schrieb er am 24. Februar:

> Eben noch hatte Nizza seinen langen internationalen Carneval (mit Spanierinnen im Übergewichte, beiläufig gesagt) und dicht hinter ihm, sechs Stunden nach seiner letzten Girandola, gab es schon wieder neue und seltener erprobte Reize des Daseins. Wir leben nämlich in der interessantesten Erwartung zu *Grunde zu gehn* – Dank einem wohlgemeinten Erdbeben, das nicht nur alle Hunde weit und breit heulen macht. Welches Vergnügen, wenn die alten Häuser über Einem wie Kaffemühlen rasseln! wenn das Tintenfaß selbständig wird! wenn die Straßen sich mit entsetzten halbbekleideten Figuren und zerrütteten Nervensystemen füllen! Diese Nacht machte ich, gegen 2–3 Uhr, comme gaillard, der ich bin, ein Inspektionsrunde in den verschiedenen Theilen der Stadt, um zu sehn, wo die Furcht am größten ist – die Bevölkerung campirt nämlich Tags und Nachts im Freien, es sah hübsch militärisch aus. Und nun gar in den Hôtels! wo Vieles eingestürzt ist und folglich eine vollkommene Panik herrscht. Ich fand all meine Freunde und Freundinnen, erbärmlich unter grünen Bäumen ausgestreckt, flanellirt, denn es war scharf kalt, und bei jeder kleinen Erschütterung düster an das Ende denkend. Ich zweifle nicht, dies macht der Saison ein plötzliches Ende, alles denkt ans *Abreisen* (gesetzt, daß man fortkommt und daß die Eisenbahnen nicht zu allererst »abgerissen« sind) Schon gestern Abend waren die Gäste des Hôtels, wo ich esse, nicht dazu zu bringen, ihre table d'hôte im Innern des Hauses einzunehmen – man aß und trank im Freien; und abgesehn von einer alten sehr frommen Frau, welche überzeugt ist, daß der liebe Gott ihr Nichts zu leide thun **darf**, war ich der einzige *heitre* Mensch unter lauter Larven und »fühlenden Brüsten.« (B 8, 31f)

Das ungelöste und unlösbare Dilemma, das Nietzsches eigenes Leben in den achtziger Jahren belastete, ganz gleich, ob er sich gerade am Meer oder im Hochgebirge befand, war das Bedürfnis nach

Nizza, Parc du Château.

Alleinsein *und* menschlichen Kontakten. Besonders während der Aufenthalte in Nizza Mitte der achtziger Jahre machte sich sein alter pädagogischer Drang wieder stark bemerkbar – er *musste* lehren, seine Gedanken vermitteln. Indessen entpuppten sich diejenigen, die bereit waren, von ihm zu lernen, oft, wie er meinte, als mittelmäßige Enthusiasten, so dass er die absolute Isolation einer solchen kompromittierenden Begleitung vorzuziehen schien. In Nietzsches Briefen finden wir nebeneinander die völlig widersprüchlichen Klagen über zu viel und zu wenig Alleinsein, unzureichende Gemeinschaft und übermäßige Gesellschaft. Mehrere Tage vor der Hochzeit seiner Schwester, der er nicht beiwohnte, schrieb Nietzsche ihr am 20. Mai 1885 von seiner tiefen Einsamkeit:

> Ich habe bisjetzt, von Kindesbeinen an, *Niemanden* gefunden, mit dem ich dieselbe Noth auf Herzen und Gewissen hätte. *Dies* zwingt mich heute noch, wie zu allen Zeiten, mich, so gut es gehn will, und oft mit sehr viel schlechter Laune unter irgend einer der heute erlaubten und verständlichen Menschheits-Sorten zu präsentiren. Daß man aber eigentlich nur unter *Gleichgesinnten*, Gleich-Gewillten *gedeihen* kann, ist mein Glaubenssatz (bis hinab zur Ernährung und Förderung des Leibes); daß ich Keinen habe, ist mein Malheur. Meine Universitäts-Existenz war der langwierige Versuch der *Anpassung* an ein falsches Milieu; meine Annäherung an Wagner's war dasselbe, nur in entgegengesetzter Richtung. Fast alle meine menschlichen Beziehungen sind aus den Anfällen des Vereinsamungs-Gefühles entstanden: Overbeck, so gut als Rée, Malvida so gut als Köselitz – ich bin *lächerlich*-glücklich gewesen, wenn ich mit Jemandem irgend ein Fleckchen und Eckchen gemein fand oder zu finden glaubte. Mein Gedächtniß ist überladen

Nizza. Ein Nachbarhaus an der Rue des Ponchettes.

»Nizza ist groß genug, es versteckt mich.« (B 8, 600)

> mit tausend beschämenden Erinnerungen, in Hinsicht auf solche Schwächen, in denen ich die Einsamkeit *absolut* nicht mehr ertrug. Mein Kranksein hinzugerechnet, welches immer die schauerlichste Entmuthigung über mich bringt; ich bin nicht umsonst so tief krank gewesen und noch jetzt durchschnittlich krank – wie gesagt, weil es mir am rechten milieu fehlt und ich immer etwas Komödie spielen muß, statt mich an den Menschen zu erholen. – Ich betrachte mich deshalb ganz und gar nicht als einen versteckten oder hinterhältigen oder mißtrauischen Menschen; im Gegentheil! Wäre ich's, *so würde ich nicht so viel leiden*! Man hat es aber nicht in der Hand, sich mitzutheilen, wenn man auch noch so mittheilungslustig ist, sondern man muß den finden, gegen den es Mittheilung geben *kann*. Das Gefühl, daß es bei mir etwas sehr Fernes und Fremdes gebe, daß meine Worte andere *Farben* haben als dieselben Worte in andern Menschen, daß es bei mir viel bunten Vordergrund giebt, welcher *täuscht* – genau dies Gefühl, das mir neuerdings von verschiedenen Seiten bezeugt wird, ist immer noch der feinste Grad von »Verständniß«, den ich bisher gefunden habe. Alles, was ich bisher geschrieben habe, ist Vordergrund; für mich selber geht es erst immer mit den Gedankenstrichen los. Es sind Dinge gefährlichster Art, mit denen ich zu thun habe; daß ich dazwischen in populärer Manier bald den Deutschen Schopenhauern oder Wagnern anempfehle, bald Zarathustra's ausdenke, das sind Erholungen für mich, aber vor Allem auch Verstecke, hinter denen ich eine Zeit lang wieder sitzen kann. (B 7, 52f)

Auch wenn Nietzsche sicherlich ein Mann der Einsamkeit war, und auch wenn seine Isolation mit jedem Sommer im Engadin und jedem Winter an der Riviera zunahm, blieb er doch ein geselliges menschliches Wesen, der geborene Lehrer, der ohne Schüler verloren war. Der Eremit blieb gleichwohl ein Glied der menschlichen Gemeinschaft. Meta von Salis wusste von ihm zu erzählen, dass er ein hervorragender Zuhörer war und »das Einfache, an seinem Wege liegende nie verachtet«[6] hat. Als Beispiel führt sie die echte Anteilnahme an, die Nietzsche für Gian Durischs Kümmernisse hatte, als dieser in Sorge war, sein Ochse könne mitten in der Erntezeit der grassierenden Maul- und Klauenseuche zum Opfer fallen. So subversiv seine Lebensaufgabe auch sein mochte, Nietzsche brauchte eine Gemeinschaft, in der wenigstens einige wenige Glieder seine Neigungen und Leidenschaften teilten, auch wenn die meisten keine Ahnung hatten, welche Gedanken ihn bewegten. Von Salis notierte: »Er selber war zart, leicht verletzlich, zur Versöhnung bereit, voll Scheu Andere zu verletzen; seine Aufgabe verlangte Härte, verbot die Compromisse, brachte ihm und Anderen Schmerz und Bitterniss.«[7] Diese sanften Wesenszüge erinnern sie an den von Nietzsche so bewunderten Emerson, auch wenn dessen Aufgabe nie die – zugegebenermaßen *dünne* – Eisschicht seines Optimismus zerbrach. Nietzsches Briefe an seine Freunde und Angehörigen, in denen er seine Adressaten oftmals drängt, seine Bücher *nicht* zu lesen, waren durchaus ehrlich gemeint. Wenn er mit Freunden über seine Ideen stritt, kam er immer wieder darauf zurück, dass es einfach keine Rolle spiele, ob er im Recht sei. Von Marienbad aus schrieb er am 20. August 1880 an Heinrich von Köselitz in Venedig:

> Sie sind aus stärkerem Stoffe als ich und dürfen sich schon höhere Ideale bilden. Ich für meinen Theil leide abscheulich, wenn ich der Sympathie entbehre; und durch nichts kann es mir z.B. ausgeglichen werden, daß ich in den letzten Jahren der Sympathie Wagners verlustig gegangen bin. Wie oft träume ich von ihm, und immer im Stile unsres damaligen vertraulichen Zusammenseins! Es ist nie zwischen uns ein böses Wort gesprochen worden, auch in meinen Träumen nicht, aber sehr viele ermuthigende und heitere, und mit niemanden habe ich vielleicht so viel zusammen gelacht. Das ist nun vorbei – und was nützt es, in manchen Stücken *gegen* ihn *Recht* zu haben! Als ob damit diese verlorne Sympathie aus dem Gedächtniß gewischt werden könnte! – Und Ähnliches habe ich schon vorher erlebt, und werde es vermuthlich wieder erleben. Es sind die härtesten Opfer, die mein Gang im Leben und Denken von mir verlangt hat – noch jetzt schwankt nach einer Stunde sympathischer Unterhaltung mit wildfremden Menschen meine ganze Philosophie, es scheint mir so thöricht, Recht haben zu wollen um den Preis von Liebe, und sein Werthvollstes nicht *mittheilen zu können*, um nicht die Sympathie aufzuheben. Hinc meae lacrimae. – (B 6, 36f)

»Daher meine Tränen« – daran änderte sich im Laufe der achtziger Jahre nichts. Meta von Salis schildert die helleren Stunden des Sommers 1887, aber auch die melancholische Stunde ihrer Abreise von Sils-Maria:

Nizza.
Die Altstadt.

Im Sommer [18]87 war Nietzsche zuweilen sehr heiter und zu harmlosen Scherzen aufgelegt. Es machte ihm Freude, mich und meine Freundin [Hedwig Kym] auf den See zu begleiten, er liess sich in die Kunstgriffe des Ruderns einweihen und genoss den leichten Schimmer von Gefahr, den die Fahrt bei heftigerem Wind bekam. »Sie sind doch eine rechte Abenteurerin«, rief er mir zu, als ich ihn eines Morgens bei gewitterschwerem Himmel [...] holen liess und ungeduldig im Boot stehend erwartete [...]
Der Abschied im September bleibt mir unvergesslich. Der letzte Tag vor meiner Abreise war ein Sonntag [4. September]. Wir gingen am Strand des Silvaplana-Sees, am Fuß des Corvatsch. Die Luft hatte jenen silbernen Herbstton, den Nietzsche mit »jenseitig« zu bezeichnen liebte. Der See war leise bewegt und die Wellchen, in denen sich rosige Abendwolken malten, liefen murmelnd an das sandige Ufer an und wieder zurück. »Als wollten auch sie Ihnen zum Abschied die Hand reichen«, sagte unser Begleiter mit seiner melodischen Stimme. Dann, als wir über den öden Strich Feldes zwischen dem See und der ihm zugekehrten Seite von Sils heimwanderten, bemerkte er, ein klein wenig seufzend: »Nun bin ich wieder verwittwet und verwaist.«[8]

Was Nietzsche am meisten an Sils zusagte, war die Nähe zu Italien, was ihn am meisten an Nizza begeisterte, war die Nähe zu Italien *und* Frankreich

Nizza. *La vieille ville*, mit einer Erinnerung an Gian Durischs Tee- und Gewürzladen in Sils.

– sein provençalischer Charakter. Denn seit Anfang der achtziger Jahre war *gai saber* wichtig für ihn gewesen. In *Jenseits von Gut und Böse* vertrat er die Auffassung:

> [I]m Wesen der Franzosen ist eine halbwegs gelungene Synthesis des Nordens und Südens gegeben, welche sie viele Dinge begreifen macht und andre Dinge thun heisst, die ein Engländer nie begreifen wird; ihr dem Süden periodisch zugewandtes und abgewandtes Temperament, in dem von Zeit zu Zeit das provençalische und ligurische Blut überschäumt, bewahrt sie vor dem schauerlichen nordischen Grau in Grau und der sonnenlosen Begriffs-Gespensterei und Blutarmuth, – unsrer *deutschen* Krankheit des Geschmacks, gegen deren Übermaass man sich augenblicklich mit grosser Entschlossenheit Blut und Eisen, will sagen: die »grosse Politik« verordnet hat (gemäss einer gefährlichen Heilkunst, welche mich warten und warten, aber bis jetzt noch nicht hoffen lehrt –). Auch jetzt noch giebt es in Frankreich ein Vorverständniss und ein Entgegenkommen für jene seltneren und selten befriedigten Menschen, welche zu umfänglich sind, um in irgend einer Vaterländerei ihr Genüge zu finden und im Norden den Süden, im Süden den Norden zu lieben wissen, – für die geborenen Mittelländler, die »guten Europäer«. (JGB 254; 199f)

Als Nietzsche sich schließlich mit der Möglichkeit konfrontiert sah, beides aufgeben zu müssen, Sils und Nizza, war ihm der Gedanke nahezu unerträglich. Seine Verzweiflung hatte nicht unwesentlich damit zu tun, dass er fürchtete, nicht mehr genügend Einsamkeit zu finden. Aus der Villa Badía in Cannóbio in der Lago Maggiore-Region, wo er Kuranwendungen bekam und Aufzeichnungen für sein geplantes philosophisches Hauptwerk zusammentrug, schrieb Nietzsche am 14. April 1887 an Overbeck:

> [A]uch heute weiß ich noch nicht genau, wo ich den Sommer verleben werde. Mein altes Sils-Maria muß, wie ich mir ungern eingestehe, ad acta gelegt werden, ebenso wie Nizza: es fehlt mir jetzt an beiden Orten jene erste und wesentlichste Bedingung, die Einsamkeit, die tiefe Ungestörtheit, Abseitigkeit, Fremdheit, ohne welche ich nicht zu meinen Problemen *hinunter* kann (denn, unter uns gesagt, ich bin in einem geradezu erschrecklichen Sinn ein Mensch der *Tiefe*; und ohne diese unterirdische Arbeit halte ich das Leben nicht mehr aus) Mein letzter Winter in Nizza ist zur Marter geworden, ebenso wie mein letzter Aufenthalt in Sils: weil mir jene stille Verborgenheit abhanden gekommen ist, welche eine Existenz-Bedingung für mich ist, auch der einzige Weg, es zur *Gesundheit* zu bringen. Es ist von Jahr zu Jahr wieder schlechter gegangen mit dieser Gesundheit; und sie ist ein zuverlässiger Maaßstab für mich, ob ich auf *meinen* Wegen bin – oder auf denen Anderer. Die Probleme, die auf mir liegen, denen ich nicht mehr ausweiche (was habe ich alle Ausweichungen büßen müssen! Z. B. meine Philologie) vor denen ich wörtlich bei Tag und Nacht keine Ruhe habe – sie nehmen für jede fehlerhafte Beziehung (zu Menschen, Orten, Büchern) eine grausame Vergeltung. (B 8, 56)

Rom. Nietzsches Blick auf das Kolosseum von der Via Polveriera aus.

Rom. Brunnen auf der Piazza Barberini, wo Nietzsche das »Nachtlied« in *Also sprach Zarathustra* schrieb.

Weder Rom noch Venedig konnten das Problem einer ewig unzureichend bleibenden und gleichzeitig unbarmherzig lastenden Isolation lösen. Weder die Erinnerungen an Malwida von Meysenbug noch die nie erlöschende Ergebenheit von Heinrich Köselitz hatten ihm eine wahrhaft befriedigende Gemeinschaft beschert. Nicht einmal die Erinnerung an das vor kurzem entstandene »Nachtlied«, das für Teil II des *Zarathustra* geschaffen wurde, konnte ihm die Stadt Rom lieb machen. Zuerst wohnte er in der Via Polveriera, mit einem überwältigenden Blick auf das Kolosseum und das Forum Romanum, nur ein paar Straßen von San Pietro in Vincoli und Michelangelos *Moses* entfernt. Dann zog er in den Norden der Innenstadt, an die Piazza Barberini mit ihrem Springbrunnen und den schlüpfrig-glatten, in der Nacht singenden Delphinen.[9] Vergebens. Am 20. Mai 1883 schrieb er an Overbeck:

> [I]n Hinsicht auf Genesung und Herstellung geistleiblicher Sicherheit war Rom ein guter Gedanke und hat sich bisher bewährt [...] Die Gesundheit zwar, im wörtlichsten Sinne, ist bisher durch Rom nicht gefördert, und die *Großstadt* ist sogar meinen Bedürfnissen entgegengesetzt. Für alles das, was Rom anbietet, bin ich zu wenig vorbereitet, oder vielmehr: ich bin zu sehr schon mit Vorbereitungen zu andern Dingen überladen, als daß ich noch genug freien Willen hätte, mich auf so viel Fremdes und Neues einzulassen. Der antike Kopf Epikurs, sowie der des Brutus, gab mir zu denken, ebenso drei Landschaften des Claude Lorrain. Im Grunde fand ich aber noch *Nichts*, woran ich einen Geist erkannt hätte der zu mir als zu einem Bruder und Freunde redete – und gestern sah ich gar Menschen die heilige Treppe hinauf knien! [...]
> Meine Adresse ist Roma, Piazza Barberini 56 ultimo piano: ich bleibe hier wohl noch bis in den Juni hinein. (B 6, 378f)

In Venedig hielt Nietzsche es einige Monate länger aus als in Rom. Doch obwohl er seine Liebe zur Stadt der Lagunen und Kanäle bekannte, besonders zur weiten Piazza San Marco, wurde auch Venedig nicht zu einer seiner immer wieder aufgesuchten Arbeitsstätten. Trotzdem verlebte er manche arbeitsreiche Woche in der Stadt, gewöhnlich im Cannaregio-Viertel, wo Köselitz während der achtziger Jahre wohnte. Am 19. September 1887, relativ spät im Jahr, verließ er Sils zu seinem letzten Venedig-Besuch. Er fuhr den Malojapass hinunter durch das

Die Bernini-Kolonnaden auf dem Petersplatz in Rom.

Bergell nach Chiavenna, dann am Westufer des Comer Sees entlang. Im Dörfchen Menaggio am Ufer des Sees legte er einen Zwischenhalt ein und besuchte seine Freundinnen Emily Fynn und Zina von Mansuroff. Dann reiste er weiter nach Venedig und mietete sich in der Calle dei Preti Nr. 1263 ein, einer düsteren, engen Gasse einen Straßenzug westlich von San Marco. Am 18. Oktober 1887 schrieb er von dort aus an seine Mutter. Das Schreiben verrät spürbar die Auswirkungen längerer Einsamkeit: »Seit meiner Kindheit nie ein tiefes und verständnißvolles Wort gehört zu haben – das gehört eben zu meinem *Loos*, auch erinnere ich mich nicht, darüber geklagt zu haben.« (B 8, 170) Am 22. Oktober fuhr er nach Nizza, doch dort wuchs sein Gefühl der Isolation nur noch. Sein letzter, verzweifelter Versuch in einem Brief vom 11. November 1887, die Freundschaft mit Erwin Rohde zu retten, endet mit den Worten: »Ich habe jetzt 43 Jahre hinter mir und bin genau noch so allein, wie ich es als Kind gewesen bin.« (B 8, 195) Am nächsten Tag schrieb er an Overbeck:

> Es scheint mir, daß sich eine Art Epoche für mich abschließt; ein Rückblick ist mehr als je am Platz. Zehn Jahre Krankheit, mehr als zehn Jahre; und nicht so einfach Krankheit, für die es Ärzte und Arzneien gäbe. Weiß eigentlich irgend Jemand, *was* mich krank machte? was mich Jahre lang in der Nähe des Todes und im Verlangen nach dem Tode festhielt? Es scheint mir nicht so. Wenn ich R. Wagner ausnehme, so ist mir Niemand bisher mit dem Tausendstel von Leidenschaft und Leiden entgegengekommen, um mich mit ihm »zu verstehn«; ich war dergestalt schon als Kind allein, ich bin es heute noch, in meinem 44ten Lebensjahre. Dieses schreckliche Jahrzehend, das ich hinter mir habe, hat mir reichlich zu kosten gegeben, was Allein-sein, Vereinsamung bis zu diesem Grade, bedeutet: die Vereinsamung und Schutzlosigkeit eines Leidenden, der kein Mittel hat sich auch nur zu wehren, sich auch nur »zu vertheidigen«. Mein Freund Overbeck abgerechnet (und drei Menschen noch dazu) hat sich in den letzten zehn Jahren fast Jedermann, den ich kenne, mit irgend einer Absurdität an mir vergriffen, sei es mit empörenden Verdächtigungen, sei es mindestens in der Form schnöder Unbescheidenheit (zuletzt noch Rohde, dieser unverbesserliche Flegel) Das hat mich, um das Beste davon zu sagen, unabhängiger gemacht; aber auch härter vielleicht und menschenverachtender als ich selbst wünschen möchte. Glücklicher Weise habe ich esprit gaillard genug, um mich gelegentlich über diese Erinnerungen ebenso lustig zu machen, wie über alles Andre, was nur *mich* betrifft; und überdies habe ich eine Aufgabe, die mir nicht *erlaubt*, viel an mich zu denken (eine Aufgabe, ein Schicksal oder wie man's nennen will) Diese Aufgabe hat mich krank gemacht, sie wird mich auch wieder gesund machen, und nicht nur gesund, sondern auch wieder menschenfreundlicher und was dazu gehört. – (B 8, 196)

Der Winter 1887/88 in Nizza war wieder einmal erbärmlich kalt. Doch diesmal war Nietzsche gerüs-

Venedig. Calle dei Preti (Nr. 1263 liegt auf der rechten Seite).

Venedig. Das Fenster von Köselitz' Wohnung in der Calle Nuova, San Canciano.

tet. Zum ersten Mal während seiner vielen Winteraufenthalten im Süden hatte er einen Ofen in seinem Zimmer in der Pension de Genève. In einem Brief an Heinrich Köselitz vom 24. November 1887 gab er seiner Freude darüber unverhohlen und übermütig Ausdruck: »Ich genieße diesen Morgen eine *große* Wohlthat: zum ersten Male steht ein ›Feuergötze‹ in meinem Zimmer: ein kleiner Ofen – ich bekenne, daß ich um ihn herum bereits einige heidnische Sprünge gemacht habe. Die Zeit bis heute war eine blaufingrige Fröstelei, bei der auch meine Philosophie nicht auf den besten Füßen stand.« (B 8, 202) Einmal mehr genoss er die »heitere mondaine Eleganz« Nizzas und den gewissen »Exotismus und Afrikanismus der Vegetation« an der bergigen Küste. (B 8, 176) Er schickte seinen kurz zuvor veröffentlichten »Hymnus auf das Leben« an jeden europäischen Dirigenten, den er kannte, in der (vergeblichen) Hoffnung, dass das Stück aufgeführt werde, waren doch der Süden und das Meer für ihn *musikalische* Wesenheiten.

Am 2. April 1888 verließ er Nizza und fuhr nach Turin, in der Hoffnung, dort eine Lösung für das klimatische Problem der Frühlings- und Herbstmonate zu finden. Später im Jahr, am 14. September, ließ er sich seiner Schwester gegenüber über die geographischen und meteorologischen Gründe für die Wahl Turins aus: »Der Ring von Hochgebirge, der auf 3 Seiten Turin einschließt, hält dieselbe trockne und dünne Luft aufrecht, wie sie, aus gleichen Gründen, Sils und Nizza haben. Da ich mitten in der entscheidenden Arbeit meines Lebens bin, so ist mir eine vollkommne Regel für eine Anzahl Jahre die erste Bedingung. Winter Nizza, Frühling Turin, Sommer Sils, zwei Herbstmonate Turin – dies ist der Plan.« (B 8, 428) Er fuhr mit dem Zug von Nizza nach Genua, dort musste er in den Zug nach Turin umsteigen. In Savona, einer weiteren Umsteigestation, verirrte er sich schließlich hoffnungslos. Weil er fast nichts sah und wegen seiner allgemeinen Nervosität und der Aufregung, die das Reisen in wachsendem Maße in ihm auslöste, bestieg er irrtümlich einen Zug, der wieder nach Genua zurückfuhr. Nach zwei Tagen in Sampierdarena, einem Ort in den Außenbezirken der Altstadt von Genua, in dem er sich früher oft und gern aufgehalten hatte, machte er sich schließlich erneut auf den Weg in Richtung Norden nach Turin und langte am 5. April dort an. Der erste Eindruck war überwältigend:

> Das ist wirklich die Stadt, die ich *jetzt* brauchen kann! Dies ist handgreiflich für mich und war es fast vom ersten Augenblick an […] Aber was für eine würdige und ernste Stadt! Gar nicht Großstadt, gar nicht modern, wie ich gefürchtet hatte: sondern eine Residenz des 17 Jhs. welche nur Einen commandirten Geschmack in Allem hatte, den Hof und die noblesse. Es ist die aristokratische *Ruhe* in Allem festgehalten: es giebt keine mesquinen Vorstädte; eine Einheit des Geschmacks, die bis auf die Farbe geht (die ganze Stadt ist gelb, oder rothbraun) Und für die Füße wie für die Augen ein klassischer Ort! Was für Sicherheit, was für Pflaster, gar nicht zu reden von den Omnibus und trams, deren Einrichtung hier bis ins Wunderbare gesteigert ist! […] Nein, was für ernste und feierliche Plätze! Und der Palaststil ohne Prätension; die Straßen sauber und ernst – und Alles viel würdiger als ich es erwartet hatte! Die schönsten Cafés, die ich sah. Diese Arkaden haben bei einem solchen Wechsel-Clima etwas Nothwendiges: nur sind sie großräumig, sie drücken nicht. Abends auf der *Pobrücke*: herrlich! jenseits von Gut und Böse!! (B 8, 285f).

Nietzsche sicherte sich ein Quartier an der Piazza Via Carlo Alberto Nr. 6, im dritten (obersten) Stock, in der Wohnung von Davide Fino. Finos Räume lagen über denen einer Ausstellungs- und Konzerthalle, der eindrucksvollen Eisen- und Glaskonstruktion der Galleria Subalpina, die um die Jahrhundertmitte erbaut worden war. Nietzsche konnte von seinem Zimmer aus die Klänge des *Barbier von Sevilla* hören, sooft er wollte oder auch nicht wollte. Von seinem Fenster aus blickte er auf die Nordostecke des Palazzo Carignano und die großzügig dimensionierte Piazza, auf der Carlo Alberto auf seinem stattlichen Bronzepferd in die Ewigkeit ritt. Zu Nietzsches zahlreichen Bekümmernissen in diesem letzten Winter in Nizza und Frühling in Turin gehörte auch die Furcht, zu kaltherzig zu werden, zu schneidend im Urteil, eine Furcht, die bereits im oben zitierten Brief an Overbeck zum Ausdruck kam. Auch wenn Zarathustra geraten hatte: werdet hart, so fürchtete Nietzsche doch die übertriebene Härte, die wachsende Sprödigkeit, die er an sich spürte. Am 1. Februar bekannte er Köselitz:

> Der Mangel an Gesundheit, an Geld, an Ansehn, an Liebe, an Schutz – und dabei *nicht* zum tragischen Brummbär werden: dies ist die Paradoxie unsres jetzigen Zustands, sein *Problem*. Bei mir ist ein Zustand von *chronischer Verwundbarkeit* eingetreten, an dem ich in guten Zuständen eine Art Revanche nehme, die auch nicht vom Schönsten ist, nämlich als ein Exceß von *Härte*. Zeugniß meine letzte Schrift [das heißt *Zur Genealogie der Moral*]. Doch nehme ich das Alles mit der Klugheit eines raffinirten Psychologen hin und ohne die geringste moralische Verurtheilung: oh wie *lehrreich* es ist, in einem solchen extremen Zustande zu leben, wie der meinige ist! Ich verstehe jetzt erst die *Geschichte*, ich habe niemals tiefere Augen gehabt als in den letzten Monaten. (B 8, 239f; vgl. 363)

In einem anderen Brief an Overbeck etwa aus derselben Zeit bezeichnete er sich selbst als »Troglodyten«, einen Höhlenbewohner, der so an die Schwärze der Finsternis gewöhnt ist, dass er dem Licht, nach dem er sich sehnt, nicht mehr traut. Er konstatierte die schreckliche Diskrepanz zwischen seiner bejahenden, der großen Gesundheit gewidmeten Denkweise, die schon dem Theologen Julius

Turin, in der Nähe der Via Carlo Alberto. »Was für Sicherheit, was für Pflaster!« (B 8, 285)

Turin, Via Carlo Alberto 6. Nietzsches Zimmer in der Wohnung von Davide Fino lag im obersten Stockwerk hinter dem Balkon links. Von dort blickte er auf den Palazzo Carignano, weiter links, auf dem Foto nicht sichtbar. Unten links im Bild ist der Eingang zur Galleria Subalpina, dem Atrium des Gebäudes.

Turin, Palazzo Carignano
an der Piazza Carlo Alberto,
gegen Mitternacht.

Kaftan aufgefallen war, und der »menschlichen décrépitude«, die ihn so erschöpfte. (B 8, 267) Seiner Schwester in Paraguay gegenüber äußerte er sich unzufrieden über seine frühere »Litteratur«: »Man schreibt keine Meisterwerke im Zustande der décadence: das gienge gegen die Naturgeschichte!« (B 8, 282) So angetan er auch von seiner neuen Entdeckung, dem aristokratischen Turin, gewesen war, seine Stimmung im Frühjahr 1888 war trübselig bis katastrophal, ganz im Gegensatz zu der Euphorie, die Turin im Herbst bei ihm auslösen sollte. In einem Brief an Carl Fuchs findet sich der Ausruf: »Wie Alles davon läuft! Wie Alles auseinander läuft! Wie still das Leben wird! Kein Mensch, der mich kennte, weit und breit. Meine Schwester in Südamerika. Briefe immer seltner. Und man ist noch nicht einmal *alt*!!! *Nur* Philosoph! *Nur* abseits! *Nur* compromittirend abseits!« (B 8, 294) Seine düstere Stimmung hinderte ihn jedoch nicht daran, ein ungeheures Arbeitspensum zu bewältigen, besonders zahllose Aufzeichnungen zu seinem geplanten Hauptwerk. Am 4. Mai 1888 schilderte er Georg Brandes die Struktur dieses nie vollendeten Werkes:

> Diese Wochen in Turin [...] sind mir besser gerathen als irgend welche Wochen seit Jahren, – vor allem

Turin, Galleria Subalpina, um Mitternacht.

philosophischer. Ich habe fast jeden Tag ein, zwei Stunden jene Energie erreicht, um meine Gesammt-Conception von *Oben nach Unten* sehn zu können: wo die ungeheure Vielheit von Problemen, wie ein Relief und klar in den Linien, unter mir ausgebreitet lag. Dazu gehört ein maximum von Kraft, auf welches ich kaum mehr bei mir gehofft hatte. Es hängt Alles zusammen, es war schon seit Jahren Alles im rechten Gange, man baut seine Philosophie wie ein Biber, man ist nothwendig und weiß es nicht: aber das Alles muß man *sehn*, wie ich's jetzt gesehen habe, um es zu glauben. – (B 8, 310)

Nietzsches letzte Abreise von Sils-Maria nach Turin am 20. September 1888 gestaltete sich dramatisch. Regen und Stürme hatten zu schweren Überflutungen im Fextal und den ganzen Malojapass bis ins Bergell, nach Chiavenna und in die Comer Gegend hinunter geführt. Um Mitternacht langte Nietzsche in Mailand an. Am nächsten Tag war er in Turin, restlos erschöpft von den Strapazen der Reise.

Aufs Neue war er fasziniert von der Architektur der Stadt, sowohl von den Adelsresidenzen aus dem 17. Jahrhundert als auch vom erst kurz zuvor fertig gestellten Antonelli-Turm, Denkmälern der Vergangenheit und der Zukunft. Mit seiner Ankunft in Turin ging eine außergewöhnliche Veränderung mit ihm vor. Die Kopfschmerz- und Brechanfälle verschwanden auf einmal. Nietzsche jubelte, war glänzender Stimmung. Sein Appetit war besser denn je. Er hatte keine Schmerzen, hatte nie besser geschlafen. Den immer wiederkehrenden Störungen in der Struktur seines Denkens schien er keine Beachtung zu schenken, Störungen, die sich immer hartnäckiger einstellten. Er verbrachte seine Tage mit wildwütender Arbeit. »Es geht fort und fort in einem tempo fortissimo der Arbeit *und* der guten Laune.« (B 8, 469) Entspannung fand er am Po: Er pflegte die Via Po entlangzugehen, überquerte die Brücke, die zur Kirche Gran Madre di Dio führte, und wandte sich dann entweder nach links oder rechts, schlenderte an den Ufern des Po entlang, erfreute sich an den Parks auf seinen Inseln und den Pappeln, die den Fluss säumten. Dabei dachte er voller Elan über letzten Details seines künftigen Reise-, Wohn- und Schreibrhythmus nach, nachdem er mit Turin nun endlich die Lösung für die problematischen Frühlings- und Herbstmonate gefunden hatte. Gegenüber dem alten Schema gab es nur eine Änderung: Turin sollte nun – wenngleich Nietzsche die Absicht kundtat, Ende November nach Nizza zu fahren – auch sein Winteraufenthalt werden, einen Januar lang, der niemals enden sollte. »Turin ist kein Ort, den man verläßt«, gestand er Meta von Salis am 14. November. (B 8, 472) Monate später, in den Kliniken in Basel und Jena, sprach er oft mit dem Personal, als ob er noch in Turin wäre.

Trotz aller Euphorie verraten seine Briefe doch auch ein gewisses Gespür für die Veränderungen, die in ihm vorgingen. Am 30. Oktober 1888 schrieb er an Heinrich Köselitz in Berlin, dass das Gesicht, das ihm aus dem Spiegel entgegenblickte, ihn in Erstaunen versetze und erfreue. »Lieber Freund, ich sah mich eben im Spiegel an, – ich habe nie so ausgesehn. Exemplarisch gut gelaunt, wohlgenährt und zehn Jahre jünger als es erlaubt wäre.« (B 8, 460) Demselben Freund schilderte er am 25. November 1888 die Verwandlung seines Wesens, die immer deutlicher hervortrat, und schloss seinen Brief mit einem Appell, den Köselitz weder verstehen noch befolgen sollte (B 8, 489):

> [I]ch mache so viele dumme Possen mit mir selber und habe solche Privat-Hanswurst-Einfälle, daß ich mitunter eine halbe Stunde auf offner Straße *grinse*, ich weiß kein andres Wort … Neulich fiel mir ein, Malvida an einer entscheidenden Stelle von »Ecce homo« als *Kundry* vorzuführen, welche *lacht* …
> Ich habe 4 Tage lang die Möglichkeit verloren, einen gesetzten Ernst in mein Gesicht zu bringen –
> Ich denke, mit einem solchen Zustand ist man reif zum »Welt-Erlöser«? …
> Kommen Sie …

Er schickte ein Exemplar von *Der Fall Wagner* an Malwida von Meysenbug, wohl wissend, dass ihre Loyalität Wagner gegenüber sie dazu zwingen werde, die Gabe als Beleidigung zu empfinden und zurück-

Turin. Die Mole Antonelliana, die Nietzsche mit seinem *Ecce homo* identifzierte.

Der Fluss Po in Turin.

Die Kirche Gran Madre di Dio, jenseits des Po, vom Stadtzentrum Turins aus gesehen.

zuweisen. Ihre erwartungsgemäß ausfallende Antwort nahm er dann als Vorwand, um ihren »Idealismus« als »Instinkt gewordne Unwahrhaftigkeit« und »intellektuelle Unsauberkeit« zu diskreditieren. (B 8, 458) Einen Monat später brach er die Beziehung zu seinem Verleger Ernst Fritzsch ab – der Brief trug die Abschiedsfloskel »In aufrichtiger Verachtung«. Durch den Bruch mit Fritzsch blieb seine literarische Hinterlassenschaft ganz in den Händen von Fritzschs Drucker C. G. Naumann in Leipzig, der die erste Ausgabe der *Gesammelten Werke* herausgeben sollte – allerdings nicht unter Nietzsches eigener Ägide, sondern unter der seiner Schwester.

Am 15. Oktober, an seinem 44. Geburtstag, begann Nietzsche mit der Niederschrift seiner außerordentlichen Autobiographie. Der Text war gleichzeitig pointiert und aufgeblasen, präzise und scharfsichtig einerseits, hoffnungslos verwirrt und diffus andererseits. Am 6. November 1888 berichtete er an C. G. Naumann (B 8, 464): »So habe ich eine *extrem schwere* Aufgabe – nämlich mich selber, meine Bücher, meine Ansichten, bruchstücksweise, so weit es dazu erfordert war, *mein Leben* zu erzählen – zwischen dem 15. Okt. und 4. November *gelöst*. Ich glaube, das wird gehört werden, vielleicht zu sehr ... Und dann wäre Alles in Ordnung. [...] Die neue Schrift heißt:

Ecce homo

Wie man wird, was man ist.«

Am 13. November 1888 schrieb er an Franz Overbeck: »Das Manuscript des **Ecce homo**. Wie man wird, was man ist« ist bereits in der Druckerei. – Letzteres, von absoluter Wichtigkeit, giebt einiges Psychologische und selbst Biographische über mich und meine Litteratur: man wird mich mit Einem Male *zu sehn bekommen*. Der Ton der Schrift ist heiter und verhängnißvoll, wie Alles, was ich schreibe.« (B 8, 470) Meta von Salis gestand er: »Dieser homo bin ich nämlich selbst, eingerechnet das ecce; der Versuch, über mich ein wenig Licht *und Schrecken* zu verbreiten, scheint mir fast zu gut gelungen.« (B 8, 471) Er empfand, dass die Zeit der Ernte für ihn begonnen hatte, wie er Overbeck schrieb:

> [I]ch machte gestern, mit Deinem Brief in der Hand, meinen gewohnten Nachmittags-Spaziergang außerhalb Turins. Reinstes Oktoberlicht überall; der herrliche Baumweg, der mich ungefähr eine Stunde dicht am Po entlang führte, vom Herbste noch kaum berührt. Ich bin jetzt der dankbarste Mensch von der Welt – *herbstlich* gesinnt in jedem guten Sinne des Wortes: es ist meine große *Erntezeit*. Alles wird mir leicht, Alles geräth mir, obwohl schwerlich schon jemand so große Dinge unter den Händen gehabt hat. Daß das *erste* Buch der *Umwerthung aller Werthe* fertig ist [*Der Antichrist*], *druck*fertig, das melde ich Dir mit einem Gefühle, für das ich kein Wort habe. Es werden *vier* Bücher; sie erscheinen einzeln. Dies Mal führe ich, als alter Artillerist, mein großes Geschütz vor: ich fürchte, ich schieße die Geschichte der Menschheit in zwei Hälften aus einander. [...] Mein Plan ist, bis zum 20. November hier auszuhalten (– ein etwas *frostiges* Vorhaben, da der Winter früh kommt!) Dann will ich nach *Nizza* und daselbst, mit vollkommenem Bruch aller bisherigen usances, mir die Existenz herstellen, die ich jetzt brauche. (B 8, 452ff)

Nietzsche kam nie mehr nach Nizza. Die Arbeit an seiner Autobiographie ging jedoch rasch vonstatten. Der Geist der Erntezeit beherrschte den Einleitungsabschnitt des Buches, der für sich allein und ohne Titel auf einer Seite stand, die Vorwort und Inhaltsverzeichnis vom ersten Teil trennte.

Der Habitus des übrigen Buches, das ein Leben ebenjenem erzählt, der es gelebt hatte, ist in den Überschriften der einzelnen Teile fokussiert: Auf »Warum ich so weise bin« folgt »Warum ich so klug bin«, »Warum ich so gute Bücher schreibe« und schließlich »Warum ich ein Schicksal bin«. Das Manuskript durchlief verschiedene Stadien der Überarbeitung. Am 6. November schickte Nietzsche es per Post an Naumann, forderte es jedoch zurück und überarbeitete es, um es am 7. Dezember erneut abzuschicken. Am 29. Dezember sandte er dem Verleger letzte Korrekturen. Georg Brandes in Kopenhagen gegenüber erwähnte er *Ecce homo* am 20. November 1888, als die erste Fassung gerade vollendet war. Wieder herrscht die Metaphorik des alten Artilleristen vor, und es hat den Anschein, als habe Nietzsche seine Autobiographie mit *Der Antichrist* verschmolzen, zu dem *Ecce homo* seinen Worten nach das Vorspiel sein sollte (B 8, 482f):

ECCE HOMO

An diesem vollkommnen Tage, wo Alles reift und nicht nur die Traube braun wird, fiel mir eben ein Sonnenblick auf mein Leben: ich sah rückwärts, ich sah hinaus, ich sah nie so viel und so gute Dinge auf einmal. Nicht umsonst begrub ich heute mein vierundvierzigstes Jahr, ich *durfte* es begraben, – was in ihm Leben war, ist gerettet, ist unsterblich. Die *Umwerthung aller Werthe*, die *Dionysos-Dithyramben* und, zur Erholung, die *Götzen-Dämmerung* – Alles Geschenke dieses Jahrs, sogar seines letzten Vierteljahrs! *Wie sollte ich nicht meinem ganzen Leben dankbar sein*? Und so erzähle ich mir mein Leben. (EH 263)

> Ich habe jetzt mit einem Cynismus, der welthistorisch werden wird, mich selbst erzählt: das Buch heißt »Ecce homo« und ist ein *Attentat* ohne die geringste Rücksicht *auf den Gekreuzigten*: es endet in Donnern und Wetterschlägen gegen Alles, was christlich oder christlich-*infekt* ist, bei denen Einem Sehn und Hören vergeht. Ich bin zuletzt der erste Psychologe des Christenthums und kann, als alter Artillerist, der ich bin, schweres Geschütz vorfahren, von dem kein Gegner des Christenthums auch nur die Existenz vermuthet hat. – Das Ganze ist das Vorspiel der *Umwerthung aller Werthe*, das Werk, *das fertig vor mir liegt*: ich schwöre Ihnen zu, daß wir in zwei Jahren die ganze Erde in Convulsionen haben werden. Ich bin ein Verhängniß. [...]
> Turin *bleibt* meine Residenz.
> Ihr Nietzsche, jetzt *Unthier* ...

Einer der bekanntesten Abschnitte des Buches ist die einleitende Passage des ersten Teils, »Warum ich so weise bin«, in der Nietzsche das »Glück« und das »Räthsel« seiner Existenz aus seiner Herkunft heraus deutet:

> Das Glück meines Daseins, seine Einzigkeit vielleicht, liegt in seinem Verhängniss: ich bin, um es in Räthselform auszudrücken, als mein Vater bereits gestorben, als meine Mutter lebe ich noch und werde alt. Diese doppelte Herkunft, gleichsam aus der obersten und der untersten Sprosse an der Leiter des Lebens, décadent zugleich und *Anfang* – dies, wenn irgend Etwas, erklärt jene Neutralität, jene Freiheit von Partei im Verhältniss zum Gesammtprobleme des Lebens, die mich vielleicht auszeichnet. [...] [I]ch kenne Beides, ich bin Beides. (EH 264)

Zu den umstrittensten Passagen gehört der dritte Abschnitt des ersten Teils, in dem Nietzsche detaillierter auf Mutter und Vater eingeht. In dem Bündel mit Textänderungen, das Nietzsche in den letzten Dezembertagen an Naumann sandte, befanden sich auch Seiten, die diesen Abschnitt ersetzen sollten. Naumann zögerte, sie zu drucken, denn während die Herbstversion sowohl die mütterliche als auch die väterliche Seite der Familie mit der gleichen sanften Ironie behandelte, enthielten die Ersatzseiten erbitterte Ausfälle gegen Nietzsches Mutter und Schwester, die darin äußerst grob verhöhnt wurden. Einzig einer Fügung des Schicksals ist es zu verdanken, dass diese Seiten den Vernichtungsbemühungen der beiden Frauen entkamen.[10]

Bis Mitte Dezember hatte Nietzsche die Vorarbeiten für die Veröffentlichung einer Art polemischer Anthologie seiner Wagner-Schriften abgeschlossen, um dem zum Durchbruch zu verhelfen, was schon in *Der Fall Wagner* sein Ziel gewesen war. Das neue Buch mit dem Titel *Nietzsche contra Wagner* enthielt sämtliche Aphorismen über Wagner und die Wagnerianer aus *Menschliches, Allzumenschliches*, *Die fröhliche Wissenschaft*, *Jenseits von Gut und Böse* und

Galleria Subalpina, Turin. Davide Finos Wohnung lag rechts über den Loggien, direkt unter der Eisen- und Glaskonstruktion des Daches.

Zur Genealogie der Moral. Ende des Monats überarbeitete und ordnete er außerdem eine Reihe seiner früheren Gedichte, die in einen Band mit dem Titel *Dionysos-Dithyramben* aufgenommen werden sollten. Nietzsches letzte Arbeiten in den Anfangstagen des Januar 1889 waren diesen Gedichten gewidmet.

Nietzsche wurde immer unruhiger im Hinblick auf eine mögliche Konfiszierung von *Ecce homo* und seinen anderen Texten in Deutschland. In Russland standen seine Bücher bereits auf dem Index. Möglicherweise ist dies der Hintergrund seiner unheilvoll klingenden Bemerkung an Köselitz vom 16. Dezember: »Ich sehe jetzt mitunter nicht ein, wozu ich die *tragische* Katastrophe meines Lebens, die mit ›*Ecce*‹ beginnt, zu sehr beschleunigen sollte.« (B 8, 528) War der Herbst Erntezeit gewesen, so kündigte der Winter sehr deutlich den tragischen Absturz an. Am 8. Dezember schrieb Nietzsche an Anna Dmitriewna Tenischew in St. Petersburg: »In diesem Augenblick, wo eine ungeheure Aufgabe mich gleichsam heraustreibt aus menschl[icher] Beziehung und meine Einsamkeit mit jeder Stimme an mich tritt, ist ein so bedeutendes Wort aus weiter Ferne eine große Linderung«. (B 8, 510) Helen Zimmern warnte er: »Mein Leben kommt jetzt zu einem lang vorbereiteten ungeheuren Eklat.« (B 8, 511) Er versuchte, die Veröffentlichung von *Nietzsche contra Wagner* zugunsten von *Ecce homo* zu verschieben, doch der Druck hatte bereits begonnen. Als Overbeck nach Turin kam, um Nietzsche nach Basel ins Sanatorium zu bringen, fand er den Freund über die Fahnen von *Nietzsche contra Wagner* gebeugt. Nietzsche schien nur noch Druckfehler, nicht mehr den Inhalt zu erfassen.

Gegen Ende seines aktiven Lebens – noch bevor die berühmten Briefe und Zettelchen, die den Wahnsinn offenbarten, in den Tagen des 3. bis 6. Januar entstanden – wurden Nietzsches Botschaften immer unzusammenhängender. Seinen vorletzten Brief an Malwida von Meysenbug, von dem er nach eigener Aussage hoffte, er werde beweisen, »daß ›Nietzsche est toujours haïssable‹«, unterzeichnete er mit »Der

»Gar nicht zu reden von den Omnibus und trams, deren Einrichtung hier bis ans Wunderbare gesteigert ist!« (B 8, 285)

›Immoralist‹«, einem jener Namen, die er später annehmen sollte. (B 8, 463) Doch während das zusammenhängende Denken schwand, empfand Nietzsche, dass etwas Schicksalhaftes – eine Art dionysischer Vorsehung – ihn unfehlbar leite. »Es gibt [...] keine Zufälle mehr«, versicherte er Overbeck wiederholt. (B 8, 550) Am 30. Dezember 1888 entwarf er den folgenden Brief an Heinrich Köselitz in Berlin:

> [U]nter meinem Fenster spielt, ganz als ob ich bereits princeps Taurinorum, Caesar Caesarum und dergleichen wäre, in aller Macht das Municipal-Orchester von Turin z. B. unter anderem rhapsodie hongroise ich erkenne das grandiose Cleopatra-Werk von Mancinelli. Vorhin gieng ich an der mole Antonelliana vorbei, dem genialsten Bauwerk, das vielleicht gebaut worden, – merkwürdig, es hat noch keinen Namen – [...] erinnert an gar nichts außer an meinen Zarathustra. Ich habe es *Ecce homo* getauft und im Geiste einen ungeheuren freien Raum herum gestellt. [...] Dann bekam ich ein Huldigungsschreiben von meinem Dichter Auguste Strindberg, einem veritablen Genie zu Ehren meiner »grandiosissime Généalogie de la Morale«, mit dem neuen Ausdruck de sa profonde admiration. Dann schrieb ich, in einem heroisch-aristophanischen Übermuth eine Proklamation an die europäischen Höfe zu einer *Vernichtung* des Hauses Hohenzollern, dieser scharlachnen Idioten und Verbrecher-Rasse seit mehr als 100 Jahren verfügte dabei über den Thron von Frankreich auch über Elsass, indem ich Victor Buonaparte, den Bruder unsrer Laetitia zum Kaiser machte und meinen ausgezeichneten Ms. Bourdeau, Chef-Redakteur des Journal de Débats und der Revue des deux Mondes zum ambassadeur an meinem Hofe ernannte, – aß nachher bei meinem Koch zu Mittag (– er heißt nicht umsonst de la Pace –) und schreibe nunmehr an meinen Freund und allerhöchst vollkommenen maëstro einen Brief [...]
> [P.S.:] Ich war noch beim Begräbniß des uralten Antonelli zugegen, diesen November. – Er lebte genau so lange, bis *Ecce homo*, das Buch, fertig war. – Das Buch und der *Mensch* dazu ... (B 8, 565f)

Eine der zahllosen Reiterstatuen Turins.

Palazzo Madama, benannt nach der »Madama Reale« Marie-Christine von Frankreich.

Köselitz fasste diesen und alle anderen letzten Briefe als komische Bravourstücke auf. Overbeck und Burckhardt dagegen ließen sich von der Euphorie nicht täuschen. Als sie Anfang Januar ähnliche Nachrichten von Nietzsche erhielten, kamen sie überein, dass Overbeck nach Turin reisen sollte, um den Freund in seine Obhut zu nehmen.

Die letzte Beeinflussung, die Nietzsches Werk durch seine Umgebung erfuhr, ist vielleicht die des aristokratischen Turin auf seine letzte fixe Idee von künftigen Kriegen und politischen Intrigen des Hauses Hohenzollern. Im Ambiente eindrucksvoller Barockpalazzi, unter dem wilden Blick der Bronzepferde, die so viele Plätze Turins beherrschen, erinnerte sich Nietzsche seiner Tage bei Metz, als die »guten Europäer« starben wie die Fliegen. Am 26. Dezember setzte er Overbeck in Kenntnis über seine »Promemoria« an alle europäischen Höfe, in denen diese aufgefordert wurden, eine »antideutsche Liga« zu bilden. (B 8, 551) Zu den »letzten Erwägungen« in seinen philosophischen Notizen gehört auch die folgende Passage: »Könnten wir der Kriege entrathen, um so besser. Ich wüßte einen nützlicheren Gebrauch von den zwölf Milliarden zu machen, welche jährlich der bewaffnete Friede Europa kostet; es giebt noch andre Mittel, die Physiologie zu Ehren zu bringen, als durch Lazarethe … Kurz und gut, *sehr* gut sogar: nachdem der alte Gott abgeschafft ist, bin ich bereit, *die Welt zu regieren* …« (W 13, 646)

In einem früheren Entwurf dieser »letzten Erwägungen« hatte Nietzsche angedeutet, worin sich seine Herrschaft von der vorhergehenden unterscheiden würde: »Wir *Anderen* giengen unausgesetzt an die grandiose und hohe Arbeit des Lebens – wir haben Alles noch zu organisiren.« (W 13, 644) Auch wenn alles verschwamm, eines war dem »guten Europäer« immer noch klar – dass Kriege nicht die Allerbesten vernichten durften: »Daß man eine solche Auslese der Kraft und Jugend und Macht nachher vor die Kanonen stellt, ist *Wahnsinn*.« (W 13, 645) Er schmetterte die Priester und Herrscher Europas hinab in die tiefste Verdammnis und schloss: »Indem ich dich vernichte Hohenzollern, vernichte ich die Lüge.« (W 13, 647) Auch wenn die letzten Tage in

Die Lepontiner Alpen nördlich von Turin, auf dem Weg nach Basel.

Turin unter dem Zeichen einer gewissen Euphorie standen, so waren sie doch nicht frei von quälenden Alpträumen, Visionen jenes Schreckens, der den größten Teil des 20. Jahrhunderts beherrschen sollte.

Was aber wurde am Anfang seines Endes, einsam und verlassen in Turin, aus Nietzsches Heimlichkeiten mit dem Meere? Vielleicht war sein Schicksal identisch mit dem von Herman Melvilles Pip. Als Pip der »furchtbaren Einsamkeit« des Meeres preisgegeben wurde, schwamm sein Körper zwar an der Wasseroberfläche, seine »unsterbliche Seele« jedoch wurde »lebend mit hinabgenommen zu wunderbaren Tiefen, wo seltsame Gestalten der elementaren Urwelt vor seinen willenlosen Augen hin- und herglitten und der alte Meermann Weisheit seine gehorteten Schätze offenbarte. [...] Er sah, wie Gottes Fuß den Webstuhl trat, und sprach davon; deshalb hielten seine Schiffskameraden ihn für verrückt.«[11]

»HEIMLICHKEITEN MIT DEM MEERE«

Genua

Rapallo

Portofino

Ruta

Rom

Venedig

Nizza

Èze

Turin

Genua. Eingang zu Nietzsches bewährtem Quartier, Salita delle Battistine 8.
Unten: Telamon in der Altstadt von Genua, nicht weit von Nietzsches Wohnung.

Genua. – Ich habe mir diese Stadt, ihre Landhäuser und Lustgärten und den weiten Umkreis ihrer bewohnten Höhen und Hänge eine gute Weile angesehen; endlich muss ich sagen: ich sehe *Gesichter* aus vergangenen Geschlechtern, – diese Gegend ist mit den Abbildern kühner und selbstherrlicher Menschen übersäet. Sie haben *gelebt* und haben fortleben wollen – das sagen sie mir mit ihren Häusern, gebaut und geschmückt für Jahrhunderte und nicht für die flüchtige Stunde: sie waren dem Leben gut, so böse sie oft gegen sich gewesen sein mögen. Ich sehe immer den Bauenden, wie er mit seinen Blicken auf allem fern und nah um ihn her Gebauten ruht und ebenso auf Stadt, Meer und Gebirgslinien, wie er mit diesem Blick Gewalt und Eroberung ausübt: Alles diess will er *seinem* Plane einfügen und zuletzt zu seinem *Eigenthum* machen, dadurch dass es ein Stück desselben wird. Diese ganze Gegend ist mit dieser prachtvollen unersättlichen Selbstsucht der Besitz- und Beutelust überwachsen; und wie diese Menschen in der Ferne keine Grenze anerkannten und in ihrem Durste nach Neuem eine neue Welt neben die alte hinstellten, so empörte sich auch in der Heimat immer noch Jeder gegen Jeden und erfand eine Weise, seine Ueberlegenheit auszudrücken und zwischen sich und seinen Nachbar seine persönliche Unendlichkeit dazwischen zu legen. Jeder eroberte sich seine Heimat noch einmal für sich, indem er sie mit seinen architektonischen Gedanken überwältigte und gleichsam zur Augenweide seines Hauses umschuf. Im Norden imponirt das Gesetz und die allgemeine Lust an Gesetzlichkeit und Gehorsam, wenn man die Bauweise der Städte ansieht: man erräth dabei jenes innerliche Sich-Gleichsetzen, Sich-Einordnen, welches die Seele aller Bauenden beherrscht haben muss. Hier aber findest du, um jede Ecke biegend, einen Menschen für sich, der das Meer, das Abenteuer und den Orient kennt, einen Menschen, welcher dem Gesetze und dem Nachbar wie einer Art von Langerweile abhold ist und der alles schon Begründete, Alte mit neidischen Blicken misst: er möchte, mit einer wundervollen Verschmitztheit der Phantasie, diess Alles mindestens im Gedanken noch einmal neu gründen, seine Hand darauf –, seinen Sinn hineinlegen – sei es auch nur für den Augenblick eines sonnigen Nachmittags, wo seine unersättliche und melancholische Seele einmal Sattheit fühlt, und seinem Auge nur Eigenes und nichts Fremdes mehr sich zeigen darf.

FW, 291; 531f

Portofino, Kap und Hafen.

Unten: Blick aus Ruta nach Westen über den Golf von Genua.

Das Ende zu finden wissen. – Die Meister des ersten Ranges geben sich dadurch zu erkennen, dass sie im Grossen wie im Kleinen auf eine vollkommene Weise das Ende zu finden wissen, sei es das Ende einer Melodie oder eines Gedankens, sei es der fünfte Act einer Tragödie oder Staats-Action. Die ersten der zweiten Stufe werden immer gegen das Ende hin unruhig, und fallen nicht in so stolzem ruhigem Gleichmaasse in's Meer ab, wie zum Beispiel das Gebirge bei Porto fino – dort, wo die Bucht von Genua ihre Melodie zu Ende singt.

FW, 281; 525

Im Horizont des Unendlichen. – Wir haben das Land verlassen und sind zu Schiff gegangen! Wir haben die Brücke hinter uns, – mehr noch, wir haben das Land hinter uns abgebrochen! Nun, Schifflein! Sieh' dich vor! Neben dir liegt der Ocean, es ist wahr, er brüllt nicht immer, und mitunter liegt er da, wie Seide und Gold und Träumerei der Güte. Aber es kommen Stunden, wo du erkennen wirst, dass er unendlich ist und dass es nichts Furchtbareres giebt, als Unendlichkeit. Oh des armen Vogels, der sich frei gefühlt hat und nun an die Wände dieses Käfigs stösst! Wehe, wenn das Land-Heimweh dich befällt, als ob dort mehr *Freiheit* gewesen wäre, – und es giebt kein »Land« mehr!

FW, 124; 480

Brunnen auf der Piazza Barberini in Rom.

Ich lag ein Paar Wochen [im März 1883] hinterdrein in Genua krank. Dann folgte ein schwermüthiger Frühling in Rom, wo ich das Leben hinnahm – es war nicht leicht. Im Grunde verdross mich dieser für den Dichter des Zarathustra unanständigste Ort der Erde, den ich nicht freiwillig gewählt hatte, über die Maassen; ich versuchte loszukommen [...] Zuletzt gab ich mich mit der piazza Barberini zufrieden [...] Auf einer loggia hoch über der genannten piazza, von der aus man Rom übersieht und tief unten die fontana rauschen hört, wurde jenes einsamste Lied gedichtet, das je gedichtet worden ist, das *Nachtlied* [...]

EH 340f

Nacht ist es: nun reden lauter alle springenden Brunnen. Und auch meine Seele ist ein springender Brunnen.
Nacht ist es: nun erst erwachen alle Lieder der Liebenden. Und auch meine Seele ist das Lied eines Liebenden.
Ein Ungestilltes, Unstillbares ist in mir; das will laut werden. Eine Begierde nach Liebe ist in mir, die redet selber die Sprache der Liebe.
Licht bin ich: ach, dass ich Nacht wäre! Aber diess ist meine Einsamkeit, dass ich von Licht umgürtet bin.
Ach, dass ich dunkel wäre und nächtig! Wie wollte ich an den Brüsten des Lichts saugen! [...]
Also sang Zarathustra.

ASZ II; 136ff

Eben gedenke ich meines schönsten Studirzimmers, der Piazza di San Marco, Frühling vorausgesetzt, insgleichen Vormittag, die Zeit zwischen 10 und 12.

ZGM III, 8; 353

Hier wohne ich gut, ruhig, habe eben den warmen Ofen; der Markusplatz ist in der Nähe. Gestern schön, aber kalt, doch konnte ich Nachmittags im Freien Cafe trinken, bei Musik, alles war mit Fahnen geschmückt, und die Tauben von St. Marcus flogen friedlich umher. Lauter schattige Sträßchen mit hartem ganz glatten Pflaster.

An seine Mutter in Naumburg; Venedig, 15. März 1880; B 6, 12

Venedig, Markusplatz. Arkade der Procuratorie Vecchie auf der Nordseite der Piazza.

Unten: Säule am Eingang der Markuskirche (auffällig die eingemeißelten Schriftzeichen, die sicherlich sogleich Nietzsches Interesse erregt hätten).

Links: Innenansicht der Markuskirche.

Man erzählt noch, dass der tolle Mensch des selbigen Tages in verschiedene Kirchen eingedrungen sei und darin sein Requiem aeternam deo angestimmt habe. Hinausgeführt und zur Rede gesetzt, habe er immer nur diess entgegnet: »Was sind denn diese Kirchen noch, wenn sie nicht die Grüfte und Grabmäler Gottes sind?«

FW, 125; 482

*V**enedig**, der einzige Ort auf Erden, den ich liebe.*

An Franz Overbeck in Basel; Nizza, 24. März 1887; B 8, 47

Venedig.

Links: Hausmauer über dem Kanal von San Canciano, das Viertel, in dem Heinrich Köselitz wohnte.

Oben: Calle Nuova, die Straße in Cannaregio, in der Köselitz wohnte.

Unten: Die Friedhofsinsel San Michele.

Heute beziehe ich ein von mir gefundenes Logis, nach meinen Bedürfnissen *nicht* in den *engen* Lagunen gelegen, sondern frei wie am Meere, mit dem Blick auf die Todteninsel.

An Franz Overbeck in Basel; Venedig, 27. März 1880; B 6, 14

Es ist mein *vierter* Winter an diesem Orte, mein *siebenter* an dieser Küste: so will es meine ebenso dumme als anspruchsvolle Gesundheit, auf die böse zu sein gerade jetzt wieder die Anlässe zu häufig sind. Nizza und Engadin: aus diesem Cirkeltanze darf ich altes Pferd immer noch nicht heraus. – [...]
Sicherlich kann es keine schönere Jahreszeit für Nizza geben als die jetzige: der Himmel blendend weiß, das Meer tropisch blau, des Nachts ein Mondlicht, daß die Gaslaternen sich schämen und roth werden: und darin laufe ich nun wieder herum, wie schon so viele Male und denke meine *schwarze* Art Gedanken aus ...

An Malwida von Meysenbug in Rom; Nizza, Pension de Genève, 13. Dezember 1886; B 7, 290

Nizza. Der Strand bei der Promenade des Anglais. Nietzsches Wohnung in der »Rue St. François de Paule 25, zweiter Stock, links«, auf der schattigen Seite des Hauses. Das Bild ist von der Place des Phocéens aus aufgenommen.

Im Winter darauf [1883/84], unter dem halkyonischen Himmel Nizza's, der damals zum ersten Male in mein Leben hineinglänzte, fand ich den dritten Zarathustra – und war fertig. Kaum ein Jahr, für's Ganze gerechnet. Viele verborgne Flecke und Höhen aus der Landschaft Nizza's sind mir durch unvergessliche Augenblicke geweiht; jene entscheidende Partie, welche den Titel »von alten und neuen Tafeln« trägt, wurde im beschwerlichsten Aufsteigen von der Station zu dem wunderbaren maurischen Felsenneste Eza gedichtet, – die Muskel-Behendheit war bei mir immer am grössten, wenn die schöpferische Kraft am reichsten floss. Der *Leib* ist begeistert: lassen wir die »Seele« aus dem Spiele ... Man hat mich oft tanzen sehn können; ich konnte damals, ohne einen Begriff von Ermüdung, sieben, acht Stunden auf Bergen unterwegs sein. Ich schlief gut, ich lachte viel –, ich war von einer vollkomm[n]en Rüstigkeit und Geduld.

EH 341

Landschaft bei Èze, östlich von Nizza. Blick durch Ginsterbüsche und Gestrüpp hinunter auf das Meer bei Èze-Gare; die Halbinsel von St. Jean und Cap Ferrat, gesehen von dem Weg, der nach Èze-Ville hinaufführt.

Wille und Welle. – Wie gierig kommt diese Welle heran, als ob es Etwas zu erreichen gälte! Wie kriecht sie mit furchterregender Hast in die innersten Winkel des felsigen Geklüftes hinein! Es scheint, sie will Jemandem zuvorkommen; es scheint, dass dort Etwas versteckt ist, das Werth, hohen Werth hat. – Und nun kommt sie zurück, etwas langsamer, immer noch ganz weiss vor Erregung, – ist sie enttäuscht? Hat sie gefunden, was sie suchte? Stellt sie sich enttäuscht? – Aber schon naht eine andere Welle, gieriger und wilder noch als die erste, und auch ihre Seele scheint voll von Geheimnissen und dem Gelüste der Schatzgräberei zu sein. So leben die Wellen, – so leben wir, die Wollenden! – mehr sage ich nicht. – So? Ihr misstraut mir? Ihr zürnt auf mich, ihr schönen Unthiere? Fürchtet ihr, dass ich euer Geheimniss ganz verrathe? Nun! Zürnt mir nur, hebt eure grünen gefährlichen Leiber so hoch ihr könnt, macht eine Mauer zwischen mir und der Sonne – so wie jetzt! Wahrlich, schon ist Nichts mehr von der Welt übrig, als grüne Dämmerung und grüne Blitze. Treibt es wie ihr wollt, ihr Uebermüthigen, brüllt vor Lust und Bosheit – oder taucht wieder hinunter, schüttet eure Smaragden hinab in die tiefste Tiefe, werft euer unendliches weisses Gezottel von Schaum und Gischt darüber weg – es ist mir Alles recht, denn Alles steht euch so gut, und ich bin euch für Alles so gut: wie werde ich *euch* verrathen! Denn – hört es wohl! – ich kenne euch und euer Geheimniss, ich kenne euer Geschlecht! Ihr und ich, wir sind ja aus Einem Geschlecht! – Ihr und ich, wir haben ja Ein Geheimniss!

FW, 310; 546

Turin, Stadt der stillen Hinterhöfe und Arkaden.

Ich habe *Turin* entdeckt ... Turin keine bekannte Stadt! – nicht wahr? Der gebildete Deutsche reist daran vorbei. Ich, in meiner willkürlichen Verhärtung gegen Alles, was die Bildung heischt, habe mir aus Turin meine *dritte* Residenz zurechtgemacht, will sagen Sils-Maria als erste und Nizza als zweite. An jedem Ort vier Monate; für Turin zwei Monate Frühjahr und zwei Monate Herbst. Seltsam! Was mich dazu überredet, ist die Luft, die trockne Luft, die an allen drei Orten gleich ist, und aus denselben meteorologischen Gründen. Schneegebirge im Norden und Westen – auf diese Rechnung kam ich hierher – und bin entzückt! Selbst an sehr warmen Tagen – wir hatten schon solche – giebt es jenen berühmten Zephyr, von dem ich bisher nur durch die Dichter wußte (ohne ihnen zu glauben! Lügenvolk!) Die Nächte frisch. Man sieht mitten aus der Stadt hinein in den Schnee.

An Reinhart von Seydlitz in München; Turin, 13. Mai 1888; B 8, 313

Außerdem vorzügliche Theater, ital[ienisch] oder französisch; Carmen, wie billig, zur Feier meiner Gegenwart (piramidale successo – Verzeihung für die aegyptische Anspielung!) Eine ernste, fast großgesinnte Welt stiller Straßen mit Palästen des vorigen Jahrhunderts, sehr aristokratisch. (Ich selbst wohne dem palazzo Carignano gegenüber, im alten palazzo des Justizministeriums) Höhe der Caféhaus-Cultur, der gelati, des cioccolato Torinese. Dreisprachige Buchhandlungen. Universität, gute Bibliothek, Sitz des Generalstabs. Die Stadt mit herrlichen Alleen; unvergleichliche Uferlandschaften am Po. Bei weitem die angenehmste, *reinlichste*, großräumigste Stadt Italiens, mit dem Luxus der portici in einer Länge von 10020 Meter.

An Reinhart von Seydlitz in München; Turin, 13. Mai 1888; B 8, 313

Turin mit seinen Pflastersteinen aus glattem schwarzem Granit, den Nietzsche so sehr bewunderte – und brauchte.

Gegenüber: Turin. Die Galleria Subalpina.

Abends sitze ich in einem prachtvollen hohen Raum: ein kleines *sehr anständiges* Concert (Clavier 4 Saiteninstr[umente] 2 Bläser) kommt gerade so gedämpft, als es wünschenswerth, zu mir – es sind 3 Säle nebeneinander. Man bringt mir *meine* Zeitung Journal des débats, – ich esse eine Portion ausgezeichnetes Eis [...] In der galeria Subalpina (in die ich hinabsehe, wenn ich aus meinem Zimmer heraustrete), dem schönsten elegantesten Raum dieser Art, den ich kenne, spielt man jetzt Abend für Abend den barbiere di Seviglia, und zwar *vortrefflich* [...] Und wie *gut* sieht die Stadt aus, wenn es trübe ist! Neulich sagte ich mir: einen Ort zu haben, *wo man nicht heraus will*, nicht einmal in die Landschaft, wo man sich freut, *in den Straßen* zu gehn!

An Heinrich Köselitz in Berlin; Turin, 16. Dezember 1888; B 5, 528f

Ich komme aus hundert Abgründen, in die noch kein Blick sich gewagt, ich kenne Höhen, wohin kein Vogel sich verflog, ich habe am Eis gelebt, – ich bin verbrannt worden von hundert Schneen: es scheint mir, daß warm und kalt in meinem Munde andere Begriffe sind.

An Unbekannt; Turin, 27. November 1888; B 8, 495

Spiegelungen im Po; Blick von der Brücke, die uns von der Kirche Gran Madre di Dio zurückführt in die Stadt, die man nicht mehr verlassen möchte.

ANMERKUNGEN

»Der gute Europäer«

1 Vgl. Jacques Derrida; *Das andere Kap. Die aufgeschobene Demokratie. Zwei Essays*. Frankfurt/Main 1992.

Anfänge und Ende

1 Nietzsche zufolge lag das Studierzimmer seines Vaters im ersten Stock, während es heute der erste Raum rechts neben dem Hauseingang ist. Vielleicht hatte der Pastor, der ein belesener und gelehrter Mann war, ein privates und ein offizielles Arbeitszimmer – das Zimmer im Obergeschoss als persönliches Lese- und Schreibzimmer, das im Erdgeschoss für Besuche und Amtsgeschäfte.

2 Elisabeth Förster-Nietzsche, *Der junge Nietzsche*, Leipzig 1912, S. 14.

3 In Wirklichkeit fanden die geschilderten Ereignisse im März 1850 statt. Auch die Datierung des Todes des kleinen Joseph auf der Grabinschrift, 4. Januar 1850, ist offensichtlich falsch. Curt Paul Janz, *Friedrich Nietzsche. Biographie*, Bd. 1, München/Wien 1979, S. 47, teilt uns mit, dass Nietzsches jüngerer Bruder laut Pfarrregister in Wirklichkeit mehrere Tage *nach* seinem zweiten Geburtstag starb. Im Hinblick auf den Vorahnungstraum ist zu beachten, dass es eine weitere Schilderung des Traumes in einer späteren autobiographischen Skizze gibt (Ebd., S. 282). Dieser zweite Text ist im Portfolio dieses Kapitels abgedruckt. Verschiedene Details dieses zweiten Berichts weichen vom ersten ab. Außerdem befand sich nach den Gemeindeunterlagen und fotografischen Belegen im Nietzsche-Archiv das Grab des Vaters immer an der Südfront der Kirche, nicht auf dem Friedhof, der an die Nordseite anstieß. *Nietzsche hätte deshalb das Grab seines Vaters von keinem Fenster des Pfarrhauses aus sehen können*. Entweder verlegte er den verstorbenen Vater und Bruder in seiner Vorstellung in irgendein anderes Grab an einer Stelle auf dem Friedhof, die von seinem Fenster aus zu sehen war, oder aber er verschob das ganze Geschehen in der Bildwelt des Traums. In Nietzsches erster Aufzeichnung, in der der unbestimmte Artikel auftaucht, »ein Grab«, scheint die erste Variante zuzutreffen, da offen gelassen wird, ob der Vater in der Gruft eines anderen liegt, zumindest für die Dauer des Traums. Im Gegensatz dazu bezieht sich die zweite Aufzeichnung spezifisch auf »das Grab meines Vaters«, was die radikalere, endgültige Verlegung der Stelle durch die Phantasie des Traums nahe legt. Zu der mehrfachen Wiedergabe des Traums, insbesondere im Hinblick auf die Deutung von Pierre Klossowski, s. David Farrell Krell, *Infectious Nietzsche*, Bloomington 1996, Kap. 11, »Consultations with the Paternal Shadow«. S. a. Pierre Klossowski, *Nietzsche et le cercle vicieux*, Paris ²1969, S. 251–284. Und schließlich in fiktiver Form bei Krell, *Nietzsche: A Novel*, New York 1996, Teil 4.

4 Viel später in seinem Leben, in einem Brief aus Nizza vom 14. März 1885, gab Nietzsche der Hoffnung Ausdruck, dass er bald im Stande sein würde, Mutter und Schwester zu besuchen. Dabei betonte er, dass dieser Besuch *nicht* in Naumburg stattfinden würde. »Ihr wißt, es bekommt mir schlecht, und der Ort hat Nichts in meinem Herzen, was für ihn spricht. Ich bin nicht dort ›geboren‹, und niemals ›heimisch‹ geworden.« (B 7, 23)

5 Förster-Nietzsche, *Der junge Nietzsche*, S. 82f.

6 Die Tendenz zu beißender Kritik verlor Nietzsche nie. Man denke nur an seine späteren Bemerkungen über Wagner und Brahms oder seine Bemerkungen von 1868 gegenüber Erwin Rohde über den gemeinsamen Freund Hermann Mushacke: »Der poetische Funke in unserem Freunde ist nicht stark genug um Ochsen zu tödten, aber zur Betäubung eines Menschen ausreichend, so daß ich ihn inständig gebeten habe seine gefährliche Feuerwerkerei einzustellen.« (B 2, 306)

7 Um die erwähnten Anklänge an Hölderlin deutlich zu machen, seien hier einige Zeilen aus Nietzsches Text zitiert. In der Szene tritt Prometheus Vater Iapetos auf und drängt seinen Sohn, vor Zeus' Macht zu kapitulieren und den Olympiern Opfer darzubringen (F 1, 63):

Iapetos: Drum da ich fest glaube
Daß unsre Wesen jene Himmlischen
Verachten wie wir sie –
Prometheus: Ein eigenes Verachten,
Wenn du die Macht derselben über unsre setzt.
Dies du, ich nie.

Wenn das Schauspiel »danebengeht«, dann weil Nietzsche mit seinem »Chor der Menschen« unbeholfen zwischen der Epoche des Äschylos und einem sehr viel späteren, unspezifisch christlichen Zeitalter schwankt. Ihm ist noch nicht möglich, was William Butler Yeats in *The Resurrection* so glänzend gelingt. Die meisten Vierzehnjährigen jedoch versuchen es erst gar nicht.

8 Förster-Nietzsche, *Der junge Nietzsche*, S. 107.

9 Janz, *Friedrich Nietzsche. Biographie*, Bd. 1, S. 129.

10 Zu diesem Themenkomplex vgl. Pia Daniela Volz, *Nietzsche im Labyrinth der Krankheit. Eine medizinisch-biographische Untersuchung*; Würzburg 1990, bes. S. 365–370, 379–385, 390–415.

11 Franz Overbeck, *Nachlaß in der Universitätsbibliothek Basel. Handschriften*, zit. nach Janz, *Friedrich Nietzsche. Biographie*, Bd. 3, S. 39, 42.

12 Janz, *Friedrich Nietzsche. Biographie*, Bd. 3, S. 50.

13 Zit. nach Sander L. Gilman (Hrsg.), *Begegnungen mit Nietzsche*, »Studien zur Germanistik, Anglistik und Komparatistik«, Bd. 98, Bonn ²1985, S. 649f.

[14] Ebd., S. 652ff.

[15] Heinrich Köselitz, zit. nach Janz, *Friedrich Nietzsche. Biographie*, Bd. 3, S. 109.

[16] Overbeck, *Nachlaß in der Universitätsbibliothek Basel. Handschriften*, zit. nach Janz, *Friedrich Nietzsche. Biographie*, Bd. 3, S. 110.

[17] Franziska Oehler Nietzsche, zit. nach Janz, *Friedrich Nietzsche. Biographie*, Bd. 3, S. 118.

[18] Paul Deussen, *Mein Leben*, hrsg. von Erika Rosenthal-Deussen, Leipzig 1922, S. 263.

[19] Overbeck, *Nachlaß in der Universitätsbibliothek Basel. Handschriften*, zit. nach Janz, *Friedrich Nietzsche. Biographie*, Bd. 3, S. 172.

[20] Carl Albrecht Bernoulli, *Franz Overbeck und Friedrich Nietzsche. Eine Freundschaft*, Bd. 2, Jena 1908, S. 380.

[21] Zwei Jahre zuvor, im Dezember 1895, hatte Elisabeth ihre Mutter dazu gedrängt, ihr den Posten der Nachlassverwalterin des philosophischen Werkes ihres Bruders zu übertragen. Sofort begann sie eine Reihe von potenziellen Herausgebern zu kontaktieren, wobei sie nach jemandem suchte, der schnell genug für ihre Vorstellungen arbeitete, da sie ebenso sehr von der Notwendigkeit getrieben wurde, Bücher zu verkaufen, wie von dem Wunsch, das Vermächtnis ihres Bruders zu bewahren. Zugleich war sie auf der Suche nach einer Persönlichkeit, die sich ihren Vorstellungen von herausgeberischer Tätigkeit anpasste – Vorstellungen, die sie ebenso sehr mit Schere und Zündholz wie mit dem Rotstift verwirklichte.

[22] Zit. nach Volz, *Nietzsche im Labyrinth seiner Krankheit*, S. 491.

[23] Ebd., S. 495.

[24] Ebd., S. 493.

[25] Heinrich Köselitz, zit. nach Janz, *Friedrich Nietzsche. Biographie*, Bd. 3, S. 354, 357.

»Ich wäre sehr viel lieber Basler Professor als Gott«

[1] Hans Gutzwiller, *Friedrich Nietzsches Lehrtätigkeit am Basler Paedagogium 1869–1876*, Basel 1951, zit. nach Janz, *Friedrich Nietzsche. Biographie*, Bd. 1, S. 522.

[2] Allerdings wandte sich Nietzsches musikalischer Geschmack schließlich wieder derselben Richtung zu wie Burckhardts, so dass zumindest aus dieser Sicht verständlich wird, warum Burckhardt den merkwürdigen jungen Kollegen weiterhin unterstützte. Im Februar 1886 kleidete Nietzsche die Abkehr von Wagner in die folgenden Sätze: »Ein Mensch, der mir gleich geartet ist, profondément triste, kann es auf die Dauer nicht mit Wagnerischer Musik aushalten. Wir haben Süden, Sonne ›um jeden Preis‹, helle, harmlose, unschuldige Mozartische Glücklickeit und Zärtlichkeit in Tönen nöthig. Eigentlich sollte ich auch Menschen um mich haben, von derselben Beschaffenheit, wie diese Musik ist, die ich liebe [...]« (B 7, 153)

[3] Friedrich Nietzsche, zit. nach Janz, *Friedrich Nietzsche. Biographie*, Bd. 1, S. 295. Dieses Heft (P II 9b, S. 184) ist nicht in die historisch-kritische Studienausgabe von Giorgio Colli und Mazzino Montinari aufgenommen worden.

[4] EH 268. Eine frühere Version desselben Textes – es handelt sich um eine der letzten Textänderungen in der Druckvorlage für *Ecce homo*, eingefügt Ende 1888, ist wesentlich problematischer, aber auch erhellender als die oben zitierte. Im ersten Entwurf der betreffenden Passage schrieb Nietzsche: »Frau Cosima Wagner ist bei weitem die vornehmste Natur, die es giebt und, im Verhältniß zu mir, habe ich ihre Ehe mit Wagner immer nur als Ehebruch interpretirt [...] der Fall Tristan.« (W 14, 473) Zu einer ausführlicheren Erörterung dieser Textänderung in *Ecce homo* s. Kapitel 11 in Krell, *Infectious Nietzsche*.

[5] Jacob Burckhardt, *Briefe*, hrsg. von Max Burckhardt, Bd. 4, Basel/Stuttgart 1963, S.111.

[6] *Kritische Gesamtausgabe des Briefwechsels*, hrsg. von Giorgio Colli und Mazzino Montinari, Bd. II.2, Berlin 1975ff, S. 249ff.

[7] Ebd., S. 243.

[8] Zu Nietzsches Empedokles-Fragmenten s. Krell, *Postponements: Woman, Sensuality and Death in Nietzsche*, Bloomington 1986, insbes. Kap. 2, »Corinna«.

[9] Heute ist das einstmals elegante Hôtel du Parc, das spätere Grand Palace, eine Ruine. Ein grünes Baugerüst bedeckt seine gesamte Fassade, während die Stadtväter und die Grundstücksspekulanten zu entscheiden versuchen, was damit anzufangen sei. Der Bau liegt an der Uferpromenade am See, unmittelbar an die Kirche Santa Maria degli Angioli anschließend.

[10] Ulrich von Wilamowitz-Moellendorff, *Zukunftsphilologie I und II*, Berlin 1872, zit. nach Janz, *Friedrich Nietzsche. Biographie*, Bd. 1, S. 469.

[11] Burckhardt, *Briefe*, hrsg. von Max Burckhardt, Bd. 5, S. 158.

[12] An Cosima Wagner schrieb Nietzsche am 19. Dezember 1876: »[...] werden Sie sich wundern, wenn ich Ihnen eine allmählich entstandene, mir fast plötzlich in's Bewußtsein getretene Differenz mit Schopenhauer's Lehre eingestehe? Ich stehe fast in allen allgemeinen Sätzen nicht auf seiner Seite; schon als ich über Sch. schrieb, merkte ich, daß ich über alles Dogmatische daran hinweg sei; mir lag alles am *Menschen*.« (B 5, 210) Die gleiche Zurückweisung der Lehre Schopenhauers zeigte sich Paul Deussen gegenüber sogar in noch stärkeren Worten: s. Nietzsches Brief von Anfang August 1877. (B 5, 264f).

[13] *Kritische Gesamtausgabe des Briefwechsels*, hrsg. von Colli und Montinari, Bd. II.4, S. 50f.

[14] Janz, *Friedrich Nietzsche. Eine Biographie*, Bd. 1, S. 480.

[15] *Die Briefe des Freiherrn Carl von Gersdorff an Friedrich Nietzsche*, hrsg. von Karl Schlechta, zit. nach Janz, *Friedrich Nietzsche. Eine Biographie*, Bd. 1, S. 543.

16 Ebd.

17 *Friedrich Nietzsche. Werke und Briefe*, hrsg. von Wilhelm Hoppe, München 1942, S. 350.

18 B 5, 82. Diese Steinabader Studien schlugen sich erst im zweiten Teil von *Menschliches, Allzumenschliches* nieder, der Ende 1879 erschien. Vgl. vor allem Aphorismus 285 in »Der Wanderer und sein Schatten« zum Privateigentum unter dem Titel »Ob der Besitz mit Gerechtigkeit ausgeglichen werden kann«. Nietzsches Ansichten zur Gesellschaftstheorie und -praxis sind komplexer (und beachtenswerter) als gemeinhin angenommen: »Damit der Besitz fürderhin mehr Vertrauen einflösse und moralischer werde, halte man alle Arbeitswege zum *kleinen* Vermögen offen, aber verhindere die mühelose, die plötzliche Bereicherung; man ziehe alle Zweige des Transports und Handels, welche der Anhäufung *grosser* Vermögen günstig sind, also namentlich den Geldhandel, aus den Händen der Privaten und Privatgesellschaften – und betrachte ebenso die Zuviel- wie die Nichts-Besitzer als gemeingefährliche Wesen.« (W 2, 681).

19 Janz, *Friedrich Nietzsche. Eine Biographie*, Bd. 1, S. 627.

20 Elisabeth Förster-Nietzsche, *Wagner und Nietzsche zur Zeit ihrer Freundschaft*, München 1915, S. 240.

21 Malwida von Meysenbug, *Im Anfang war die Liebe. Briefe an ihre Pflegetochter*, hrsg. von Berta Schleicher, München 21926, S. 93f.

22 Albert Brenner in: Bernoulli *Franz Overbeck und Friedrich Nietzsche. Eine Freundschaft*, Bd. 1, S. 200.

23 Malwida von Meysenbug, *Der Lebensabend einer Idealistin*, Berlin/Leipzig 1898, S. 56.

24 Natürlich leugnete Nietzsche Rées Einfluss gänzlich, nicht erst im vierten Paragraphen seines Vorwortes zur *Genealogie der Moral* (W 5, 250f, veröffentlicht im Jahre 1887), sondern bereits in einem Brief an Erwin Rohde vom Juni 1878, und zwar in heftigster Form (B 5, 333). Nichtsdestoweniger ist die gegenseitige Beeinflussung zwischen ihm und Rée spürbar. Nicht umsonst widmete Rée Nietzsche ein Exemplar seines Buches mit dem Satz: »Dem Vater dieser Schrift dankbarst deren Mutter.« Umgekehrt war es vor allem Paul Rée, der Nietzsche in dem Wechsel bestärkte, den er im Begriff war vorzunehmen, den Wechsel von der Philologie zur Philosophie – Philosophie als eine Genealogie der Moral.

25 W 8, 63; vgl. M, 169; 151. In Nietzsches Briefen findet sich, soweit uns bekannt ist, kein Hinweis auf einen Besuch in Paestum, und auch Curt Paul Janz erwähnt keinen derartigen Ausflug. Die Paestum betreffenden Aussagen Nietzsches (s. Zitat, aber auch die Passage über Paestum im Portfolio dieses Kapitels) deuten in unseren Augen jedoch darauf hin, daß Nietzsche im Winter und Frühjahr 1876/77 dort gewesen sein muss, denn diese Notizen beruhen unserer Ansicht nach nicht auf Hörensagen.

26 *Kritische Gesamtausgabe des Briefwechsels*, hrsg. von Colli und Montinari, Bd. II.6/2, S. 715.

27 »Abscheuliche Briefe. W[agner]'s bitterböse unglückliche Polemik gegen mich im Augustheft der Bayr[reuther] Bl[ätter] habe ich nun auch gelesen: es that mir wehe, aber *nicht an der Stelle*, wo W. wollte.–« (B 5, 351). S. a. Janz, *Friedrich Nietzsche. Eine Biographie*, Bd. 1, S. 820 und 827.

Die Einsamkeit des Hochgebirges

1 Nietzsche, zit. nach Janz, *Friedrich Nietzsche. Biographie*, Bd. 2, S. 43.

2 Zu einer Erörterung der Trophonios- und Maulwurfbilder s. Krell, *Infectious Nietzsche*, Kap. 3 und 5, »The Decadence of Redemption« und »Der Maulwurf/The Mole.«

3 Nietzsche, zit. nach Janz, *Friedrich Nietzsche. Biographie*, Bd. 2, S. 95.

4 Ernst Pfeiffer (Hrsg.), *Friedrich Nietzsche, Paul Rée, Lou von Salomé*, Frankfurt 1970.

5 An Franz Overbeck schrieb Nietzsche am 6. März 1883: »Die Loslösung von meinen Angehörigen fängt an, sich mir als wahre Wohltat darzustellen; ach, wenn Du wüßtest, was ich in diesem Capitel (seit meiner Geburt –) Alles zu überwinden gehabt habe! Ich mag meine Mutter nicht, und die Stimme meiner Schwester zu hören macht mir Mißvergnügen; ich bin *immer* krank geworden, wenn ich mit ihnen zusammen war. ›Gezankt‹ haben wir uns fast gar nicht, auch im vorigen Sommer nicht; ich weiß schon mit ihnen umzugehen, aber es bekommt mir schlecht.« (B 6, 338f) Heinrich Köselitz gegenüber äußerte er am 26. August desselben Jahres, seine Mutter und seine Schwester hätten ihn an den Rand des Wahnsinns getrieben; er sei in einem Labyrinth von »Rachegefühlen und ›ressentiments‹« gefangen. (B 6, 435; vgl. 437)

6 Siehe W 10, 37–42; gedruckt auch zum Teil in B 6, 242ff. Die meisten Texte handeln von Stilfragen und Liebesangelegenheiten. In der sechsten Anmerkung ist zu lesen: »*Liebe* ist für *Männer* etwas ganz Anderes als für Frauen. Den Meisten wohl ist Liebe eine Art *Habsucht*; den übrigen Männern ist Liebe die Anbetung einer leidenden und verhüllten Gottheit. Wenn Freund Rée dies läse, würde er mich für toll halten. Wie geht es? – Es gab nie einen schöneren Tag in Tautenburg als heute. Die Luft klar, mild, kräftig: so wie wir Alle sein sollten.« (W 10, 37f; B 6, 243)

7 Zur Beziehung des *Zarathustra* zur Gestalt des Empedokles und damit zum Tod durch Selbstmord s. Janz, *Friedrich Nietzsche. Biographie*, Bd. 2, S. 381. und Krell, *Postponements*, S. 112, Anm. 2.

8 Janz, *Friedrich Nietzsche. Biographie*, Bd. 2, S. 425.

9 Ebd., S. 429.

10 Einmal mehr fällt hier der merkwürdige, faktisch nicht erklärbare Umstand auf, dass Nietzsche die Seen bei Sils dem Lago Maggiore als besonders wohl tuend für seine Augen vorzog . Wie auch immer man grelles Licht wissen-

schaftlich messen kann; keinesfalls können der Silser See oder der Silvaplaner See als besonders wohl tuend für die Augen betrachtet werden!

[11] Janz, *Friedrich Nietzsche. Biographie*, Bd. 2, S. 526.

[12] Meta von Salis-Marschlins, *Philosoph und Edelmensch. Ein Beitrag zur Charakteristik Friedrich Nietzsche's*, Leipzig 1897, S. 52.

[13] S. W 12, 400ff. Vgl. auch Krell, *Postponements*, S. 81f., 104f.

[14] S. W 12, 377f; vgl. 344.357.407. S. a. die Diskussion in Janz, *Friedrich Nietzsche. Biographie*, Bd. 2, S. 562f.

[15] B 6, 113. Nietzsche erfuhr von Oaxaca durch eine Gruppe Schweizer Kolonisten, die ihre Ferien in Sils verbrachten. Er berichtete im August 1883 über Oaxacas hervorragend stabiles Klima an Elisabeth (B 6, 431), die ihrerseits bald ein ganz persönliches Interesse an Kolonien entwickeln sollte.

[16] Vgl. auch den auf lateinisch geschriebenen Brief an Franz Overbeck vom Dezember 1881 (B 6, 128f).

[17] von Salis-Marschlins, *Philosoph und Edelmensch. Ein Beitrag zur Charakteristik Friedrich Nietzsche's*, S. 26f.

[18] Sprachforscher werden fündig bei Richard Scarry, *Mieu prüm dicziunari*, München/Zürich 1973, erhältlich beim Kulturamt von Bergün am Albulapass. Wanderer und Liebhaber expressionistischer Literatur mögen Paul Raabe, *Spaziergänge durch Nietzsches Sils-Maria*, Zürich 1994, konsultieren. Das Buch ist besonders lesenswert, weil Raabe die lange Prozession der Dichter und Schriftsteller aufzählt, die auf Nietzsches Spuren Sils und seine Umgebung erkundeten.

[19] von Salis-Marschlins, *Philosoph und Edelmensch. Ein Beitrag zur Charakteristik Friedrich Nietzsche's*, S. 28ff.

[20] Helen Zimmern, zit. nach Janz, *Friedrich Nietzsche. Biographie*, Bd. 2, S. 320.

[21] Resa von Schirnhofer, »Vom Menschen Nietzsche«, in: *Zeitschrift für Philosophische Forschung*, Bd. 22, Meisenheim/Glan 1968, S. 441.

[22] Ebd., S. 442.

[23] Janz, *Friedrich Nietzsche. Biographie*, Bd. 2, S. 322.

[24] Ebd., S. 375.

[25] Günther Wahnes, *Heinrich von Stein und sein Verhältnis zu Richard Wagner und Friedrich Nietzsche*, Diss. Jena 1926, zit. nach Janz, *Friedrich Nietzsche. Biographie*, Bd. 2, S. 331f.

[26] Ebd., S. 332.

[27] Ebd., S. 333.

[28] Adolf Ruthardt, »Friedrich Nietzsche und Robert Schumann«, in: *Zeitschrift für Musik*, 1921, S.489f.

[29] Julius Kaftan, »Aus der Werkstatt des Übermenschen«, in: *Deutsche Rundschau*, 31. Jg., 1905, S. 253ff.

[30] Ebd.

[31] Ebd.

Heimlichkeiten mit dem Meere

[1] Natürlich mag Richard Wagners – und Cosimas – Anwesenheit in Palermo der Magnet gewesen sein, der ihn nach Sizilien zog und zugleich von dort abstieß. In den Anfangsjahren seines Nomadenlebens, als Wagner noch lebte, wusste Nietzsche immer, wo sich der Meister gerade aufhielt. Gewöhnlich ging es darum, sich zu meiden, manchmal aber schien ihn die Versuchung auch in die größtmögliche Nähe des Geliebt-Verhassten zu ziehen. Während Wagner auf Sizilien den *Parsifal* vollendete, schrieb Nietzsche *Die fröhliche Wissenschaft*.

[2] Vgl. Laurence Lampert, »Yeats' Nietzschean Dialogue«, in: *Yeats: An Annual of Critical and Textual Studies* 11, 1993, S. 129–158.

[3] Dafür gibt es medizinische Belege; vgl. B 7, 33.42f.

[4] Zu Nietzsches Psychologie ganz allgemein s. Graham Parkes, *Composing the Soul: Reaches of Nietzsches Psychology*, Chicago 1994, bes. Kap. 7.

[5] Vermutlich bezog sich Nietzsche auf die Pension de Genève, als er an Emily Fynn in St. Moritz schrieb, der »Vortheil für die Nachwelt« – zu der die Verfasser und Leser des vorliegenden Buches sich ja wohl zu zählen haben – des Erdbebens von Nizza liege darin, dass »sie eine Wallfahrtsstätte weniger zu besuchen hat«. (B 8, 38)

[6] von Salis-Marschlins, *Philosoph und Edelmensch. Ein Beitrag zur Charakteristik Friedrich Nietzsche's* , S. 44.

[7] Ebd., S. 50.

[8] Ebd., S. 57ff.

[9] Er gab seine Adresse mit Hausnummer 56 an, die Hausnummern an der Piazza Barberini hören heute jedoch bei 54 auf. Es ist anzunehmen, dass Nietzsche im obersten Stock des Gebäudes an der Seite des Platzes wohnte, das auf die Via delle Quattro Fontane geht. Nietzsches erstes römisches Quartier, Via Polveriera 4, steht heute nicht mehr.

[10] Zum merkwürdigen Schicksal dieser Korrekturseiten, von denen schon die Rede war, s. Mazzino Montinaris Kommentar, W 14, 460ff; s. a. Tracy B. Strong, »Ödipus as Hero: Family and Family Metaphors in Nietzsche«, in: *Why Nietzsche Now?*, hrsg. von Daniel T. O'Hara, Bloomington 1985, S. 311–335, bes. S. 322–328, sowie Kap. 11 in Krell, *Infectious Nietzsche*.

[11] Herman Melville, *Moby Dick oder Der Wal*, Düsseldorf 1999, S. 504f.

WERKE UND REISEN NIETZSCHES

1844

15. Oktober: Nietzsche wird als erstes Kind von Franziska Nietzsche, geb. Oehler, und Carl Ludwig Nietzsche in dem kleinen Dorf Röcken bei Lützen in Sachsen geboren. Er verbringt seine Kindheit im Pfarrhaus von Röcken.

1849

30. Juli: Nietzsche Vater stirbt in Röcken an »Erweichung« – vielleicht Tuberkulose – des Gehirns.

1850

Anfang März: Nietzsches jüngerer Bruder Ludwig Joseph stirbt im Alter von zwei Jahren in Röcken.

Anfang April: Die verwitwete Franziska Nietzsche zieht mit ihren beiden verbliebenen Kindern, Friedrich Wilhelm und Elisabeth, zusammen mit der Mutter und den Schwestern ihres verstorbenen Mannes nach Naumburg an der Saale. Zunächst wohnen sie in einem Eckhaus an der Neugasse, dann in den Räumlichkeiten einer anderen Pfarrerswitwe.

18. Oktober: Nietzsche geht auf die öffentliche Bürgerschule von Naumburg, auf der er nur ein Jahr lang bleibt.

Anfang Juni, dann nochmals im Oktober und in den folgenden Jahren immer wieder: Nietzsche verbringt die Sommer- und Herbstferien bei seinen Großeltern mütterlicherseits in Pobles, einem kleinen Dorf bei Röcken.

1851

Frühjahr: Nietzsche besucht das Privatinstitut von Professor Weber, wo er bis zum Herbst 1854 bleibt. Dann wechselt er an das Domgymnasium.

1858

Sommer: Franziska Nietzsche zieht mit ihren Kindern in das Haus im Weingarten 18 in Naumburg, das bis zu ihrem Tod im Jahr 1897 ihr – und das ihres Sohnes – Zuhause bleibt. In den nächsten Jahren verbringt Nietzsche seine Sommerferien bei Verwandten in Pobles, Plauen, Naumburg, Bad Kösen und Gorenzen.

Anfang Oktober: Nietzsche beginnt seine Gymnasialzeit in Schulpforta, etwa eine Stunde Fußweg südwestlich von Naumburg. Sechs Jahre lang wird er dort leben und lernen.

1859

August: Nietzsche verbringt die Ferien in Jena bei einem Onkel, dem Bürgermeister der Stadt.

1860

Sommer: Nietzsche reist mit seinem Freund Wilhelm Pinder nach Gorenzen in den Harz. Sein Onkel Edmund Oehler ist hier Pastor.

25. Juli: Nach der Rückkehr nach Naumburg steigen Pinder und Nietzsche, denen sich inzwischen auch Gustav Krug angeschlossen hat, auf die Schönburg und gründen dort feierlich die »Germania«, einen musisch-literarischen Verein.

1864

7. September: Schulabschluss und Abgang von Schulpforta. In den verbleibenden Septemberwochen Ferien am Rhein mit Klassenkamerad Paul Deussen.

Anfang Oktober: Ferien in Oberdreis bei der Familie von Paul Deussen.

Mitte Oktober: Nietzsche nimmt das Studium in Bonn auf und tritt der Burschenschaft »Franconia« bei.

1865

9. August: Nietzsche wechselt an die Universität Leipzig; zunächst hält er sich jedoch zwei Monate in Naumburg auf. Am 19. Oktober trifft er in Leipzig ein.

1866

Januar bis Juli: Nietzsche besucht Vorlesungen an der Universität Leipzig. Er bleibt den größten Teil des Jahres dort, bis auf die Ferienzeit von Mitte März bis Mitte April sowie Ende August, die er in Naumburg verbringt. Er belegt Klassische Philologie bei Professor Friedrich Ritschl.

Mitte September bis Mitte Oktober: Auf der Flucht vor der in Naumburg wütenden Choleraepidemie hält sich Nietzsche in Bad Kösen auf.

Weihnachten und Neujahr: Wieder in Naumburg.

1867

Januar bis Juli: Die erste Hälfte des Jahres – bis auf den Monat April, in dem er sich in Naumburg aufhält – verbringt Nietzsche in Leipzig.

8. August: Nietzsche begibt sich gemeinsam mit Erwin Rohde auf eine Wanderung durch den Böhmer und den Thüringer Wald nach Meiningen und zur Wartburg, wo er am 28. August eintrifft.

September 1867 bis Ende Juni 1868: Nachdem sein Plan, den Militärdienst in Berlin zu absolvieren, fehlschlägt, leistet Nietzsche seine militärische Grundausbildung in Naumburg ab (als »Kanonier der 21. Batt. der reit. Abtheil. des Feldartillerieregt. Nr. 4«).

1868

Anfang März: Nietzsche bricht sich bei einem schweren Reitunfall während des Militärdienstes das Brustbein und zieht sich eine Zerrung des Brustmuskels zu. Die Wunde infiziert sich und heilt nicht.

30. Juni: Nietzsche trifft auf der Suche nach Genesung in den Bädern von Wittekind ein.

Anfang August: Nietzsche kehrt nach Naumburg zurück; nach fünfmonatiger Leidenszeit ist seine Gesundheit wiederhergestellt.

Mitte Oktober: Nietzsche nimmt sein Studium in Leipzig wieder auf. Er arbeitet bereits an Themen, die in sein erstes Hauptwerk, *Die Geburt der Tragödie aus dem Geiste der Musik*, münden.

Anfang November: Erste Begegnung mit Richard Wagner im Haus der Familie Brockhaus.

1869

Januar bis März: Die Universität Basel bietet Nietzsche eine außerordentliche Professur für Klassische Philologie an.

Mitte März: Nietzsche kehrt nach Naumburg zurück und bereitet sich auf die Übersiedelung nach Basel vor.

12. April: Nietzsche reist ab nach Basel.

19. April: Hier bezieht er eine Wohnung am Spalentorweg 12.

Anfang Mai: Nietzsche beginnt mit dem Unterricht am Pädagogium im Mentelinhof sowie seine Seminare und Vorlesungen an der Universität Basel; er setzt seine Arbeit an »Griechenthum und Pessimismus« und über die Wiedergeburt der Musik durch Wagner fort.

15. Mai: Nietzsches erster (unangemeldeter) Besuch in Tribschen, der wagnerschen Villa bei Luzern.

28. Mai: Nietzsche hält seine Antrittsvorlesung in Basel über »Homer und die klassische Philologie«.

Ende Juli bis erste Augustwoche: Ferien in Interlaken, in der Nähe der Jungfrau, und dann beim Pilatus, »6000 Fuss über dem Meere«.

31. Juli: Nietzsches erster offizieller Besuch bei den Wagners in Tribschen.

14. Bis 15. August: Nietzsches erster Aufenthalt in Badenweiler im Schwarzwald. Er logiert im Hotel Römerbad.

6. bis 18. Oktober: Herbstferien in Naumburg.

18. Oktober: Rückkehr nach Basel. Von Mitte Oktober bis Ende Dezember erste Notizen zur *Geburt der Tragödie*. *Weihnachten-Neujahr*: Nietzsche besucht die Wagners in Tribschen.

1870

Januar bis Juli: Nietzsche ist hauptsächlich in Basel. Unterrichts- und Vorlesungstätigkeit.

18. Januar: Er hält eine öffentliche Vorlesung über »Das griechische Musikdrama«.

1. Februar: Auf die öffentliche Vorlesung »Socrates und die Tragoedie« reagiert das Publikum ablehnend. Inzwischen wohnt Nietzsche gemeinsam mit Romundt und Overbeck im Schützengraben 45 (heute Nr. 47), dem künftigen »Gifthüttli«.

Zweite Aprilhälfte: Den Frühlingsanfang verbringt er in der Pension Ketterer in Basset, Clarens, am Genfer See.

19. Juli: Kriegserklärung Frankreichs an Deutschland.

20. Juli: Ferien in Axenstein bei Brunnen.

28. Juli (nach Janz 30. Juli): Nietzsche und seine Schwester Elisabeth treffen im Maderanertal ein und logieren im Hotel Alpenclub.

Um den 9. August: Nietzsche verlässt das Maderanertal, wo er an seinem vor der Veröffentlichung stehenden Buch *Die Geburt der Tragödie* arbeitete, insbesondere an der »Dionysischen Weltanschauung«, in der erstmals das Gegensatzpaar apollinisch/dionysisch seine Analyse der Tragödie bestimmt. Er fährt nach Basel, um seine Rückreise nach Deutschland in die Wege zu leiten, da er als Sanitäter am Deutsch-Französischen Krieg teilnehmen möchte. Am 13. August ist er in Erlangen und wird zum Sanitäter in der Felddiakonie, einer Vorläufer-Einrichtung des Roten Kreuzes, ausgebildet.

23. August: Nietzsche erhält den Marschbefehl an die Front. Er reist über Stuttgart und Karlsruhe auf die Schlachtfelder von Wörth, Weissenburg, Sulz, Gersdorf, Langensulzbach, Hagenau und Bischweiler bei Strassburg.

2. September: Nach dem Eintreffen in Nancy reist Nietzsche weiter an die Front, die inzwischen in Ars-sur-Moselle bei Metz liegt. Zwei Nächte lang versorgt er sechs Schwerverwundete, die mit dem Zug zurück nach Karlsruhe transportiert werden; Nietzsche selbst steckt sich mit Ruhr und Diphterie an und kommt nach seiner Rückkehr nach Erlangen eine Woche ins Lazarett.

14. September bis 21. Oktober: Nietzsche erholt sich im Haus seiner Mutter in Naumburg. Er unternimmt kurze Reisen nach Oelsnitz und Leipzig; hier besucht er Professor Ritschl. Er arbeitet an einer neuen Theorie zu Prosodie und Metrum in der antiken griechischen Dichtkunst.

November bis Dezember: Er kehrt zu seiner Lehrtätigkeit nach Basel zurück; Fortsetzung der Arbeit an der *Geburt der Tragödie*.

Neujahr: Nietzsche ist abermals in Tribschen.

1871

Januar: Nietzsche lehrt in Basel.

Mitte Februar: Nietzsche und Elisabeth überqueren den Gotthardpass und mieten sich für sechs Wochen (bis Ende März) in Lugano im Hôtel du Parc ein. Intensive Arbeit an der *Geburt der Tragödie*.

April bis Mitte Juli: Lehrtätigkeit in Basel.

Mitte Juli bis Anfang August: Ferien mit Elisabeth in Gimmelwald im Lauterbrunner Tal, man logiert im Hotel Schilthorn.

August bis Dezember: Lehrtätigkeit in Basel, unterbrochen von einem kurzen Besuch in Naumburg Mitte Oktober. Nietzsche arbeitet an den Druckfahnen der *Geburt der Tragödie*.

Mitte Dezember: Nietzsche fährt mit Cosima als ihr »Kavalier« zu einem Konzert nach Mannheim, das Wagner zu Gunsten des Bayreuther Unternehmens dirigiert.

Neujahr: Cosima spielt Nietzsches »Nachklang einer Sylvesternacht« in Tribschen vor. Nietzsche hatte ihr das Stück geschickt, doch da er Wagners Urteil fürchtet, bleibt er während der Ferien in Basel.

1872

Januar: Die Geburt der Tragödie erscheint bei E. W. Fritzsch in Leipzig. Nietzsche lehrt den größten Teil des Jahres in Basel.

Januar bis März: Fünf Vorträge »Ueber die Zukunft unserer Bildungsanstalten«, gehalten in der Museumsaula in Basel.

Januar bis März: Nietzsche wird von Karl Mendelssohn-Bartholdy (dem Sohn des Komponisten) zu einer Griechenlandreise eingeladen, lehnt die Einladung jedoch aus Angst, Wagner zu verletzen, ab. Er wird Griechenland niemals sehen. Er überarbeitet seine fünf Vorträge für eine mögliche (allerdings nie realisierte) Veröffentlichung.

Zweite Hälfte des April: Nietzsche besucht Montreux am Genfer See.

25. bis 27. April: Nietzsches letzter Besuch in Tribschen; die Wagners ziehen um nach Bayreuth.

18. Mai: Nietzsche trifft in Bayreuth ein, Erwin Rohde folgt einen Tag später; die Wagners residieren von April bis August im Hôtel Fantaisie.

24. Mai: Nietzsche ist wieder in Basel. Erste Notizen für das unveröffentlichte Werk »Ueber Wahrheit und Lüge im aussermoralischen Sinne«.

27. bis 30. Juni: Mit Carl von Gersdorff in München, um zwei Aufführungen des *Tristan* beizuwohnen.

Ende September: Kurzer Urlaub in Splügen und Chiavenna, über Chur, Bad Passugg und die Via Mala. Vor seinem Geburtstag kehrt Nietzsche nach Basel zurück und bleibt dort bis zu einem kurzen Weihnachtsbesuch in Naumburg. Am 6. Januar ist er wieder in Basel.

1873

Januar bis Juni: Lehrtätigkeit in Basel.

Anfang März: Nietzsche entflieht der Basler »Fasnet« und reist nach Gersau an den Luzerner See.

Anfang April: Nietzsche fährt nach Bayreuth, das Manuskript der *Philosophie im tragischen Zeitalter der Griechen* im Reisegepäck. Es kommt zu Diskussionen mit Rohde und den Wagners über David Friedrich Strauss, der Thema der ersten *Unzeitgemäßen Betrachtung* werden wird.

15. April: Nietzsche kehrt nach Basel zurück und beginnt mit der Arbeit über Strauss, die er Anfang Mai fertig stellt.

Ende Juli bis Mitte August: Nietzsche ist mit von Gersdorff und Romundt auf Arbeitsurlaub (d. h. Urlaub mit – statt ohne – Arbeit) in Flims-Waldhaus und am Cauma-See.

8. August: Das Erscheinen der erstem *Unzeitgemäßen Betrachtung* bei E. W. Fritzsch in Leipzig wird von den Freunden in Flims gefeiert. Im selben Sommer diktiert Nietzsche von Gersdorff »Ueber Wahrheit und Lüge im aussermoralischen Sinne«; der Text basiert auf Notizen, die er sich im vorigen Sommer gemacht hat.

Mitte August bis Dezember: Nietzsche ist in Basel; Lehrtätigkeit von Oktober bis Dezember. Arbeit an der zweiten *Unzeitgemäßen Betrachtung*, »Vom Nutzen und Nachtheil der Historie für das Leben«.

Weihnachten und Neujahr: Nietzsche ist wieder in Naumburg; am 4. Januar kehrt er nach Basel zurück.

1874

Januar bis Mitte Juli: Lehrtätigkeit in Basel.

Januar bis Februar: Arbeit an den Druckfahnen der zweiten *Unzeitgemäßen Betrachtung*, die Ende Februar bei E. W. Fritzsch in Leipzig erscheint; bis Mitte Juli in Basel, Arbeit an Notizen für die dritte *Unzeitgemäße Betrachtung*, »Schopenhauer als Erzieher«. Korrektur der Druckfahnen der zweiten *Unzeitgemäßen Betrachtung*.

Zweite Julihälfte: Reise nach Chur und weiter nach Bergün, Aufenthalt im Hotel Piz Aela. Fortsetzung der Arbeit an der dritten *Unzeitgemäßen Betrachtung*, deren Überarbeitung sich schwierig gestaltet.

4. August: Elftägige Reise nach Bayreuth; Nietzsche spielt das *Triumphlied* von Brahms zu Wagners Erbauung. Der Meister ist weder erbaut noch amüsiert.

Mitte August bis Dezember: Nietzsche ist in Basel, bis auf einen einwöchigen Kuraufenthalt in Rigistaffel und Luzern Ende September.

Oktober: Lehrtätigkeit in Basel; die dritte *Unzeitgemäße Betrachtung* erscheint, diesmal bei Ernst Schmeitzner in Chemnitz.

Weihnachten und Neujahr: Nietzsche ist in Naumburg; am 7. Januar kehrt er nach Basel zurück.

1875

Januar bis Mitte Juli: Lehrtätigkeit in Basel. Forschungen auf dem Gebiet der Geschichte des Judentums und des Christentums. Nietzsche erwägt die Möglichkeit einer vierten *Unzeitgemäßen Betrachtung* mit dem Titel »Wir Philologen« und beginnt mit Vorarbeiten; der Text wird jedoch nie ausgeführt.

16. Juli bis 12. August: Reise nach Steinabad bei Bonndorf, um eine Magenkur durchzuführen. Lektüre von Werken zur National- und Sozialökonomie. Erneut erwägt er eine vierte *Unzeitgemäße Betrachtung*, diesmal mit dem Titel »Richard Wagner in Bayreuth«. Die Beschäftigung mit diesen und anderen Projekten erweist sich als äußerst fruchtbar: Manche der Notizen aus diesem Sommer erscheinen drei Jahre später in *Menschliches, Allzumenschliches*.

Mitte August bis Jahresende: Lehrtätigkeit in Basel; Fortsetzung der Arbeit über »Richard Wagner in Bayreuth« bis Oktober, dann Unterbrechung bis zum folgenden Frühjahr.

Herbst: Umzug in eine größere Wohnung weiter unten im Spalentorweg; Elisabeth führt dem Bruder den Haushalt.

1876

Januar bis Februar: Lehrtätigkeit in Basel.

Erste Märzwoche: Besuch von Chillon und Veytaux, Aufenthalt in der Pension Printannière.

Erste Aprilwoche: Reise nach Genf zu einem Besuch bei Hugo von Senger; Besichtigung von Voltaires Wohnort in Ferney. Am 14. April wieder in Basel; Arbeit an »Richard Wagner in Bayreuth«, Fertigstellung der drei letzten Abschnitte.

17. bis 18. Juni: Aufenthalt im Hotel Römerbad, Badenweiler; letzte Arbeit am Schlusskapitel der vierten *Unzeitgemäßen Betrachtung*. »Richard Wagner in Bayreuth« wird Anfang des folgenden Monats bei Ernst Schmeitzner in Chemnitz veröffentlicht.

23. Juli: Nietzsches letzter Besuch in Bayreuth; ernsthaft erkrankt, verlässt er Bayreuth unvermittelt am 3. oder 4. August und fährt nach Klingenbrunn im Bayrischen Wald. Dort schreibt er einem späteren Bericht (W 14, 490) zufolge das erste Drittel von *Menschliches, Allzumenschliches I,* das noch den Titel »Die Pflugschaar« trägt; seine Aufzeichnungen weisen auf eine Krise oder einen Scheideweg in seiner Entwicklung vom Philologen zum Philosophen hin.

12. August: Rückkehr nach Bayreuth, um weitere Aufführungen des Ringes zu besuchen.

27. August: Rückkehr nach Basel; Fortsetzung der Arbeit an der »Pflugschaar«.

15. Oktober: Offizieller Beginn von Nietzsches einjähriger Beurlaubung aus gesundheitlichen Gründen.

1. bis 18. Oktober: Nietzsche ist in Bex, Valais, Schweiz, im Hôtel du Crochet, zusammen mit Paul Rée, mit dem er nach Sorrent fahren wird, wo sie von Malwida von Meysenbug erwartet werden. Arbeit an einer geplanten (aber nie realisierten) fünften *Unzeitgemäßen Betrachtung*, »Der Freigeist«.

19. Oktober: Fahrt nach Genf, wo Alfred Brenner zu ihnen stößt; zusammen reisen sie über den Mont Cenis Pass in den Westalpen nach Genua; Nietzsche sieht zum ersten Mal das Meer.

23. Oktober: Seereise von Genua nach Sorrent in der Bucht von Neapel, mit Zwischenhalt in Livorno (Leghorn) und einem Abstecher nach Pisa.

26. Oktober: Ankunft in Neapel; Fortsetzung der Reise am folgenden Tag nach Sorrent in die Villa Rubinacci. Arbeit an der geplanten *Unzeitgemäßen Betrachtung*, »Der Freigeist«, die jedoch statt dessen in *Menschliches, Allzumenschliches* einfließt.

1877

Januar bis März: In der Villa Rubinacci in Sorrent.

Anfang März: Zehntägiger Besuch von Pompeji und Herculaneum. Während dieses Frühjahrs vermutlich auch eine kurze Reise nach Paestum.

23. März: Kurzer Ausflug nach Capri.

8. Mai: Nietzsche erwägt, seine Lehrtätigkeit in Basel ganz aufzugeben und verlässt Sorrent. Am 11. Mai Rückreise über das stürmische Meer, »*mare molto cattivo*«, nach Genua, weiter mit dem Zug nach Mailand, über Como nach Lugano. Vom 12. bis 14. Mai erneuter Aufenthalt im Hôtel du Parc.

15. Mai: Nietzsche beginnt eine vierwöchige Kur in Bad Ragaz in der Schweiz, im Rheintal zwischen Chur und Sargans.

10. Juni: Nietzsche reist in das abgelegene Dorf Rosenlaui, hoch über Meiringen im Berner Oberland, wo er bis Ende August bleibt und an dem Werk arbeitet, das später unter dem Titel *Menschliches, Allzumenschliches. Ein Buch für freie Geister* veröffentlicht wird.

10. bis 21. Juli: Mit Elisabeth Ausflug zum Zuger See; Aufenthalt in der Pension Felsenegg.

1. September: Nietzsche reist nach Basel, wo er in eine Wohnung in der Gellertstraße 22 umzieht.

September bis Dezember: Intensive Arbeit in Basel an Entwürfen und Plänen für *Menschliches. Allzumenschliches.*

3. bis 7. Oktober: Reise nach Frankfurt zu einer eingehenden ärztlichen Untersuchung bei Dr. Otto Eiser.

Oktober bis Dezember: Nietzsche lehrt noch an der Universität Basel, ist allerdings aus Krankheitsgründen von der Lehrverpflichtung für Griechisch am Gymnasium befreit

Weihnachten und Neujahr: Nietzsche bleibt in Basel.

1878

Januar bis Februar: Nietzsche ist in Basel, Lehrtätigkeit an der Universität; er ist ernsthaft krank. Arbeit an den letzten Korrekturen des Manuskripts von *Menschliches, Allzumenschliches I.*

März: Zur Kur in Baden-Baden im Nordschwarzwald.

4. April: Reise nach Naumburg; mehrere Tage mit Paul Rée und dem Verleger Ernst Schmeitzner in Leipzig.

24. April: Rückkehr nach Basel.

Ende April: Menschliches, Allzumenschliches I erscheint bei Ernst Schmeitzner in Chemnitz.

6. bis 8. Juli: Nietzsche besucht Elisabeth in Frohburg im Jura. Am 8. Juli reist sie nach Naumburg, um nach ihrer Mutter zu sehen.

Juli: Nietzsche gibt die verhältnismäßig luxuriöse Wohnung in der Gellertstraße auf und zieht in eine kleine möblierte Wohnung in der Bachlettenstraße 11 an der Peripherie der Stadt in der Nähe des Zoologischen Gartens.

20. bis 21. Juli: Nietzsche flieht vor der Sommerhitze in Basel nach Frohburg im Jura.

27. Juli: Nietzsche genießt drei Wochen Sommerurlaub in der Berghütte des Männlichen in Grindelwald im Berner Oberland.

Ende August bis 17. September: In Interlaken im Hotel Unterseen.

23. September: Nach kurzen Besuchen in Zürich und Basel reist Nietzsche nach Naumburg, wo er bis zum 17. Oktober bleibt.

18. Oktober bis Weihnachten und Neujahr: Nietzsche hält sich in Basel auf; Arbeit an »Vermischte Meinungen und Sprüche«, einem Anhang zu *Menschliches, Allzumenschliches.* Am Neujahrsabend schickt er das Manuskript an Ernst Schmeitzner in Leipzig ab.

1879

Januar bis März: Lehrtätigkeit an der Universität Basel; Nietzsche ist gesundheitlich in schlechtester Verfassung; das Wintersemester 1878/79 wird sein letztes sein.

12. März: »Vermischte Meinungen und Sprüche« erscheint als Anhang zu *Menschliches, Allzumenschliches*.

21. März: Nietzsche reist nach Genf, wo er zunächst im Hôtel de la Gare, dann im Hotel Richemont am Seeufer wohnt; er bleibt dort bis zum 21. April.

21. April: Rückkehr nach Basel zu einer weiteren ärztlichen Untersuchung. Ende April Rückkehr nach Genf, Anfang Mai Rückkehr nach Basel zur Auflösung seiner Wohnung.

2. Mai: Nietzsche legt die Professur aus gesundheitlichen Gründen offiziell nieder.

7. Mai: Auflösung der letzten Wohnung in Basel mit Hilfe von Elisabeth, die zum letzten Mal aus Naumburg nach Basel gekommen ist.

10. Mai: Reise mit Elisabeth nach Schloss Bremgarten bei Bern zu einer einwöchigen Kur. In der dritten Maiwoche reist Nietzsche für mehrere Tage allein nach Zürich, dann, vielleicht am 26. Mai, weiter nach Wiesen bei Davos in Graubünden, wo er im Hotel Bellevue wohnt.

15. Juni: Nietzsche entschließt sich, Wiesen zu verlassen und ins Oberengadin zu reisen; er gibt »Champfèr im Oberengadin, poste restante« als Adresse an. Am 21. Juni bricht er auf.

23. Juni: Nietzsche schreibt seinen ersten Brief aus *»St. Moritz* in Graubünden«, mehrere Kilometer östlich von Champfèr, wo der Julierpass in das Inntal führt. Dort bleibt er in einem Privatzimmer irgendwo zwischen Champfèr und St. Moritz bis Mitte September und schreibt »Der Wanderer und sein Schatten«, einen Text, der (zusammen mit dem »Vermischten«) in *Menschliches, Allzumenschliches II* aufgenommen wird. »Alles ist, wenige Zeilen ausgenommen, *unterwegs* erdacht und in 6 kleine Hefte mit Bleistift skizziert worden.« (B 5, 450)

30. Juni: Die Universität kommt Nietzsches Ersuchen um Frühpensionierung aus gesundheitlichen Gründen nach. Er erhält eine Pension von 3000 Schweizer Franken, zunächst beschränkt auf sechs Jahre, dann verlängert bis in die Jahre seiner Krankheit.

17. September: Nietzsche reist ab nach Naumburg; er beabsichtigt, der Gärtner seiner Mutter zu werden und in einem Turm in der Naumburger Stadtmauer zu wohnen. Er trifft seine Schwester in Chur, wo sie eine viertägige Wanderung unternehmen. Am 20. September fährt Nietzsche nach Naumburg und bleibt den ganzen Herbst über dort, bis auf eine kurze Reise nach Leipzig am 18. Oktober, um das Manuskript von »Der Wanderer und sein Schatten« abzuliefern.

Weihnachten und Neujahr: Nietzsche hält sich in Naumburg auf; wieder einmal ist er während der Ferienzeit schwer krank.

1880

Januar: Nietzsche bleibt in Naumburg.

10. Februar: Nietzsche reist nach Südtirol, über Bozen nach Riva am Nordufer des Gardasees, wo er im Hotel du Lac et du Parc (damals Hotel Seevilla und im Besitz der österreichischen Familie Witzmann) in der Gesellschaft von Heinrich Köselitz (Peter Gast) wohnt. Er arbeitet an Notizen, die in *Morgenröthe. Gedanken über die moralischen Vorurtheile* eingehen.

13. März: Nietzsche reist von Riva nach Venedig, wo er bis zum 29. Juni bleibt. Er wohnt zunächst mit Köselitz in der Calle Nuova 5256 (Campo San Canciano in Cannaregio), dann in einer eigenen Wohnung (die heute nicht mehr auszumachen ist) mit Blick auf San Michele.

29. Juni: Nietzsche verlässt Venedig und reist durch Tirol; es gelingt ihm nicht, einen Ort zu finden, der zugleich sonnig und seinen Augen erträglich ist. St. Moritz ist zu teuer, deshalb reist er weiter nach Norden und landet schließlich am 5. Juli im Hotel Eremitage in Marienbad, Böhmen. Dort bleibt er bis Anfang September, obwohl es ein verregneter und äußerst unproduktiver Sommer ist.

1. oder 2. September: Nietzsche begibt sich nach Naumburg, wo er fünf Wochen lang bleibt.

8. Oktober: Nietzsche reist nach Stresa am Lago Maggiore, erkrankt jedoch unterwegs und macht zwangsweise mehrere Tage in Heidelberg und dann wieder in Locarno Station; darüber hinaus unterbricht er seine Reise für einen Besuch bei den Overbecks in Basel.

14. Oktober: Nietzsche ist in Stresa, wo er den wunderschönen Blick auf die Isola Borromeo draußen im See genießt. Er nimmt die Arbeit an *Morgenröthe* wieder auf, die noch immer den Arbeitstitel »Die Pflugschaar« trägt, den gleichen Titel, den er im Sommer 1876 dem ersten Teil von *Menschliches, Allzumenschliches* gegeben hatte. Er plant, den Winter in Neapel zu verbringen, ändert aber dann sein Vorhaben.

8. November: Nietzsche ist in Genua, wo er vier Mal innerhalb weniger Tage sein Quartier wechselt.

November und Dezember: Nietzsche bleibt über Weihnachten und Neujahr bis ins kommende Frühjahr in Genua.

1881

Januar bis April: Nietzsche ist in Genua; er arbeitet an den Aphorismen von *Morgenröthe*.

13. März: Er schickt das Manuskript an Ernst Schmeitzner in Leipzig.

1. Mai: Nietzsche trifft Köselitz in Vicenza; da er jedoch zu krank zum Reisen ist, fahren die beiden getrennt – Köselitz einen Tag früher – nach Recoaro Terme. Nietzsche bleibt bis Anfang Juli in dem Kurort Recoaro, im Albergo Tre Garofani (»Die Drei Nelken«). Arbeit an den Druckfahnen von *Morgenröthe*.

Ende Juni: Morgenröthe wird veröffentlicht, Ergebnis der Arbeit in Venedig (damals mit dem Titel »L'Ombra di Venezia«), Marienbad, Naumburg, Riva, Stresa und Genua.

2. Juli: Nietzsche reist über den Comer See, Chiavenna und Maloja nach St. Moritz, begibt sich diesmal jedoch sofort nach Sils-Maria, wo er drei Monate bleibt. Er mietet ein Privatzimmer, vielleicht bereits in dem Tee- und Gewürzladen von Gian

(Hans) Durisch, dem heutigen »Nietzsche-Haus« in Sils-Maria. Arbeit an einem Nachfolgewerk von *Morgenröthe*, das den Titel *Die fröhliche Wissenschaft* tragen wird.

Anfang August: Laut Notizbuch M III 1 (W 9, 494) Offenbarung des Gedankens der Ewigen Wiederkunft des Gleichen in Surlej, Silvaplana.

26. August: In Sils-Maria taucht erstmals der Name »Zarathustra«, der möglicherweise auf Emersons *Essays* zurückgeht (s. den dritten Essay der Zweiten Reihe, »Charakter«: dort ist ein Hinweis auf Zarathustra in Nietzsches Exemplar dick unterstrichen), in seinen Notizen auf – und zwar unter der Überschrift »Mittag und Ewigkeit« (W 9, 519f).

1. Oktober: Nietzsche begibt sich für den Winter nach Genua, wo er dreimal seine Wohnung wechselt und schließlich (Ende Oktober) in der Salita delle Battistine 8, Interno 6, landet. Das Zimmer in der steilen, nur für Fußgänger zugänglichen Gasse, die an die barocken Gärten der Villetta di Negro grenzt, wird Nietzsches bevorzugtes Quartier in Genua.

27. November: Im Teatro Politeana in Genua hört Nietzsche zum ersten Mal Bizets *Carmen*.

1882

Januar: Nietzsche arbeitet in Genua an einer Fortsetzung von *Morgenröthe*, Bücher 6 bis 10, die jedoch in *Die fröhliche Wissenschaft* eingehen wird. In diesem Werk wird allerdings noch nicht der Gedanke von der Ewigen Wiederkehr des Gleichen erscheinen, für dessen Veröffentlichung Nietzsche, wie er bekennt, »noch nicht *reif* genug« ist. (B 6, 159)

4. Februar bis 13. März: Paul Rée besucht Nietzsche in Genua.

Anfang März: Die beiden machen einen Ausflug nach Monaco.

29. März: Nietzsche entschließt sich spontan, auf einem Frachter nach Messina auf Sizilien zu reisen, und kommt am 1. April dort an. Obwohl die Wagners quasi in der Nachbarschaft wohnen (in Palermo), sucht er sie nicht auf. Er arbeitet am vierten Buch der *Fröhlichen Wissenschaft*, »Sanctus Januarius«. (Die *Idyllen aus Messina* entstanden in Wirklichkeit noch in Genua.)

23. oder 24. April: Nietzsche reist nach Rom und schließt sich dort Paul Rée, Malwida von Meysenbug und Lou von Salomé an, der er zum ersten Mal im Petersdom begegnet.

Anfang Mai: Ausflug der vier an den Ortasee, nicht weit von Stresa; Nietzsche und Lou von Salomé machen allein einen Auflug und erleben das »*Mysterium* vom Monte Sacro«.

8. Mai: Nietzsche besucht die Overbecks in Basel. Pläne zur Veröffentlichung der *Fröhlichen Wissenschaft*.

13. Mai: Nietzsche ist mit Lou von Salomé in Luzern. In diesen Tagen entsteht das berühmte Foto von Rée, Nietzsche und Lou (das in diesem Buch nicht abgebildet ist).

16. Mai: Nietzsche kehrt über Basel nach Naumburg zurück. Er arbeitet bis zum 16. Juni am Manuskript der *Fröhlichen Wissenschaft*.

17. Juni: Reise in den Grunewald bei Berlin in der Hoffnung, dort Lou zu begegnen; am nächsten Tag jedoch kehrt er enttäuscht nach Naumburg zurück.

25. Juni: Nietzsche reist in den Tautenburger Wald, wo er den Sommer verbringt, teilweise in Gesellschaft von Lou von Salomé und Elisabeth (die sich vom 7. bis 26. August in Tautenburg aufhalten). Nietzsche versäumt die Premiere von *Parsifal* im Juli in Bayreuth und bleibt bis Ende August in Tautenburg; dann kehrt er nach Naumburg zurück. Arbeit an den Druckfahnen der *Fröhlichen Wissenschaft*, die am 20. August bei Ernst Schmeitzner erscheint.

7. September: Nietzsche flüchtet nach Leipzig vor seiner Mutter, die empört ist über seine vermeintliche Affäre mit Lou, von der Elisabeth sie unterrichtet hat. Ende September stoßen Lou von Salomé und Paul Rée dort zu ihm, wohnen jedoch unter einer anderen Adresse (Nietzsche wohnt in der Auenstraße 26, im dritten Stock des Hauses eines Lehrers namens Janicaud); sie bleiben bis zum 5. November und reisen dann ab nach Paris – ohne Nietzsche.

15. November: Nietzsche fährt nach Basel zu einem Besuch bei den Overbecks. Drei Tage später macht er sich auf den Weg nach Genua. Er läßt sich zunächst in Santa Margherita im Süden nieder, kehrt dann nach Genua zurück und wohnt schließlich von Anfang Dezember an im Albergo della Posta in Rapallo.

1883

Januar bis Februar: Nietzsche ist in Rapallo. Arbeit am ersten Teil von *Also sprach Zarathustra*. Das Manuskript geht am 14. Februar an Schmeitzner ab.

13. Februar: Richard Wagner stirbt in Venedig.

24. Februar: Nietzsche kehrt in sein altes Wohnhaus in Genua zurück: Salita delle Battistine 8 (Interno 6). Er bleibt bis zur ersten Maiwoche in Genua.

Ende April: Also sprach Zarathustra I wird bei Ernst Schmeitzner in Chemnitz verlegt.

3. Mai: Nietzsche fährt nach Rom, wo er fünf oder sechs Wochen bleibt. Er wohnt anfangs in der Via Polveriera 4, Piano II, dann an der Piazza Barberini 56 (54?), oberster Stock.

14. Juni: Nach einem kurzen Besuch in Terni-Aquila reist er nach Norden, zuerst nach Bellagio am Comer See, dann weiter nach Sils-Maria. Am 21. Juni wohnt er im Haus von Gian Durisch. In diesem und den vielen folgenden Sommern erweist sich Durisch als überaus freundlich und hilfsbereit seinem berühmten Gast gegenüber. Nietzsche arbeitet am zweiten Teil von *Also sprach Zarathustra*.

Mitte Juli: Das Manuskript von *Also sprach Zarathustra II* wird an Ernst Schmeitzner in Leipzig abgeschickt.

5. September: Nietzsche verlässt Sils-Maria für einen einmonatigen Besuch in Naumburg, trotz seines Ärgers über die Reaktion seiner Familie auf die Affäre mit Lou von Salomé und Elisabeths Verlobung mit Bernhard Förster. Er bleibt bis zum 5. Oktober in Naumburg.

6. bis 8. Oktober: Nietzsche erholt sich bei den Overbecks in Basel von Naumburg.

9. Oktober: Weiterreise nach Genua; vergeblicher Versuch, in La Spezia mit Malwida von Meysenbug zusammenzutreffen; Rückkehr nach Genua am 13. Oktober, wo er unter seiner alten Adresse wohnt, diesmal allerdings in Interno 5. Arbeit am dritten Teil von *Also sprach Zarathustra*.

23. November: Nietzsche verlässt Genua und reist nach Nizza; auf der Durchreise verbringt er eine Woche in Villafranca (Villefranche).

2. Dezember: Nietzsche wohnt im dritten Stock der Rue Cathérine Ségurane Nr. 38, am Rande des Parc du Château in Nizza. Besuche von Paul Lanzky und Joseph Paneth. Arbeit am dritten Teil von *Also sprach Zarathustra*.

1884

Januar: Nietzsche schließt *Also sprach Zarathustra III* am 18. Januar in Nizza ab.

Ende März: Also sprach Zarathustra III wird bei Ernst Schmeitzner veröffentlicht. Nietzsche hält den *Zarathustra* jetzt für vollendet; für den Rest des Jahres arbeitet er an verschiedenen theoretischen Problemstellungen. In den Notizen finden sich allerdings immer wieder Entwürfe und Aufzeichnungen zu *Zarathustra*.

21. April: Nietzsche reist nach Venedig, wo er bis zum 12. Juni bleibt. Er wohnt bei Heinrich Köselitz.

15. Juni: Zweiwöchiger Besuch bei den Overbecks in Basel, dann Abreise nach Airolo auf der Südseite des Gotthardpasses. Nietzsche logiert hoch über Airolo im Hotel Piora am Ritom-See.

12. Juli: Nietzsche fährt nach Zürich, wo er Meta von Salis-Marschlins kennen lernt.

18. Juli: In Sils-Maria bis Ende September; er erhält Besuch von Meta von Salis, Helen Zimmern, Resa von Schirnhofer und Heinrich von Stein.

24. September: Nietzsche reist nach Zürich, wo er bis zum 31. Oktober in der Pension Neptun wohnt; dort besucht Elisabeth ihn für zwei Wochen und versucht, sich wieder mit ihm zu versöhnen.

31. Oktober (nach Janz; nach Colli-Montinari ist er am 6. November noch in Zürich): Abreise nach Menton, wo er mehrere Wochen (in der Pension des Étrangers) wohnt; er plant gemeinsam mit Paul Lanzky eine Reise nach Korsika, die jedoch nie realisiert wird.

Erste Dezembertage: Rückkehr in seine vertraute Pension de Genève in der Petite Rue St. Etienne in Nizza. Er gibt die Pläne für ein Werk mit dem Titel *Mittag und Ewigkeit* auf und arbeitet statt dessen am vierten Teil von *Also sprach Zarathustra*.

1885

Januar bis April: Nietzsche ist in Nizza. Mitte Februar ist die Arbeit an *Also sprach Zarathustra IV* abgeschlossen.

9. April: Nietzsche begibt sich nach Venedig, wo er in der heute nicht mehr aufzufindenden Casa Fumagalli in der Calle del Ridotto wohnt; Arbeit an den Druckfahnen des vierten Teils von *Also sprach Zarathustra*.

Mitte April: Der letzte Teil von *Also sprach Zarathustra* wird bei Constantin Naumann in Leipzig veröffentlicht (als Privatdruck in 40 Exemplaren, die Nietzsche an Freunde verteilt).

6. Juni: Nietzsche verlässt Venedig und fährt nach Sils-Maria. Arbeit an Plänen zu einem philosophischen Hauptwerk und Aufzeichnungen, die in *Jenseits von Gut und Böse* einfließen werden. Vorbereitung einer zweiten Auflage mit neuen Vorworten von *Menschliches, Allzumenschliches I und II*. Schließlich verklagt er Schmeitzner, um die Rechte an seiner Literatur zurückzugewinnen und eine Neuauflage seiner Werke herauszubringen.

15. September: Nach einem arbeitsreichen Sommer kehrt Nietzsche von Sils nach Naumburg zurück.

5. Oktober: Nietzsche fährt nach Leipzig.

1. November: Nietzsche verlässt Leipzig Richtung Süden. Erste Station ist München, wo er Reinhart von Seydlitz besucht. Mehrere Tage später reist er weiter nach Florenz – das ihm wegen der unebenen Bürgersteige und des starken Verkehrs jedoch wenig zusagt.

11. November: Nach einem Aufenthalt bei Paul Lanzky in Vallombrosa wieder in Nizza, in der Pension de Genève. Baldiger Umzug in die Rue St. François de Paule Nr. 26 (2ème étage à gauche), gegenüber der Place des Phocéens. Nietzsche macht Spaziergänge in den nahegelegenen Hügeln von Cap Ferrat auf der Halbinsel St. Jean bei Villefranche und von Èze.

10. Dezember: Nietzsche beauftragt seine Mutter, einen neuen Grabstein auf dem Grab seines Vaters errichten zu lassen. Er bezahlt ihn von dem Geld, das er im Prozess gegen Schmeitzner zugesprochen bekam.

1886

Januar: Fortsetzung der Arbeit an einer Neuauflage von *Menschliches, Allzumenschliches* in Nizza.

Februar: Elisabeth Nietzsche verlässt zusammen mit ihrem Mann Bernhard Förster Deutschland, um in La Plata in Paraguay eine deutsche Kolonie (»Nueva Germania«) zu gründen.

Januar bis März: Nietzsche beginnt mit der Arbeit an einer zweiten Auflage oder einem Nachfolgewerk von *Morgenröthe*, die schließlich unter dem Titel *Jenseits von Gut und Böse. Vorspiel einer Philosophie der Zukunft* veröffentlicht wird; die ältesten Aphorismen aus *Jenseits von Gut und Böse* stammen noch aus dem Sommer und Herbst 1881, ein Großteil entstand während der *Zarathustra*-Periode, 1883–85.

25. April: Nietzsche vollendet das Manuskript von *Jenseits von Gut und Böse*; er hat vor, Nizza zu verlassen und nach Venedig zu gehen.

30. April: Nietzsche wohnt in Venedig in Köselitz' leer stehender Wohnung am Campo San Canciano.

11. Mai: Er ist in München in dem Bemühen, eine Aufführung von Köselitz' komischer Oper *Der Löwe von Venedig* zu arrangieren.

13. Mai: Besuch in Naumburg und Leipzig bei Erwin Rohde, der inzwischen Professor in Leipzig ist.

Ende Mai: C. G. Naumann in Leipzig beginnt mit der Drucklegung von *Jenseits von Gut und Böse*.

5. Juni: Nietzsche mietet eine Wohnung in Leipzig in der Auenstraße 48, zweiter Stock; noch immer arbeitet er an Köselitz' Projekt.

27. Juni: Abreise aus Leipzig nach Sils-Maria, über Rorschach und Chur. Arbeit an der Neuauflage seiner Bücher; Fortsetzung der Arbeit an einem philosophischen Hauptwerk mit dem Arbeitstitel *Der Wille zur Macht. Umwertung aller Werte*.

Juli bis August: Nietzsche ist in Sils; er arbeitet an den Druckfahnen für *Jenseits von Gut und Böse*. Auch dieses Buch wird, wie der vierte Teil des *Zarathustra*, privat bei C. G. Naumann gedruckt. Nietzsche erhält die ersten Exemplare am 4. August.

31. Juli: Franz Liszt stirbt in Bayreuth.

5. August: Der Verleger Ernst Fritzsch erwirbt die Rechte an Nietzsches früheren Werken und gibt Nietzsche auf diese Weise die Möglichkeit, Neuauflagen zu planen und sein gesamtes bisheriges Œuvre einer Überarbeitung zu unterziehen.

25. September: Nietzsche verlässt Sils-Maria und macht sich auf den Weg an den Golf von Genua. Er wohnt in Ruta Ligure bei Portofino, Santa Margherita und Rapallo, wo der erste Teil des *Zarathustra* entstand.

10. Oktober: Vielleicht auf Grund der »abscheulichen Küche« in seinem Albergo beschließt Nietzsche, in die Pension de Genève in Nizza zurückzukehren. Er arbeitet an einem neuen Vorwort für die zweite Auflage von *Morgenröthe* und erweitert seine *Idyllen aus Messina* um die Lieder des »Prinzen Vogelfrei«, die für die zweite, erweiterte Auflage der *Fröhlichen Wissenschaft* bestimmt sind, die nun ein fünftes Buch und ein neues Vorwort hat.

20. Oktober: Nietzsche ist in Nizza; er arbeitet an Texten über griechische Philosophie; Fortsetzung der Arbeit an der geplanten Neuauflage seiner Bücher; Lektüre von Dostojewski in französischer Übersetzung.

1887

3. Januar: Endlich gelingt es Nietzsche, in Nizza ein Zimmer nach Süden, das heißt mit der Aussicht auf etwas Wärme, zu ergattern: im ersten Stock in der Rue des Ponchettes Nr. 29. Seiner eigenen Schätzung nach hat er während der sieben Winter, die er in Genua und Nizza verbrachte, in 21 verschiedenen Wohnungen gewohnt!

Mitte Januar: Er besucht ein Konzert in Monte Carlo, wo er zum ersten Mal die Orchesterversion von *Parsifal* hört – und ist begeistert von der *Musik* von Wagners letztem großem Werk. Im Winter und Frühling weitere Lektüre von Dostojewski. Fortsetzung der Notizen für ein philosophisches Hauptwerk.

23. Februar: Schweres Erdbeben in Nizza. Nietzsches frühere Wohnung, der vierte Stock in der Pension de Genève, wird schwer beschädigt.

März: Pläne für einen Venedigbesuch (»der einzige Ort auf Erden, den ich liebe«, B 8, 47), der dann jedoch unterbleibt.

3. April: Nietzsche verlässt Nizza und begibt sich in seine Sommerresidenz, Sils-Maria, dieses Jahr reist er über die Villa Badía im Cannóbio-Tal an der Westseite des Lago Maggiore.

28. April: Er fährt nach Zürich, in die Pension Neptun.

6. Mai: Nach einem zweitägigen Aufenthalt in dem Dorf Amden am Nordwestufer des Walensee fährt Nietzsche nach Chur, dem Tor zu Graubünden und dem Engadin. Er bleibt für einen Monat in Chur in der Villa Rosenhügel. Der Frühling ist ziemlich warm.

8. Juni: Nietzsche macht sich auf ins Hochgebirge mit einem Zwischenstopp in Lenzerheide. Er will seinen Freund General Simon in Celerina bei St. Moritz besuchen, doch nachdem er die Nachricht von Simons Tod erhalten hat, entschließt er sich, abermals in Sils zu bleiben.

12. Juni: Nietzsche läßt sich in Sils nieder, wieder im Haus von Gian Durisch. In diesen Wochen im Frühling und Frühsommer gerät er mit Erwin Rohde in einen brieflichen Streit. Die Neuauflagen seiner Werke, die er seit mehreren Monaten intensiv vorbereitet hat, werden jetzt nach und nach veröffentlicht; den Anfang machen die *Morgenröthe* und *Die fröhliche Wissenschaft*.

15. Juli: Kurzer Besuch bei Mrs. Emily Fynn und Fräulein Zina von Mansuroff in Maloja, mit denen er einem Konzert beiwohnt.

10. bis 17. Juli: Nietzsche stellt den Hauptteil der *Genealogie der Moral* fertig, das Manuskript wird am 17. Juli an C. G. Naumann abgeschickt. (Die dritte Abhandlung wird einige Wochen später im August überarbeitet.) Er ist erfreut zu hören, dass Johannes Brahms sein *Jenseits von Gut und Böse* geradezu verschlungen habe. Arbeit an seinem letzten Musikstück, dem »Hymnus auf das Leben«, das auf dem von ihm und der inzwischen verheirateten Lou Andreas-Salomé stammenden »Hymnus auf die Freundschaft« (1873/74) basiert; der »Hymnus auf das Leben«, seine einzige veröffentlichte Partitur, wird bei Fritzsch Ende Oktober gedruckt. Nietzsche nimmt sein Mittagessen im Hotel Alpenrose in Sils in Gesellschaft des Kreises um Meta von Salis (einschließlich Fräulein Mansuroff und Mrs. Fynn) ein.

2. bis 3. September: Paul Deussen und seine Frau kommen nach Sils auf Besuch zu Nietzsche, der überglücklich ist, seinen alten Schulfreund wiederzusehen. In diesen Wochen in Sils spielt Nietzsche wieder einmal mit dem Gedanken, an die Universität Leipzig zurückzukehren, um Naturwissenschaften zu studieren.

19. September: Nietzsche begibt sich nach Venedig, mit einem Zwischenaufenthalt in dem Städtchen Menaggio am Comer See, wo er Mrs. Fynn und Fräulein von Mansuroff besucht.

21. September: Nietzsche trifft am Abend in Venedig ein – es wird sein letzter Besuch in der Stadt von Köselitz sein. Er wohnt in der Calle dei Preti Nr. 1263, in der Nähe des Markusplatzes. Hier, in der Stadt, in der Wagner starb, arbeitet Nietzsche an den

Aufzeichnungen zu den Gestalten Dionysos und Ariadne. Hier entsteht auch die berühmte Anmerkung über »Das vollkommene Buch« mit dem »Satyrspiel« am Schluss (W 12, 401f).

22. Oktober: Nach einem Monat in der Gesellschaft von Köselitz – einem erholsamen Monat, erfüllt mit Musik, aber doch im alten unzuträglichen Klima –, verlässt Nietzsche Venedig und begibt sich auf seine letzte Reise nach Nizza. Er wohnt wieder in der Pension de Genève, diesmal allerdings vermutlich nicht im vierten Stock.

10. November: Zur Genealogie der Moral erscheint bei C. G. Naumann (wieder als Privatdruck).

Ende November: Zum ersten Mal hat Nietzsche einen Ofen in seinem Zimmer, mit dem er die Winterkälte vertreiben kann; es ist ein harter Winter in Nizza. In diesen Monaten arbeitet er an Plänen für eine zweite *Genealogie der Moral* und ein »philosophisches Hauptwerk«, zunächst unter dem Titel *Der Wille zur Macht*. Seine Briefe sind voller Rückblicke auf die letzten zehn Jahre. Er bemüht sich vergeblich um eine Aufführung seines »Hymnus auf das Leben«.

1888

In den Wintermonaten in Nizza verstärkt sich in Nietzsche das Gefühl, dass eine große Krise, ein Umbruch seines Lebens bevorsteht. Die Entfremdung von seiner Schwester und seiner Mutter wird immer tiefer; seine Briefe handeln immer häufiger von Krankheit und Todesnähe. Er korrespondiert mit Georg Brandes (Morris Cohen) an der Universität Kopenhagen, der vor 300 Hörern Vorlesungen über Nietzsches Philosophie hält.

Januar bis Februar: Arbeit an seinem, wie er hofft, Hauptwerk, jetzt unter dem Titel *Umwertung aller Werte*. Nietzsche glaubt nun, eine Konzeption des Ganzen zu haben. Er arbeitet an *Der Antichrist*, der den »ersten Teil« seines Hauptwerks bilden soll, und liest Baudelaire, fasziniert von diesem brillantesten aller *décadents*, aber auch voller Skepsis.

März: Nietzsche ist zunehmend abgestoßen vom Deutschland Bismarcks, vor allem vom Haus Hohenzollern und dessen Hofprediger und Wortführer des Antisemitismus, Adolf Stöcker.

2. April: Nietzsche verlässt Nizza, wo es ihm bereits zu warm wird, und begibt sich nach Turin. Er trifft am 5. April dort ein, nachdem er beim Umsteigen in Savona in den falschen Zug geraten ist. Turin scheint ihm eine »sehr gute Lösung für Herbst und Frühjahr«. Er findet ein Zimmer in der Via Carlo Alberto 6 im Nordwesten der Piazza Carlo Alberto, gegenüber dem Palazzo Carignano. Schon bald besucht er eine Aufführung von *Carmen*. Arbeit an *Der Fall Wagner* und an Notizen über die Kunst als Gegenbewegung zu Nihilismus und Dekadenz.

5. Juni: Nietzsche reist über Mailand und Chiavenna nach Sils. Die ersten sechs Wochen dieses Sommers sind kalt und regnerisch, und am 17. Juni muss Nietzsche feststellen, dass es sogar schneit! Um seine Gesundheit ist es schlecht bestellt: Er klagt über »Erschöpfung« und mangelnde »Lebenskraft«. Wieder einmal ist Nietzsche wochenlang in der wohl tuenden Gesellschaft von Meta von Salis und ihrem Kreis.

17. Juli: Das Manuskript von *Der Fall Wagner* geht an C. G. Naumann ab. Naumann lehnt es als unleserlich ab. Nietzsche schreibt es neu und schickt es am 24. August erneut ab.

13. August: Nietzsche berichtet, dass das Wetter sich endlich gebessert hat. Er korrigiert inzwischen die Druckfahnen seines neuen Buches. Für die Zukunft plant er, die Sommer in Sils, die Winter in Nizza und Frühjahr und Herbst in Turin zu verbringen.

3. September: Nietzsche unterzeichnet und datiert das Vorwort zu *Der Antichrist*, dem Buch, das den ersten Teil seiner *Umwertung aller Werte* bilden soll. *Der Antichrist* erscheint, obwohl er (zumindest als Druckvorlage) zwischen dem 30. September und 4. Oktober 1888 überarbeitet und vollendet wurde, erst im April 1895.

7. September: Nietzsche schickt Naumann ein Manuskript, das noch den Titel »Müssiggang eines Psychologen« trägt. Am 21. September rät Köselitz, der die Druckfahnen liest, Nietzsche zu einer Änderung des Titels in *Götzen-Dämmerung*. Das Buch erscheint am 25. November. Nietzsche bezeichnet es als »eine vollkommene Gesammt-Einführung« in seine Philosophie.

Mitte September: Der Fall Wagner erscheint.

20. September: Nietzsche verlässt Sils und begibt sich nach Turin. Er wohnt wieder bei der Familie von Davide Fino an der Piazza Carlo Alberto. Ganz plötzlich und unerklärlich bessert sich in den folgenden Wochen seine Gesundheit. Seine Briefe und Notizen aus diesem Herbst, den er als seine »große *Erntezeit*« (B 8, 453) bezeichnet, zeugen von einer geradezu euphorischen Stimmung. Dennoch bricht er unvermittelt mit Hans von Bülow und Malwida von Meysenbug; behauptet, Bizet niemals bewundert zu haben; verlangt nach einem neuen Kalender für die westliche Welt, der nicht auf der Einteilung »vor Christus/nach Christus« basiert und fordert E. W. Fritzsch, seinen ehemaligen Verleger, auf, alle Rechte an seinen Schriften auf C. G. Naumann in Leipzig zu übertragen.

27. September: Nietzsche verändert den Titel seines Manuskripts »Müssiggang eines Psychologen« in *Götzen-Dämmerung oder Wie man mit dem Hammer philosophirt*. Das Buch ist ein Geschwister, ja ein Zwilling von *Der Antichrist*, wie das Vorwort (datiert Turin, 30. September 1888) andeutet.

15. Oktober: An seinem 44. Geburtstag beginnt Nietzsche mit der Arbeit an *Ecce homo. Wie man wird, was man ist*. Der erste Entwurf steht am 4. November, im Dezember folgen Überarbeitungen. Nietzsche fürchtet, dass das Buch zensiert oder konfisziert werden könnte.

20. November: Nietzsche gibt den Plan, nach Nizza zurückzukehren, auf. »Turin *bleibt* meine Residenz.« (B 8, 483)

25. November: Nietzsche erhält in Turin die ersten Exemplare der *Götzen-Dämmerung*, erschienen bei C. G. Naumann.

26. November: Er sieht im *Antichrist* nicht mehr den ersten Teil der *Umwertung aller Werte* (B 8, 492); seine Träume von einem Hauptwerk scheinen sich zu verlieren.

7. Dezember: Das korrigierte Manuskript von *Ecce homo* wird an C. G. Naumann abgeschickt.

10. bis 11. Dezember: In Briefen an Ferdinand Avenarius und Carl Spitteler äußert Nietzsche den Plan, ein Buch aus Exzerpten früherer Arbeiten herauszugeben: *Nietzsche contra Wagner*. Das Manuskript dieses Werkes, das er noch selbst vorbereitet, wird am 15. Dezember an C. G. Naumann abgeschickt. Franz Overbeck trifft Nietzsche am 8. Januar 1889, als er seinem Freund zu Hilfe eilt, bei der Korrektur der Druckfahnen dieses Buches an.

15. Dezember: Nietzsche schickt C. G. Naumann das Manuskript der *Dionysos-Dithyramben*, einer Gedichtsammlung aus den 1880er Jahren, die er seit Mitte November unter dem Titel »Zarathustras Gesänge« zusammengestellt hat.

26. oder 27. Dezember: Nietzsche schreibt Overbeck von seinem Plan, die europäischen Höfe durch ein Promemoria zum Zwecke der Bildung einer antideutschen Liga in Aufruhr zu versetzen. Ganz allgemein ist diese Zeit durch ein starkes Interesse an »großer Politik« gekennzeichnet. Korrespondenz mit August Strindberg. Arbeit an einer letzten Revision des dritten Teils von *Ecce homo*; in den ersten drei Januartagen letzte Überarbeitungen der *Dionysos-Dithyramben*.

1889

3. Januar: Zusammenbruch auf der Piazza Carlo Alberto, Turin. Briefe, Postkarten und Zettel aus dieser ersten Januarwoche zeugen von Nietzsches Wahnsinn.

5. bis 6. Januar: Der lange Brief an Jacob Burckhardt (»… daß im Grunde jeder Name in der Geschichte ich bin«) kommt an. Burckhardt zeigt ihn Overbeck, die beiden konsultieren Professor Ludwig Wille, den Direktor der psychiatrischen Universitätsklinik Basel, »Friedmatt«.

Abend des 7. Januar: Overbeck reist ab nach Turin. Nietzsche bricht abermals auf den Straßen von Turin zusammen. Sein Vermieter, Davide Fino ist beunruhigt: Er fürchtet, Nietzsche könnte verhaftet werden.

9. Januar: Nietzsche kehrt in der Begleitung Overbecks und eines deutsch-jüdischen Zahnarztes, der in Turin praktiziert, Dr. Leopold Bettmann (Baumann?), nach Basel zurück.

10. Januar: Nietzsche wird nach »Friedmatt« in Basel gebracht; Professor Willes Diagnose lautet: progressive Paralyse, hervorgerufen durch eine Syphilisinfektion.

18. Januar: Auf Drängen von Nietzsches Mutter wird Nietzsche in die psychiatrische Klinik in Jena verlegt, die näher bei Naumburg liegt. Die Klinik in Jena wird von Prof. Otto Binswanger geleitet.

1890

24. März: Nietzsche wird der Vormundschaft seiner Mutter unterstellt.

13. Mai: Nach einem kurzen Aufenthalt in Jena kehren die beiden nach Naumburg in die Wohnung Weingarten 18 zurück. Dort wohnen sie sieben Jahre lang, unterstützt von Franziska Nietzsches Dienstmädchen Alwine. Gegen Ende 1891 versinkt Nietzsche immer tiefer in Apathie und Torpor.

1897

20. April: Nietzsches Mutter Franziska stirbt.

20. Juli: Nietzsche wird nach Weimar gebracht, wohin Elisabeth das »Nietzsche-Archiv« verlegt hat.

1900

25. August nachmittags: Nach zwei Schlaganfällen bekommt der mittlerweile bettlägerige Nietzsche eine Lungenentzündung und stirbt in Weimar. Seine Schwester wünscht, dass er auf dem Areal des »Nietzsche-Archivs« bestattet wird, was jedoch gesetzlich nicht erlaubt ist.

28. August, vier Uhr nachmittags: Nietzsches sterbliche Überreste werden in Röcken beigesetzt, neben dem gemeinsamen Grab seines Vaters, seiner Mutter und seines Bruders.

1935

Elisabeth stirbt. Sie hat angeordnet, dass ihr Grab in die Mitte des Familiengrabes eingefügt wird, zwischen Nietzsche und den anderen drei Familienmitgliedern.

REGISTER

Anmerkung: Die Werke Nietzsches sind unter »Nietzsche, Friedrich Wilhelm, Werke« aufgeführt.

QUELLENVERZEICHNIS UND ZITIERSCHLÜSSEL

Zum Schluss ein Wort zum Untertitel des vorliegenden Buches. Was wir hier zusammengetragen haben, sind Bilder der Orte, an denen Nietzsches Werke entstanden, Eindrücke von den Schauplätzen seines Schaffens, Versuche, die Atmosphäre einzufangen, in der Nietzsche seine Notizen machte, seine Manuskripte vorbereitete und die Druckfahnen seiner Bücher korrigierte. Natürlich sahen wir Nietzsches Orte und Landschaften so, wie sie heute sind, mehr als ein Jahrhundert, nachdem Nietzsche sie für sein Wirken erkor. Das Buch zeigt zwar einiges Archivmaterial aus Nietzsches privater Fotosammlung, die heute im Goethe- und Schiller-Archiv in Weimar aufbewahrt wird, der größere Teil der Fotografien wurde jedoch von den Verfassern im Sommer 1994 und im Winter und Frühling 1994/95 aufgenommen.

Der Text bildet keine fortlaufende Biographie Nietzsches – das hätte weit mehr Raum erfordert und eine ganz andere Orientierung. Unser Anliegen war es vielmehr, etwas von Nietzsches *Orten* zu vermitteln, und zwar von den Orten, an denen er *arbeitete*. Dabei leitete uns die Frage, ob und wie der Einfluss der Entstehungsorte auf das Werk selbst, auf das Denken und Schreiben dieses Menschen Nietzsche sichtbar gemacht und in Wort und Bild vermittelt werden kann.

Die wichtigsten benutzten Quellen werden im Text mit folgenden Abkürzungen nach Band und Seite zitiert:

F Friedrich Nietzsche, *Frühe Schriften*, hrsg. von Hans Joachim Mette, 5 Bde., München 1994

B Friedrich Nietzsche, *Sämtliche Briefe. Kritische Studienausgabe*, hrsg. von Giorgio Colli und Mazzino Montinari, 8 Bde., Berlin/München 1986

W Friedrich Nietzsche, *Sämtliche Werke. Kritische Studienausgabe*, hrsg. von Giorgio Colli und Mazzino Montinari, 15 Bde., Berlin/München 1999

Diese Schriften aus den *Sämtlichen Werken* (**W**) werden wie folgt zitiert:

GT	*Die Geburt der Tragödie*	(in W, Bd. 1)
UB I–IV	*Unzeitgemäße Betrachtungen*	(in W, Bd. 1)
MAM I, II	*Menschliches, Allzumenschliches*	(in W, Bd. 2)
WS	*Der Wanderer und sein Schatten*	(in MAM II)
M	*Morgenröthe*	(in W, Bd. 3)
FW	*Die fröhliche Wissenschaft*	(in W, Bd. 3)
ASZ I–IV	*Also sprach Zarathustra*	(in W, Bd. 4)
JGB	*Jenseits von Gut und Böse*	(in W, Bd. 5)
ZGM I–III	*Zur Genealogie der Moral*	(in W, Bd. 5)
GD	*Götzen-Dämmerung*	(in W, Bd. 6)
A	*Der Antichrist*	(in W, Bd. 6)
EH	*Ecce homo*	(in W, Bd. 6)

Bernoulli, Carl Albrecht, *Franz Overbeck und Friedrich Nietzsche. Eine Freundschaft*, 2 Bde., Jena 1908

Die Briefe des Freiherrn Carl von Gersdorff an Friedrich Nietzsche, hrsg. von Karl Schlechta und Erhart Thierbach. 8. bis 11. Jahresgabe der Gesellschaft des Nietzsche-Archivs, Weimar 1934ff

Burckhardt, Jacob, *Briefe*, hrsg. von Max Burckhardt, Bd. 4, Basel/Stuttgart 1963

Deussen, Paul, *Mein Leben*, hrsg. von Erika Rosenthal-Deussen, Leipzig 1922

Förster-Nietzsche, Elisabeth, *Der junge Nietzsche*, Leipzig 1912

Dies., *Wagner und Nietzsche zur Zeit ihrer Freundschaft*, München 1915

Gilman, Sander L. (Hrsg.), *Begegnungen mit Nietzsche*, »Studien zur Germanistik, Anglistik und Komparatistik«, Bd. 98, Bonn [2]1985

Gutzwiller, Hans, *Friedrich Nietzsches Lehrtätigkeit am Basler Paedagogium 1869–1876*, Basel 1951

Janz, Curt Paul, *Friedrich Nietzsche. Biographie*, 3 Bde., München/Wien 1979

Klossowski, Pierre, *Nietzsche et le cercle vicieux*, Paris [2]1969

Krell, David Farrell, *Infectious Nietzsche*, Bloomington 1996

Ders., *Nietzsche. A Novel*, New York 1996

Ders., *Postponements. Woman, Sensuality and Death in Nietzsche*, Bloomington 1986

Kritische Gesamtausgabe des Briefwechsels, hrsg. von Giorgio Colli und Mazzino Montinari, 18 Bde., Berlin 1975ff

Meysenbug, Malwida von, *Der Lebensabend einer Idealistin*, Berlin/Leipzig 1898

Dies., *Im Anfang war die Liebe. Briefe an ihre Pflegetochter*, hrsg. von Berta Schleicher, München [2]1926

Parkes, Graham, *Composing the Soul. Reaches of Nietzsches Psychology*, Chicago 1994

Pfeiffer, Ernst (Hrsg.), *Friedrich Nietzsche, Paul Rée, Lou von Salomé*, Frankfurt 1970

Raabe, Paul, *Spaziergänge durch Nietzsches Sils-Maria*, Zürich 1994

Ruthardt, Adolf, »Friedrich Nietzsche und Robert Schumann«, in: *Zeitschrift für Musik*, 1921, S.489f

Salis-Marschlins, Meta von, *Philosoph und Edelmensch. Ein Beitrag zur Charakteristik Friedrich Nietzsche's*, Leipzig 1897

Strong, Tracy B., »Ödipus as Hero: Family and Family Metaphors in Nietzsche«, in: *Why Nietzsche Now?*, hrsg. von Daniel T. O'Hara, Bloomington 1985

Volz, Pia Daniela, *Nietzsche im Labyrinth der Krankheit. Eine medizinisch-biographische Untersuchung*; Würzburg 1990

DANKSAGUNG

Auch wenn David Krell für den ersten Manuskriptentwurf und Don Bates für die Mehrzahl der Bilder verantwortlich zeichnen, hatten wir doch beide gleichermaßen Teil an jedem Aspekt der Entstehung des Buches. *Nietzsche. Der gute Europäer* ist daher im wahrsten Sinne des Wortes das Ergebnis von Teamarbeit. Letztlich war ein noch weit größerer Kreis von Freunden, Kollegen und auch Fremden daran beteiligt. Wir möchten all denen, die die Recherche, das Schreiben, Fotografieren und Entwickeln dieses Buches zu einem außergewöhnlichen Abenteuer gemacht haben, danken und einige wenige von ihnen im Folgenden namentlich nennen.

Jeder, der über Nietzsches Leben und Denken arbeitet, schuldet dem oben zitierten Curt Paul Janz besonderen Dank, dessen Biographie eine fast immer verlässliche Datenquelle und einen exzellenten Kommentar für uns darstellte. Zugleich stehen wir in der Schuld jener (verstorbenen) »guten Europäer«, die die vielen tausend Seiten von Nietzsches Werken und Briefen herausgaben: Giorgio Colli und Mazzino Montinari. Danken möchten wir auch T. David Brent und Julia Robling Griest von der University of Chicago Press mit all ihren Kollegen, besonders Margaret Mahan; Anthony Polakowski von den Alan-Cohen-Studios in Chicago, der die Schwarzweißabzüge angefertigt hat; Alan Cohen, der uns seine Zeit und seine Erfahrung zur Verfügung stellte; Graham Parkes und Laurence Lampert, deren Kritik zur Verbesserung des Manuskripts beitrug; für ihre großzügige Unterstützung danken wir schließlich Arthur Zeisse in Umpferstedt bei Weimar, Simone Kant in Röcken, Frau Dr. Roswitha Wollkopf, Frau Küntzel, Frau Gensel und Frau Wasner vom »Nietzsche-Archiv« Weimar; Erika und Bernhard Schopp in St. Ulrich und Rapallo; Peter Davidson, London; Dietmar Cray in Steinabad, Paul Kleeb und Anna Fedier-Tresch vom Hotel Maderanertal sowie Klaus und Annette Lauer vom Hotel Römerbad, Badenweiler; Attilio und Lisa Terragni in Como und Menaggio, Dominique Janicaud in Nizza, Marta und Brigida Cornale in Recoaro Terme und ganz besonders Iris Pozza von den »Tre Garofani«.

Unser Dank geht auch an die Experten in Freiburg, die unsere Filme entwickelten: Dieter Ruf, Harry Schulz und Peter Tränkle vom RST-Labor; ein besonderer Dank für seine Hilfe bei den Bildern gebührt Citos aus Evanston. Bei der Herausgabe der deutschen Ausgabe haben sehr viele engagierte und großzügige Freunde mitgeholfen: Wir danken Michael Walter und Sabine Hübner, Hans Wollschläger, Sieglinde Denzel und Susanne Naumann, Maike Tippmann, Eva Spensberger, André Otto und nicht zuletzt Rosemarie und Herneid von dem Knesebeck.

Schließlich möchten wir Dutzenden von Menschen danken, deren Namen wir nie erfahren haben, Menschen, die bewiesen haben, dass Stolz auf den eigenen Ort und seine Geschichte nichts mit Provinzialismus zu tun haben, unter ihnen der Besitzer eines 25 Jahre alten Fiat 500, der uns an den zweifellos besten Automechaniker in Mestre verwies; der freundliche Polizist auf dem Petersplatz, der eindeutig nicht von der Schweizergarde war; der Tankstellenbesitzer in Sorrent, der uns zu unserer »Lieben Frau von den Turnschuhen« schickte, die uns wiederum zur Villa Rubinacci führte; und die eifrig bemühte Donna vom »Alla Buca di San Francesco« in Turin, die die (Ur-)Urenkelin jener Marktfrau gewesen sein muss, die ihre besten Trauben immer für Professor Nietzsche aufhob.

Die DePaul University, Chicago, unterstützte großzügig unsere Arbeit an diesem Projekt. Wir danken!

D. F. K und D. L. B.
Strobelhütte, St. Ulrich; Chicago; Melbourne

ABBILDUNGSNACHWEIS

Seite 18, oben links: Stiftung Weimarer Klassik. GSA 101/323.
Seite 18, oben rechts: Stiftung Weimarer Klassik. GSA 101/315.
Seite 18, unten: Stiftung Weimarer Klassik. GSA 101/583.
Seite 19, Mitte: Stiftung Weimarer Klassik. GSA 101/583.
Seite 22, unten: Stiftung Weimarer Klassik. GSA 101/585.
Seite 27: Stiftung Weimarer Klassik. GSA 101/555.
Seite 28 Mitte links: Stiftung Weimarer Klassik. GSA 101/576.
Seite 29, oben rechts: Stiftung Weimarer Klassik. GSA 101/597.
Seite 30: Stiftung Weimarer Klassik. GSA 101/554.
Seite 32, links und rechts: Stiftung Weimarer Klassik. GSA 101/1, 158.
Seite 37: links und rechts: Stiftung Weimarer Klassik. GSA 101/275, 376.
Seite 38: Stiftung Weimarer Klassik. GSA 101/597.
Seite 42: Stiftung Weimarer Klassik. GSA 101/7.
Seite 43: Stiftung Weimarer Klassik. GSA 101/598.
Seite 44: Stiftung Weimarer Klassik. GSA 101/38.
Seite 46: Stiftung Weimarer Klassik. GSA 101/513.
Seite 47: Stiftung Weimarer Klassik. GSA 101/544.
Seite 49: Stiftung Weimarer Klassik. GSA 101/40.
Seite 51: Stiftung Weimarer Klassik. GSA 101/41.
Seite 62: Stiftung Weimarer Klassik. GSA 101/586, 588.
Seite 71, alle Fotos: Stiftung Weimarer Klassik. GSA 101/28, 619, 30, 34.
Seite 74: Stiftung Weimarer Klassik. GSA 101/508.
Seite 76: Stiftung Weimarer Klassik. GSA 101/15.
Seite 78: AKG London. 1-W9-K1872.
Seite 80: Stiftung Weimarer Klassik. GSA 101/362.
Seite 88, oben links: Stiftung Weimarer Klassik. GSA 101/547.
Seite 88, unten: Stiftung Weimarer Klassik. GSA 101/530.
Seite 102 links: Stiftung Weimarer Klassik. GSA 101/293.
Seite 102 rechts: Stiftung Weimarer Klassik. GSA 101/385.
Seite 112: Stiftung Weimarer Klassik. GSA 101/17.
Seite 118: Stiftung Weimarer Klassik. GSA 101/143.
Seite 119 Mitte rechts: Stiftung Weimarer Klassik. GSA 101/615.
Seite 136, unten: Stiftung Weimarer Klassik. GSA 101/ 603.
Seite 138, links: Stiftung Weimarer Klassik. GSA 101/ 613.
Seite 141: Stiftung Weimarer Klassik. GSA 101/ 612.
Seite 153, rechts: Stiftung Weimarer Klassik. GSA 101/ 604.
Seite 156: Stiftung Weimarer Klassik. GSA 101/ 294.
Seite 169: Stiftung Weimarer Klassik. GSA 101/ 604.
Seite 188, links: Stiftung Weimarer Klassik. GSA 101/ 529.
Seite 196, oben: Foto Erika Schopp.

IMPRESSUM

Titel der Originalausgabe: The Good European
Erschienen bei The University of Chicago Press, Chicago, Illinois, USA

Die Deutsche Bibliothek – CIP-Einheitsaufnahme
Ein Titeldatensatz für diese Publikation ist bei
Der Deutschen Bibliothek erhältlich

Deutsche Erstausgabe

Aus dem Amerikanischen von Sieglinde Denzel und Susanne Naumann
Satz: satz & repro Grieb, München
Umschlag: Zembsch' Werkstatt, München

Umschlagabbildungen vorne:
Landschaft bei Recoaro Terme (Foto: Bates/Krell)
Nietzsche in Basel, um 1876 (Foto: Stiftung Weimarer Klassik, GSA 101/17)
(kleine Abbildung) Silser See im Oberengadin
(Foto: Bates/Krell)

Umschlagabbildungen hinten:
(großes Bild) Turin, Hinterhof (Foto: Bates/Krell)
(kleines Bild oben) Konfirmationsbild von Nietzsche, um 1861
(Foto: Stiftung Weimarer Klassik, GSA 101/1)
(kleines Bild unten) Nietzsche in der Villa Silberblick, 1899
(Foto: Stiftung Weimarer Klassik, GSA 101/34)

Druck: Passavia, Passau
Bindung: Conzella, Pfarrkirchen
Printed in Germany

ISBN 3-89660-061-3